KB109467

음식에 대한
거의 모든 생각

I Think, Therefore I Eat: The World's Greatest Minds Tackle the Food Question
by Martin Cohen

Copyright ⓒ 2018 Martin Cohen
All rights reserved.
Korean translation copyright ⓒ 2020 BOOKIE Publishing House, Inc.
Korean translation rights are arranged with Turner Publishing Company through
AMO Agency Korea

이제부터 당신 메뉴에 '아무거나'는 없다

음식에 대한
거의 모든 생각

마틴 코언 지음 | 안진이 옮김

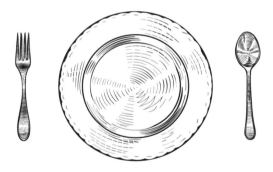

부·키

지은이 마틴 코언Martin Cohen

영국의 철학자이다. 철학, 사회 과학, 정치에 대한 서평을 주로 쓴다. 서식스대학교에서 철학과 사회
과학을 공부했고, 엑스터대학교에서 교육 철학 박사 학위를 받았다. 영국과 오스트레일리아에서 연
구 활동을 하다가, 글쓰기에 매진하기 위해 프랑스로 이주했다. 전문 용어 사용을 최대한 지양하고
논지가 쉽게 전달될 수 있도록 하는 데 집중하며, 철학 이론을 토대로 심리학 및 사회 과학에 대한
글을 쓴다. 현재 영국 하트퍼드셔대학교의 방문 연구원이다. 급진적인 철학과 혁신적인 사고로 세계
적인 명성을 얻은 그는 우리나라에 번역 출간된 《비트겐슈타인의 딱정벌레》《철학의 101가지 딜레
마》《데카르트처럼 생각하기》 등을 포함하여 열여덟 권의 책을 쓴 베스트셀러 작가이기도 하다. 1년
의 절반은 영국에서 나머지 절반은 프랑스 남동부에서 지낸다. 그가 만든 음식을 가끔씩 맛있게 먹
어 주는 아내와 아들과 함께 살고 있다.

옮긴이 안진이

서울대학교 미술대학 서양화과 대학원에서 미술 이론을 전공하고 현재 전문 번역가로 활동하고 있
다. 《총보다 강한 실》《컬러의 힘》《곰돌이 푸, 인생의 맛》《지혜롭게 나이 든다는 것》《맙소사, 마흔》
《인생은 짧다 카르페 디엠》《페미니즘을 팝니다》 등 다양한 분야의 책을 우리말로 옮겼다.

음식에 대한 거의 모든 생각

2020년 8월 28일 초판 1쇄 발행 | 2021년 9월 10일 초판 6쇄 발행

지은이 마틴 코언 | 옮긴이 안진이 | 펴낸곳 부키(주) | 펴낸이 박윤우 | 등록일 2012년 9월 27일 | 등
록번호 제312-2012-000045호 | 주소 03785 서울 서대문구 신촌로3길 15 산성빌딩 6층 | 전화 02)
325-0846 | 팩스 02) 3141-4066 | 홈페이지 www.bookie.co.kr | 이메일 webmaster@bookie.co.kr |
제작대행 올인피앤비 bobys1@nate.com
ISBN 978-89-6051-804-9 03100

철학자이자 베스트셀러 저자인 마틴 코언의 장점이 오롯이 살아 있는 책이다. 코언에게는 사람들의 관심에서 밀려나 있지만 우리 삶에 중요한 문제들을 콕 집어내는 특별한 재주가 있다. 이 책에서 코언은 '무엇을 먹을 것인가?'라는 고민을 철학의 핵심 주제로 살려낸다. 그 논의를 따라가다 보면, 독자들은 '출혈과 도살이 없는 식탁'을 차리라며 육식을 멀리하는 피타고라스, 소박한 음식을 최고의 성찬이라 여겼던 장 자크 루소, '많이 가공될수록 보다 인간적'이라는 이유로 과일까지도 통조림으로 즐겼던 사르트르 등, 음식에 얽힌 여러 철학자들의 흥미로운 이야기들을 만나게 된다. 나아가, 이 모든 논의가 삶의 핵심과 맞닿아 있다는 사실도 알게 될 것이다. 무엇을 어떻게 먹는지에 따라 인생과 세상을 꾸리는 방식이 달라진다는 뜻이다.

코언은 '무엇을 먹을 것인가는 정말 심오한 철학적 질문'이며, 이 물음에 제대로 답하려면 '냉철하고 폭넓은 판단력과 강한 의지력'이 필요하다고 강조한다. 철학자답게 그는 음식을 둘러싼 모든 주장을 의심의 눈으로 바라본다. '디테일이 중요하고, 모든 것은 서로 연결되어 있으며, 무엇보다 크리스털 꽃병같이 섬세한 몸의 건강을 깨뜨리지 말라'는 일관된 원칙 아래, '음식에 대한 거의 모든 생각'들을 찬찬히 훑어 나간다. 책의 논의는 방대하고 길지만, 빠르고 흥미진진하게 읽힌다. 심오한 내용도 쉽고 재밌게 풀어내는 코언의 능력 덕분이다. 나쁜 식습관과 망가지는 건강, 늘어나는 몸무게 때문에 고민이라면, 이 책을 꼭 읽어 보라고 권하고 싶다. 삶이 바뀌는 결정적인 깨달음을 얻게 될 것이다.

_안광복 (철학 박사, 중동고등학교 철학 교사, 《도서관 옆 철학카페》 저자)

오늘날 세상은 '음식 사회'라 부를 수 있을 정도로 요리법, 건강, 영양, 다이어트 등과 관련된 정보가 넘쳐난다. 수많은 정보 중에서 나에게 딱 맞는 것을 고르기는 쉽지 않다. 결국 사람들은 식품학, 영양학, 의학 전문가나 유명 방송인의 말을 따른다. 마틴 코언은 식재료와 요리, 건강과 영양에 관한 권위자의 주장을 의심해야 한다는 말로 책을 시작한다. 그는 식품 과학 분야에서 오랫동안 절대적 믿음처럼 내놓은 주장들이 괴상하고 위험하며 우리의 건강을 위태롭게 한다고 본다.

　이 문제를 해결하는 방법으로 저자는 '나는 생각한다 고로 먹는다'는 철학적 명제를 차용한다. 한 인터뷰에서 마틴 코언은 자신이 철학자이지만 오히려 사회 과학자이기를 바란다고 했다. 그래서 이 책에는 음식과 관련된 정보를 선택할 때 필요한 '생각하는 방법'과 함께 농업과 음식, 그리고 식품 산업과 건강 산업 등에 얽혀 있는 온갖 신화와 전설의 실체를 심리학과 경제학을 동원해서 해부한다.

그렇다고 이 책이 장황하거나 설교적인 것은 아니다. 저자의 글은 인과관계와 상관관계의 차이를 명쾌하게 구분하면서 독자로 하여금 음식과 관련된 '선택'을 할 때 철학적으로 생각하는 방법을 알려 준다. 특히 복잡한 내용을 쉽게 정리해 놓은 '글 상자'는 '건강한 음식에 대한 탐구'의 압축판이다. 독자들은 이 책을 펼친 지 얼마 되지 않아 어느새 책의 마지막 장을 읽고 있는 스스로를 발견하게 될 것이다.

_주영하 (음식인문학자, 한국학중앙연구원 한국학대학원 교수, 《한국인은 왜 이렇게 먹을까?》 저자)

하지만 음식을 분석하는 철학자가 얼마 없는 진짜 이유는 그게 너무 어려운 일이기 때문인지도 모른다. 음식은 성가신 주제다. 정의도 분명치 않다. 경제학, 생태학, 문화 등 모든 것에 속한다. 채소, 화학자, 도매업자, 가축, 냉장고, 요리사, 비료, 생선, 그리고 식료품 상인까지 모두 음식과 관련 있다. 음식은, 독특한 철학적 문제의 출발점으로서 분석의 대상으로 삼기보다, 응용 윤리학의 사례 중 하나로 다루는 편이 훨씬 쉽다.

_데이비드 M. 캐플런David M. Kaplan, 《음식의 철학The Philosophy of Food》

머리말

오늘 당신의 메뉴는 안녕하십니까?

1881년, 독일의 괴짜 철학자 프리드리히 니체는 더 잘 먹고 사색도 잘 할 수 있는 조건을 찾아 알프스산맥의 그림자에 위치한 실스호Lake Sils로 여행을 떠났다. 그곳에서 니체는 새벽 5시에 일어나 찬물로 몸을 씻고 한 시간 동안 명상을 했다. 아침으로는 날달걀 두 개에 롤빵과 아니스 러스크*를 먹고 차를 마셨다. 오전에는 산책과 사색을 하고, 점심시간이 되면 스테이크와 마카로니에 맥주를 곁들여 먹었다.

이전 시대의 저명한 철학자 이마누엘 칸트가 음식을 제대로 즐기려면 함께 먹을 사람이 필요하다고 주장했던 반면, 수다에 취미가 없었던 니체는 늘 혼자 먹는 걸 고집했다. 니체는 오후에 계속해서 산책을 하고 철학을 연구했다. 그러고 나서는 아침에 먹었던 것과 비슷한 음식에 추가로 그 지방의 별미였던 폴렌타polenta를 먹었다. 중부 유럽 요리인 폴렌타는 옥수숫가루를 걸쭉하게 끓인 후 굳

---

* anise rusk. 아니스는 주로 향신료로 사용되는 미나리과 식물이고, 러스크는 식빵이나 바게트 등을 얇게 썰고 겉에 설탕과 달걀흰자를 섞어 발라 구워 낸 과자를 가리킨다.

혀서 굽거나 튀기거나 그릴에 익혀 먹는 음식이다. 폴렌타는 건강에 좋은 음식이었을까? 내가 보기엔 아니다. 니체의 식단에는 안타깝게도 과일이나 채소가 하나도 없었다. 그런데도 그는 실스호를 '구원의 장소'라고 불렀다. 육체의 병이 나아지기는커녕 오히려 더 깊어졌지만, 니체는 몇 년 만에 처음으로 고요한 만족을 느꼈다.

이 이야기는 중요한 사실 세 가지를 우리에게 알려 준다. 첫째, 음식은 우리를 만들고 우리가 어떤 사람인지를 규정한다. 이와 관련해서는 무엇을 먹는지도 중요하지만 어떻게 먹는지도 중요하다. 둘째, 잘 알려지지 않은 사실이지만, 음식에 관한 문제에서 우리는 아주 수동적인 자세로 다른 사람들의 판단을 받아들인다. 셋째, 철학자들은 최초의 음식 전문가였다.

뜻밖이라고? 따지고 보면 딱히 그렇지도 않다. 철학은 전통적으로 심신의 조화를 이룩하고 난해한 문제를 해결하기 위해 그 어떤 학문보다도 열심히 노력해 왔다. 그리고 다이어트를 해 봤거나 영양사와 상담을 해 본 사람이라면 잘 알고 있겠지만 '무엇을 먹을 것인가'는 정말로 심오한 질문이다.

당신이 텔레비전과 신문을 근거로 판단한다면, 음식이라는 주제에 관해서는 (철학자들은 말할 것도 없고) 요리사나 모델 같은 유명인들이 전문 지식을 가진 의사나 영양사들보다 더 큰 영향력을 행사한다고 생각할 것이다. 당신이 옳을지도 모른다. 식품 과학 분야의 불편한 진실은 주장만 수시로 바뀌는 것이 아니라 '사실'도 수시로 바뀐다. 예컨대 30년 동안 설탕이 든 간식을 먹는 것이 체중 '감량' 방법으로 여겨졌고, 지금까지도 수많은 사람이 저콜레스테롤 식단을 따르고 있음에도 정작 콜레스테롤 수치는 낮추지 못하고 심장 질환 위험성만 높이고 있다. 하지만 과거의 그어떤 것도 현재 통용되는 주장만큼 괴상하지는 않다. 최근 식품 과학자들은 쇠고기부터 치즈, 빵, 오렌지주스에 이르기까지 자연 식품을 분해한 다음 흔하고 값싼 재료와 화학 물질을 이용해 재창조할 수 있다고 주장하고 있다.

　　이러한 주장은 괴상할뿐더러 위험하다. 우리의 건강을 위태롭게 한다. 따라서 나는 이 책을 통해 다이어트의 과학과 생화학을 낱낱이 살펴보는 동시에 약간의 경제학과 심리학을 가미해 음식에 관한 의문을 철저히 탐구하고자 한다. 하지만 이 책을 읽기 위해 반드시 소크라테스의 진지한 제자가 될 필요는 없다. 단지 음식과 관련한 몇 가지 중요한 의문이 아직 해결되지 않았다는 사실을 인정하면 된다. 아니, 어쩌면 해결책은 이미 나와 있는지도 모른다. 다만, 우리가 진실과 윤리와 이성에 충실한 지혜로운 영혼인 철학자들의 말을 듣는 대신 폭리를 취하는 상인과 텔레비전에 나오는 연예인들의 말을 따르다가 길을 잃은 것일 수는 있다.

　　나쁜 식생활의 종류는 한두 가지가 아니다. 너무 많이 먹어도 문제고(요즘 많이 나오는 이야기다), 너무 적게 먹어도 문제다.

나쁜 음식을 먹게 되는 것도 문제다. 니체처럼 몸에 좋다고 생각
했지만 사실은 좋지 않은 음식을 먹을 수도 있고, 건강에 나쁠 것
같은 음식(예컨대 부모들이 싫어하는 것들)인데 실제로는 영양소를
제법 골고루 갖춘 음식을 먹을 수도 있다.

　　대부분의 경우 '무엇을 먹을 것인가'에 대한 대답이 '그건 아
주 간단하지'(냉장고 안에 뭐가 들었는지에 달려 있다)라면 '어떻게
먹을 것인가'라는 더 중요한 질문에 대한 대답은 '그건 꽤 복잡한
데'가 될 것이다. 건강한 식생활에 대한 이런저런 조언은 많지만
그 조언들도 서로 충돌하곤 한다. 설사 조언들의 내용이 모두 일
치할지라도 모든 사람에게 똑같이 효과적인 것은 아니다. 그래서
이 문제에는 정말로 개별화된 대답이 필요하다. 이 책이 각각의
사람들이 자신에게 맞는 독특한 해법을 찾아내는 데 작은 도움이
되기를 바란다. 이 책은 한 가지 전략만을 강요하지 않으며 모든
사람에게 획일적인 해법을 제시하지도 않는다. 우리에게는 더 나
은 방법이 있다. 누군가에게 물고기 한 마리를 주면 그 사람은 하
루 동안 배가 부르지만, 물고기 잡는 법을 가르쳐 주면 평생 동안
배불리 먹게 된다는 속담을 알고 있을 것이다. 이 책은 후자의 방
식을 택하려 한다. 나는 획일적이지만 실제로는 효과가 없는 조
언들을 나열하는 대신 세 가지 기본 원칙을 제시하겠다. 여러분
은 이 원칙을 각자의 필요와 관심사에 맞게 활용하면 된다. 또한
나는 역사와 최신 연구에서 얻은 사례들을 가지고 온갖 음식 관

런 논쟁 속 주장과 견해를 설명하려 한다. 때로는 세상에 많이 알려지지 않은 매우 인간적인 일화들을 소개할 것이다. 철학사에서 음식에 관한 이야기와 전략을 뽑아내 소개하는 이유는 위대한 철학자들이 위대한 사례를 제공하기 때문이다.

현명한 식생활을 위한 나의 세 가지 원칙은 다음과 같다.

1. 디테일이 중요하다.

2. 모든 것은 연결돼 있다.

3. 크리스털 꽃병을 깨뜨리지 말라.

원칙 1. '디테일이 중요하다'는 쉬운 해결책과 사고의 단순화에 저항하라는 말이다. 예를 들어, 과일에는 당이 함유되어 있지만, 과일의 당이 몸에 미치는 영향은 콜라 한 잔에 든 설탕이 몸에 미치는 영향과 같지 않다.

원칙 2. '모든 것은 연결돼 있다'는 음식에 관한 논쟁이 끊임없이 이어지다가 얼마 후에는 그 논쟁들이 서로 충돌하는 것처럼 보이는 이유다. 다이어트를 하는 사람들에게 문제가 생기는 이유도 동일하다. 한 가지 음식을 끊거나 줄이면 어딘가에서 부작용이 발생하게 마련이다. 어쩌면 당신은 뇌(다이어트에 관해 생각할 때 가장 소홀히 취급되는 부분)가 지속적인 지방 섭취를 필요로 한다는 사실을 잊고 지방을 너무 많이 줄이고 있는지도 모른다. 뇌의 신경 세포는 미엘린myelin이라는 지방질 물질로 싸여 있는데, 이 미엘린이 계속 만들어져야 신경 세포가 전기 신호를 보낼 수 있다.

원칙 3. '크리스털 꽃병을 깨뜨리지 말라'는 가장 중요한 동시에 가장 빈번하게 무시되는 원칙이다. 이 원칙은 '스위스제 시계를 집에서 수리하지 말라'는 표현으로 바꿀 수도 있겠다. 요컨대 인간의 몸은, 물론 창조론을 주장하는 사람들은 동의하지 않겠지만, 상상하기 힘들 정도로 아주 오랫동안 진화를 거듭해 온 정밀한 부품들이 아주 섬세하게 배열된 존재라는 것이다. 최초의 생명체는 단 하나의 세포로 시작됐을 거라 추정되는 반면 현재의 우리는 약 37조 2000억 개의 세포로 이루어져 있다! 그 대부분은 인간의 세포가 아니지만(이 점은 16장에서 설명할 것이다), 이들은 우리가 생명을 유지하고 행복하게 지내는 데 일정한 기여를 한다. 우리의 몸은 불가사의할 만큼 복잡하기 때문에 사람들(특히 전문가들)이 찾으려는 단순한 규칙에 들어맞지 않고 깔끔한 '원인과 결과'의 논리도 거부한다. 바로 이것이 이 책의 핵심 주제다. 복잡성을 인정하라. 크리스털 꽃병(또는 스위스제 시계)에 망치를 갖다 대지 말라. 예컨대 체중 조절을 위해 식사를 극단적으로 제한하거나, 반대로 피자나 감자칩처럼 취향에 맞는(또는 편리한) 음식 한두 가지만 먹어 대지 말라.

당신이 진실에 목말라 있는 사람이라면 이 책을 앉은자리에서 다 읽을 수도 있다. 하지만 이 책은 각각의 장이 간식처럼 편하게 먹을 수 있는 한입 크기로 구성돼 있다. 또한 각각의 장에

삽입된 글 상자를 통해 흥미로운 사실들이 부연 설명되고 다이어
트 요령이나 음식 조리법이 상세히 설명된다. 나는 이 책을 '건강
한 음식에 대한 탐구'라는 중심 주제를 가지고 가벼우면서도 깊이
있게 집필했다. 책의 구성 측면에서는 바쁜 독자들이 이해하기
쉬운 방식을 택했지만, 정보를 보다 효과적이고 흥미롭게 전달하
기 위해, 그리고 복잡한 내용을 설명하기 위해 심오한 철학적 개
념을 사용했다.

이 책을 집필하기까지

나는 공중 보건, 윤리, 환경 등 음식과 관련된 문제를 오랫동안 관
찰해 왔다. 하지만 이 모든 문제를 제대로 이해하기 시작한 것은
따가운 햇볕이 내리쬐는 아열대 기후인 오스트레일리아에서 연
구를 수행하면서부터다. 오스트레일리아에 머무는 동안 나는 일
터로 가기 위해 매일 차를 몰아 이국적인 형상의 글래스하우스산
맥Glass House Mountains을 끼고 있는 퀸스랜드의 파인애플밭을 가로
질러야 했다. 영양분이 많지 않을 것 같은 건조하고 푸석푸석한
토양에서 파인애플이 자라는 게 무척 놀라웠다. 사하라 사막에서
는 파인애플을 재배하지 않는다. 그리고 그곳은 사하라 사막과
별반 다를 게 없었다! 하지만 오스트레일리아 사람들은 토양에

영양분을 공급하는 과학적 방법을 적극적으로 도입하고 있었다.

　　오스트레일리아의 파인애플 농장에 대해 이야기해 보자면, 그곳의 일부 농부들은 냉장고부터 엔진오일에 이르기까지 산업 현장과 가정에서 나온 온갖 폐기물을 밭에 버리고 있었다. 그리고 그 모든 물질은 파인애플에 흡수되고 있었다. 이 단순한 사실을 통해 음식에 관한 오래된 격언이 다소 불편한 방식으로 입증되었다. '당신이 먹는 음식이 당신을 만든다. 하지만 음식이 먹는 음식도 당신을 만든다.'

　　알다시피 평범하고 오래된 토양은 아주 작은 박테리아와 균류로 이뤄진 하나의 세계다. 우리의 위도 마찬가지다. 현대적인 농업 방식은 이 고도로 진화한 생물 군집을 오염시키고 그 자리를 인간에게 매우 해로운 화학 물질로 대체시킨다. 과학은 (또한 철학은) 복잡성을 해소하는 데는 탁월하지만 복잡성을 수용하는 데는 그만큼 뛰어나지 못하다. 윤리적으로 따지면 우리 모두는 더 나은 음식을 먹으려고 노력해야 한다. 물론 말은 쉽다. 하지만 실천하기는 어렵다.

　　그래서 사람들은 유명인이 집필한 요리책을 구입하거나 건강한 식단을 주문한다. 그리고 어떤 사람들은 줄을 서 가며 영양 전문가를 만나 보거나 의사와 상담하고 정부가 공식적으로 규정한 좋은 음식과 나쁜 음식의 목록을 받아 온다. 그러고 나서 대부분의 사람은 플랜 B, 즉 후퇴 전략으로 넘어간다. 플랜 B란 건강한 식생활을 위한 노력을 포기하고 그냥 형편없는 식생활을 유지하는 것이다. 하지만 사람들이 어떤 방법을 선택하든 간에 '무엇을 먹을 것인가'라는 질문은 압박감으로 바뀌고 다이어트는 짐 또는 의무가 되곤 한다.

따라서 이 책은 다이어트 지침서가 아니다. 적어도 독자에게 부담을 주는 다이어트 지침서는 아니다. 알다시피 '다이어트diet'는 여러 가지 의미로 사용되며, 그중 우리에게 익숙한 '어떤 음식은 먹어도 되고 어떤 음식은 먹지 말아야 하는지에 관한 자발적 제한'이라는 의미는 최근에야 생겨난 것이다. 다이어트에는 제한과 비판과 가치 판단이 모두 포함된다. 하지만 음식은 이런 식이면 안 된다. 철학은, 더 말할 필요도 없이, 이런 식이면 안 된다. 음식과 철학은 삶의 축복이고 삶의 무수히 많은 가능성의 일부여야 한다. 음식은 무엇보다 쾌락을 위한 것이고 재미있는 선택이다. 그래서 우리는 정부가 봉지에 담아 나눠 주는 영양제와 비타민 정제를 먹는 대신 '슈퍼마켓'이라 불리는 현대판 '음식의 전당'의 긴 통로에 진열된 화사한 포장의 식품을 찾는 것 아니겠는가?

나는 독자들에게 어떤 음식을 먹으라고 지시하려는 것이 아니라 음식에 관해 더 잘 알고 더 나은 결정을 내리는 방법을 알려 주고 싶다. 이 책은 실제로 음식을 좋아하지만 다른 일에도 신경을 써야 하는 사람들을 위한 책이다. 그래서 나는 당신의 생활 방식을 바꿔야 한다고 말하지 않는다. 나는 개인 트레이너 흉내를 낸다거나 의학적 조언을 하는 전문가로 행세할 생각이 없다. 나의 목표는 식품에 관한 아이디어와 정보를 공유하면서 당신의 자율성을 높이는 것이다. 그럴 때 비로소 당신은 식단과 생활 방식에 변화를 주고 싶은 마음이 들 것이다. 그러면 더 건강하고 더 행복해질 것이며 나아가 (당신이 원한다면) 체중이 약간 줄지도 모른다.

복잡한 정보를 신중하게 걸러서 간결하게 압축하는 것은 나의 특기다. 나는 글을 쓸 때마다 아주 쉽게 읽히고, 실용적이고, 그러면서도 흥미로운 결과물을 만들려고 노력한다. 그래서 이 책은 두꺼운 교과서나 과학 전문 서적보다는 점심시간에 친구들끼리 나누는 대화와 비슷한 느낌이다. 나는 사람들의 다양한 입맛을 만족시키기 위해 현대 과학, 고대 설화, 그리고 실제 이야기들을 재미나게 섞었다. 그리고 음식과 관련된 짤막하고 흥미진진한 사실들을 다양하게 수록했다. 예컨대, 흰 빵은 설탕이 들어간 음료만큼이나 빠른 속도로 지방으로 바뀐다는 걱정스러운 사실이라든가, 진짜 초콜릿을 먹으면 체중 조절에 도움이 될 뿐 아니라 대마초와 암페타민의 '사촌' 격인 물질들을 상당량 섭취하게 된다는 사실 같은 것들을. 그리고 마지막으로, 이 책은 몇몇 위대한 철학자들과 철학이라는 학문을 정면이 아닌 측면에서 다소 오락적으로 체험하도록 해 준다.

음식에 관한 좋은 정보도 많이 넣었다. 우선 치즈를 비롯한 유제품, 올리브유가 들어간 지중해식 요리, 그리고 파스타는 얼마든지 건강한 식단에 포함될 수 있다! 당신은 오후 7시 이후에 음식을 먹고 와인을 마셔도 된다. 또 음식에 소금을 마음껏 첨가해도 된다. 염분을 섭취하면 오히려 정크 푸드를 멀리하는 데 확실히 도움이 된다. 당신은 빵과 버터를 먹어도 되고, 초콜릿 케이크를 즐겨도 된다. 만약 '진짜' 재료를 가지고 초콜릿 케이크를 만든다면 말이다. 초콜릿 케이크 한 조각에 들어간 설탕의 양은 사과 두 개에 함유된 당분의 양을 넘지 않는다.

이 책에는 바쁜 생활 속에서도 짬을 내서 요리를 해야만 하는 사람들을 위한 여러 가지 아이디어가 담겨 있다. 과거에 바쁜 사람들은 '편의'를 추구하기 위해 슈퍼마켓에 들러서 반조리 식품으로 찬장을 가득 채워 놓을 수밖에 없었다. 특이한 재료와 여유롭게 음식을 준비할 시간(그리고 돈)이 있는 텔레비전 속 미식가들은 우리에게 유용한 정보를 알려 주긴 하지만, 그들이 제시하는 방법이 우리 같은 보통 사람들에게 큰 도움이 될 것 같지는 않다. 건강한 음식을 먹고 건강한 음식을 구입하는 일에도 정확한 전략이 필요하다. 이 책은 바로 그런 전략을 제공하려 한다.

영양에 관하여

이 책은 식생활에 도움이 되는 정보도 많이 담고 있지만 포괄적이고 교육적인 탐구의 성격이 더 강하다. 나는 음식을 탐구하는 과정에서 위대한 철학자들이 가진 음식과 건강한 식생활에 관한 견해를 소개하려 한다. 옛 철학자들의 식생활을 살펴보는 데는 아주 중요한 두 가지 이유가 있다. 철학자들은 우주의 본질, 진리와 주장의 차이, 삶을 잘 사는 방법 같은 주제뿐만 아니라 음식에 관해서도 깊은 사색을 했던 사람들이다. 음식에 관한 철학자들의 생각은 확고하지도 엄청나게 획기적이지도 않지만 예리하고 때로는 놀라울 만큼 실용적이다. 가장 유명한 철학자인 플라톤을 예로 들어 보자. 플라톤은 지금으로부터 약 2000년 전에 신선한 과일과 견과를 기본으로 하는(풍미를 위해 꿀을 곁들일 수 있다) 식단을 추천하면서, 모든 사람이 끼니마다 고기를 먹으려 한다면 세상에 음식이 충분하지 않게 될 것이고 자원을 얻기 위한 경쟁이 벌어져 결국 자연이 파괴되고 전쟁이 일어날 것이라 지적했다. 다른 예로 프랑스의 화려한 정치 철학자 장자크 루소를 보자. 약 300년 전에 그는 갈색 빵과 치즈 한 조각만으로 식사를 하면 편리할뿐더러 맛도 좋다고 썼다. 플라톤과 루소는 이른바 '균형 잡힌' 삶을 위한 상세한 식단을 제시하기도 했다. 철학적인 식단이라고나 할까?

　　이 책에서 철학자들의 이야기를 하는 두 번째 이유는 철학자들도 보통의 사람이었기 때문이다. 그들은 평범한 사람들과 마찬가지로 종종 질병에 시달렸다.

　　더 넓은 의미에서 철학에 의지할 다른 이유도 있다. 철학은 우리에게 음식 문제를 이해하는 데 매우 유용한 개념적 도구를 제공하기 때문이다. 철학에는 '3개의 C'로 불리는 중요한 도구들이 있다. 우리는 다양한 조언들의 '모순contradiction'과 '일관성consistency'을 알아차리면서도 '상식common sense'을 적용해야 한다. 요즘 사람들은 상식을 조롱하기 좋아하고, 실제로 상식을 따랐다가 터무니없는 결과를 얻는 우스운 경우도 많지만, 그렇다고 해서 우리가 듣는 조언을 무비판적으로 수용한다는 것은 더 나쁘다. 곡식은 흙에서 햇빛을 비춰 주며 재배해야 하고 실내에서 화학 비료를 써서 키워서는 안 된다는 게 상식이다. 인간에게 직접 투여할 때 위험할 수 있는 독성 약품과 성장 호르몬을 동물들에게 주사할 경우 그 동물의 고기를 먹는 것도 위험하다는 게 상식이다. 하지만 대개의 경우 그와 반대되는 '안심하라'는 메시지가 강력한 경제적 이해관계와 맞물려 과학의 언어로 포장된 채 강하게 밀려온다. 사람들의 건강에 관한 통계가 명확하게 정반대 경향을 보여 줄 때조차도 그렇다.

　　그리고 철학의 도구 상자에는 3개의 C 외에도 강력한 연장들이 들어 있다. 그중 하나가 환원주의라는 개념이다. 환원주의라고 하면 비꼬는 표현이라고 생각할 수도 있다. 일단 식품 과학의 비교적 단순한 예를 보자. 과일을 많이 먹으면 특정 암의 발병률이 낮아진다는 결과는 단순히 과일에 함유된 비타민 C 성분 때문이라고 설명할 수도 있다. 그렇다면 비타민 C를 첨가한 가공식품을 먹거나 비타민 C 정제를 먹어도 똑같은 효과를 얻을 수 있다. 그래서 켈로그의 유명한 '비타민 첨가' 콘푸레이크는 사실 잘게 부순 옥수수를 바짝 말린 것일 뿐임에도 건강하고 균형 잡힌 식사로 홍보된다. 식품 과학이 환원주의에 빠지면 불포화 화합물, 아미노산, 산화 방지제 같은 용어들이 난무하게 된다. 음식과 그 속의 성분들은 어떤 증거도 없이, 아니 어떤 증거가 있다는 시늉도 없이 이런 식으로 단순화된다.

음식이 화학 성분으로 환원되면서 가공식품이 좋게 보이고 '진짜 식품'이 미심쩍게 보이기 시작할 때 우리가 의심을 품도록 하는 학문은 철학밖에 없다.

철학이 주는 또 다른 가르침은 개념적 도구보다는 교훈적인 우화에 가깝다. 철학자들이 수천 년 동안 영원한 진리를 찾으려 했던 과정은 오늘날의 식생활 전문가들에게도 실마리를 제공한다. 플라톤의 경우는 진리, 아름다움, 그리고 유니콘* 같은 것을 찾으려 했다. 현대의 영양학자들은 칼로리와 영양분 같은 것들을 찾으려 한다. 칼로리와 영양분이 그들에게는 '진짜 음식'이다. 유

---

* 현실에는 존재하지 않는 이상적인 대상을 가리킨다.

한하고 보잘것없는 존재들이 슈퍼마켓에서 구입하는 물질의 겉
모습 뒤에 숨겨진 영원불변의 실체다. 이런 사고방식을 고수하는
환원주의자들이 보기에 우리에게 좋은 것은 과일이 아니라 비타
민 C다. 우리는 곡식 알갱이 전체를 먹을 필요 없이 비타민 B 복
합제제를 섭취하면 된다. 우리가 갈망하는 것은 잣을 곁들인 연
어 스테이크가 아니라 질소다. (왜 질소냐고? 질소라는 원소는 생물
을 성장시키는 '궁극의 영양분'이다. 밭에서 밀을 키우는 것도 질소다.)

　게다가 영양학은 철학과 마찬가지로 선과 악을 경쟁시키는
마니교적 이분법을 사랑한다. 지방은 나쁘고 저지방은 좋은 것이
다. 비타민은 미덕이고 설탕은 순수 악이다. 우리가 이분법적 사
고를 좋아하기 때문에 오늘날 포화 지방과 불포화 지방, 오메가 3
와 오메가 6 지방산이 전쟁을 벌이고 있다. 우리는 불포화 지방이
뭐고 오메가 3가 뭔지 정확히 알지도 못하면서 하나는 악으로 분
류하고 나머지 하나는 선으로 분류하기를 좋아한다. 그러고 나서
선이 악과 맞서 싸워 이기기를 바란다.

　우리 같은 똑똑한 사람들이 그렇게 단순하게 행동할 리는 없
을 것 같다. 하지만 마가린이 사악한 버터를 대체할 수 있는 건강
식품이라는 주장은 어떤가? 아니면 저지방 우유가 일반 우유보다
낫다는 주장은? 진실은 더 현대적이고 건강한 대안으로 여겨지던
마가린과 저지방 우유는 인공적일 뿐 아니라 인체에 해로울 가능
성이 높은 재료를 사용해 공장에서 생산된다는 것이다.

'저지방' 식단이라는 거대한 탑 여기저기에 구멍이 뚫렸음에도 그것이 아직도 무너지지 않는 이유는 사람들이 건강 문제를 자기 머리로 생각하지 않고 '전문가'의 조언에 의지하기 때문이다. 그런데 전문가에게 의존한다는 것은 필패의 전략이다. 전문가들은 음식에 관한 어떤 문제에서도 의견이 일치하지 않기 때문이다. (당연하다.) 비교적 최근인 2005년과 2006년에 막대한 비용을 들여 수행된 두 건의 대규모 설문 조사가 20세기의 식생활 교리에 타격을 가했는데도 식생활에 관한 공식적인 충고는 거의 바뀌지 않았다. 이 두 건의 신빙성 있는 연구를 통해 밝혀진 사실은 실로 놀랍다. 그동안 식이 섬유의 장점(특정한 암과 심장 질환을 예방한다)으로 알려졌던 것들이 거짓이며, 실제로는 '저지방' 식사가 심장 질환 발병률을 높였고 사람들의 체중을 증가시켰다는 것이다!

텔레비전에 출연하는 다이어트의 제왕 중 한 명인 잰드 반 툴켄Xand van Tulleken은 '확정적 다이어트Definitive Diet'라는 어디 있을 법하지도 않은 이름의 다이어트 방법을 제안한다. 그의 솔직한 이야기를 들어 보자. "다이어트에 관해 깊이 연구해 보면 어떤 방법이 효과적이고 어떤 방법이 효과가 없는지에 관한 합의는 존재하지 않으며 거칠고 격렬한 논쟁만 있다는 사실을 알게 됩니다." 이와 마찬가지로 영국의 저술가이자 연예인 전문 트레이너인 조 윅스Joe Wicks는 자신의 책을 홍보하면서 '다이어트 지침서가 아니다'라는 문구를 사용한다. 그는 다른 전문가들의 방법과 조언은 다

엉터리라고 단언하며, 매우 전통적인 접근처럼 보이는 엄격한 칼로리 제한과 '고강도 운동'을 다이어트 방법으로 제시한다.

다이어트 문제에 관한 의견들이 시소처럼 이쪽으로 기울었다 저쪽으로 기울었다 하면서 각자 자기만의 좁은 견해를 강요하는 현실은 다이어트 전문가들에게 유리하게 작용한다. 그러나 현재 정설로 통하는 주장을 재점검하고 다른 가설을 살펴보려는 의지야말로 진정한 철학자가 가져야 할 영혼의 표식이며 끊임없이 변화하는 식생활 조언들을 따라잡기 위한 열쇠라고 생각한다. (나는 35장 〈나는 먹는다 고로 존재한다〉에서 이러한 노력에 대해 설명할 것이다.)

그래서 이 책은 비판적 사고와 과학적 회의주의에 관한 일종의 강의라고 볼 수도 있다. 내가 이 책을 쓰는 의도와 목적은 편협한 태도로 이런저런 방법을 추천하려는 것이 아니라 객관적으로 넓게 바라보는 시야를 제공하고 확정적인 서술이 아닌 토론을 제공하려는 것이다.

또한 나에게 이 책은 〈객관적 진리 프로젝트〉라는 이름의 포괄적 철학 연구의 일환이다. 식품업계에 돌아다니는 조언들 중에는 거짓 주장이나 자기에게 유리하게 변형한 주장은 말할 것도 없고 서로 모순되는 조언들이 널렸기 때문이다. 음식에 어떤 성분이 숨겨져 있을 때도 있고, 건강에 관한 냉소적이고 그릇된 주장들도 있다.

음식 평론가이자 언론인인 마이클 폴란은 《마이클 폴란의 행복한 밥상》의 출간을 기념하는 지방 순회강연에서 이렇게 말했다.

우리는 사납고 고집스러운 적과 맞서고 있습니다. 어마어마한 자금을 가지고 있는 세계적인 식품 마케팅 기업들이 그것입니다. 미국의 식품업계만 해도 약 300억 달러 규모입니다. 창피하게도 영양학이라는 조그만 산업이 그 옆에서 함께 달리고 있습니다. 식품업계와 영양학의 관계를 알고 싶으면 식품 담당 기관들의 이상한 '안전 권고'를 살펴보십시오. 예컨대 미국 식품의약국FDA은 감자칩을 먹으면 심장에 좋다고 권고하고, 미국심장협회AHA에서는 코코아 퍼프Cocoa Puffs 시리얼과 캐러멜 스월Cramel Swirl 아이스크림을 추천합니다.

'음식의 철학'은 상당히 급진적인 의제이지만 한편으로는 철학자들이 수천 년 전부터 열심히 탐구하고 토론했던 주제이기도 하다. (당신도 곧 이 사실을 알게 될 것이고, 조금 놀랄지도 모른다.) 하지만 나는 지금이야말로 음식의 철학에 대한 새로운 관심이 절실히 필요한 시기라고 생각한다. 왜일까? 세계에 음식과 관련된 두 가지 큰 위기가 닥쳤기 때문이다. 개발 도상국에는 빈곤과 영양실조가 만연해 있고 아마존의 삼림 파괴에서부터 아프리카와 아시아의 사막화(옥수수와 콩처럼 값싼 작물에 대한 다국적 거대 식품 기업들의 수요와 고기를 선호하는 우리의 입맛 때문이다)에 이르는 여러 가지 환경 문제가 나타나고 있다. 서구에서는 지구의 평균 기온 상승에 대한 다소 이론적인 변화들에 주목하지만, 세계 대부분의 지역에서는 식량 생산과 연관된 환경의 변화가 재앙까지는 아닐지라도 매우 시급하고 현실적인 문제로 부각된다.

하지만 개발 도상국과 선진국에 똑같이 영향을 미치고 있으며 훨씬 시급한 관심을 필요로 하는 또 하나의 위기가 있다. 이른바 '비만 유행병'이 그것이다.

세계적으로 비만 때문에 치르는 비용은 매년 2조 달러 정도로 추산된다. 전 세계의 모든 가정이 연간 1000달러를 지불하는 셈이다. 표현을 달리하자면 영국과 같은 중간 정도 규모의 국가는 비만의 비용을 매년 700억 달러 넘게 지불한다. 미국을 비롯한 일부 선진국들은 건강 보험 재정의 21퍼센트 정도를 비만 관련 질환에 사용하며, 비만 때문에 노동 시간이 감소하고 건강 보험료 지급액이 증가하기 때문에 또다시 막대한 사회적 비용을 치른다. 현명하지 못한 식생활이 부르는 질병으로는 심혈관 질환과 제2형 당뇨병, 그리고 여러 종류의 암이 있다.

미국에서는 여성의 경우 허리둘레가 35인치(약 89센티미터) 이상, 남성의 경우 허리둘레가 40인치(약 102센티미터) 이상일 때 비만으로 정의한다. 만약 미국인들의 허리둘레를 조금만 줄일 수 있다면 오바마케어와 같은 건강 보험 프로그램에 들어가는 비용은 현재의 의료 예산으로도 무난하게 충당할 수 있을 것이다. 그런데 이런 나라들에서는 패스트푸드 섭취를 권하는 일에도 수십억 달러가 사용되고 있다. 내가 제시하는 숫자는 아무렇게나 지어낸 것이 아니다. 예컨대 2012년 한 해 동안 미국의 패스트푸드 음식점 광고에 들어간 돈만 해도 46억 달러에 달했다. 이것이야말로 철학자들로 하여금 자기 머리카락을 쥐어뜯게 만드는 공공 정책의 모순이 아닌가!

의료비로 보나 광고비로 보나 비만은 정말 큰 문제다. 거의 비슷하게 놀라운 점은 정치가들과 경제학자들이 이 '유행병'에 너무나 무관심하다는 것이다. 그들이 무관심한 이유 중 하나는 비만과 건강하지 못한 식생활의 근본 원인이 복합적이기 때문이다. 비만의 근본 원인은 사회 과학, 생물학, 첨단 기술 등이며 부수적인 요인으로는 도시화, 자동차 이용 등이 있다.

오스트레일리아로 돌아가 보자. 오스트레일리아에는 독특한 식물과 특수하게 개량된 식물들이 많다. 오스트레일리아 원주민들이 '번야번야Bunya Bunya'라고 부르던 나무도 그중 하나다. 번야번야 나무에는 즙이 풍부한 열매가 가득 열리는데, 원주민들은 이 나무를 매우 신성하게 여겨서 아이가 태어날 때마다 번야번야 한 그루를 그 아이의 몫으로 지정했다. 원주민들은 모두 번야번야 나무를 수호하는 사람이 됐고, 나무 열매에 대한 권리와 함께 나무를 보호할 의무도 함께 주어졌다. 필요한 경우에는 목숨을 바쳐서

라도 나무를 보호해야 했다! 하지만 유럽에서 처음 이주해 온 사람들은 잔인한 면모를 드러내면서 숲의 나무를 다 베어 버리고 토착민들을 죽였다. 이때 오스트레일리아 고유의 품종이 많이 멸종됐다. 이주민들이 나무를 베어 낸 이유는 오스트레일리아 전체를 목장과 밀밭으로 만들기 위해서였다. 비록 방법은 서로 달랐지만 이주민들과 원주민들은 둘 다 음식에서 정체성을 찾았다.

이 책의 중심 주장은 다음과 같다. 수십만 년 동안 이뤄진 진화의 과정은 우리를 기본적으로 비만인 종으로 만들지 않았고, 당뇨병에 걸리거나 심장병으로 죽도록 만들지도 않았다. 오히려 우리는 기적처럼 스스로를 조절하면서도 효율적으로 움직이는 신체를 가지고 태어난다. 오늘날 우리에게 필요한 것은 몸과 마음을 화해시켜 오래전의 균형을 되찾는 것이다. 이 책이 변화를 일으키기 위한 실용적인 안내서가 되길 바란다.

차례

레시피 차례

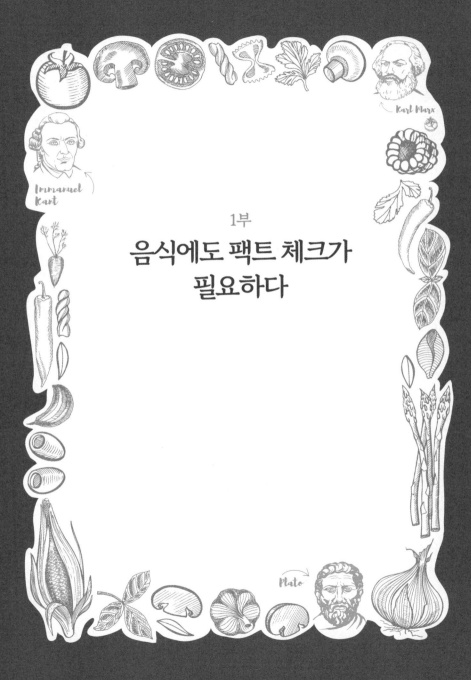

1부

음식에도 팩트 체크가
필요하다

1장

가짜 음식을
찾아서

아, 빵! 빵보다 단순하고 기본적인 음식을 찾기도 어렵다. 빵은 사회생활에서 특별한 의미를 가진다. 밀을 재배하게 되면서 인류는 최초로 고정된 주거지를 가지고 삶과 죽음의 순환에 영적인 존경을 표하게 되었다. 고대 이집트의 신전을 장식한 그림에서 우리는 사제가 밀 이삭에 물을 주는 모습과 빵을 굽는 과정을 확인할 수 있다. 지금으로부터 2400년 전 플라톤과 소크라테스 시대에 고대 그리스인들은 이미 여덟 종류가 넘는 빵을 만들 수 있었다. 그리스도교에서 소박한 빵은 중요한 상징이다. 그리스도교에는 빵을 쪼개는 의식이 있고, 성경에는 예수가 빵과 물고기로 수많은 군중을 먹였다는 기적적인 이야기가 나온다. 별로 대단해 보이지 않았던 베들레헴Bethlehem이라는 정착촌이 예수의 탄생지로 선택된 데도 숨은 메시지가 있다. 베들레헴이라는 지명은 '빵의 집house of bread'으로 번역되기 때문이다! 따라서, 아직까지 널리 알려져 있지는 않은 사실이지만, 가장 위대한 철학자로 손꼽히는 존 로크와 장자크 루소가 마치 서정시를 쓰듯 갈색 빵의 미덕을 찬양했다는 사실은 그리 놀랍지 않다. 특히 루소는 갈색 빵을 '괜찮은 와인과 함께' 먹으면 간단한 식사가 된다고 열정적으로 노래했다.

훤칠한 키, 마른 몸매, 말처럼 기다란 코, 그리고 어느 전기 작가의 표현을 빌리자면 '부드럽고 우수에 찬 눈'을 가지고 있었던 영국인 존 로크는 이름난 미식가는 아니었지만 17세기에 인간의 자연권natural right이라는 원칙을 강력하게 옹호했던 위대한 정치 철학자로 언제나 기억될 것이다. 로크는 확신에 찬 목소리로 말했다. "모든 사람은 평등하고 독립적이며 누구도 다른 사람의 생명과 건강, 자유와 재산에 해를 입혀서는 안 된다." 로크는 인간의 기본 권리와 자유에 관한 정치 사상으로 칭송받고 있으며, 미국 혁명과 프랑스 혁명에 이론적 토대를 제공한 것으로 인정받는다. 〈미국 독립 선언문〉, 미국의 권력 분립 원칙, 그리고 미국의 〈권리 장전〉에도 그의 자취가 남아 있다. 그의 사상은 〈미국 인권 선언문〉에도 중요한 영향을 미쳤다. 하지만 그에 비해 잘 알려지지 않은 사실은 로크가 음식에 관한 철학을 가지고 있었고 무엇을 먹을 것인가에 대해서도 확고한 견해를 피력했다는 것이다. 로크의 음식 철학은 그가 1692년에 집필한 《교육론》이라는 비교적 덜 유명한 에세이에서 젊은 사람들에게 충고하는 형식으로 표현된다.

'먹음직스럽게 잘 구워진 커다란 갈색 빵 한 조각을 때로는 버터나 치즈를 곁들이고 때로는 아무것도 곁들이지 않은 채로 먹는 것이 최고의 아침 식사라고 생각한다. (……) 내 생각에 영국인들을 괴롭히는 병의 상당 부분은 고기를 너무 많이 먹고 빵을 너무 적게 먹어서 생기는 것이다.'

인권에 관한 로크의 선언들은 몇백 년 동안이나 힘차게 울려 퍼졌지만 음식에 관한 그의 선언들은 다소 가볍게 취급된 것도 같다! 오늘날 인기를 끄는 다이어트들의 가장 두드러진 특징은 빵을 먹지 말라는 것 아닌가. 요즘 인기가 많은 '팔레오Paleo' 다이어트, 일명 '석기 시대 다이어트'를 예로 들어 보자. (이 다이어트에 대해서는 4장에서 자세히 다루겠다.) 팔레오 다이어트를 하는 사람은 빵은 물론이고 곡물과 가공 곡물로 만든 모든 음식을 인체에 해로운 것으로 간주하고 입에 대지 말아야 한다.

4장에서 다시 설명하겠지만, 인간의 신체가 곡물을 소화하기에 적합하지 않다는 주장은 이제 팩트 체크를 통해 반박을 당하고 있다. 한편, 요즘은 문제 있는 빵이 많은 것도 사실인데, 간단하게 말하면 다음과 같다. '그 빵은 진짜 빵이 아니다.' 어떤 것이 빵인 동시에 빵이 아니라니, 이게 어떻게 가능할까? 어찌 보면 이것은 철학적으로 심오한 질문이다. 하지만 동시에 아주 현실적인 질문이기도 하다. 여기서 개인적인 이야기를 하나 해 보겠다. 이 이야기는 존 로크의 직관처럼 빵이 식생활과 관련된 여러 가지 문제의 기준점이 된 이유를 이해하는 데 도움이 된다.

　내가 아주 어렸을 적에, 그러니까 여덟아홉 살쯤 됐을 때, 내가 다니던 학교에서는 아이들에게 늘 시키던 읽기, 쓰기, 산수 대신 롤빵과 버터 만들기를 시킨 적이 있다. 버터는 병에 담긴 우유를 계속 흔들어 만들었다. 버터와 롤빵은 둘 다 기가 막히게 맛있었다. 나는 그동안 집에서 먹어 본 빵은 어째서 전혀 다른 맛이었는지 궁금해졌다. 세월이 지나고 나서야 나는 내가 어린이였던 1970년대 초반 영국에서는 주식 시장에 상장된 '프리미어 푸드Premier Foods'라는 회사가 '빵'을 거의 독점으로 판매했었다는 사실을 알게 되었다. 프리미어 푸드는 순진한 소비자들에게 '마더스 프라이드Mothers Pride'라는 사악한 브랜드를 강요했다. 그들은 '매끈한 빵, 하얀 빵, 속까지 신선한 빵'이라는 문구로 브랜드를 홍보했다. 당시 모든 선진국에서 비슷한 일이 벌어졌다. 미국에서는 '컨티넨털 베이킹Continental Baking'이라는 회사가 화려한 색의 봉지에 담긴 '원더 브레드Wonder Bread'라는 빵을 대량 생산 방식으로 엄청나게 만들어 냈다. 원더 브레드의 홍보 문구는 '천천히 구웠습니다'였는데, 그건 사실이 아니었다. 또한 빵을 신성한 것과 결부시키는 역사적 전통을 의식해서인지 1940년대에 원더 브레드는 스스로를 '조용한 기적Quiet Miracle'이라고 부르기 시작했다. '기적'이란 그 빵에 좋은 성분들이 첨가됐다는 의미였다.

　이 장에서는 오늘날 실제로 빵에 들어가는 재료들을 하나하나 살펴본다. 그래서 이야기가 좀 길어질 것이다. 이 이야기는 기적과는 거리가 멀고 오히려 '조용한 스캔들'에 더 가깝다. 일단 현실적인 것부터 이야기하자. 신기하게도 어릴 적 우리 집 근처의 언덕 위에 '마더스 프라이드'의 지사가 있었다. 비행기 격납고를 개조해 만든 공장에서 생산하는 빵은 세 종류였다. 얇은 빵, 중간 빵, 두꺼운 빵. 물론 세 가지 모두 흰 밀가루로 만든 빵이었다. 두꺼운 빵은 주로 달콤한 토핑을 올려서 토스트로 먹었고, 일주일쯤 두면 곰팡이가 피었다. 반면 우리가 학교에서 만들어 먹은 빵은 오븐에서 작은 덩어리를 꺼내 쪼갠 다음 버터를 넣어 녹여 먹으면 그만이었다. 루소는 이처럼 단순한 음식이 주는 기쁨을 훌륭하게 묘사한 바 있다. (8장 참조.)

알다시피 진짜 빵은 곱게 빻은 밀(밀가루), 약간의 물, 이스트, 그리고 소금 한 자밤으로 만든다. 이게 전부다! 요즘 필수로 취급되는 설탕이나 오일 같은 재료는 없어도 된다. 유일한 비법은 반죽을 부풀리고 빵을 부드럽게 하는 이스트 몇 숟가락이다. 그럼 원더 브레드나 마더스 프라이드처럼 가게에서 파는 빵은 무엇으로 만들어질까? 나의 음식에 관한 첫 번째 규칙을 떠올려 보라. '디테일이 중요하다.' 확신하건대 로크가 현재 살아 있었더라면 열심히 이 문제를 탐구했을 것이다. 아마도 그는 그가 항상 사용했던 전략을 사용했을 것이다. 아주 미세한 부분들을 통해 '전체'를 이해하는 것이다. 따라서 우리도 몇 가지 문제를 더 자세히 들여다보자. 지금부터 다룰 것들은 우리가 평소에 빵을 고를 때는 너무 바빠서 미처 생각하지 못하지만 제대로 알게 된다면 식품 선택에 있어서 실질적인 함의를 지닌 사항들이다.

　나의 전능하신 편집자 캘리는 본문에 기본적인 빵 레시피를 수록해 보자고 제안한 바 있다. 그래서 이쯤에서 그 레시피를 소개하고자 한다.

아주 진실한 빵

프랑스의 훌륭한 식료품 상인이자 제빵사인 장클로드 파퐁Jean-Claude Papon은 내게 단순한 빵을 만드는 방법을 알려 주었다. 이 정도면 한 학급 전체를 먹이기에 충분한 양의 미니 롤빵이 나올 것 같다.

- 밀가루 500g
- 소금 10자밤
- 제빵용 이스트 8g
- 물 320ml

　자, 그러면 어떻게 시작할까? 우선 소금과 밀가루를 섞는다. 그리고 컵에 따뜻한 물을 붓고 이스트를 녹인다. 밀가루 한복판에 작은 홈을 만든다. 그 홈에 이스트를 녹인 물을 부은 다음, 손으로 천천히 밀가루를 추가하면서 아주 부드러운 반죽이 만들어질 때까지 섞어 준다. 다음으로 반죽을 평평한 조리대나 도마에 올린다. 다음은 장클로드가 '가장 중요한 부분'이라고 말하는 과정이다. 반죽을 5~7분 동안 열심히 치대고 접어 주면서 끈기가 생기도록 만든다.

　반죽을 오목한 그릇에 담고 행주로 덮어 30분 이상 그대로 둔다. 반죽의 부피가 두 배로 커지면, 다시 일을 시작한다! 손에 밀가루를 묻히고 반죽을 탕탕 쳐서 공기를 뺀다. 조리대에 밀가루를 조금 뿌리고 그 위에서 반죽으로 작은 롤을 만든다. 롤을 오븐 트레이에 올려놓고 30분 더 그대로 둔 다음, 아주 뜨거운 오븐(240℃)에 넣고 12~15분간 굽는다. 롤의 윗면에는 물을 아주 살짝 뿌려서 촉촉하게 해 준다. 빵의 바닥을 두드렸을 때 텅 빈 소리가 나면 잘 구워진 것이다.

경제 '선진국'이라는 낙관적인 범주로 분류되는 나라들의 대표 격인 영국에서는 콜리우드 제빵 공정Chorleywood bread process이라는 방식을 통해 빵을 대량 생산한다. 콜리우드 제빵 공정은 1961년에 발명됐는데, 안타깝게도 열렬한 미식가 또는 가정적인 인물이었던 콜리우드 부인이 발명한 것이 아니라 영국제빵산업연구협회가 고안한 것이다. 콜리우드 제빵 공정은 고속 분쇄기와 값싼 곡물, 마법 같은 화학 물질들을 사용해 두 배나 빠르게 흰 빵을 만들어 낸다. 전통적인 재료들에 지방, 유화제, 효소를 추가해 마법 같은 효과를 낸 다음, 약 3분 만에 모든 재료를 섞어 아주 떡을 쳐 버린다. 이게 현명한 방법일까? 영국제빵산업연구협회의 슬로건이 '엄마가 다 알아서 한다!'인 걸 보면, 안심해도 될 것 같다. (혹시 당신은 콜리우드 제빵 공정으로 만들어진 빵을 먹지 않으니 상관없다고 착각하고 있을지도 모르겠다. 그렇다면 곧바로 이 책의 후기를 읽어 보라. 미국의 일반적인 햄버거 빵에 어떤 재료가 들어가는지 알면 깜짝 놀랄 것이다.)

건강에 좋다는 이유로 첨가된다는 미네랄 성분을 제외하더라도, 1970년대 공장에서 생산된 빵에 들어가는 화학 첨가물의 목록은 엄청 길었다. 그런데 1990년대부터 그 첨가물 목록이 갑자기 짧아졌다. 그 이유는 빵을 만드는 업체들이 '밀가루 개량제'를 사용하는 방법을 선호하게 되었기 때문이다. 빵에 개량제를 넣을 때는 이를 소비자에게 알리지 않아도 된다. '공정 보조 물질'을 식품 성분 표기에 포함할 법적 의무가 없기 때문이다. 그러나 만약 이런 물질이 아주 소량 첨가되는 것만으로도 빵에 변화를 일으킨다면 그것이 우리 몸에 영향을 미칠 가능성도 있다고 봐야 한다.

이제 단도직입적으로 질문을 던져 보자. 현대의 빵에는 어떤 재료가 들어가는가? '진짜 음식'을 옹호하는 미국의 시민 단체 '푸듀케이트Fooducate'는 최근에 2000종이 넘는 빵의 성분 목록을 분석했다. 푸듀케이트의 조사 결과에 따르면 빵 하나에 평균적으로 스무 개의 성분이 들어 있었다! 이제부터 그 성분을 하나씩 살펴볼 텐데, 설명이 조금 길긴 하지만 매우 유익할 것이다. 이 목록을 읽고 나면 당신은 빵을 먹기 싫어질지도 모른다. 하지만 그것은 올바른 반응이 아니다. 나는 당신이 빵의 성분에 대해 알고 나서 '진짜 빵'을 구입하는 일에 시간과 돈을 조금 더 쓰고 싶어지기를 바란다. 많은 사람이 이미 그렇게 하고 있다.

1번 재료는 밀가루다. '마더스 프라이드'는 밀가루로 만들어졌다. 밀가루는 빵의 열쇠와도 같다. 사실 영국에서는 거대 식품 기업들이 밀가루 시장을 거의 장악했기 때문에 소규모 기업들이 진짜 빵을 팔기가 어려웠다. 다행히 거대 기업들의 강철 같은 독과점은 깨졌지만, 오늘날 통밀가루가 함유된 빵은 전체의 절반도 안 된다. 나머지는 모두 정제된 밀가루 또는 첨가물이 들어간 강화 밀가루로 만들어지는 빵이다.

반드시 필요한 2번 재료는 소금이다. 오늘날 공장에서 생산되는 빵에는 소금이 충분히 들어 있지 않다. '소금은 나쁘다'는 이상하고 부정확한 인식이 그 원인이다. 하지만 제빵에서 소금은 이스트 발효의 균형을 잡아 주는 특별한 역할을 하기 때문에 소금을 빼 버린 빵이 대세가 되지는 못하고 있다. 빵이 맛이 있건 없건 간에 소금은 꼭 필요하다.

3번 재료는 물이다. 물은 신기할 정도로 값이 저렴하기 때문에 '진짜 물'은 지금도 사용되고 있다.

그리고 그 유명한 이스트가 4번이다. 이스트는 반죽 속의 탄수화물을 발효시켜 이산화탄소를 만들어 낸다. (그렇다. 토스트를 먹으면 지구가 조금 더 더워진다! 하지만 이건 별개의 문제다.) 이스트의 미생물들이 자기를 복제하는 과정에서 반죽이 팽창하고 부풀어 오르는 것이다. 빵을 만드는 업체들은 밀가루에 원래 들어 있는 글루텐 외에 밀 글루텐을 더 첨가한다. 밀 글루텐을 추가하면 공정의 속도를 높이고 반죽을 치대는 수고를 덜 수 있다. 요즘에는 자신이 글루텐 불내증을 가지고 있는 것 같다고 걱정하는 사람이 많다. 그들은 기업들이 밀 글루텐을 첨가해서 편법을 쓰는 것을 달가워하지 않겠지만, 실제 연구 결과에 따르면 자신이 글루텐 불내증이라고 생각하는 사람들 중 정말 그런 사람은 10퍼센트 미만이라고 한다.

　나의 목록에 5번째로 올라온 재료는 비타민과 철분이다. 얼핏 보면 비타민과 철분은 문제가 안 될 것 같지만, 대개의 경우 어떤 식품에 비타민과 철분이 첨가됐다는 것은 누군가가 먼저 그 성분들을 제거했다는 뜻이다. 통밀가루에는 비타민이나 철분 같은 영양소를 첨가할 필요가 없다. 통밀의 겨와 씨눈에 비타민과 철분이 (그리고 다른 영양소도) 함유되어 있기 때문이다. 일반적으로 현대의 대량 생산 빵에는 비타민 B1(티아민), 비타민 B2(리보플라빈), 비타민 B3(니아신), 엽산, 철분이 첨가된다. 비타민 C(아스코르빈산)도 첨가되는데, 이것은 우리 건강을 위해서가 아니라 이스트의 발효에 도움이 되기 때문이다. 이 모든 영양 성분 위에 커다란 물음표가 찍힌다. 이러한 영양소들은 원래의 화학적, 물리적 배경에서 추출되고 나서도 똑같은 작용을 할까? 다른 말로 표현하자면, 어떤 제품에 비타민과 철분이 첨가됐다는 것의 실제 의미는 우리가 자연스러운 방법으로 그 영양소를 얻지 못하고 있다는 것이다. 우리의 몸은 자연스러운 방법으로 영양을 섭취할 때 가장 큰 혜택을 얻을 수 있다. 아니, 그래야 영양소를 처리할 수 있다. 잠깐 뉴스거리가 되다가 사라지곤 하는 의학 연구 기관의 연구들 중 하나를 보자. 2014년 미국의 환경워킹그룹Environmental Working Group은 '식품 첨가물은 그 자체로 인체에 해로울 수 있다'는 사실을 발견했다. 특히 어린이와 임산부에게 위험하고, 식품 첨가물을 비타민제와 함께 먹으면 더 위험해진다고 한다. 환경워킹그룹은 미국의 8세 이하 아동의 절반 정도가 영양 성분이 과도하게 첨가된 식품 때문에 비타민 A, 아연, 니아신을 몸에 해로울 정도로 많이 섭취하고 있을지도 모른다고 경고했다.

자, 이제부터는 당신이 예상하지 못했고 원하지도 않았을 법한 재료들이 등장한다. 빵에 들어가는 예상 밖의 6번 재료는 콩기름을 비롯한 각종 지방이다. 지방은 빵의 질감을 더 매끈하고 보드랍게 만들고, 보존 기간을 약간 연장해서 빵이 금방 상하지 않도록 해 준다. 올리브유를 넣어도 긍정적인 효과는 비슷하지만 콩기름이 훨씬, 훨씬 저렴하다. 안타깝게도 콩기름은 올리브유보다 더 살이 찌기 쉬운 재료다. 그리고 연구자들은 콩기름이 암을 유발할 수도 있다고 경고한다.

7번 자리를 차지하는 재료는 황산칼슘이다. '파리의 반죽plaster of Paris'이라는 별명으로 불리는 황산칼슘은 문자 그대로 하얀 돌멩이를 가루로 만든 것이다. 어떻게 보면 자연에서 얻은 물질이라고도 할 수 있다! 기업들은 발효 속도를 높이기 위해, 보존 기간을 늘리기 위해, 그리고 반죽이 기계에 덜 달라붙도록 하기 위해 황산칼슘을 사용한다. 문제는 당신이 정말로 황산칼슘을 먹고 싶어 하는가이다.

8번 재료는 모노글리세라이드와 디글리세라이드, 에톡실화 모노글리세라이드와 디글리세라이드*다. 특이한 이름을 가진 이 화학 물질들이 추가되면 반죽은 더 크게 부풀기 때문에, 반죽에 다른 재료들을 적게 넣어도 되고 생산 단가가 낮아진다. 또 제빵용 트레이에서 빵을 꺼내기가 쉬워진다는 실용적인 장점도 있다.

9번의 자리에 슬쩍 들어온 재료는 액상 과당high-fructose corn syrup**이다. '진짜' 빵도 때로는 설탕 대신 과당을 사용해서 향미를 증진하고 반죽이 잘 부풀어 오르게 만든다(이스트는 당을 사랑하기 때문이다). 사실 빵에는 꿀이 일정량 들어가는 경우가 많고, 비록 제조업체들은 빵에 설탕이 들어갔다는 사실을 강조하지 않지만, 자연에서 얻은 꿀을 한 숟가락 가득 넣는 경우라면야 그렇게 만든 빵은 우리에게 이로울지도 모른다! 하지만 액상 과당은 가장 싼 당이고, 제조업체들이 다른 어떤 당보다 액상 과당을 좋아하는 이유도 싸기 때문이다. 그러니까 액상 과당을 콩기름과 함께 섭취하는 것이 우리 자신을 죽이는 일이라는 사실은 그냥 디테일로 취급된다! 현대의 음식 평론가 조지프 머콜라Joseph Mercola는 액상 과당에 관해 이렇게 이야기한다.

---

* 글리세라이드는 지방산과 글리세롤의 에스테르 화학 결합물이다. 글리세롤과 한 개의 지방산이 결합하면 모노글리세라이드, 글리세롤과 두 개의 지방산이 결합하면 디글리세라이드가 된다.

** 영문을 그대로 번역한 이름은 '고과당 옥수수 시럽'이지만 이 책에서는 '액상 과당'으로 옮긴다.

부분적인 수소화 반응을 통해 만들어진 매우 부자연스러운 인공 지방(트랜스 지방)은 당신의 몸 안에 있는 세포에 기능 이상과 혼란을 일으킨다. 연구 결과에 따르면 인공 지방은 비만과 당뇨병, 생식기 질환과 심장병 같은 질병과 관련이 있다.

여기까지만 들어도 나쁘다는 생각이 드는가? 진지하게 말하건대 지금까지 들은 이야기는 아무것도 아니다. 10번 재료는 곰팡이 제거제로 사용되는 프로피온산칼슘이다. 프로피온산칼슘은 곰팡이와 박테리아의 증식을 억제하기 위해 빵에 첨가된다. 프로피온산칼슘은 생쥐를 대상으로 하는 실험에서 안전성을 검증받았다. 그리고 우리가 할 수 있는 것은 생쥐에게 괜찮은 것이라면 인간에게도 괜찮은 것이라 믿는 것뿐이다. (글 상자 '안전성 시험을 믿을 수 없는 이유'를 참조하라.)

11번 재료는 대두 레시틴이다. 대두 레시틴은 보통 유화제로서 오일과 지방 같은 성분들의 분리를 방지하기 위해, 또는 단순히 식감을 좋게 하고 보존 기한을 늘리기 위해 사용된다. 일단 대두 자체가 유전 공학을 적용했거나 논란을 일으킨 살충제 '라운드업Roundup'을 사용해서 재배했을 가능성이 있다. 라운드업은 아주 조금만 섭취해도 해로운 영향을 끼친다는 연구 결과가 나와 있다. 콩 자체가 문제든, 아니면 재배 방식의 문제든, 아니면 가공 과정의 문제든 간에 오늘날 콩이 들어간 모든 식품은 호르몬의

안전성 시험을 믿을 수 없는 이유

미국에서도 그렇고 다른 모든 나라에서도 처방약은 사람을 대상으로 시험을 거쳐야 시장에 나올 수 있다. 하지만 실제로는 약품과 치료에 관한 실험은 대부분 생쥐를 대상으로 이뤄진다. 사람들에게 직접 하는 실험이 훨씬 확실하지만 복잡하고 비용이 많이 들며 위험하기도 하다. 그래서 대신 실험용으로 사육된 특별한 쥐를 사용한다. 그러나 어떤 항생제에 대해 한 마리의 생쥐가 보이는 반응과 인간이 보이는 반응 사이에는 신뢰할 만한 또는 예측 가능한 상관관계가 없다. 인간의 몸은 너무 복잡해서 모방하기가 쉽지 않다. 그럼에도 불구하고 제약 회사들은 이미 오랫동안 고생한 실험용 동물들에게 약품을 투여하면서 세균성 또는 염증성 반응을 찾아내려고 한다. 하지만 그들은 속담 속 술 취한 사람처럼 조명이 더 밝다는 이유만으로 '엉뚱한 길'에서 답을 찾고 있다. 예컨대 생쥐는 인간과 달리 혈관 속에 수백만 마리의 박테리아가 있어도 심각한 염증이나 충격이 없는 한 잘 산다. 그리고 생쥐는 염증성 자극에 대한 저항력이 인간보다 수천 배나 강하다. 어쩌면 우리는 식품 첨가물이나 일반적인 식품은 안전성 실험을 거치지 않아도 된다는 사실에 기뻐해야 할지도 모르겠다.

균형을 무너뜨려 몸에 혼란을 일으키고 체중을 증가시킨다는 혐의를 받고 있다! 대두 레시틴과 같은 재료들은 '크리스털 꽃병을 깨뜨리지 말라' 또는 '스위스제 시계를 집에서 수리하지 말라'라는 나의 세 번째 원칙에 직접적으로 위배된다. 콩이라는 주제는 19장 〈효율을 버리면 건강해진다〉에서 다시 다룰 것이다. 19장에서 우리는 콩이 '농부의 친구'는 될 수 있지만 우리의 친구가 될 수 없는 이유를 살펴볼 것이다.

12번 재료인 스테아릴젖산나트륨은 우리를 공업화 시대로 확실하게 데려다주고 17세기 존 로크의 목가적인 꿈에서는 더 멀어지게 한다. 젖산나트륨은 실로 광범위하게 사용되는 유기 화합물이다. 팬케이크나 와플에서부터 채소와 아이스크림 같은 음식에도 들어가고, 포장재와 샴푸에도 첨가된다. 젖산나트륨이 빵에 들어가면 반죽이 물을 더 많이 흡수하게 해서 빵의 부피를 키워 준다. 그리고 잊지 말라. 물은 가장 값이 싼 재료라는 사실을! 내 생각에 젖산나트륨이 들어간 빵은 중량 대비 지방 함유량이 조금 낮기 때문에 적어도 다이어트를 하는 사람들은 환영할 만하다. 하지만 이것은 존 로크가 꿈꿨던 '소박한 삶'의 척도와는 전혀 다를 뿐 아니라 서글프게도 그런 삶과 멀어지는 시발점이다. 로크는 로마 황제 아우구스투스가 '지상에서 가장 힘센 군주였을 때' 전차 안에서 마른 빵을 씹어 먹었다는 사실, 그리고 세네카가 여든세 번째 편지에서 '방종이 허락되는 나이'인 노년에는 저녁 식사 때 마른 빵 한 덩어리를 먹는 것을 자신에게 허락했다고 썼다는 사실을 긍정적으로 소개했던 사람이다. 만약 그런 로크가 오늘날 살아 있다면, 자연스럽게 마르는 빵을 찾는 것조차 쉽지 않아서 고전할 것이다.

평판이 그리 좋지 못한 12번 재료도 13번과 비교하면 인기 연예인일 듯하다. 13번은 바로 제1인산칼슘이다. 농부들이 비료로 많이 쓰는 제1인산칼슘은 보통 뼈를 분쇄해서 얻는다. 물론 제빵업계에서는 제1인산칼슘을 단지 팽창제와 보존제로만 사용하긴 하지만, 뼈를 갈아 넣는다니! 우스운 이야기 하나 더. 사실은 그렇게 우습지도 않지만, 14번 재료인 황산암모늄 역시 농업용 비료로 쓰인다. 황산암모늄은 전혀 예상치 못한 장소에서 툭 튀어나오는 화학 물질이다. 제빵업계에서는 이스트의 먹이 보충을 위해 황산암모늄을 첨가한다.

나의 세 번째 원칙을 파괴하고 있는 또 하나의 재료는 15번 재료인 효소다. 각종 효소는 반죽이 부풀어 오르는 시간을 단축시키기 위해 첨가된다. 시간은 돈이니까! 빵에 가장 자주 사용되는 효소는 아밀라아제와 프로테아제인데, 아밀라아제를 얻는 방법은 세 가지가 있다. 박테리아, 균류, 그리고 돼지! 이 효소들이 다른 용도로 쓰일 때는 예상치 못한 부작용을 주의하라는 다양한 경고 문구가 따라다닌다.

16번 재료는 반쯤은 괜찮다. 아조디카본아미드라는 이 재료는 밀가루를 표백하고(더 하얗게 만들고) 반죽을 다루기 쉽게 만들어 준다. 그럼 아조디카본아미드는 왜 반만 괜찮을까? 기묘한 이야기지만 미국에서는 아조디카본아미드가 안전한 물질로 간주되는 반면 유럽에서는 알레르기 반응과 천식 발작을 일으킨다는 이유로 금지되기 때문이다. 어떤 사람들은 그 이유 하나만으로도 아조디카본아미드는 전혀 괜찮지 않다고 생각할 것이다. 17번 재료 역시 비슷한 의심을 받고 있다. DATEM으로 불리는 이 재료의 다른 이름은 글리세린주석산지방산에스테르이다. DATEM은 또 하나의 유화제로서 반죽의 부피를 늘리고 균일성을 높여 준다. KILLEM,[*] 아니 DATEM은 사실 2002년 안전성 시험을 통과하지 못했다. 시험 전에 DATEM이 쥐들에게 '심장 섬유증과 부신 비대증'을 일으킨다는 사실이 발견됐기 때문이다. 하지만 내가 앞에서 말한 대로, 쥐들에게 일어나는 일이 반드시 인간에게도 그대로 나타나는 것은 아니다. 그러니까 샌드위치를 먹을 때는 그저 운이 좋기만을 바라자!

이제 당신은 식품에 이상한 물질들이 첨가된다는 사실을 안다. 그래서 최소한 앞으로 일주일 정도는 식품의 성분 표기를 더 주의 깊게 살펴볼 것이다. 그러나 성분 표시에 적혀 있지 않은 것들에 대해서는 당신이 어떤 조치를 취할 수도 없고 쉽게 확인할 수도 없다. 다음 장에서는 바로 그 부분을 이야기하려 한다.

[*] '죽인다'는 의미의 kill을 넣어 DATEM과 비슷하게 만든 단어.

2장

과연 이걸 보고도
먹을 수 있을까

매우 철학적인 소설이지만 저평가되고 있는 《이상한 나라의 앨리스》에는 '아무도nobody'와 '아무것도nothingness'에 관한 농담으로 가득하다. 그 농담들은 '아무것도nothing'가 애매모호한 개념이라는 것을 말해 준다. 혹은 애매모호한 개념은 아무것도 없다는 뜻일 수도 있다.

　"차를 더 마시렴." 3월 토끼가 앨리스에게 강하게 권했다.

　　"저는 아직 아무것도 안 마셨는데요." 앨리스는 불쾌하다는 투로 대답했다. "그러니까 더 마실 수는 없지요."

　　"차를 '덜' 마실 수는 없다는 말이겠지." 모자 장수가 말했다. "아무것도 안 마시는 것보다는 더 마시는 게 훨씬 쉽잖아."

　포장된 식품을 소비할 때 우리는 성분 표기에 '없는' 것들을 과도하게 섭취하기 쉽다. 카라기난(유럽 연합에서는 E407로 기재한다), 변성 전분(E1422), 젤라틴 같은 것들 말이다. 그 이유를 알아보자.

　당신이 점심 식사거리를 사려고 슈퍼마켓에 들렀다가 몸에 안 좋아 보이는 디저트 제품을 사고 싶어졌다고 치자. 물론 당신은 성분 표기를 확인하고 라벨에 적힌 영양 정보를 자세히 읽어본다. 모든 설명이 지극히 합리적으로 보인다. '기능성 밀가루'라는 낯선 용어 하나만 빼고.

　그런데 밀가루만큼 해롭지 않은 음식이 또 어디 있겠는가? 커다란 회색 맷돌로 황금색 밀을 빻아 만든 밀가루는 가장 오래된 가공식품 중 하나임에 틀림없다. 글쎄, 그렇긴 하다. 하지만 밀을 맷돌로 빻은 것은 오래전의 일이고, 오늘날에는 다른 방법을 쓴다! 요즘 나오는 기능성 밀가루는 첨단 기술이 적용된 제품으로 옛날 밀가루와는 상당한 차이가 있다. 한번 생각해 보라. 2019년 기능성 밀가루 시장의 규모는 8000억 달러를 넘어설 것으로 예상됐다. 정말 어마어마한 돈이다! 뭔가 수상하다. 그런데 소비자들은 어떤 일이 벌어지고 있는지 자세히 듣지 못한다.

　믿을 만한 소식통(세계 굴지의 대기업과 브랜드에 데이터를 제공하는 시장 조사 전문 업체인 마켓앤마켓Markets and Markets)에 따르면, 기능성 밀가루 시장의 확대는 가공식품과 간편식 소비가 늘어난 것과 밀접한 관련이 있다.

기능성 밀가루를 전문으로 생산하는 '인그레디언Ingredion'이라는 회사를 예로 들어 보자. 인그레디언 홈페이지에 가 보면 회사의 대표 상품인 '노베이션Novation'에 관해 다음과 같이 홍보한다.

인그레디언 노베이션 제품을 이용하시면 귀사는 품질 좋고 건강하며 '깨끗한 성분 표기 라벨'이 붙어 있는 제품을 생산할 수 있습니다. [강조는 지은이]

옳은 말이다. 기능성 밀가루의 중요한 기능은 성분 목록에서 불쾌한 단어들을 제거할 수 있게 해 준다는 것이다. 그것은 소비자와 식품 안전 기관들과 거대 식품 기업들 사이의 끝없는 3인 체스 게임에서 제일 마지막에 둔 수와 같다. 당신이 유기농 식료품을 구입한다거나 비정제 음식, 건강한 음식, 천연 재료만 선택한다고 해서 기능성 밀가루가 당신과는 무관하다고 착각하지 말라. 인그레디언, 또는 인그레디언과 비슷한 회사가 당신보다 먼저 그런 식품들에 손을 뻗쳤을 가능성이 높다.

오늘날 노베이션의 기능성 생전분 제품군에는 왁시 메이즈, 타피오카, 쌀, 감자 베이스와 다양한 유기농 성분들이 함유되어 있으며, '프리마PRIMA' 제품군은 냉동/해동 및 냉장 보관의 경우에 모두 안정성이 높습니다. 그래서 귀하의 기업은 완성품의 품질을 떨어뜨리거나 제조 공정의 효율성을 포기하지 않고도 '천연', '유기농', 또는 '건강'이라는 문구를 넣을 수 있습니다.

이 모든 설명은 오늘날 식품의 표면 아래서 많은 일이 벌어지고 있음을 보여 주기 위한 것이다. 그러나 이런 설명만으로는 숨은 첨가물이 중요한 진짜 이유를 알 수 없다. 만약 당신이 알레르기나 천식으로 고생하고 있다면, 혹은 나중에 암에 걸리거나 간질환에 시달리고 싶지 않다면, 혹은 그저 당신의 몸이 자기 조절(당연히 체중 조절도 포함된다)을 잘하기를 바란다면, 이 숨겨진 성분들도 매우 중요하다. 기업들은 어리석지 않다. 설령 기업들이 어리석다 할지라도 시장의 힘이 신속하게 작용해서 그 어리석음을 바로잡을 것이다. 식품의 숨겨진 성분들은 소비자들이 걱정하는 성분들과 정확히 일치한다. 체중을 증가시키고 암이나 간 부전 등의 질병과 관련이 있다고 알려진 성분들이다.

나의 음식 3원칙을 되새겨 보자.

1. 디테일이 중요하다.

2. 모든 것은 연결돼 있다.

3. 크리스털 꽃병을 깨뜨리지 말라.

기능성 밀가루는 나의 원칙과 정반대인 '디테일은 중요하지 않고, 모든 것은 연결되어 있지 않으며, 꽃병은 접착제로 다시 붙이면 된다'는 이데올로기의 산물이다. 그리고 확실한 사실 하나. 숨겨진 성분들의 대다수는 과거에 유럽 연합에서 라벨에 'E + 숫자' 형식으로 표기하던 것으로, 언젠가 그 성분들이 암을 비롯한 각종 질병과 관련이 있다고 강조하는 언론 보도가 나와서 사람들이 공포에 질린 적이 있다. E + 숫자로 표기되던 '바람직하지 않은' 성분들 가운데 카라기난(E407)과 변성 전분(E1422)은 불명예스럽게도 밀가루 함유 식품에서 발견된 바 있다. 카라기난은 해초에서 추출한 성분으로서 점도를 높여 주는 안정제로 사용된다. 식품 기업들이 공개하기를 꺼리는 또 하나의 성분은 젤라틴이다. 내가 알기로 젤라틴은 위험하지는 않지만 돼지고기 또는 쇠고기에서 추출하기 때문에 이슬람교와 유대교 신자들과 채식주의자들이 금기시하는 성분이다. 그리고 과산화벤조일이라는 성분이 있다. 과산화벤조일은 원래 이름 그대로 공공연하게 판매된다. 특히 약국에서는 여드름이 올라온 피부에 바르는 강력한 건조제로서 과산화벤조일을 판매한다. 그러면 과산화벤조일이 밀가루에 들어가면 어떤 작용을 할까? 과산화벤조일은 접촉하는 모든 물질을 탈색시켜 하얗게 만든다. 그래서 유청과 우유, 그리고 고르곤졸라, 파머잔, 스위스 에멘탈처럼 가정적인 이름을 가진 치즈에 들어간 과산화벤조일은 꼭 필요하지도 않은 탈색 작용을 한다. 피부 연고로 판매될 때는 경고 문구가 따라붙는 화학 물질을 이 훌륭한 치즈들과 결합시키는 것이 현대 식품 과학의 마법이다.

당신의 몸을 교란시킬 준비를 하고 있는 또 하나의 숨겨진 재료를 만나 보자. 그 재료는 바로 브롬산염이다. 브롬산염은 칼슘, 포타슘, 나트륨 같은 여러 가지 '맛'으로 나뉜다. 사실 브롬산염은 호수와 저수지의 물속에서도 형성되기 때문에 100퍼센트 인공적인 물질은 아니다. 햇빛 속에서 브롬이라는 원소가 대기 속의 오존과 반응할 때 생성되는 물질이 브롬산염이다. 그렇다 해도 식수에 브롬산염이 들어 있는 것은 좋은 일이 아니다. 브롬산염은 발암 물질로 추정되고 있기 때문이다. 그리고 브롬산염은 신부전의 원인이 된다. 2014년에는 코카콜라가 영국에 새롭게 출시한 '다사니Dasani'라는 생수에서 소량의 브롬산염이 검출된 탓에 생수 50만 병을 강제로 리콜하는 일도 있었다.

하지만 코카콜라가 생수를 하수구에 죄다 부어 버리고 있을 때에도 제빵업계에서는 반죽의 점성을 높이고 팽창을 돕기 위해 브롬산염을 사용하고 있었다. 2016년 환경워킹그룹이 수행한 조사에 따르면 슈퍼마켓에서 판매되는 피자와 핫 크로스 번hot cross bun(건포도와 향신료를 넣은 달콤한 롤빵으로, 영국에서는 전통적으로 부활절과 성금요일에 먹는다)을 비롯한 다수의 상품에서 브롬산염이 검출됐다. 놀랍지 않은가!

더 이상한 일은 영국, 캐나다, 스리랑카, 중국, 나이지리아, 브라질, 페루에서는 브롬산염을 '밀가루 개량제'로 사용할 수 없다는 것이다. 그런데 미국에서는 FDA가 제빵업체들에게 자율적으로 브롬산염 사용을 중단하라고 권고하는 데 그쳤다. 현대의 밀가루 제품들은 워낙 복잡해서 규제 담당자들도 내용물을 일일이 파악하지 못하는 것 같다. 브롬산염이 주는 교훈은 다음과 같다. 살충제, 첨가물, 편법이 들어가지 않은 전통적인 통밀가루로 요리를 하고 싶다면 당신이 직접 밀농사를 지어서 밀을 빻아 사용하라!

우리는 왜 아조디카본아미드를 먹는가

2001년 시카고의 어느 고속 도로에서 아조디카본아미드를 운반하던 트럭이 전복됐을 때, 시카고 시청 공무원들은 고위험 물질 주의보를 발령하고 반경 약 800미터 내에 사는 사람들을 모두 대피시켰다. 사고 현장에 있었던 사람들은 눈이 따갑고 피부가 가려운 증상을 호소했다.

이처럼 무시무시한 아조디카본아미드는 어떤 상황에서는 금지되는 화학 물질이지만 매우 흔한 식품 첨가물이기도 하다. 제빵업계에서는 밀가루를 표백하기 위해, 그리고 개량과 숙성을 위해 아조디카본아미드를 사용한다. 아조디카본아미드는 스타벅스와 같은 체인점에서 판매하는 제품들(예컨대 스타벅스의 크로아상 제품들)에 첨가되고 패스트푸드 음식점에서는 햄버거와 핫도그 빵의 형태로 판매된다.

규제 담당 기관들도 아조디카본아미드가 '호흡 과민성 물질'로서 알레르기 반응을 유발할 수 있다는 사실을 인정한다. 아조디카본아미드가 분해될 때는 세미카바자이드라는 물질이 만들어지는데 유럽 연합, 오스트레일리아, 뉴질랜드, 싱가포르에서는 세미카바자이드를 약한 발암 물질로 간주해 사용을 금지하고 있다. 그러나 미국에서는 다르다. 언제나 (뭔가를 금지하는 일에) 신중한 FDA는 소량만 사용할 경우 세미카바자이드가 안전하다고 간주한다.

3장

말처럼 먹어라

우리는 동물로부터 많은 것을 배운다. 애완동물이라면 입맛이 까다로울 수 있지만 대부분의 동물은 그렇게 까다롭지 않기 때문이다. 스코틀랜드의 철학자 데이비드 흄은 인간이 정교한 언어를 구사하는 능력을 가진 것만 빼면 동물과 거의 똑같다고 주장하기도 했다. 방목지에서 풀을 뜯고 있는 통통한 어린 조랑말과 번들거리는 근육질의 경주마를 비교해 보자. 두 동물이 먹는 음식에 어떤 차이가 있으리라고 생각하는가?

답은 음식에 있지 않다. 조랑말과 경주마는 둘 다 잔디, 귀리, 당근을 먹는다. 경주마라고 해서 닭고기와 참치를 잔뜩 먹고 단백질 셰이크를 마시지는 않는다. '약에 취한' 효과를 얻기 위해 경주 전 일주일 동안은 평소의 절반만 먹지도 않는다. 조랑말과 경주마는 어디까지나 초식 동물이니까.

하지만 말 전문가인 캐런 브릭스에 따르면 경마의 세계에서는 오랫동안 경주마의 먹이에 단백질이 많이 함유되면 말의 기운이 더 좋아진다는 잘못된 관념이 자리 잡고 있었다고 한다. 다행히 요즘 말 주인들은 그게 잘못된 관념이라는 걸 안다. 내가 '다행'이라고 표현한 이유는 단백질은 에너지원으로서 효율이 낮을 뿐 아니라 단백질을 지나치게 많이 섭취하면 오히려 해로울 수도 있기 때문이다. 단백질을 과잉 섭취하면 운동할 때 호흡과 심장 박동이 지나치게 빨라지고 땀도 지나치게 많이 날 수 있다. 헬스클럽에 가기 전에 마시면 좋다고들 하는 단백질 셰이크에 대해 이런 이야기를 들어 봤는가? 아마 못 들었을 것이다. 다시 말하지만 크리스털 꽃병을 깨뜨리지 말라. 꽃병을 깨뜨리기는 쉽지만 다시 붙이기는 매우 어렵다.

요즘 말 조련사들은 사람을 훈련시키는 '개인 트레이너'들과 달리 고객(여기서 고객이란 개량을 거친 경주마들이다)의 아미노산 균형을 달성하는 것이 중요하다는 사실을 아는 것 같다. 아미노산 균형을 달성하려면 무슨 마법처럼 '단백질이 근육을 만든다'라는 단순한 가정에 근거한 전략과는 전혀 다른 전략을 사용해야 한다.

사실 소, 토끼, 사슴, 심지어는 캥거루를 포함한 모든 초식 동물은 우리가 상상하는 것보다 더 균형 잡힌 식생활을 하고 있다. 그 동물들이 뜯어먹는, 그러니까, 공유지나 마당의 풀도 그렇고 사람들이 먹이로 주는 건초에도 알팔파나 클로버 같은 콩과 식물들이 상당한 비율로 함유되어 있기 때문이다. 품질 좋은 건초는 보통 14~25퍼센트의 조단백질crude protein을 함유하고 있다! 잡초가 무성한 당신의 잔디밭에서 풀을 뜯어 먹는 토끼들은 단백질을 6~14퍼센트 함유한 식사를 하는 셈이다. 물론 초식 동물과 사람을 동일 선상에 놓을 수는 없다. 대표적인 차이점은 말을 비롯한 초식 동물들은 식물의 셀룰로오스에서 단백질 등의 영양소를 소화하고 흡수할 수 있는데, 사람들은 그런 영양소를 소화하지 못한다는 것이다.

그럼에도 불구하고 경주마들은 열정적으로 다이어트를 하는 사람들과 유사한 점이 있다. 구시대적인 마굿간에서는 말들이 풀이 무성한 초원을 어슬렁거리는 대신 하루 20시간 이상 좁은 공간에 갇혀 지낸다. 이런 말들은 맛있고 신선하고 달콤한 풀을 먹지 못하고 건초와 아주 많은 양의 곡물(조금만 먹는다면 좋다), 즉 '단백질'을 먹는다. 출근하기 전이나 퇴근한 후에 꼬박꼬박 헬스클

말이 직접 알려 주는 다이어트 요령

- ☑ 신선한 채소와 샐러드를 먹는다.
- ☑ 풀 뜯어 먹기: 조금씩 자주 먹는다.
- ☑ 신선한 바람을 쐬고 햇볕을 충분히 받는다.

럽에 가서 운동을 하는 사람들처럼, 이런 말들은 환기가 잘 안 되
는 축사에서 긴 시간을 보내면서 자연스럽게 운동할 기회를 얻지
못하고 미리 계획된 운동만 한다. 그래서 이곳의 말들은 스트레스
를 받거나 근육량이 줄어들고, 궤양과 같은 질병을 얻기도 한다.

　말과 사람의 공통점이 하나 더 있다. 사람도 다른 동물들도
다 그렇듯이 말은 특정 미네랄과 비타민을 필요로 한다. 하지만
말과 같은 초식 동물들은 신선한 건초 또는 풀과 햇빛을 통해 자
연스럽게 영양소를 얻는다. 오래된 건초는 마치 포장 용기에 담
긴 오래된 샐러드처럼 영양과 비타민의 대부분을 잃게 된다. 말
과 사람의 공통점은 또 있다. 하루에 한두 번 음식을 잔뜩 먹을
때보다 여러 번에 걸쳐 소량의 음식을 먹을 때 영양소를 효율적
으로 섭취할 수 있다.

　사람이 먹는 음식 중에 말의 먹이와 가장 비슷한 것은 무엇
일까? 양상추? 당근? (예전에 내 친구 하나는 당근을 주식으로 먹었
다. 채 썰어 먹고, 얇게 저며서 먹고, 삶아 먹고, 수프에도 넣어서 먹었
다. 그 친구는 결국 카로틴 과잉 복용으로 피부가 노랗게 변했다. 당
근 하나만 먹는 것은 절대 건강한 식사가 아니다. 크리스털 꽃병을 깨
뜨리지 말라.) 아니다. 사람이 먹는 음식 중 말의 먹이와 가장 비슷
한 음식은 오랜 전통을 가진 뮤즐리*이다. 뮤즐리는 천연 상태의

＊　muesli. 통귀리 같은 곡물, 생과일 또는 말린 과일, 견과류를 혼합해 만든 아침 식사용 시리얼. 스위
　스에서 유래했다.

귀리로 만든 음식이고 맛도 나쁘지 않다. 뮤즐리에 견과류, 건과일, 신선한 과일을 듬뿍 올리면 맛 좋은 한 끼 식사가 된다. 하지만 뮤즐리에 설탕을 추가할 때는 그 설탕에 몰래 숨어 들어간 다양한 성분을 주의하라. 항상 디테일이 중요하다.

우리가 말의 식사법을 따른다면 어떤 일이 벌어질까? 이 질문과 관련해서는 흥미로운 일화가 하나 있다. 이 이야기에는 미국의 가장 위대한 철학자로 손꼽히는 헨리 데이비드 소로가 등장한다. 소로는 2년 동안 월든 호숫가의 작은 오두막집에 살면서 숲에서 딴 과일과 자기가 직접 농사지은 곡식을 먹고 살았던 것으로 유명하다. 당연한 이야기지만 소로는 채식주의자였다. 언젠가 농부 한 사람이 소로에게 이렇게 말했다고 한다. "채소만 먹고는 못 살아. 채소에는 뼈를 만드는 성분이 없거든." 소로가 설명하는 그 농부의 모습은 이러했다. '그는 뼈의 원료가 되는 물질을 스스로에게 공급하기 위해 날마다 일정한 시간을 들여 종교적 헌신을 보여 주었다. 그는 황소들을 앞세우고 종일 이리저리 움직이며 일했다. 채소로 만들어진 뼈를 가진 그 소들은 어떤 장애물에도 굴하지 않고 그 농부와 그의 육중한 쟁기를 끌고 다녔다.'

이것은 비논리적인 설명이다. 힘센 황소는 '적어도 채식에 익숙해진 동물들은 채소만 먹고도 살 수 있다'는 것을 보여 줄 따름이다. 우리는 철학자들이 이 어지러운 세상에 오아시스 같은 현명한 양식과 이성을 선사하리라고 믿지만, 사실 철학자들을 자세

히 살펴보면 대부분 다소 괴상할 뿐 아니라 매우 비이성적인 사
람들이다. 호숫가에 오두막집을 짓고 연필 만드는 일로 근근이
생계를 유지했던 무정부주의자 소로는 얼핏 생각하면 정말 이상
한 사람이다. 하지만 키가 작고 헝클어진 머리와 초라하고 매력
없는 외모를 지니고 있었던 그는 현대의 철학자들(그리고 다이어
트 전문가들)이 이제 막 이야기하기 시작한 '생태 르네상스'의 상
당 부분을 예견하고 있었던 것 같다. 오, 그리고 그는 항상 마른
몸매를 유지했다.

생으로 먹는 음식

익히지 않은 재료로 '요리'를 하려면 반드시 섬세한 기술이 필요하다. 일반
적으로 요리는 재료에 열을 가해 음식에 들어 있는 화학 물질들이 순환하고
서로 섞이도록 하는 과정이다. 익히지 않고 먹는 음식은 대부분 밋밋하게
느껴지고 수분이 많다. 어떻게 보면 이것은 당연한 일이다. 우리가 날것으
로 먹는 음식들은 대체로 수분이 많이 함유된 음식이기 때문이다.

하지만 제대로 된 방법을 사용하면 날것으로 먹는 음식도 맛이 좋으면서
매력적인 요리가 될 수 있다. 반대로 요리를 잘못 하면 (슬프지만 대부분은 여
기에 해당한다) 똑같은 음식들도 단조롭고 지루하게 느껴진다. 드레싱은 원래
샐러드를 맛있게 먹기 위해 만들어진 것이 아니라 애초에 맛있는 샐러드를 만
들지 못한 것을 감추기 위해 발명된 것이다. 토마토, 루꼴라, 얇게 썬 파머잔
치즈, 육면체 모양의 페타 치즈, 블랙 올리브에 엑스트라 버진 올리브유 드레
싱을 곁들이고 약간의 꿀과 민트를 곁들인 요리는 익히지 않은 재료들과 향신
료를 결합해 손쉽게 좋은 효과를 만들어 내는 방법을 보여 준다.

1857년 1월 7일의 일기에서 소로는 자신에 관해 다음과 같이 이야기했다.

거리에서나 사회에서나 나는 항상 방탕하고 보잘것없는 사람이고 내 삶은 이루 말할 수 없이 초라하다. 아무리 많은 금이나 아무리 명예로운 일이 생겨도 내 삶이 근사해지지는 않을 것이다! 주지사와 식사를 한다거나 국회 의원이 된다고 할지라도! 그러나 한적한 숲이나 들판, 또는 평범한 잔디밭이나 토끼가 뛰어다니는 목초지에 혼자 있을 때는, 더없이 음산하고 우울해서 마을 사람들은 술집에 가고 싶어질 오늘 같은 날에도, 나는 나 자신으로 돌아오고 다시금 나 자신이 대단한 인맥을 가지고 있다고 느낀다. 추위와 고독이 나의 친구들이다.

나에게 이것은 다른 사람들이 교회에 가서 기도를 하며 얻는 것과 똑같이 귀중하다. 향수병에 걸린 사람이 고향으로 향하는 것처럼 나는 혼자 숲길을 걸어 집에 돌아온다. 그 덕분에 나는 군더더기를 제거하고 사물을 원래 모습 그대로 장엄하고 아름답게 바라볼 수 있다. 날마다 일정 시간 동안은, 온전한 정신으로 지내고 싶다.

소로는 1만 평방미터쯤 되는 작은 콩 농장을 경작했는데, 그가 먹는 음식의 대부분을 그 농장에서 얻었다. 그는 완두콩, 옥수수, 순무, 감자, 그리고 무엇보다도 껍질콩green bean을 수확했다. 껍질콩을 팔아 약간의 돈을 벌기도 했다. 2년째가 되자 그는 농작물의 가짓수를 오히려 줄이면서 다음과 같은 글을 썼다.

> 사람이 직접 재배하는 작물로만 살고 그 작물만 먹으면서 단순하게 살려고 한다면, 그리고 비싸고 사치스러운 물건들을 사들이려 하지 않고 자기가 먹을 만큼만 농사를 짓는다면, 그 사람은 지팡이 한두 개 폭의 땅만 경작하면 된다. 밭을 갈 때도 소를 이용해 쟁기질을 하지 않고 삽을 쓰면 된다. 오래 농사를 지은 땅에 거름을 줄 필요도 없이 가끔 새로운 땅으로 옮겨 주면 된다. 그에게 필요한 모든 농사일은 마치 여름철에 이따금씩 왼손을 움직이는 것처럼 쉽게 해낼 수 있을 것이다.

소로는 고대의 철학자 디오게네스처럼 물만 마시고 다른 음료는 입에 대지 않았다. 소로는 '물은 지혜로운 사람이 마시는 유일한 음료'고 '포도주는 고상한 술이 못 된다'라는 글을 남겼다. 실제로도 그는 따뜻한 커피 한잔이나 차 한잔의 유혹도 경계하며 살았다!

소로가 숲속 생활에서 얻은 섭식에 관한 교훈은 '우리에게 필요한 음식을 얻는 수고는 생각보다 훨씬 적다'와 '사람도 동물과 마찬가지로 단순한 음식을 먹으면서 건강과 기력을 유지할 수 있다'로 요약된다. 이러한 통찰은 소로의 가장 유명한 책인《월든》에 실려 있다. 그는 이 책에서도 단순한 음식을 옹호했다.

> 내가 준비한 저녁 식사는 여러 면에서 만족스러웠다. 그저 나의 옥수수밭에서 따온 쇠비름Portulaca oleracea을 데치고 소금으로 간을 한 요리였다. 내가 쇠비름의 라틴어 이름을 소개한 것은 그 이름이 아름답기 때문이다. 그리고 이성적인 사람이라면, 평화로운 시대의 평범한 점심시간에 충분한 양의 삶은 옥수수를 소금에 찍어 먹는 것 외에 무엇을 더 바라겠는가? 내가 약간의 변화를 준 것도 사실은 건강을 위해서가 아니라 식욕의 요구에 굴복한 것이었다. 그런데도 사람들은 걸핏하면 꼭 필요한 음식이 아니라 사치스러운 음식을 갈망한다. 내가 아는 어느 선량한 부인은 자기 아들이 물만 마셨기 때문에 일찍 죽었다고 생각한다.

참고로 쇠비름은 우리 주변에서 흔히 볼 수 있지만 우리가 주목하지 않아서 외면당하고 있는 야생의 식량 중 하나다. 쇠비름은 정원의 그늘진 구석에서 눈에 띄지 않게 자라거나 거친 땅에서 드문드문 자란다. 쇠비름은 척박한 땅에서 더 잘 자라는 식물이기 때문이다. '에더블와일드푸즈닷컴ediblewildfoods.com'이라는 훌륭한 대안적 식생활 웹사이트를 관리하는 캐런 스티븐슨Karen Stephenson의 말에 따르면 쇠비름은 익혀 먹어도 되고 샐러드, 수프,

스튜에 넣어 먹어도 되며 어떤 요리에나 뿌려 먹어도 된다. 게다가 쇠비름은 항균 작용을 하고, 괴혈병을 치료하며, 정화 작용을 하고, 이뇨를 촉진하고, 열을 내려 준다. 그리고 쇠비름 잎에는 다른 어떤 식물보다 오메가 3 지방산(심장 발작을 예방하고 면역 체계를 강화한다)이 많이 함유돼 있다. 일부 어유fish oil보다도 쇠비름의 오메가 3 지방산 함유량이 더 많을 정도다. 그리고 쇠비름은 질긴 초록색 잎, 노란 꽃, 검은 씨앗 등 모든 부분을 먹을 수 있는 식물이다.

안타깝게도 구글 검색을 해 보면 요즘 사람들이 쇠비름을 많이 먹지 않는다는 사실을 알 수 있다. 대신 사람들은 검색 엔진에 다음과 같은 문구를 입력한다. '쇠비름이라는 잡초를 먹어도 되나요', '개에게 쇠비름을 먹여도 되나요'. 그리고 심지어는 '쇠비름을 없애는 방법은'이라고도 검색한다. 솔직히 말해서 나도 쇠비름을 먹어 본 적은 없다. 먹어 보고 싶다는 생각만 할 뿐.

월든 숲속의 오두막으로 돌아가 보자. 소로는 위대한 철학자 존 로크의 발자취를 따랐거나, 아니면 그저 잡초로 끓인 수프의 짝으로 알맞은 뭔가를 생각했던 것 같다. 그는 집에서 롤빵을 만들어 먹는 독특한 즐거움에 관한 글을 썼다.

빵. 내가 처음에 만든 빵은 순전히 옥수숫가루와 소금으로만 만든 진짜 옥수수빵이었다. 내가 오두막집을 짓는 동안 베어 낸 나뭇가지의 끝부분이나 널빤지를 사용해 야외에 불을 피워 놓고 빵을 구웠다. 하지만 옥수수빵은 까맣게 그을리기 일쑤였고 소나무 향이 났으므로 밀가루로도 빵을 구워 봤다. 마침내 호밀과 옥수숫가루를 섞으면 굽기도 편하고 빵 맛도 좋다는 사실을 알아냈다. 마치 이집트 사람들이 부화하는 새알을 지키듯이, 추운 날에 작은 빵을 연달아 구우면서 빵 덩어리를 보살피고 뒤집어 주는 일은 둘도 없는 즐거움이었다.

또《월든》에는 '콩밭'이라는 짧은 제목이 붙은 장이 있다. 이 장에서 소로는 콩에 대한 사랑을 다음과 같이 표현했다.

나는 밭이랑에 올라온 콩과 사랑에 빠졌다. 콩은 나를 대지에 밀착시켜 주고, 나를 그리스 신화에 나오는 거인 안타이오스처럼 힘센 사람으로 만들어 준다. 그런데 나는 왜 콩농사를 짓고 있는가? 그것은 하늘만 안다. 나는 여름 내내 신기한 노동을 했다. 지구 표면에서 이만큼의 땅에, 과거에는 양지꽃과 블랙베리와 물레나물 같은 식물만 자라고 달콤한 야생 열매와 예쁜 꽃이 있었던 이 땅에 콩이 열리도록 하려고 애썼다. 나는 콩에 대해 무엇을 배우게 될까? 콩들은 나에 대해 무엇을 알게 될까? 나는 이 콩을 소중히 여기고, 괭이질을 하고, 아침저녁으로 살펴본다. 이것이 내가 온종일 하는 일이다.

소로에게 콩을 사 먹는 일이나 남에게 경작을 맡기는 일은 그를 대지와 멀어지게 하고 그의 육체와 영혼이 영양분을 얻는 원천인 자연과의 직접적인 접촉을 끊어 버리는 일이었다. 단순히 음식을 얻는 것만으로는 충분하지 않았다. 그는 그 음식을 직접 기르는 경험을 원했다. 이것이 말과 인간의 진정한 차이점이다.

소로가 알려 주는 섭식의 지혜

☑ 직접 키운 음식에는 특별한 효능이 있다.
☑ 건강해지기 위해 아주 다양한 음식을 먹을 필요는 없다.

4장

석기 시대 다이어트

오늘날 가장 인기 있는 다이어트 방법 중 하나는 '팔레오 다이어트', 또는 조금 덜 멋있는 '석기 시대 다이어트'라는 이름으로 불리는 방법이다. '자연으로 돌아가자'가 생각나지 않는가? 팔레오 다이어트는 자연 그대로가 가장 좋다고 가정한다. 자연이 가장 좋다는 것은 아주 흔한 가정이라서 철학자들은 '자연 호소appeal to nature'라는 용어까지 만들었을 정도다. 하지만 철학자들은 자연 호소를 잘못된 사고의 방법인 '오류'로 분류했다. 따지고 보면 요리를 하는 것은 음식을 자연 그대로 먹는 것이 아니지만, 그렇다고 해서 요리가 나쁘다는 것이 증명되지는 않는다. 그러고 보면 플라톤에서 니체에 이르는 위대한 철학자들은 대부분 음식에 관한 글을 쓰면서 자연과 매우 흡사한 것에 호소하려는 충동을 이겨내지 못했다. 나 역시 앞에서 식품 첨가물과 말을 축사에 가둬서 키우는 방식의 '비자연성'에 관해 설명하면서 간접적으로 자연에 호소했다. 따라서 자연스러운 것이 최고라는 접근법은 무시해서는 안 되지만 조심해서 받아들여야 한다. 진짜로 '자연스러운' 것이 무엇인가에 관한 주장들도 논쟁의 여지가 많다.

오늘날 팔레오 다이어트를 옹호하는 전문가들 중에 가장 유명한 사람은 콜로라도주립대학교의 로렌 코데인Loren Cordain 박사이다. 콜로라도주립대학교의 웹사이트는 그를 '섭식과 질병의 진화론적 기원에 관한 세계적인 전문가'라는 확신에 찬 표현으로 소개하고 있다. 코데인은 운동 생리학* 박사 학위를 받은 사람이므로 그의 전문 지식은 학문적 공식력의 범위를 훨씬 넘어선 것 같다. 하지만 철학자들이 어찌 그 점에 대해 불평을 하겠는가!

코데인 박사 이전에는 월터 보그틀린Walter Voegtlin 박사가 있었다. 보그틀린은 1975년《석기 시대 다이어트The Stone Age Diet》라는 책을 출간했지만 널리 기억되지는 못했다.《석기 시대 다이어트》는 약 20년 동안 미국을 뒤흔들었던 '지방은 나쁘다'라는 논쟁의 일환으로 집필된 것이었다. 보그틀린은 지방을 확고하게 옹호하고 '석기 시대 식단'은 지방과 단백질의 배합이며 탄수화물은 아주 조금밖에 없었을 것이라고 주장하면서 당시에 주류였던 식사법에 반기를 들었다. (탄수화물, 단백질, 지방은 음식의 3대 다량 영양소macronutrient로서 칼로리라는 형태로 에너지를 공급한다. 다량 영양

* 단시간 혹은 장시간의 운동 자극에 대한 인체의 반응을 분석하는 학문.

소에 관해 더 알고 싶으면 5장 '에너지 균형'을 읽어 보라.)

보그틀린은 아주 오랜 시간 동안 진화론적 적응을 거친 결과 호모 사피엔스의 소화기는 초식 동물의 소화기와 크게 달라져서 채소 위주의 식단에 적응하기가 어렵다고 주장한다. 그의 이론에 따르면 우리의 치아와 위장, 담낭은 모두 고기 섭취에 적합하다. 그래서 그는 주방 수납장을 아주 철저히 비울 것을 권장한다. 정제된 흰 밀가루는 물론이고 현대인의 주식인 재배 곡물을 모두 쓰레기통에 버리라고 한다. 곡식은 주로 탄수화물로 이뤄졌으니까. 주방을 정리할 때는 락토오스**가 들어 있는 유제품도 모두 버려라. 그리고 설탕이 들어간 음식도 당연히 폐기해야 한다.

보그틀린은 비타민 C와 K만 빼고 인체에 필요한 모든 필수 영양소는 동물성 식품에서 얻을 수 있다면서, 고기 위주의 '석기 시대 식단'이 채식 식단은 물론이고 현대인의 잡식성 식단보다도 비타민과 미네랄을 더 많이 함유하고 있다고 주장한다.

보그틀린 박사의 식사법과 그 이후에 나온 팔레오 다이어트의 추종자들은 모두 현대인이 주로 섭취하는 곡물과 유제품 같은 음식이 자연스럽지 못하고 인간의 몸에서 잘 소화되지 않는다는 생각에서 출발한다. 이 논리에 따르면 곡물과 유제품은 수많은 사람을 괴롭히는 질병의 원인이다. 사람들은 샌드위치, 피자, 뮤즐리 대신 채소, 과일, 견과류(그래, 그래, 그래!)를 더 많이 먹어

** lactose. 유제품에서 발견되는 당의 일종.

야 한다. 그리고 살코기를 아주 많이 먹어야 한다. 고대 철학자들은 '자연 그대로인 음식', 특히 야생 식물에 특별한 존경을 표했지만, 그들은 계란과 우유에 대해서도 인간이 자연에서 채집해 평화롭게 즐길 수 있는 '자연의 과일'이라고 칭송했다. 생선 역시 '채집할' 수 있는 음식이다. 하지만 고기는 채집이 불가능하다. 그래서 고기는 고대 그리스인들이 상상했던 목가적인 이상향의 고요함을 깨뜨린다.

하지만 팔레오 다이어트를 지지하는 웹사이트들은 '저온에서 천천히 조리한 팔레오식 돼지갈비와 뿌리채소'라든가 '붉은 고기와 세이지를 뿌린 버섯으로 만든 팔레오식 버거'와 같은 조리법을 추천한다. 팔레오 다이어트에서는 간식도 육류로 먹는다. 먹다 남은 치킨에 마요네즈를 뿌려 먹거나, 참치 통조림을 먹거나, 미국인들이 좋아하는 쇠고기 육포 등을 먹는 식이다.

일부 열정적인 팔레오 지지자들은 돼지껍데기 스낵pork rinds이나 완숙 달걀 같은 간식으로 변화를 시도했지만, 기본적으로 팔레오식 간식은 당신의 직장 동료들이 나눠 먹자고 할 만한 음식은 아니다.

코데인 박사가 2002년에 출간한《팔레오 다이어트The Paleo Diet》는 하루 동안 당신에게 필요한 열량의 절반 이상은 살코기와 생선에서 얻고 과일, 채소, 견과류에서는 6분의 1만 얻어야 바람직하다고 주장한다. 코데인 박사의 원시인들은 소금과 설탕을 거의 섭취하지 않는다는 점에서 매우 현대적이다. 그가 권하는 팔레오 식단은 신선한 채소와 과일의 장점을 강조하고 가공식품을 멀리한다는 점에서도 해롭지 않다. 그러나 팔레오 식단은 다른 여러 측면에서 논란을 불러일으킨다. 예컨대 영국영양학회에서는 기초 식품군 중 일부를 배제하는 식사법들에 대해 '신경 써서 대체 식품을 섭취하지 않으면 영양 결핍의 위험이 높아진다'고 경고한다.

영양학적 비판이 전부가 아니다. 생물학자이자 저술가인 말렌 주크Marlene Zuk는 범위를 넓혀 팔레오 다이어트 및 그와 유사한 식사법을 방법론적 근거에서 비판한다. 주크의 주장에 따르면, 사람들이 과거에 했던 행동과 어떤 측면에서 '자연스럽다'고 여겨지는 것에 대한 단정적인 가정을 토대로 사람들이 지켜야 하는 규칙을 만드는 것은 틀린 방법이다. 코데인과 주크는 둘 다 학자지만 사실 주크는 진화 생물학 전문가다. 나와 이메일로 다이어트의 과학적 원리에 관해 이야기를 나누던 그녀는 팔레오 식단에 대한 자신의 반박에 사람들이 뜨거운 관심을 보여서 놀랐다고 말했다. 그녀의 팔레오 비판은 인간의 적응에 관한 광범위한 토론의 작은 부분에 불과했다고 한다. 하지만 그것은 그렇게 놀랄 일이 아니다. 무엇을 먹을 것인가에 관한 논쟁은 항상 역사적인 사건에 관한 논쟁보다 더 많은 주의를 끈다.

《팔레오는 환상이다Paleofantasy》라는 책의 결론 부분에서 주크는 다음과 같이 썼다. '팔레오에 대한 환상은 우리 자신에 관한 모든 것, 우리 자신의 몸과 마음과 행동이 환경과 조화를 이뤘던 시대를 상기시킨다. (……) 하지만 사실 그런 시대는 존재하지 않았다.' 그녀는 계속해서 이렇게 말한다. '인간과 다른 모든 생명체는 진화론적 시간 속에서 항상 요동치는 존재였고, 그래서 불가피하게 생겨나는 진화론적 타협*은 생명의 표식과도 같다.'

예를 들면 팔레오 다이어트는 사람들에게 칼슘을 공급해 주는 음식을 먹지 말라고 하는데, 칼슘이 결핍되면 뼈와 치아를 손상시키는 질병에 걸릴 수도 있다. 그리고 진화론적 시간을 기준으로 본다면 우유와 유제품(치즈, 크림, 요구르트)이 비교적 최근에 인공적으로 만들어진 식품이라는 것은 맞는 말이지만, 인체가 유제품에 빠르게 적응하지 못한다는 주장은 사실과 다르다.

오늘날 많은 사람들, 특히 유럽 혈통을 가진 사람들의 소화기는 유제품 섭취에 적응했다. 락토오스를 분해하는 효소인 락타아제를 생산하도록 하는 유전자를 통해 락토오스 내성을 개발한 것이다. 락토오스 내성을 가진 사람들은 유아기가 지난 후에도 그 유전자가 차단되지 않고 평생 동안 락타아제를 분비한다.

또 주크는 팔레오 다이어트가 곡물을 표적으로 삼아 공격하기 때문에 식이 섬유와 미네랄과 비타민의 훌륭한 공급원을 배제하게 된다고 경고한다. (나의 식품 규칙 2번을 다시 보자. '모든 것은

---

* 어떤 형질에서 이득을 얻는 부분이 있으면 그 형질 때문에 포기해야 하는 부분도 생긴다는 의미. '선택과 포기'라고도 한다.

우리의 음식 선택은 얼마나 이성적인가?
팔레오 다이어트는 얼마나 이성적인가?

둘 다 별로 이성적이지 않다. 사실 인간은 우리 생각보다 훨씬 덜 이성적인 존재다. 특히 철학자들이 주장하는 것보다 훨씬 덜 이성적이다. 인간 행동의 진짜 동기를 탐구한 명저인 《야성적 충동Animal Spirits》에서 조지 애컬로프George Akerlof와 로버트 실러Robert Shiller는 행동 경제학의 연구 결과 중 일부를 사용해 경제 호황과 경제 위기와 거품의 파열을 설명한다. 언젠가 텔레비전에 출연한 실러 교수는 소비자들이 비이성적인 선택을 한다는 것을 몸소 증명하기 위해 자신이 여러 종류의 고양이 사료를 먹어 봤다고 밝혔다. 그의 설명에 따르면 하나의 브랜드가 다른 브랜드보다 낫다는 화려한 주장들을 확실하게 반박하는 유일한 방법은 직접 사료를 먹어 보는 것이었다!

고양이 사료는 당연히 고양이의 충동을 불러일으킬 것이다. 하지만 '야성적 충동'이라는 제목은 원래 위대한 경제학자 존 메이너드 케인스가 대공황 직전의 경기 침체를 설명하기 위해, 그리고 나중에는 경기 회복에 뒤따른 '과열'을 설명하기 위해 사용했던 용어였다. 미국에서 사람들이 지나치게 높은 가격이 매겨진 주택을 너도나도 구입하다가 시작된 2008년 금융위기는 '야성적 충동'에 의한 의사 결정의 교과서적인 사례라 할 수 있다. 하지만 날마다 슈퍼마켓에 갈 때도 마찬가지다. 우리는 식품을 구입할 때 라벨에 적혀 있는 내용에 쉽게 넘어간다. 라벨에는 우리가 구입하려는 식품이 가공하지 않은 것이고 품질이 아주 좋다는 주장들이 적혀 있다.

대형 농업 회사, 식품 유통업체, 그리고 텔레비전에 나오는 유명 요리사들은 우리의 비이성적인 면에 호소한다. 그들은 우리의 자존감을 향상시키고 웰빙의 기분을 선사하겠다고 약속하거나, 혹은 우리의 자신감을 떨어뜨리고 우리의 공포를 이용한다. 애컬로프와 실러는 수십 년 전 케인스와 마찬가지로 야성적 충동을 잘 관리하려면 정부의 확고한 손길이 필요하다고 주장한다. 또한 시장의 힘이 저절로 최상의 결과를 이끌어 내리라고 믿거나 소비자들이 더 이성적으로 행동하기를 바랄 경우 기대한 만큼의 성과는 나오지 않을 것이라고 경고한다!

연결돼 있다.') 팔레오 다이어트를 옹호하는 사람들의 핵심 명제인 '우리의 몸은 곡물을 소화하기에 부적합하다'는 주장은 우리의 위와 장이 고정된 것이 아니라 계속 변화하는 수많은 박테리아에게 의존한다는 사실을 부인하고 있다. 석기 시대에 인간의 배 속에서 어떤 종의 박테리아들이 살았는지를 정확히 아는 사람은 아무도 없지만, 그게 어떤 종이었든 간에 오늘날 인간의 몸속 미생물 군집과 매우 달랐을 것만은 분명하다.

　그래서 구석기 시대 원시인에게 좋았던 (또는 나빴던) 것이 지금의 우리에게 적합하다거나 부적합하다고 말할 수는 없을 것 같다. 하지만 팔레오 다이어트를 공개적으로 지지하는 사람들은 디테일을 무시하고 과학적 사실보다 대중의 믿음에 호소한다. 예컨대 캘리포니아 말리부에서 트레이너로 활동하는 마크 시슨은 자신의 웹사이트에 '지난 1만 년 동안 세상은 헤아릴 수 없을 만큼 많이 변했지만(좋게 변하기도 하고, 나쁘게 변하기도 했다) 인간 게놈은 거의 변하지 않았기 때문에 원시 시대와 비슷한 조건에서 건강하게 생활할 수 있다'고 썼다.

　팔레오 다이어트를 뒷받침하는 이론에는 또 하나의 제법 큰 허점이 있다. '석기 시대 인간'이라는 표현 자체가 오해를 불러일으키는 잘못된 용어라는 것이다. 원시 시대 집단생활을 했던 사람들은 지역에 따라 구할 수 있는 식물과 동물의 종류가 달랐기 때문에 먹는 음식도 천차만별이었다. 물론 세계의 일부 지역에서는 살코기가 주요 영양 공급원이었겠지만, 어떤 지역에서는 생선을 주로 먹었을 것이고 또 어떤 지역에서는 과일과 견과류를 중심으로 채식에 가까운 식사를 했을 것이다.

그리고 원시 시대의 매머드나 곰의 두개골이 발견됐다는 소식이 더 흥미진진한 기삿거리로 취급되긴 하지만, 실제로 석기 시대 유적지에서는 식물성 음식인 씨앗, 딸기, 뿌리채소, 잎, 알뿌리가 발견된 바 있다. 예컨대 로키산맥의 유적지에서는 해바라기씨, 선인장씨, 아마란스씨, 소나무씨앗이 나왔다.

물론 지금 우리가 채소를 먹는 방법은 옛날과 다르다. 이 사실은 우리의 소화 기관이 수백만 년 전에 만들어진 진화론적 틀에 고정되어 있다는 주장을 반박하는 또 하나의 근거가 된다. 인간은 단 한 장의 청사진으로 결정되는 융통성 없는 존재가 아니다. 우리는 환경에 적응할 수 있으며 항상 적응한다. 그리고 식물들도 환경에 적응한다. 지난 1만 년 동안 사람들이 섭취한 식물들은 석기 시대 사람들이 구할 수 있었던 식물들과 많이 다르다.

독일의 막스플랑크 인류역사과학 연구소의 고고 유전학 부서에서 마이크로바이옴 과학을 연구하는 크리스티나 워리너는 오늘날 인류가 많이 소비하는 과일, 채소, 동물의 모든 품종을 세밀하게 관찰하고 석기 시대에 살았던 그 품종의 조상들과 차이가 있는지를 알아봤다. 그녀는 인류가 고기와 젖과 알을 최대한 많이 얻기 위해 젖소, 염소, 닭을 사육하고, 식물에 자연적으로 발생한 돌연변이를 선택하거나 교차 수정시켜 우리가 원하는 특징을 가진 품종을 만들어 낸 과정을 추적했다. 예컨대 옥수수는 원래 '테오신트teosinte'로 불리던 억센 야생 식물이었고, 지중해 요리(심지어는 피자에도)에 꼭 필요한 재료인 토마토는 원래 작은 베리류에 가까웠다! 수천 년 동안 인류는 단 하나의 품종들을 선택하고 개량해서 실로 다양한 음식을 만들어 냈다. 이제 우리는 그 품종들이 자연 그대로가 아니라는 사실을 잊어버릴 지경이다. 양배추, 브로콜리, 콜리플라워, 브뤼셀스프라우트, 케일은 모두 꽃양배추 Brassica oleracea라는 단일 품종을 개량해서 인간이 만들어 낸 식물이다. 이런 사실을 고려하면 팔레오 다이어트를 주장하는 사람들이 공장식 축사에서 키운 고기에 곁들여 먹는 채소들 역시 부자연스러워 보이기 시작한다.

팔레오 다이어트와 그 아류들이 인기를 끄는 현상은 전문가들의 의견 및 그처럼 단순한 식사법에 대한 경고와 모순된다. 2013년 《사이언티픽 아메리칸Scientific American》에 실린 한 편의 논문은 10년 전 그 학술지에 글을 썼던 인류학자 윌리엄 레오너드 William Leonard의 냉혹한 경고를 다시 상기시켰다. '현대의 질병들을 인간이 자연식 식사에서 멀어져 나쁜 음식을 먹은 결과로 설명하는 경우가 너무 많다. (……) 이런 접근법은 인간의 영양학적 필요를 근본적으로 잘못 분석하고 있다.'

5장

균형 잡기의 기술

고대로부터 전해져 오는 건강에 관한 조언들의 핵심은 균형의 중요성이다. 그런데 다이어트 신화의 핵심은 우리가 얼마나 먹고 얼마나 운동을 하는가에 있다는 것이 문제다. 도가 사상을 비롯한 대부분의 동양 철학은 평형을 유지하고 조화를 발견한다는 개념을 중요시한다. 동양 철학은 섭식에도 조화를 직접적으로 적용하며, 운동을 하더라도 조화를 염두에 두라고 가르친다. 한편 서구에는 모든 운동을 다 잘해야 한다는 개념에 뿌리를 둔 전통적인 올림픽의 이상이 있다. 그래서 올림픽 경기에는 지금도 '5종 경기'와 같은 다소 이질적인 여러 운동의 조합이 남아 있다. 아리스토텔레스는 5종 경기에 관해 다음과 같은 글을 남겼다.

아름다움은 나이에 따라 달라진다. 젊은 남자에게 아름다움이란 달리기든 힘을 쓰는 종목이든 모든 종목을 소화할 수 있는 육체를 가지고 있는 것이다. 힘을 잘 쓰면서도 보기 좋아야 하고 유쾌한 모습이어야 한다. 그래서 5종 경기에 참가하는 육상 선수들이 최고로 아름답다. 그들은 힘을 잘 쓰고 발을 빠르게 움직이는 능력을 자연스럽게 길렀기 때문이다.

하지만 오늘날 올림픽에서 메달을 따는 선수들은 다양한 체형을 가지고 있으며 대부분은 '균형 잡힌' 몸과 거리가 멀다. 어쩌면 그들의 몸은 단기적인 목표를 추구하는 과정에서 변형됐을지도 모른다.

수천 년 동안 의사들이 균형의 미덕을 신봉했다는 사실은 고대의 문헌에도 나온다. 예를 들면, 고대 중국의 신화에 등장하는 황제 헌원씨가 신하인 기백岐伯에게 '왜 요즘 사람들은 오래 살지 못하는가'라고 물었다는 기록이 있다. 지혜가 높은 신하였던 기백은 '옛날에는 사람들이 도를 실천하고 음양의 이치에 순응하며 만물의 조화라는 도리를 따랐기 때문'이라고 대답하고는 '하지만 요즘에는 그렇지 못합니다'라고 덧붙였다.

요즘 사람들의 생활은 다릅니다. 사람들은 술을 물처럼 마셔 대고 파괴적인 활동에 빠져들어 정精을 소모하고 기氣를 고갈시킵니다. (……) 감정적 자극을 추구하고 돈으로 즐거움을 얻으려 하니 자연

의 리듬과 우주의 질서에 어긋나게 됩니다. 그들은 생활과 음식을
조절하지 못하고 잠도 제대로 자지 않습니다.

현명한 가르침이다. 그런데 오늘날에는 오해를 불러일으키는
관념이 하나 더 있다. 우리는 어떤 영양소가 지나치게 많거나 지
나치게 적어서 질병에 걸린다고 생각한다. '마그네슘이 너무 적으
면 알츠하이머병에 걸린다' '철분이 부족하면 빈혈이 생긴다' 같은
생각들 말이다. 또한 비만은 아주 다면적이고 복잡한 문제인데도
늘 다음과 같은 조언으로 환원된다. '당신이 하루에 섭취하는 열
량을 500칼로리 줄이면 일주일에 1파운드(약 0.45킬로그램)를 줄
일 수 있습니다.'

이것은 '리브스트롱닷컴livestrong.com'이라는 유명한 웹사이트에
올라와 있는 주장을 조금 변형한 것이다. 리브스트롱닷컴에서는
날마다 섭취하는 칼로리를 '줄이는' 손쉬운 방법도 알려 준다. 샌
드위치에 마요네즈를 한 숟가락 적게 넣는다거나, 치즈를 1온스
(약 28그램) 줄인다거나 하면 해결된다.

그게 다 맞는 말이라면 우리 모두가 날씬해져야 마땅하다!
아주 작은 노력만 기울여도 1년 만에 52파운드를 감량할 수 있다.
미터법으로 바꿔 보면 우리는 일주일에 0.5킬로그램, 1년에는 약
24킬로그램을 감량하게 된다. 다이어트가 이렇게 쉽다니!

안타깝게도 실제 실험의 결과는 달랐다. 칼로리 섭취량을 가

지고는 체중을 예측할 수 없고, 체중을 보고 칼로리 섭취량을 예측할 수도 없다는 사실이 명백하게 밝혀졌다. 칼로리와 체중의 관계는 그렇게 단순하지 않다. 미국의 대형 조사 사업인 '건강한 식생활 지수Heatlhy Eating Index' 통계의 일부를 보자. 체질량지수가 20 이하인 사람들과 30 이상(비만의 임상적 기준은 30이다)인 성인들의 칼로리 섭취량은 별 차이가 없었다.

믿기지 않는다고? 그렇다면 특정한 집단을 대상으로 수집한 증거를 보자. 에너지 균형 모델에 따르면 일반적으로 식사를 적게 하는 남성들의 3퍼센트는 체질량이 15~20 정도로, 비정상에 가까운 마른 몸을 가지고 있었다. 그러나 그보다 높은 비율인 17퍼센트는 동일한 양의 에너지를 투입하는데도 수치상 비만 상태를 유지한다(불공평한 일임이 분명하다). 우리의 친구들 중에 뚱뚱하지만 자기는 많이 먹지 않는다고 말하는 사람들이 여기에 해당할 것 같다.

내가 처음에 발견한 통계는 체중 1파운드(약 450그램)가 줄어들거나 늘어나려면 3500칼로리를 덜 먹거나 더 먹어야 한다는 것이었다. 이것은 1958년 뉴욕에 살았던 의사 맥스 위시노프스키Max Wishnofsky가 만들어 낸 공식이다. 그의 공식은 수십 년 동안 대중 매체와 학술 논문에 수없이 인용됐지만 사실 타당성이 부족한 가정에 근거한 하나의 의견에 불과했다.

예컨대 다이어트를 하는 사람들은 치즈나 마요네즈를 줄이면 날씬해질 거라는 낙관적인 믿음을 가지고 있다. 이러한 믿음은 현재 그들이 정확히 그들에게 필요한 식품을 섭취하고 있다는, 즉 그들의 몸이 완벽한 에너지 균형을 이루고 있다는 것을 전제한다. 하지만 만약 그게 아니라면 열량 섭취를 줄여 봤자 체중은 감소하지 않고 오히려 서서히 증가할 것이다.

당연하게도 이러한 믿음은 하루 동안 필요한 에너지만 정확히 섭취하도록 설계된 칼로리 조절 식단에 대한 고정 관념으로 이어진다.

하루 동안 사람에게 필요한 칼로리의 양은 각종 웹사이트가 친절하게 알려 준다. 남성은 하루에 2000~3000칼로리, 여성은 1600~2400칼로리라고 한다. 사람마다 체격과 연령, 지방과 근육의 비율, 운동량이 각기 다르기 때문에 범위가 넓은 수치가 제시될 수밖에 없다. 그리고 이 수치들은 자동차가 널리 보급되지 않았고 힘든 육체노동을 많이 하던 시대에 계산된 것이다. 우리가 먹는 음식 중 얼마나 많은 양이 우리의 몸에서 에너지로 바뀌는지도 반영되지 않았다. 에너지 전환 비율은 고정된 값이 아니다. 어떤 사람들은 음식을 에너지로 전환하는 효율이 높지만, 어떤 사람들은 효율이 낮을 수도 있다. 다른 말로 하면 당신이 하루에 섭취하는 식단에서 500칼로리를 줄일 경우 당신은 만성적 영양 부족이 될 수도 있고 영양 과잉 상태를 유지할 수도 있다. 영양 부족이 만성화되면 당신의 몸은 영구적인 손상을 입는다. 영양 과잉이 되면, 그야 뭐, 그 증거는 당신 앞에 있을 것이다.

탄수화물 섭취량 감소에 초점을 맞추는 다이어트를 하면 간과 근육에 저장되는 글리코겐이 감소하기 때문에 수분도 함께 감소한다. 이렇게 되면 당연히 체중은 빠르게 줄어들지만, 지방이 연소되는 것과는 무관하다. 에너지 방정식의 복잡성은 우리 몸의 지방이 단순한 지방이 아니라 물과 단백질 같은 성분들과 섞여 있다는 데 있다. 수분은 체중을 좌우하는 중요한 변수다. 눈에 띄게 체중이 줄어든 경우(특히 신속한 감량의 경우)의 대부분은 인체의 수분이 일시적으로 빠져나간 경우다.

에너지 방정식의 두 번째 부분(우리가 섭취한 칼로리에서 소모한 칼로리를 빼면 우리가 가진 지방의 양과 같다)은 운동과 관련이 있다. 놀랍게도 미국의 체중 감량 명부National Weight Control Registry에

세 가지 에너지원을 알아 두자

인간의 몸에는 탄수화물(근육과 간에 글리코겐이라는 형태로 저장된다), 단백질, 지방이라는 세 가지 에너지원이 있다. 인체는 이 순서대로 차례차례 에너지를 연소한다. 이 에너지원을 저장하고 분해하는 데 필요한 에너지의 양(열역학적 원리를 따른다) 때문이다. 글리코겐이 제일 먼저 고갈되고, 몸에 글리코겐이 부족해지면 단백질을 활용하기 시작하며, 마지막으로 가장 효율이 높은 에너지원인 지방을 태운다. 지방은 세 가지 에너지원 중에 에너지 밀도가 가장 높지만 에너지로 전환하기는 어렵다.

등록된 '체중 조절에 신경 쓰는 사람' 1만 명 중에 남는 칼로리를 연소시키기 위해 하루 평균 한 시간 운동을 하는 사람이 90퍼센트에 달했다.

다이어트를 통해 칼로리 섭취량을 적당한 선에서 제한하는 조건이라면 운동을 통해 1칼로리를 더 연소할 때마다 불필요한 체중이 줄어들 것이라고 생각하기 쉽다. 하지만 이런 계산에도 문제는 있다. 첫째, 정상 범주 안에서 마른 몸매를 가진 성인의 몸에는 13만 칼로리의 에너지가 저장되어 있다. 그 에너지는 약 38퍼센트가 근육, 20퍼센트가 지방, 그리고 나머지는 다른 성분들로 구성된다. 과체중인 성인의 몸에는 이것의 두 배쯤 되는 25만 칼로리 정도가 저장되어 있다. 정상 체중보다 64킬로그램 정도 더 나가는 사람은 50만 칼로리를 비축하고 다닌다. 50만 칼로리의 상당 부분을 태워 눈에 띄는 변화를 일으키려면 러닝 머신에서 꽤 긴 시간을 보내야 할 것이다!

'너무 많이 먹어서 살이 찐다'는 이야기를 할 때 우리는 원인과 결과를 이야기하는 것이다. 철학자들이 사용하는 조금 더 거창한 용어로 바꾸자면 우리는 '인과 관계'를 이야기하고 있다. 그렇다면 우리는 위대한 철학자이자 사상가인 데이비드 흄을 만나봐야 한다. 흄은 일상적인 관념들은 물론이고 원인과 결과에 관한 학문 자체의 허구성을 폭로해 철학의 세계 전체를 전복한 인물이다. 흄은 철학자들 중 가장 자유분방하고 우상 타파적인 사고를 하는 사람으로 알려져 있다. 그래서 그 유명한 이마누엘 칸트도 흄의 책을 읽고 '독단의 잠'에서 깨어났다고 고백한 바 있다. 흄은 우리 모두가 당연하게 여기는 특정한 진리, 예컨대 과거는 미래와 비슷할 것이라는 생각, 과학적인 법칙이 실제로 존재한다는 생각, 옳고 그름에 중요한 차이가 있다는 생각들이 모두 논리가 아닌 감정에서 나온다고 주장했다. 그래서 흄은 '생각할 수 없는 것을 생각했다'는 인정을 받았다. 음식과 건강에 관한 갖가지 논쟁을 생각해 보라. 누군가가 '만약 당신이 A라는 행동을 하면 B라는 일이 벌어질 것이다'라는 단정적인 주장을 들이미는 일이 얼마나 흔한가를 생각해 보라. '질소(단백질이라는 형태로)를 섭취하면 몸집이 커지고 힘이 세진다.' '힘차게 걷는 운동을 하면 살이 빠진다.' 하지만 생명체는 그렇게 단순하지 않으며 이런 처방은 대부분 확신할 수 없는 약속이다. 흄은 단정적인 논리의 문제점을 강조했다는 점에서 중요한 인물이다.

그러나 주방에서 흄이 보여 준 사고방식은 오래된 전통과 일치한다. 1769년 흄은 한 친구에게 보낸 편지에서 '나는 요리 솜씨가 아주 좋고, 남은 평생 동안 요리의 과학에 중독될 예정'이라고 농담조로 말한다. 하지만 불룩하기로 유명했던 그의 배를 생각하면 그가 너무 늦게 요리의 과학에 흥미를 느낀 것도 같다. 언젠가 그는 솔직히 인정했다. '나는 미식가는 못 되고, 그냥 대식가라네.'

실제로 평소에는 매우 신중한 철학자였던 흄은 자신에게 어떤 음식이 좋은지를 잘 몰랐던 것 같다. 그가 부엌에 진출하고 나서 만든 요리는 쇠고기 양배추 스튜, 그리고 '양머리로 끓인 수프'가 대부분이었기 때문이다. 정말로 우리가 먹는 음식이 '우리 자신'이 되는 거라면* 의식적으로 쇠고기 양배추 스튜나 양머리 수프가 되려고 할 사람은 없을 것이 틀림없다. 얼핏 생각하면 양배추 스튜와 양머리 수프는 둘 다 체중을 줄여 주는 음식인데도 말년에 흄은 몸집이 계속 불어나서 우스꽝스러운 모습이 되고 짓궂은 풍자만화의 대상이 되기도 했다. 이것 자체가 또 하나의 과학적 원리를 보여 준다. 칼로리는 에너지를 측량하는 단위일 뿐이며 여러 가지 맛을 가지고 있지는 않다는 것이다. 칼로리는 물 1그램의 온도를 1도 올리는 데 필요한 에너지일 뿐이다. 물을 x만큼 가열하면 온도가 y만큼 올라간다는 식의 과학적 규칙성은 흄의 이론에 직접적으로 위배된다. 하지만 그가 기꺼이 인정한 대로 그의 목표는 삶의 실용적인 전략이 아니라 독창적인 주장을 내놓는 것이었다. 그리고 실제로 물이 어떻게 변화하는가는 물의 정확한 화학적 성분(물의 표본에 순수한 화학 원소인 H_2O 외에 무엇이 들어 있는가), 기압, 당신이 물을 지켜보고 있는지 여부(물론, 이 마지막 변수는 솔직히 논란의 여지가 있다)와 같은 여러 가지 미묘한 변수에 따라 달라진다.

실제로 이론과 전략은 서로 다른 영역에서 작동하는 것으로

---

* You are what you eat이라는 영어 속담을 가리킨다.

보인다. 2009년 하버드대학교의 한 연구진은 여러 종류의 에너지원과 체중 감량의 효과를 조사한 결과 완전한 불일치를 발견했다. 연구자들은 811명의 과체중 성인들에게 네 가지 중 한 가지 다이어트를 하라고 지시했다. 네 가지 다이어트는 지방, 단백질, 탄수화물의 비율이 각기 달랐다(저단백 다이어트, 고단백 저지방 다이어트, 고지방 저탄수화물 다이어트, 고탄수화물 다이어트). 6개월 동안 다이어트를 한 후에 참가자들은 평균 6킬로그램을 감량했다. 12개월이 지나자 그들의 체중은 다시 증가하기 시작했고, 2년이 지나자 처음보다 평균 4킬로그램 정도가 줄어든 상태였다. 집단에 따른 유의미한 차이는 발견되지 않았다.

애리조나주립대학교의 연구자들도 비슷한 연구를 수행했다. 그들은 8주 동안 고탄수화물 저지방 저단백 다이어트를 하면 수많은 사람이 믿음을 가지고 실천하는 저탄수화물 저지방 고단백 다이어트와 동일한 효과를 얻는다는 (아니, 별 효과가 없다는 점에서 동일하다는) 사실을 발견했다.

열량과 체중에 관해서는 단순한 규칙이 있는 것 같지 않다. 체중 감량을 원하는 사람들이 빠져들기 쉬운 또 하나의 불행한 전략을 생각해 보자. 그 전략은 며칠 또는 몇 주처럼 장기적인 기준이 아니라 끼니 단위로 열량을 계산하는 것이다. 우리는 필요한 양보다 조금 덜 먹거나 더 먹는 경우가 있다. 한두 번 끼니를 건너뛸 경우 그날의 어떤 시점에는 '보충'을 위해 평소보다 조금 더 먹게 된다. 이와 마찬가지로 어느 날 긴장되는 하루를 보냈다면 다음 하루나 이틀 동안은 조금 쉬고 음식을 더 섭취하면서 우리 자신에게 '보상'을 제공한다. 장기간(몇 주)에 걸쳐 에너지 섭취량과 소비량이 평균에 수렴한다면 에너지 섭취량과 소비량 사이의 어느 지점에서 균형이 잡힌다. 그리고 그 균형 지점을 많이 이동시키기는 쉽지 않다. 진짜로 가능한 일은 단 하나, 우리 몸이 보내는 '먹을 것을 달라'는 신호를 조금씩 바꿔 나가는 것이다. 단지 그것뿐이다!

세밀한 관리를 받으면서 운동을 할 때도 다이어트에 대한 반응은 사람마다 크게 다르다고 밝혀졌다. 따라서 '아직 날씬해지지 않은 사람들은 다 운동을 안 해서 그렇다'라는 잠재된 의심도 배제해야 한다. 음식에 관한 규칙 1번, 디테일이 중요하다. 사람마다 위장에 서식하는 박테리아의 종류가 다르고, 수면 패턴도 다르고, 스트레스의 수준도 다르다! 어쨌든 다이어트에 관한 연구 결과는 모호하지 않다. 연구 결과들은 인과 관계는 믿을 만한 것이 못된다는 흄의 경고와 일치한다. 똑같은 다이어트 처방을 했더라도 어떤 사람들은 체중이 상당히 감소하고 어떤 사람들은 오히려 체중이 늘어난다. 확실한 것은 운동이라는 하나의 변수가 에너지 방정식에 미치는 영향이 아주 작다는 것이다.

이 모든 사실은 건강은 전체론적인 문제라는 점을 강조한다. '에너지 균형'이 중요하다는 관점에서 '모든 것은 연결되어 있다'

는 나의 두 번째 음식 규칙은 에너지 균형을 구성하는 요소들이 모두 상호 작용한다는 것을 의미한다. 단순한 예를 들어 보자. 당신이 체중 감량을 원한다면 운동량만 늘리는 것으로는 별 도움이 안 된다. 운동을 하더라도 당신이 먹고 마시는 양이 동시에 증가한다면 효과가 없을 것이다. 그리고 당신의 몸이 에너지 소비를 줄이는 방향으로 변화해서 몸에서 에너지를 태우는 방법이 바뀐다면 운동량을 늘리는 것만으로는 효과가 없다. 당신은 몸의 변화를 멈출 수가 없다. 그것은 '건강'해지는 과정이기 때문이다.

첫 번째 원칙, '디테일이 중요하다'를 떠올려 보자. 다른 요소들이 모두 같다면 훌륭하게 설계된 기계와 같은 당신의 몸은 에너지를 얻기 위해 조용히 지방을 태울 것이다. 하지만 음식을 먹고 나서 바로 태우지는 않는다. 이야기가 조금 복잡하지만, 기본적으로 당신이 탄수화물(탄수화물은 거의 모든 것에 함유되어 있지만 특히 설탕이 많이 든 음식과 간식류에 많이 들어 있다)을 섭취하면 혈액 속에 포도당이 갑자기 많이 공급되기 때문에(이 과정에서 잘 먹었다는 느낌이 들면서 기분이 좋아지고 에너지를 느낀다) 당신의 몸에서 인슐린이라는 호르몬이 분비된다. 그래서 혈중 포도당 농도가 너무 높으면 인체의 여러 기관에 문제가 생길 수 있으며, 인체는 여분의 포도당을 줄이기 위한 첫 단계로서 인슐린을 필요로 한다.

인슐린의 주된 기능은 두 가지다.

1. 에너지를 얻기 위한 지방 대사를 중단하고 포도당 대사로 전환
한다. 그래서 여분의 포도당을 신속하게 태울 수 있도록 한다.
2. 포도당을 글리코겐이라는 형태로 근육과 간에 저장한다.

다이어트를 하는 사람들이 반드시 알아야 하는 사실은 우리
가 탄수화물을 섭취하면 일정한 시간 동안 지방 세포들이 저장된
에너지를 혈액으로 내보내지 못한다는 것이다. 그래서 탄수화물
위주의 전형적인 식사를 하면 포만감이 몇 시간 동안 지속된다.
몇 시간이 지나면 혈중 포도당 수치가 낮아져 정상으로 돌아오고,
시간이 조금 더 지나면 인슐린 수치도 정상으로 돌아온다.

　인슐린 수치가 높아지면 당신의 몸은 에너지를 얻기 위해 지
방을 태울 수 없기 때문에 다른 데서 에너지를 얻어야 한다. 몸의
첫 번째 선택은 근육과 간에 저장된 글리코겐을 사용하는 것이
다. 당신이 건강하고 몸에 저장된 글리코겐을 자주 습격하지 않
는다면, 당신의 몸에 저장된 글리코겐으로 음식이 소화되는 동안
충분히 버틸 수 있다. 반면 몸 안에 글리코겐이 부족하다면 우리
의 몸은 근육을 분해해서 근육 속의 단백질을 포도당으로 변환한
다. (식사를 너무 엄격하게 제한하고 지나치게 많은 운동을 하거나 병
에 걸려서 몸이 스트레스를 받을 때 근육이 파괴되는 것은 너무나 당
연한 일이다. 이런 현상을 '근육 소모'라고 한다.) 다시 말해서 당신
이 지방을 연소시키고 근육을 회복하려고 한다면 탄수화물로 이

뤄진 간식을 먹는 것은 최악의 방법이다. 탄수화물을 많이 섭취하면 인슐린 수치가 높게 유지되기 때문에 지방 세포가 에너지를 내보내지 못하고 근육이 대신 분해된다. 운동선수들이 단백질을 아주 많이 섭취하는 이유가 여기에 있다. 단백질은 마법처럼 근육으로 바뀌지는 않지만, 단백질을 많이 먹으면 지금 있는 근육이 소모될 위험은 낮아진다. 그리고 단백질을 섭취하면 일시적인 포만감도 얻을 수 있다.

포만감이라는 단어가 나왔으니, 이제 더없이 중요한 '이제 배가 부르니 그만 먹을게요'라는 메커니즘 이야기를 해 보자.

당신이 충분히 먹었다는 사실을 알아차리는 일은(대부분의 일들과 마찬가지로) 생각보다 복잡한 과정을 거친다. 다 먹었다는 신호는 분자 단위의 여러 가지 생리학적 메커니즘에 의존한다. 그 중 하나는 위장 소화관이 늘어날 때 뇌에 물리적 신호를 보내는 것이다. 또 하나는 장 펩티드(두 개 이상의 아미노산이 작은 사슬 모양으로 결합된 것으로서, 단백질의 구성 요소 중 하나) 호르몬이 분비되어 뇌 수용체들과 상호 작용을 하는 것이다. 세 번째 메커니즘은 위에서 그렐린ghrelin이라는 호르몬이 생산되는 것이다. 우리가 일정한 시간 동안 음식을 먹지 않으면 그렐린 수치는 높아지며 식사를 하면 수치가 낮아진다.

그리고 1994년에 처음 발견되자마자 신이 난 대중 매체들이 '비만 호르몬', '뚱보 호르몬', 심지어는 '기아 호르몬'이라는 별명을 붙였던 렙틴leptin이라는 호르몬이 있다! 렙틴은 우리의 몸이 식욕을 조절하는 데서 중요한 역할을 한다. 21세기 초에 케임브리지대학교의 대사학 교수였던 사다프 파루치는 어릴 때부터 중증 비만이었던 환자들을 연구했다. 파루치의 연구진은 렙틴과 비만의 직접적인 상관관계를 발견하고 무척 기뻐했다(그들은 데이비드 흄의 경고는 무시했다). 그들의 연구 결과에 따르면 비만은 인체의 렙틴 조절 기능을 담당하는 유전자의 돌연변이와 관련이 있다. 나아가 그들은 원래 식욕을 조절하지 못했던 어느 환자를 렙틴 주사로 '치료'했다고 환호했다.

그러나 다른 연구자들은 렙틴은 언제나 더 넓은 그림의 일부라는 점을 강조한다. 렙틴의 기능 이상은 인슐린 저항성과 관련이 있다는 것이다. (인슐린 저항성이란 몸의 세포들이 인슐린에 제대로 반응하지 않는 상태를 가리킨다. 인슐린 저항성이 생기면 혈당 수치가 낮아지지 않는다. 인슐린 저항성은 제2형 당뇨병의 전조 증상일 때가 많다.) 그리고 당신의 몸에서 분비되는 인슐린의 양은 당신이 소비하는 설탕의 양과 관련이 있다. 다시 말하지만, 모든 것은 연결되어 있다.

6장

소금의
역설

소금을 뿌릴 것인가, 말 것인가? 수천 년 동안 염화나트륨은 사람들이 귀하게 여겨 많이 찾는 물질이었다. 하지만 요즘 염화나트륨은 우리의 몸을 파괴하는 나쁜 첨가물 취급을 받는다. 우리는 염분을 줄이라는 소리를 듣는다. 하지만 우리의 몸은 염분이 없으면 제대로 작동하지 않는다. 이것은 역설이다. 최근의 연구는 사람들이 소금 섭취량을 줄이면 인체는 소금의 비율을 유지하기 위해 몸에 소금을 더 많이 저장한다는 사실을 명확하게 보여 준다. 이것은 의미심장한 사실이지만, 공중 보건을 책임지는 기관에는 이러한 교훈이 아직 도달하지 못한 것 같다.

오늘날 소금을 너무 많이 섭취하는 사람들은 모두 담배를 향한 경고와 다를 바 없는 끔찍한 경고를 마주한다. 소금은 고혈압, 심장 마비, 신부전을 일으킨다고 알려져 있다. 소금이 뼈를 약하게 만든다는 이야기도 있다. 여러 전문가들과 보건 당국의 주된 견해도 다르지 않다. 그리고 체중 감량을 원하는 사람들도 통상적으로 소금을 피하라는 충고를 듣는다. 소금을 먹으면 체내에 수분을 더 많이 저장하게 된다는 것이다.

더 현명한 조언은 소금을 많이 먹으라는 것이다. 우리의 몸이 소금을 갈망한 나머지 좋지 않은 방식으로 염분을 보충하는 사태를 막기 위해서다. 실제로 소금을 섭취하는 것은 불량 식품을 피하는 최선의 방어책일 수도 있다. 미국의 음식 저술가이자 탐사 언론인 마이클 모스는 《배신의 식탁》이라는 창조적인 책에서, 오늘날 거대 식품 기업들이 대중을 통제하기 위해 소금을 일종의 무기로 사용하고 있다고 고발한다. 식품 기업들은 짜지 않아야 하는 음식에도 소금을 넣는다. 모스는 이렇게 썼다. '소금이 없다면 가공식품 회사들은 존재할 수 없다.' 그리고 모스는 식품 기업들이 단순히 음식의 맛을 내기 위해서가 아니라 음식의 부패를 늦추고 성분을 감추는 등의 목적에서 마치 나트륨 화학 물질들을 모아 놓은 뷔페 상차림처럼 다양한 형태의 공업적 소금을 첨가한다고 지적한다. 이처럼 '부자연스러운 소금'들은 글루탐산모노나트륨, 아질산나트륨, 사카린나트륨, 중탄산나트륨, 벤조산나트륨, 구연산나트륨, 인산나트륨과 같은 다양한 명칭으로 식품 성분 표시에 등장한다.

내 생각에 이런 물질들은 '비자연 소금'이라고 불러야 할 것 같다. 물론 모든 소금이 비자연 소금인 것은 아니다. 유익한 미네랄을 많이 함유하고 있는 천연 소금은 리어왕의 딸 코델리아가 말했던 것처럼 '인류에게 정말로 귀한 선물'이다. 그렇다면 우리는 천연 소금의 섭취도 줄여야 할까? 글쎄, 서두를 필요는 없을 것 같다.

'미국인 전체에게 동일한 나트륨 섭취 권장량 기준을 적용하는 데 대해서는 과학적 합의가 전혀 이뤄지지 않았을 뿐 아니라 회의적 견해가 점점 많아지고 있다.' 미국의 보건학 교수이자 '식품 영양학 아카데미Academy of Nutrition and Dietetics'의 회장인 소냐 코너Sonja L. Connor의 글이다. 코너는 미국 정부가 권장하는 대로 염분을 적게 섭취하는 것이 실제로는 '건강한 개인들의 사망률 증가'와 관련이 있는 것으로 나타났다는 연구 결과를 인용한다. 그런 주장을 하는 사람은 그녀만이 아니다. 예컨대 2010년 의학 연구소Institute of Medicine의 의뢰로 작성된 보고서는 하루에 염분을 2300밀리그램 미만으로 섭취해야 한다는 목표에 과학적 근거가 없다고 밝혔다. 또 2011년 《미국 의학 협회 저널Journal of the American Medical Association》에 발표된 연구 논문은 저염식이 심장 마비나 심장 발작으로 사망할 확률을 높인다는 결과를 제시했다. 2015년 5월에는 미국에서 가장 큰 식품 영양 전문가들의 조직인 식품 영양학 아카데미에서 저염식을 권장하는 연방 정부 방침의 과학적 근거가 불충분하다고 우려하는 성명서를 발표했다.

덴마크 코펜하겐대학교의 수석 컨설턴트인 닐스 그로달Neils Graudal 박사는 염분 논쟁을 다음과 같이 요약한다. '모든 증거를 검토해 봐도 일반적인 사람들이 염분 섭취량을 줄이면 어떤 확실한 혜택을 얻는다고 믿을 이유는 발견되지 않는다.' 그로달 박사의 연구진은 염분과 고혈압의 관계를 다룬 연구를 무려 167편이나 검토하고 심장 건강과 관련된 다른 요소들도 모두 살펴봤다. 그들은 무엇을 발견했을까? 그렇다. 소금 섭취량이 감소하면 혈압은 낮아질 수 있었다. 하지만 소금 섭취량을 줄이면 콜레스테롤이 2.5퍼센트 증가하고 중성 지방도 7퍼센트 증가했다. 콜레스테롤과 중성 지방 수치는 심장의 건강을 확인하는 지표다. 디테일은 중요하고, 모든 것은 연결되어 있다.

또한 연구자들은 우리가 소금 섭취량을 줄이면 신장에서 인체의 염분 수치를 조절하는 효소와 호르몬을 더 많이 분비하므로 우리의 몸에 소금이 더 많이 저장되기 시작한다는 사실을 밝혀냈다. 효소와 호르몬, 그리고 소금 저장량의 증가는 우리 몸에 큰 변화를 일으키며 특히 심혈관계의 건강을 해칠 가능성이 있다. 요점이 뭐냐고? '나는 우리 사회가 염분 섭취량 감소에 수백만 달러를 쏟아부어야 하는 이유를 모르겠다.' 그로달 박사의 말이다. 크리스털 꽃병을 깨뜨리지 말라.

좋다. 소금이라는 주제는 흑백 논리로 접근해서는 안 되겠다. 그러면 영리하게 중간을 택할 수는 없을까? 만약 중용의 길이 있다면 알아 두는 것이 유용할 듯하다. 적어도 소금에 집착하는 친척이나 친구들의 집에 놀러갈 때 써먹을 수 있을 테니까. 그리고 우리가 지금까지 살펴본 대로 소금에 관한 의견이 엇갈리는 것은 비단 일반인들 사이의 일이 아니다. 전문가들 역시 얼핏 생각하면 쉽게 알아낼 수 있을 것 같은 사안들, 예컨대 염분과 관련된 질병으로 사망하는 사람들의 수에 대해서도 합의를 보지 못하고 있다. 뉴욕시의 보건과(실제 명칭은 보건 및 정신 건강과라는 점을 밝혀 둔다)에 따르면 미국인 가운데 매년 15만 명이 염분 과다 섭취로 사망한다. 이런 충격적인 수치는 믿기가 어렵다. 미국에서 다른 모든 형태의 '식중독'으로 발생하는 사망자의 약 서른 배가 아닌가. 만약 설탕이 벌써 그 자리를 차지하고 있지 않았다면 소금이라는 작고 하얀 결정체는 국민 건강의 가장 큰 위협으로 간주되고 있었을 것이다.

하지만 이런 통계들은 문자 그대로 '신빙성이 없는'* 것인지도 모른다. 비슷한 시기에 《뉴잉글랜드 의학 저널New England Journal of Medicine》에 실린 논문은 매년 염분과 관련된 원인으로 사망하는 사람이 4만 4000명이라고 단정적으로 발표했다. 펜을 한 번 움직여서, 아니 정확히 말하면 계산기의 버튼 몇 개를 눌러서 10만 6000명의 생명을 구한 셈이다. 나중에 어느 신문에 실린 사설(2014년 8월 14일)은 염분 섭취와 건강상의 부작용을 연결시키

＊ incredible. '놀라운'이라는 뜻으로도 해석된다.

는 연구들은 대체로 통계상의 상관관계에 의존하고 있으므로, 음, '걸러서 받아들여야'* 한다는 결론을 제시했다.

하지만 염분에 관한 연구는 걸러서 받아들여지지 않고 있다. 세계 각국의 정부는 염분 섭취를 건강에 대한 위협으로 받아들이고 있으며 '어떤 조치를 취해야 한다'는 확고한 시각을 가지고 있다. 예컨대 영국 정부는 이미 국민의 하루 소금 섭취량을 강제로 줄이기 위한 조치를 취했다. 영국의 정부 기관들은 2000년과 2008년 사이에 영국 국민들의 소금 섭취가 약 10퍼센트 감소했다고 자축하고 있다. 그러면 얼마나 많은 사람의 생명을 구했을까? 물론 영국 정부는 정확한 통계를 가지고 있다고 주장하지는 않았지만, 정부 기관들은 영국이 다시 한번 고귀한 캠페인으로 세계를 선도했다는 사실을 열심히 홍보했다.

하지만 영국 정부가 자랑했던 성과는 곧 부정당했다. 실제 건강 상태에 관한 자료가 아니라 염분 섭취량 감소의 기준에 문제가 있었기 때문이다. 미국 캘리포니아대학교와 워싱턴대학교의 연구자들은 영국 정부가 염분 섭취량이 감소했다는 결과를 얻기 위해 염분 관련 설문 조사 중에서 유리한 것만 취사선택하고 사람들의 염분 섭취량에 변화가 없었다는 연구 결과들은 무시했다고 비판했다.

인간의 몸은 수백만 년 동안 진화한 결과 염분 보유량을 어떤

---

* 영어로 pinch of salt가 '너무 믿지 않는다'라는 뜻을 지니고 있다.

수준으로 유지하는 능력을 지니게 된 것 같다. 따라서 정부의 가이드라인은 전혀 먹히지 않는다. 그래서인지 미국의 '소금 친화적 연구자들'이 30개 국가와 문화권에서 실시한 설문 조사를 분석해 보니 나라마다 식생활 문화의 차이가 크고 의학적 견해도 제각각이었지만 사람들의 소금 소비량은 동일하다는 결과가 나왔다!

2부

최초의 음식 전문가들을
소개합니다

7장

니체는
이렇게 말했다

프리드리히 니체는 항상 고기에 집착했다. 특히 그는 샤퀴테리[*]
를 좋아했고 갖가지 햄과 소시지에서 영감과 기력을 얻었다. '초
인Übermensch'(초인은 때때로 Over man이라고 번역되는데, 나는 오버
맨이라는 말을 들을 때마다 긴 장화가 떠오른다)이라는 철학적 개념
을 창시한 악명 높은 철학자 니체는 잠시 채식을 해 보기도 했지
만, 식생활에서는 건강보다 쾌락을 우선시하기로 마음먹었다. 다
음은 그가 친구에게 보낸 편지의 일부다.

> 체중 관리를 위해 가끔 고기를 끊는 것은 꼭 필요한 일이지. 하지
> 만 괴테의 말처럼, 그것을 '종교'로 만들 필요는 없지 않겠는가? 채
> 식을 할 준비가 된 사람은 사회주의적인 '스튜'도 먹을 수 있다네.

[*]   charcuterie. 돼지고기로 만든 프랑스식 건조 가공육.

고대 철학을 전공한 니체는 고대 페르시아의 예언자 '자라투스트라'를 주인공 삼은 책을 쓰기도 했다. 하지만 그의 '자라투스트라'는 다른 사람들이 생각하는 자라투스트라와 사뭇 다르다. 철학계의 '무서운 신인enfant terrible'으로 불렸던 니체는 철학의 소중한 전통과 규범을 모두 폐기하고 신, 도덕, 인간성을 부정하는 기묘하고 폭력적인 선언들을 내놓았다. 니체의 책 《이사람을 보라 Ecce Homo》(이 제목 자체가 '기독교는 이제 무의미하다'는 뜻을 담고 있다)에는 그가 어떤 음식을 먹는지에 관한 장황한 설명이 나오는데, 그는 건강이 좋지 않아서 고통스럽게 살기 때문에 그런 음식을 먹는다고 해명했다.

니체의 관점에서 영양 섭취는 질병을 피하기 위한 필사적인 노력의 일환이었다. 그의 글을 함께 읽어 보자.

이 문제에 관한 나의 경험은 그야말로 최악이었다. 내가 이렇게 늦게 이 질문을 스스로에게 던졌고 오랜 시일이 지나고 나서야 그 모든 경험으로부터 '이성적인' 결론을 이끌어 냈다는 것은 내게도 놀라운 일이다. (······) 하지만 독일 음식은 전반적으로 양심이라고는 없다! 식사 전에 수프를 먹지를 않나. 고기는 삶아서 잘게 찢어 먹고, 채소는 기름과 밀가루를 뿌려 익히고, 푸딩은 종잇장처럼 가볍게 잘라 버린다! 게다가 고대 독일인들뿐 아니라 고대인들 모두가 식사 도중에 술을 마시는 야만적인 풍습을 가지고 있었다는 점을 생각하면 독일인들의 영혼의 근원을 이해할 수 있다. 그러니까 독일인들은 배 속이 불편했던 것이다. 소화 불량이 독일의 정신이다. 독일인의 위는 아무것도 소화하지 못한다.

하지만 니체는 영국인들, 심지어 프랑스인들도 별반 다르지 않다고 이야기한다. 그가 보기에 영국인의 식사는 '자연으로 돌아가라'에 가까웠다. 비록 직접적으로 표현하지는 않았지만 그는 영국인의 식사가 인육을 먹는 것과 비슷하다고도 했다. '내가 보기에 그 음식은 영혼에 무거운 발을 달아 주는 것 같았다. 영국 여자들의 발.'

니체 철학은 대부분 자유 의지에 관한 철학적 문제를 다루고 있으며, 인간에게 정말로 자유 의지가 있는가라는 문제를 탐구한다. 그에게 음식 선택은 우리가 우리 자신이 생각하는 것보다 자유를 적게 가지고 있음을 보여 주는 좋은 사례였다. 우리는 우리가 원하는 음식을 다 먹지 못하고 우리의 몸이 감당할 수 있는 음식을 먹어야 하기 때문이다.

니체는 몇 가지 예를 들었다. 첫째, 물은 포도주 못지않게 좋은 것이다. 포도주는 항상 기대했던 것만큼 맛이 좋지는 않고, 오히려 우리에게 두통을 선사하기 때문이다. 둘째, 식사량이 많은 것이 적은 것보다 낫다. 니체의 말에 따르면 사람의 위는 꽉 차 있을 때 더 소화가 잘된다. (나는 그런 말을 들어 본 적이 없다. 뭐든지 특대 사이즈로 주세요!) 한편으로 니체는 이렇게 말한다.

그러므로 사람은 자기 위장의 크기를 알아야 한다. 그리고 내가 '즐기고 또 즐기는 만찬'이라고 부르는, 끝없이 계속되는 식사는 피해야 한다. 레스토랑에서 파는 '정식table d'hôte'은 모두 여기에 해당한다.

니체가 식생활에서 지킨 또 하나의 원칙은 식사 시간이 아닐 때는 아무것도 먹지 않는다는 것이다. 특히 커피는 사람을 '우울하게' 만들기 때문에 피해야 한다고 했다. 차는 아침에 마실 경우에만 이로운 점이 있을지도 모른다고 했다. 오전이 지나가고 나면 차는 아주 진하게 타서 조금만 마셔야 한다. '너무 약하게 우려낸 차를 마시면 몸에 해로울 수도 있고 하루 내내 기분이 나쁠 수도 있다.' 니체의 조언이다. 아마도 니체 자신이 차를 진하게 마셨기 때문에 차를 마시기 전에 우유를 조금 마시거나 기름기 없는 진한 코코아 한잔을 마시라고 권했던 것 같다.

위장병으로 괴로워하던 그는 말했다. '앉아서 지내는 시간을 최대한 줄여라. 열린 공간에서 자유롭게 움직이는 동안 떠오른 생각이 아니면 믿지 말라. 근육이 흥겹게 축제를 벌이고 있지 않을 때 떠오른 생각도 믿지 말라. 모든 편견은 창자에서 탄생한다.'

이 모든 주장은 지형과 기후와 관련이 있다. 니체는 '독일의 기후만으로도 가장 강한 사람의 기를 꺾어 놓고 위의 기능을 용감하게 무력화하기에 충분했다'고 주장했다. 그리고 위대한 사상은 궁극적으로 유기적 소화 기능에 의존하며 그 기능에서 비롯된다고 주장했다.

> 아무에게나 '지적 능력이 우수한 사람들이 과거에도 발견됐고 지금도 발견되고 있는 장소'들의 목록을 만들라고 해 보라. 그곳에서는 재치, 섬세함, 그리고 적의가 모여 행복감을 만들어 낸다. 그런 장소에는 반드시 천재성이 있다. 이 모든 특징은 아주 건조한 기후에서 발현된다. 파리, 프로방스, 피렌체, 예루살렘, 아테네……. 이 지명들은 건조한 공기와 맑은 하늘이 있어야 천재성이 형성된다는 증거다. 유기적 기능이 신속하게 수행되고 사람들이 스스로의 위대함과 엄청난 힘을 항상 발휘할 수 있어야 천재성이 꽃핀다.

니체는 자기를 비하하는 유머를 시도하기도 한다. '나는 어떤 남자의 사례를 염두에 두고 있다. 놀라운 지성과 독립적인 영혼을 가진 한 남자가 편협하고 내성적이고 심술궂은 고집쟁이 늙은이가 됐다. 이유는 단 하나, 기후에 대한 그의 본능에 섬세함이 없었기 때문이다.'

니체의 《이 사람을 보라》(이 책에는 '사람은 어떻게 자기 자신이 되는가'라는 부제가 붙어 있다)에는 '내가 똑똑한 이유'라는 제목이 달린 장이 있다. 여기서 니체는 묻는다. '나는 왜 이렇게 똑똑할까?' '나는 왜 남들보다 아는 것이 많을까? 정말로 나는 왜 이렇게 똑똑할까?' 물론 그는 대답도 제시한다. '사실 나는 질문이 아닌 것을 깊이 생각해 본 적이 없다. 나는 기운을 낭비하지 않는다.'

전통적인 철학자들은 신의 존재, 영혼의 불멸성, 구원, 그리고 사후 세계를 두고 논쟁을 벌였지만 니체는 자신이 '어릴 때부터' 그런 관념들을 받아들이지 않았다고 말한다. '나는 신이나 영혼 따위에 시간을 낭비하지 않는다. 나는 그런 걸 믿을 만큼 유치하지 않았다. 내가 무신론을 알게 된 것은 논리적 추론의 결과도 아니고 내 인생의 어떤 사건 때문도 아니다. 나에게 무신론은 본능과도 같다. 나는 그렇게 어설픈 답변에 만족하기에는 너무나 직관적이고 의심이 많고 진취적인 사람이다.' 아니다. 니체는 자신이 다른 질문에 관심이 더 많다고 고백한다. '신학적 호기심의 그 어떤 부분보다도 인류의 구원에 훨씬 큰 영향을 미치는 질문', 즉 영양의 문제다. 니체는 '독일의 교육은 아무런 가치가 없다'고 비판한다. 독일의 교육이 음식이라는 주제의 중요성을 강조하지 않았기 때문에 그가 노년에 이르러서야 음식에 관한 중요한 쟁점이 많다는 사실을 깨달았다는 것이다.

위대한 철학자 니체는 오랜 세월에 걸쳐 다양한 식단을 시도했다. 젊은 시절 그는 독일 남서부의 산림 지대인 블랙 포레스트에 위치한 병원에 입원해서 베일이라는 의사가 권하는 대로 식사를 해 봤다. 육류 위주로 하루 네 번 가볍게 식사하고, 아침에 일어나서는 발포 비타민을 먹고, 잠자리에 들기 전에는 적포도주 한 잔을 마시는 식사법이었다. 니체가 친구에게 설명한바 그 식단에는 '물, 수프, 채소, 빵'이 일체 들어 있지 않았다. 그 식단은 혁신적이기는 했지만 니체의 소화기 문제를 해결해 주지는 못한 모양이다. 그래서 니체는 채식주의 식단을 시도했는데, 그가 존경하는 몇 안 되는 사람들 중 하나였던 오페라 작곡가 리하르트 바그너의 영향으로 채식을 중단했다. 다음으로 니체는 건강이 매우 나빠졌을 때 우유와 달걀만 먹어 보려고 했지만 그것도 효과가 없었다. 나중에는 식사량을 극도로 줄이는 방법도 써 봤지만, 우리의 예상대로 그것 역시 성공적이지 못했다. 그 즈음에 니체는 '리비히 육류 추출물Liebig's meat extract'이라는 새로운 발명품을 알게 됐다. 리비히 육류 추출물은 투명하고 걸쭉한 물질로서 물과 섞으면 쇠고기 수프가 되는 아주 과학적인 식품이었다. 부이용bouillon 또는 옥소Oxo 큐브를 생각해 보라.

오늘날 스튜와 소스에 자주 첨가되는 부이용 큐브는 강렬한 맛을 내는 블록 모양의 고형 양념이다. 부이용 큐브는 보통 쇠고기를 원료로 만들어졌지만 요즘에는 닭고기, 버섯, 여러 가지 채소로 만든 큐브도 나온다. 부이용 큐브는 무엇으로 만들든 간에 좋은 아이디어가 아닌 데다 원재료 외의 첨가물까지 섞여 있어 상당히 의심스럽다. 대표적으로 글루탐산 모노나트륨 같은 '향미

증진제'가 들어간다. 나는 이 큐브를 떼어 내 요리에 넣는 사람이 많다는 사실에 항상 놀란다. 그들 대부분은 고형 육수를 넣으면 '더 맛있어진다'는 믿음을 가지고 있지만, 사실 고형 육수는 '맛을 파괴'한다고 말해야 옳다.

베일 박사가 처음 만든 쇠고기 스톡 광고에 따르면 남아메리카산 쇠고기 34파운드(약 15킬로그램)에서 단 1파운드(약 450그램)의 추출물을 얻어 내 만든 그 스톡은 소화가 잘 되고 영양이 풍부하기로 유명하다고 했다. 하지만, 그 명성은 실제와 달랐다. 리비히 육류 추출물은 다른 수많은 가공식품과 마찬가지로 영양소를 거의 다 또는 전부 소실한 음식이었다.

결국 리비히는 오늘날 옥소라고 불리는 회사로 바뀌었다. 옥소는 부이용 큐브(영국에서는 스톡 큐브stock cube라고 불린다)를 만드는 대표적인 업체로 손꼽힌다. 오랜 세월이 지나고 옥소가 1908년 런던 올림픽의 공식 후원사로 선정됐을 때 사람들은 마라톤 선수들이 '영양 강화 음료'를 꿀꺽꿀꺽 마시는 것은 당연한 일이라고 생각했다.

니체의 철학 이론은 전통적인 사고와 가치관을 거스른다. 니체는 식단을 결정할 때도 예외성을 추구하는 사고방식을 따랐고, 과일과 채소는 지성의 적들이 선호하는 음식으로 취급했다. 그런 믿음 덕분에 그는 편두통과 소화 불량과 이른 죽음이라는 대가를 치렀다.

8장

유제품 만세

'복잡한 조리법은 잊고 단순한 식사를 하라.' 프랑스의 위대한 '낭만주의' 철학자였고, 다른 시각에서는 최초의 생태학자이자 환경운동가였던 장자크 루소가 특유의 문체로 가르침을 준다.

나는 최대한 절약하며 살았지만 이상하게도 내 지갑은 점점 얇아졌다. 절약은 검소한 생활을 추구해서라기보다 단순한 것을 사랑하기 때문이었고, 지금도 아무리 비싼 테이블에 앉는다 해도 단순함에 대한 나의 사랑은 줄어들지 않는다. 그때나 지금이나 내 사상의 어떤 부분도 소박한 식사보다 훌륭하지는 않다. 나에게 우유, 채소, 달걀, 갈색 빵, 괜찮은 포도주를 달라. 그러면 나는 융숭한 대접을 받았다고 생각할 것이다. 화려한 코스 요리가 나오고 하인들이 줄줄이 시중을 들지 않아도 괜찮다. 입맛이 전부다.

당시에는 5~6수*만 있으면 나중에 몇 루블이 있어야 먹을 수 있었던 것보다 더 나은 식사를 할 수 있었다. 나는 음식이 아닌 다른 데 욕구를 느꼈으므로 절제된 식생활을 했다. 잘은 모르지만 그것을 금욕이라고 부르는 것은 옳지 않다. 배 몇 개와 새로 산 치즈, 빵을 칼로 잘라 먹으면서 몇 잔의 몽페라 와인을 마시는 순간 나는 세상에 둘도 없는 미식가였기 때문이다.

사실 루소의 시골풍 점심 식사는 롤빵에 치즈와 피클을 곁들여 먹는 전통적인 영국 농부들의 점심 식사와 비슷해 보인다. 영국인들은 토마토(그리고 맥주 한잔)를 곁들이면서 조금 더 호사스러운 식사를 한다고 생각하지만, 그런 식사는 나라마다 자신들만의 전통이라고 주장하는 음식들이 사실은 다른 나라에서도 즐기는 음식이라는 사실을 (다시 한번) 보여 줄 따름이다. 하지만 영국인들은 음식이라는 분야에서 특별히 내세울 것이 워낙 적기 때문에 그나마 유명한 한두 가지 음식을 소중히 여긴다. 그리고 패스트푸드를 처음 발명한 것은 사실 미국인이 아니라 영국인이었던 것 같다. 적어도 샌드위치라는 음식은 영국에서 먼저 만들었다. 빵 사이에 재료를 끼워 먹는 간식인 샌드위치는 18세기의 영국 귀족이었던 샌드위치Sandwich 가문의 존 몬태규John Montagu 백작이 발명했다고 알려져 있다. 당시에 샌드위치는 음식 이름이 아니라

* 프랑스의 옛 화폐 단위. 20수가 1프랑이었다.

지명으로 알려져 있었고, 사실 지금도 그렇다. 몬태규는 정치가였고 도박꾼이었는데 자기 일에 충실한 사람이라서 그런지 카드 게임을 하는 동안에는 식사를 하러 가지도 않았다. 여기서 일단 빵은 잠시 잊고 치즈에 관해 생각해 보자.

우유와 각종 유제품, 즉 치즈, 크림, 버터 같은 식품들은 정치적 조약은 고사하고 철학책에도 좀처럼 등장하지 않는다. 알코올, 사냥, 육식은 종종 공개적인 토론의 주제가 되지만 목장의 소들은 조용히 풀을 씹으면서 자기 임무에만 충실하려고 한다.

하지만 루소의 글은 다르다. 루소는 희미하게 기억되는 고대 그리스 철학자도 아니고 따분한 학자도 아니다. 그의 목소리는 프랑스의 왕정을 무너뜨리고 미국에 새로운 정부를 세운 두 혁명에 이론적 토대를 제공했다. 간단히 말해서 루소는 가장 영향력 있는 철학자들 중 하나다. 우리도 그에게서 뭔가를 배울 수 있을 것이 틀림없다. 그의 도움을 받아 간식을 만들어 보자.

루소는 우유가 영양이 풍부하고 마음을 편안하게 만들며 사람을 자연과 가깝게 해 주는 식품이라고 칭찬하곤 했다. 《에밀》(혹은《교육론》)과《고백록》등 그의 모든 책에서 유제품은 인류 사회의 중요한 요소로 묘사될 뿐 아니라 그가 그려 낸 이상적이고 전원적인 풍경 속에서 과일과 비슷한 지위를 차지한다. 그의 철학에 따르면 유제품은 특별한 지위를 가지는 음식으로서 인간의 성격을 형성하고 인간과 환경의 관계를 결정한다.

우리에게 최초의 음식은 우유다. 우리가 강한 맛에 익숙해지려면 여러 단계를 거쳐야만 한다. 강한 맛은 처음에는 불쾌하게 느껴진다. 최초의 인류는 과일, 채소, 허브, 그리고 향신료와 소금을 뿌리지 않고 구운 고기로 잔치를 즐겼다. 원시인이 포도주를 처음 마셨을 때 그는 얼굴을 찡그리며 잔을 던져 버렸을 것이다. 지금도 20세까지 증류주를 입에 대지 않고 성장한 사람이 뒤늦게 술의 맛에 익숙해지기란 어려운 일이다. 만약 우리가 어릴 때 포도주를 먹어 보지 않았다면 우리 모두 금욕적으로 살았을 것이다. 요약하자면 우리의 입맛은 단순해질수록 보편적인 것이 된다.

가장 많은 사람이 거부하는 음식은 합성 물질로 만든 음식이다. 어떤 사람이 물이나 빵을 극도로 싫어하는 모습을 본 적이 있는가? 이런 음식은 자연이 남긴 흔적이다. 그러므로 그것을 우리의 규칙으로 삼자. 아이들의 타고난 순수한 입맛을 최대한 보존하자. 아이들에게 보편적이고 단순한 영양을 제공하자. 아이들의 미각이 까다로워지지 않고 담백한 맛에 익숙해지도록 해 주자. 지금 나는 이런 생활 방식이 더 건강한지 아닌지를 알아보려는 것이 아니다. 나는 이 문제를 그런 시각으로 바라보지 않는다. 만약 어떤 생활 방식이 자연에 순응하는 것이고 다른 사람들에게도 쉽게 적용할 수 있다면 나는 그 방식을 선호할 것이다. 어떤 사람들은 아이들이 나중에 자라서 먹을 음식에 일찍부터 익숙해져야 한다고 말하지만, 내가 보기에 그런 주장은 논리가 부족한 것 같다.

루소의 루꼴라 샐러드

- 씨를 빼내고 얇게 썬 배
- 한 그릇 분량의 루꼴라 잎
- 대강 쪼갠 호두
- 곱게 간 파머잔치즈

모든 재료를 커다란 볼에 담는다.

　루소가 실제로 루꼴라를 얼마나 많이 먹었는지는 모르지만, 이 요리가 그에게 잘 어울리는 것만은 분명하다. 그가 높이 평가하는 치즈, 배, 호두가 다 들어가 있기 때문이다. 톡 쏘는 맛이 나는 루꼴라는 고대 로마 시대부터 지중해 일대에서 널리 재배되는 초록색 허브였고 효과 좋은 정력제로도 알려져 있었다. 대표적인 예로 루소가 좋아하는 고대 시인 베르길리우스는 루꼴라를 '졸린 사람들의 성욕을 일깨우는' 허브라고 설명했다.

　루소는 뭔가를 가르치기를 좋아했다. 《에밀》에서 그는 아이들을 양육하는 법을 가르쳤고, 《인간 불평등 기원론》에서는 사회의 질서를 유지하는 방법을 가르쳤고, 《고백록》에서는 개인들이 지켜야 할 윤리와 가정의 가치에 관해 역설했다. 《고백록》은 위대한 철학자 루소가 쓴 책이 아니라면 볼썽사나운 책이었을 것이다. 그는 이 책에서 자기가 원래 얼마나 방탕한 사람이었는지를 솔직히 고백한다. 예컨대 저녁 식사 접시에 소변을 본 일이라든가, 젊은 여자 하녀를 '이용했던' 일이라든가, 나중에 자기 아이들을 모두 고아원에 보내 버린 일 따위를 자세히 설명한다. 이 책은 겉보기에는 단순해 보이지만 매우 흥미로운 장면을 보여 준다. 루소는 그에게 최고의 기쁨을 주는 농작물을 통해 풍부한 유토피아적인 시골을 상상한다. '나무마다 먹음직스러운 과일이 주렁주렁 열려 있고, 나무 그늘은 행복한 연인들에게 매력적이고 관능적인 휴식의 장소를 제공했다. 산에서는 우유와 크림이 많이 났다. 평화와 여유, 단순함과 기쁨이 결코 시들지 않는 매력과 섞여 있었다. 내가 목격한 모든 것은 나의 심장에 새로운 환희를 선사했다.'

　루소는 유아에게 모유를 먹이는 일이 아주 중요하다고 생각했고, 모유 수유가 어머니와 아이 사이의 유대를 형성함으로써 가족 전체의 조화에 기여한다고 주장했다. 그에게 가정은 문명의 가장 기본적인 단위였다. 실제로 고대에 지혜를 의인화한 존재였던 '필로소피아 사피엔티아Philosophia-Sapientia'는 철학자들에게 지식과 도덕적 가치로 이뤄진 젖을 먹였다. 건강에 좋은 특별한 성분들이 함유됐다고 알려진 모유는 귀 통증, 열, 심지어 따가운 통증을 치료하는 약으로 사용되기도 했다. 요즘에는 여성과 모유를 이런 식으로 바라보는 시각이 반페미니즘적이고 보수주의적인 것처럼 보이지만, 루소가 살던 시대에 이것은 아주 참신하고 급진적인 사고방식이었다. 당시 중산층 여성들은 자신이 낳은 아기에게 직접 모유 수유를 하는 일이 드물었고 아기를 양육하는 일에도 별로 관여하지 않았다.

　18세기는 유모의 전성시대였다. 처음에는 왕실에서만 유모를 썼지만, 곧 모유 수유를 하는 사람에게 좋지 않은 낙인이 찍혔다.

당시에는 풍만한 가슴보다 작고 단단한 가슴이 더 매력적이라고 여겼는데, 모유가 가득 차면 가슴은 커질 수밖에 없었다. 프랑스 혁명가들은 '자유의 여신'을 가슴이 노출된 모습으로 표현했음에도 그들의 사회 정책은 여자들이 집에 머무르도록 하는 것이었는데, 그 이유 중 하나가 모유를 여자들만 먹일 수 있다는 것이었다. 1793년 파리의 바스티유 감옥 부지를 국가 차원에서 재단장해서 공개하는 특이한 행사를 열었던 날, 86명 정도의 남성 국회의원들은 새로운 시작을 상징하는 여신 이시스Isis의 가슴 모양으로 특별히 제작된 급수대에서 우유를 마셨다.

모유

루소가 '교육의 기술'에 관한 훌륭한 책인 《에밀》의 첫머리에서 모유와 모성을 예찬했던 것은 단순한 우연이 아니다. (18세기에도 모유와 모성은 현대적인 개념이었다.)

1758년 스웨덴의 식물학자 칼 린네가 새끼들에게 모유를 먹이는 동물들을 하나의 집단으로 묶는 새로운 분류법을 생각해 냈을 때, 그는 인간이 네발 달린 사촌격의 동물들과 가까운 사이라고 주장했을 뿐 아니라 남성이 여성보다 우월하다고도 했다. 그러나 루소는 모유에 공감이라는 '자연스러운 감정'을 불러일으키는 혁명적인 능력이 있다고 생각했다. '어머니들이 자기 아이들을 양육하는 일에 뛰어들 때 도덕의 개조가 이뤄질 것이다. 모든 사람의 마음속에 자연스러운 감정이 되살아나고, 국가에는 시민들이 부족하지 않을 것이다. 이 첫 단계만 잘 수행해도 상호간 애정이 회복될 것이다.' 본질적으로 루소는 모유가 아기의 선천적인 공감 능력을 일깨운다고 주장하는 셈이다. '생애 최초의 교육이 가장 중요한데, 그 최초의 교육은 여자들의 몫이 분명하다. 만약 만물의 창조주가 아이의 생애 첫 교육이 남자들의 몫이기를 바랐다면 남자들에게 모유를 주어 아이를 기르게 했을 것이다.'

루소의 낭만적인 디저트

재료는 딸기와 휘핑크림.

딸기를 그릇에 담는다. 휘핑크림을 곁들인다. 완성!

작고 빨갛고 예쁜 하트 모양의 딸기는 먹을 수 있는 애정의 상징물Valentine 이다. 오늘날에는 딸기가 혈액 순환을 촉진한다는 사실이 알려져 있지만, 사실 딸기는 오래전부터 자연의 정력제로 알려져 있었다. 고대 로마인들은 딸기를 사랑의 신 비너스의 상징으로 사용했다. 루소도 딸기를 높이 평가했다. 딸기는 고대부터 줄곧 사랑과 정열의 과일이었다.

루소의 딸기 수프

루소는 프랑스의 시골에서 신혼부부에게 사랑을 많이 나누라고 딸기 수프를 대접하는 전통을 알고 있었던 것 같다. 부도덕한 난봉꾼이었던 시절에 그는 여자 친구들에게 딸기 수프를 대접했을지도 모른다. 오늘날 정력에 도움이 되는 수프를 만들고 싶다면 다음과 같은 재료를 사용하라. 딸기 듬뿍, 오렌지주스 1컵, 플레인 요구르트 1컵, 바닐라 익스트랙 1/2작은술. 믹서에 재료를 모두 넣고 갈아서 걸쭉하게 만든다. 맨 위에 휘핑크림을 올리고, 원한다면 민트 잎으로 장식한다. 그렇다. 이것은 차갑게 먹는 수프다. 유럽 사람들은 차가운 수프를 즐긴다!

9장

날씬해지려면
지방을 먹어라

음식 저술가 셀렌 예거Selene Yeager는 자기 책의 본문 옆에 배치한 〈지방을 생각하라The Fat Factor〉라는 제목의 글 상자에서 귀리 반 컵에 1그램이 넘는 지방이 들어 있다고 경고한다. '곡물의 지방은 대부분 씨눈과 껍질에 들어 있다. 대개 곡물을 가공하는 과정에서 껍질을 벗겨 내지만, 귀리의 껍질은 그대로 남겨 둔다. 따라서 당신이 섭취하는 지방의 양을 제한하고 싶다면 오트밀을 먹는 것은 좋은 방법이 아니다.'

이 글은 《의사의 음식 처방전The Doctors Book of Food Remedies》이라는 책에서 인용한 것이다. 예거는 '지방은 나쁜 것'이라고 이미 확신하고 있는 독자, 그러니까 리더스다이제스트 편집부가 발간한 《독이 되는 음식, 약이 되는 음식Foods that Harm, Foods that Heal》과 같은 책들을 오랫동안 읽으면서 세뇌당한 독자들을 상대로 이야기한다. 이 책은 채소를 기름에 볶아 먹지 말라고 충고한다. 채소를 기름에 익히면 '다량의 지방을 마시게' 된다는 것이다. 대신 이 책은 채소를 삶아 먹거나 생으로 먹으라고 권하는데, 이것은 세 가지 측면에서 걱정스러운 충고다. 왜냐하면 기름이나 버터로 익히지 않은 채소는 1) 정말로 맛이 없고, 따라서 2) 사람들이 화학 물질을 교묘하게 첨가해 향미를 증진시킨 정크푸드에 유혹을 느끼고, 또한 3) 어떤 영양소는 열을 가하면 파괴되기 때문이다.

지방이 '공공의 적 1호'라는 오래된 고정 관념은 어디에서 왔을까? 확실하지는 않지만 그런 고정 관념은 앤셀 키스Ancel Keys라는 단 한 명의 학자가 처음 만들어 낸 것 같다. 병리학자였던 키스는 미국인들이 수천 년 동안 진화를 거친 후에 옛날보다 지방을 많이 먹는데 사람의 몸이 아직 그런 식사에 익숙하지 않기 때문에 심장병이 '유행'하고 있다는 논문을 발표했다. 1953년 키스는 미국, 일본, 그리고 다른 4개국을 대상으로 비교 연구를 수행하고 추가적인 증거를 제시했다. 그의 연구는 고지방 식사를 하는 나라일수록 심장병 발병률도 높다는 인상적인 결과를 보여 주었다. 하지만 나중에 밝혀진 바에 따르면 키스의 국가별 비교에는 편향이 있었다. 오일이 듬뿍 들어간 고지방 요리를 많이 먹지만 심장병이 많이 발생하지 않는 프랑스나 이탈리아 같은 나라들을 배제했기 때문이다. 이른바 '이누이트의 역설'은 아예 고려하지도 않았다. 이누이트(에스키모)는 동물성 지방을 아주 많이 섭취하고 채소는 거의 먹지 않는데 어떻게 오늘날 곡물, 과일, 채소, 고기, 달걀, 유제품으로 균형 잡힌 식단을 짜서 충실히 따르는 사람들보다 건강할까?

키스의 가설에 부합하지 않는 또 하나의 증거는 자세히 살펴보면 선사 시대의 '전통적인 식단'에도 지방 함량이 적지 않았다는 것이다. 수렵과 채집을 하던 옛날 사람들이 자신이 사냥한 동물을 주로 먹었다면 그들은 대부분의 현대인보다 지방을 많이 섭취했을 것이다. 《사이언스》가 지적한 대로, 심장병이 급격히 증가하기 100년쯤 전부터 미국인들은 지방이 풍부한 육류를 잔뜩 소비했을 가능성이 높다. 따라서 심장병의 유행은 미국인들의 지방 섭취량이 증가하고 나서가 아니라 감소하고 나서 벌어진 일이었다. 그래서인지 미국심장협회는 1957년에 '지방이 심장병을 일으킨다'는 주장은 '비판적인 검증을 통과하지 못했다'는 보고서를 발표했다.

과연 미국에서 심장병이 유행했는지도 불확실했다. 심장 질환 발병률이 높아진 명백한 원인은 평균 수명이 늘어나면서 사람들이 심장 질환이 발생하는 나이까지 생존하게 된 것이었다. 하지만 너무 늦었다. 잘못된 정보의 홍수는 이미 시작됐다. 그리고 3년 후 미국심장협회는 새로운 성명서를 발표해 기존의 견해를 번복하고 키스의 이론에 대한 의심을 철회했다. 새로운 증거는 없었지만 보고서를 쓰는 사람들이 바뀐 것이다. 키스 본인과 그의 친구 하나가 보고서를 작성했다. 미국심장협회의 새로운 보고서 는 《타임》 표지를 장식했으며 미국 농림부의 영양학 전문가가 아 닌 관리들에게도 전해졌다. 농림부에서는 그 이론의 지지자 중 한 사람에게 미국 국민을 위한 '건강 가이드라인' 제작을 요청했다.

　　머지않아 대부분의 의사들은 압도적 다수가 동의하는 명제에 공개적으로 반박할 의지를 잃었고, 극소수의 전문 연구자들만 반 대 입장을 고수했다. 그리고 미국의 의료 책임자 중에서 가장 높 은 직책이었던 '보건 총감Surgeon General'들은 그 정도면 충분하다고 생각했다. 그들은 음식에 함유된 지방에 관해 암울한 경고를 발 표하면서 아이스크림이 흡연과 똑같이 건강에 해롭다고 암시했 다. 그것은 빈약한 이론의 정점이었고, 증거에 대한 편견의 승리 였다. 오랜 세월이 지나 비교 가능한 여러 집단에게 통제된 식사 (저지방식과 고지방식)를 시키면서 대규모 연구를 수행한 후에야 지방과 건강의 상관관계를 발견할 수 있었다. 하지만 연구의 결 과는 예상과 달랐는데, 저지방 식사가 건강에 좋지 않은 것으로 나타난 것이다. 지금도 그 이유를 확실히 아는 사람은 없다.

　　지방을 너무 많이 섭취하지 말라는 엄숙한 경고는 음식 섭취 에 관해 독단적으로 조언하는 글을 읽을 때는 의심할 필요가 있 음을 보여 준다. 얼핏 생각하면 저지방 식품을 먹으려고 노력하 는 것은 아주 좋은 일 같다. 하지만 종종 사람들은 지방을 줄이려 다 오히려 건강한 음식에서 멀어지고 가공식품과 열량이 높은 정크푸드를 먹게 된다. 생화학자이자 에스키모 영양학 전문가인 해럴드 드레이퍼Harold Draper는 균형이 맞지 않는 것이 확실한 이누이트족의 식단이야말로 우리가 꼭 먹어야 하는 음식은 없다는 증거라고 말한다. 필수 음식이란 없고 필수 영양소만 있다. 그리고 필수 영양소들은 여러 가지 방법으로 섭취할 수 있다. 그렇다면 사냥으로 지방이 많은 육류를 얻는 것이 몸에 이로울 수도 있을까? 정말로 지방을 먹어서 날씬해질 수도 있을까? 날씬해지기 위해 지방을 섭취한다는 것은 역설처럼 들리지만 그런 접근법에는 훌륭한 철학적 선례, 아니 생물학적 선례가 있다.

　똑똑하지만 논쟁적인 사상가 파라셀수스에서 이야기를 시작해 보자. 파라셀수스는 16세기 전반의 50년 동안 독일에 살면서 약물학과 독물학라는 근대적인 학문을 창시한 사람이다(그는 다른 업적으로도 알려져 있다). 당대의 기준으로 그의 사고방식은 확실히 혁명적이었다. 식물이나 광물 가루를 활용하는 전통적인 치료법 대신 화학 물질의 특별한 배합을 사용하는 새로운 치료법도 그의 업적 중 하나다. 그리고 고대인들은 몸의 균형이 깨져서 병에 걸렸을 때 건강을 회복하려면 반대의 물질이 필요하다고 설명했지만 파라셀수스의 치료 원칙은 동종 요법like cures like이었다. 이 책의 모양만으로 효능을 알 수 있는 음식들 그의 흥미로운 이론을 자세히 소개하고 몇 가지 일상적인 음식의 사례를 제시한다. 하지만 파라셀수스는 자신의 이론을 실험하기 위해 (그리고 증명하기 위해) 인간의 배설물을 가져다가 빵에 묻힌 다음 그것을 전염병이 돌던 슈테르트징이라는 마을 사람들에게 나눠 주었다. 이상한 정도가 아니라 끔찍한 방법 같지만, 사실 이것은 백신의 초창기 형태였다.

다시 지방이라는 주제로 돌아가자. 오늘날 다수의 영양학자들은 지방을 먹는다고 해서 실제로 우리 몸에 지방이 더 생기는 것은 아니라는 점을 인정한다. (앞에서 설명한 엔셀 키스의 다이어트 방법과는 모순된다.) 하지만 지방을 많이 먹으면 날씬해진다고 주장하는 것은 다른 문제다. 오늘날 지중해 사람들은 실제로 고지방 식사를 하는데, 이것은 파라셀수스의 이론을 실천에 옮기는 것이다. 음식 저술가이자 가정과 의사인 마크 하이먼Mark Hyman은 지방이 인체의 가장 기본적인 구성 요소 중 하나라고 강조한다. 그는 우리가 음식으로 섭취하는 지방이 몸속에서 세포막을 형성하고 병균을 막아 주는 것과 같은 필수적인 역할을 하며, 그중에서도 '좋은 지방'(이 차이가 중요하다!)은 대사 속도를 높이고 지방의 연소를 자극하며 심지어는 공복감까지 줄여 준다고 주장한다.

우리는 지방에 대한 부정적인 이야기를 너무나 많이 들었기 때문에, 올리브유나 '진짜' 치즈에 들어 있는 지방은 질량이 동일한 경우 탄수화물의 2.5배나 되는 에너지를 제공하는 훌륭한 에너지원이라는 사실을 잊곤 한다. 그렇다. 치즈와 올리브유는 정말로 우리를 날씬하게 해 주는 음식이다. 적어도 과일과 채소가 많이 포함되고 가공식품은 최소화한 균형 잡힌 식단의 일부로서 적당한 양을 먹을 경우에는 그렇다. 프랑스, 그리스, 이탈리아의 전통적인 지중해식 식사를 확인해 보라! 치즈에서 발견되는 지방(가공된 치즈가 아니라 진짜 치즈라는 점을 강조하고 싶다)은 품질이 좋은 자연 지방이며 오메가 3 지방산을 함유하고 있다. 오메가 3 지방산은 일반적으로 어유fish oil에 들어 있다고 알려진 물질로서 뇌의 철학적 사고를 도와준다.

　　다시 경주마의 사례를 생각해 보자. 경주마 사육사들은 우수한 말에게 지방을 많이 먹이면 특별히 좋은 점이 있다는 사실을

파라셀수스의 충고:
전문가들을 믿지 말라!

파라셀수스는 전문성이라는 개념이 의술의 토대가 되는 것에 반대하고 관찰과 조사를 통해 치료 결과를 경험적으로 평가하는 방법을 옹호했다. 그의 원래 이름은 파라셀수스('셀수스를 넘어, 셀수스보다 위에'라는 뜻이다)가 아니었지만(그의 본명은 필리푸스 아우레올루스 테오프라스투스 봄바스투스 본호헨하임이었다), 그는 자기 자신이 1세기 로마에서 백과사전과 의학 서적을 편찬한 셀수스보다 훨씬 훌륭하다고 생각했기 때문에 그 이름을 선택했다. 그는 다른 의사들의 견해를 공공연히 비웃고 그들을 욕심쟁이라고 비난했기 때문에 다른 의사들과 사이가 나빠졌다. 다른 의사들은 복수를 위해 그를 본명으로 부르면서 '봄바스투스Bombastus'를 '봄바스틱bombastic'으로 바꾸기도 했다. '봄바스틱'을 사전에서 찾아보면 '들뜬, 우쭐거리는, 허세를 부리는'이라고 나온다.

안다. 그들이 말의 먹이에 옥수수기름이나 콩기름을 첨가하는 것은 지방이 근육을 사용하는 활동에 매우 유용하기 때문이다. 전문 용어로 설명하자면 지방은 경주와 같은 무산소 운동을 하는 동안 글리코겐을 더 잘 활용하도록 해 주고, 혈액 속의 포도당과 인슐린 농도가 일정하게 유지되도록 해 준다. 그리고 고탄수화물 식사를 하면 근육이 혈액에서 가져와야 하는 글루코스의 양이 줄어들기 때문에 피로가 늦게 찾아온다. 모든 것은 연결되어 있다. 간식으로 작은 유기농 감자칩 한 봉지를 먹거나 점심시간에 치즈 샌드위치를 먹으면 당신은 직장에서 피로를 덜 느낄 수 있다! 만약 사람들이 뚫어지게 쳐다보면 코언 박사가 시켰다고 말하라.

요컨대 지방의 형태가 지방의 양보다 중요하다. 올리브유, 견과류, 씨앗과 같은 식품에 함유된 지방은 각종 만성 질환을 예방해 준다. 그래서 지중해식 식사법은 오메가3 지방산이 풍부한 음식인 통곡물, 신선한 과일과 채소, 생선, 마늘, 포도주 섭취를 권장한다. 앞에서도 말했지만 이것은 어디까지나 나의 조언일 뿐이다. 물론 나의 조언은 증거 분석에 기초한다. 지방 섭취는 나쁘기만 한 것이 아니다. 당신의 몸은 날마다 일정량의 지방을 필요로 한다. 그래야 뇌와 신경계가 작동하고, 당신의 피부와 머리카락이 건강한 상태를 유지하고, 당신이 음식을 먹을 때 지용성 비타민이 잘 흡수된다. 그리고 무시무시한 '헬스클럽 얼굴'(움푹한 뺨, 주름살, 퀭한 눈)을 가지기 싫다면 당신 몸의 세포에 지방을 충분히 공급해야 한다. 그 점을 고려

해서 적정 비율의 지방이 함유된 식사를 하라. 단 지나치게 많은 양은 금물이다. (지방을 너무 많이 먹으면 좋지 않다. 하긴 뭐든지 너무 많이 먹으면 좋지 않다. 미국 영화배우 메이 웨스트Mae West의 생각은 다르겠지만.)* 그러면 지방을 얼마나 먹어야 적당할까? 일반적으로 영양학자들은 당신이 하루에 섭취하는 열량의 3분의 1 정도를 지방의 형태로 섭취하라고 말한다.

다이어트를 위한 조언: 올리브유

모든 음식에 올리브유를 뿌려 먹어라. 올리브유는 마법 같은 식품이다. 올리브유는 진정 효과가 뛰어나기 때문에 피부에 직접 뿌려도 된다!

* 　메이 웨스트는 당근 주스 다이어트로 유명하다.

10장

피타고라스와 숫자 3

"오, 나의 동포들이여!" 플라톤과 소크라테스보다 먼저 태어나 활동한 철학자 피타고라스가 소리친다. 피타고라스는 여러 면에서 서양 철학의 아버지라고 할 수 있는 인물이다. 그리고 그는 어떤 음식을 먹어야 하는지에 대해서도 확고한 의견을 가진 철학자였다.

악한 음식으로 몸을 더럽히지 말라. 우리에게는 옥수수가 있다. 우리에게는 나뭇가지가 구부러질 만큼 묵직한 사과가 있고, 덩굴에서 탱글탱글 익어 가는 포도가 있다. 단맛이 나는 허브와 불 위에서 요리하면 부드러워지는 채소가 있다. 우유라든가 타임 향이 나는 꿀도 거부하지 말라. 대지는 당신에게 순수하고 귀중한 음식을 아낌없이 내주고, 출혈과 도살이 없는 잔칫상을 차려 준다.

말이 나온 김에, 피타고라스는 채식주의자였다. 하지만 설령 당신이 '악한 음식'을 아주 좋아하고 채소 스튜, 우유, 꿀 푸딩을 날마다 먹지 않는 사람일지라도, 당신은 식생활에 대한 피타고라스의 가르침을 생각보다 많이 따르고 있을 것이다. 당신은 왜 하루에 세 번 식사를 하는지, 그리고 서양의 전통적인 식사가 왜 세 가지 코스로 이뤄지는지 궁금했던 적이 있는가?

이 질문의 답은 영양과는 거의 무관하고 상식과는 더욱 무관하며 당신이 상상하는 것 이상으로 철학과 깊은 관련이 있다. 무엇보다 그 답은 역사상 가장 유명하면서도 칭찬은 가장 적게 받는 철학자들 중 한 명인 피타고라스가 숫자 3에 부여한 의미와 관련이 있다.

피타고라스학파에게 숫자 1은 만물의 근원이다. 숫자 1은 홀수와 짝수의 성질을 동시에 지니고 있으며 계속 결합하고 재결합하면서 세상을 창조한다. 숫자 2는 쪼개질 가능성이 있기 때문에 불완전하다. 기하학적으로 보면 숫자 2는 선line이다. 숫자 3은 1과 2의 결합이며 시작, 중간, 끝이 있기 때문에 '전체'라고 불린다. 기하학적으로 숫자 3은 최초의 도형 또는 최초의 모양인 삼각형이다.

여러 지역을 여행하면서 세상의 모든 비밀을 알게 된 피타고라스는 '자연의 모든 사물은 세 개의 부분으로 나눠지며 모든 문제는 기본적으로 삼각형'이라는 사실을 알지 못하는 사람은 진정으로 현명해질 수 없다고 생각했다. 그는 '삼각형을 그리면 문제의 3분의 2는 해결된 것'이라고 말했다. 나아가 '모든 사물은 세 개의 부분으로 구성된다'는 주장을 펼치기도 했다.

사람들이 자신을 세 개의 계급(상류층, 중류층, 하류층) 중 하나로 생각하는 것, 전 세계의 학교와 대학이 대부분 3학기제(봄 학기, 여름 학기, 가을 학기)로 운영되는 것, 그리고 미국의 고등 교육 체계에서 수여하는 학위가 세 가지(학사, 석사, 박사)인 것은 우연이 아니다. (미국의 일부 대학에서는 3학기 제도가 일시적으

숫자 3의 힘

심리학적인 이유 때문일 수도 있지만, '숫자 3의 힘'은 전혀 예상치 못했던 영역에서도 발견된다. 감정이 개입되지 않는 학문인 영양학도 그중 하나다. 영국의 의사였던 윌리엄 프루트는 음식이 단백질, 지방, 탄수화물의 세 가지 기본 요소로 구성된다고 주장했다. 그 이후로 음식에 관한 논쟁에는 항상 이 '세 가지'가 따라다녔다. 독일의 과학자였던 유스투스 폰 리비히(우리가 7장에서 만났었다)는 식물의 생장에 질소, 인, 칼륨의 세 가지 원소가 필요하다는 사실을 발견했다. 동물들이 성장하고 잘 자라는 데 필요한 다른 원소들은 무시한 채 말이다. 또 리비히는 아기를 위해 최초의 조제 분유를 만들었는데, 그 분유에는 우유, 밀, 그리고 맥아분의 세 가지 물질과 약간의 중탄산나트륨(아, 네 가지였다)이 들어갔다. 물론 진짜 우유에는 이것보다 훨씬 많은 물질(비타민, 필수 지방산, 아미노산, 박테리아, 그리고 면역력을 높여 주는 각종 화합물)이 함유되어 있으므로, 아기에게 리비히가 만든 조제 분유만 먹였다가는 영양실조에 걸렸을 것이다.

로 운영되는 것 같다.) 그리고 사회의 통치자들이 시민들을 '금, 은, 동'으로 분류해야 한다는 플라톤의 이론에도 삼각형이 등장한다. 아리스토텔레스 역시 《정치학》 8권을 다음과 같은 말로 끝맺는 다. '따라서 교육은 세 가지 원칙을 토대로 이뤄져야 한다. 의미, 가능성, 변화. 이 세 가지가 그 원칙이다.' 독일의 철학자 헤겔과 카를 마르크스도 피타고라스의 삼각형을 되살려 낸 사회 이론들 을 제시했다. 정thesis과 반antithesis이 합쳐져 종합synthesis을 이룬다는 것이다.

　'피타고라스는 역사상 가장 흥미롭고 이해하기 힘든 인물들 중 하나다.' 버트런드 러셀이 쓴 《서양철학사》의 한 대목이다. '피 타고라스에 관한 전통은 진실과 거짓이 불가분의 관계로 얽힌 혼 합물이며 가장 솔직하고 가장 분명한 형태로 제시될 때도 매우 신비로운 기운을 불러일으킨다. 간단히 말하자면 피타고라스는 아인슈타인과 에디 여사Mrs Eddy*를 합친 존재다. 피타고라스는 하 나의 종교를 창시했다. 그 종교의 핵심 교리는 영혼이 환생한다 는 것과 콩을 먹지 말라는 것이다.

　만약 서양철학의 역사 전체가 '플라톤에 관한 주석'과도 같다 는 버트랜드 러셀의 말이 옳다면, 플라톤의 학문은 대부분 피타 고라스에 관한 주석으로 이뤄진다는 서글픈 결론을 내려야 한다.

---

* 　메리 베이커 에디Mary Baker Eddy는 크리스천 사이언스Christian Science를 창시한 사람이다. 크리스천 사이 언스는 19세기 후반에 처음 등장한 미국의 새로운 종교 단체였다. 러셀은 크리스천 사이언스를 못 마땅하게 여겼던 것 같다.

그리고 러셀은 평소와 달리 관대한 태도로, '만약 모든 사물이 숫자라는 피타고라스의 이론이 허튼소리라 할지라도 그가 말하려고 했던 것은 허튼소리가 아니다'라고 말한다. 러셀의 결론은 다음과 같다.

나는 사고의 영역에서 피타고라스만큼 영향력이 컸던 사람을 알지 못한다. 내가 이렇게 말하는 이유는 '플라톤주의'로 보이는 사상을 분석하면 그 본질은 피타고라스주의라는 것을 알 수 있기 때문이다. 감성이 아닌 지성으로 인식 가능한 '영원한 세계'라는 관념은 피타고라스에게서 파생된 것이다. 그가 없었다면 기독교인들은 '예수'를 '언어'로 생각하지 않았을 것이다. 그가 없었다면 신학자들은 신과 영원한 삶이 존재한다는 논리적 증거를 생각하지 않았을 것이다.

식생활 조언: 뭐든지 세 가지로

피타고라스는 우주의 만물은 숫자의 인도를 받는다고 생각했고, 오늘날의 우주론자들도 여기에 동의한다. 그러니까 우리도 그의 책에 나오는 대로 언제 식사를 하든지, 얼마나 단순한 음식을 먹든지 간에 그 식사를 세 가지 코스로 구성하자. 각 코스에 세 가지 요소가 있으면 더할 나위 없이 좋다.

이것은 굉장한 찬사다. 물론 사람들을 세 개의 계층으로 정확히 나눌 수는 없고, 학교에는 매년 네 개의 학기가 있는 것이 더 합리적이다. 그리고 하루에 세 번 끼니를 챙기는 것은 교도소 수감자들밖에 없을 것이다. 그러나 적어도 식사에 관해서는 우리 모두 하루 세 번이 바람직하다고 생각하고 있다! 그것이 피타고라스의 힘이다.

하지만 최근에 잰드 반 툴켄 박사는 피타고라스의 조언을 거부하고, 아니 아예 무시하고 하루 세 끼의 독재에 저항하는 것을 핵심으로 하는 이른바 '확정적 다이어트'라는 방법을 내놓았다. 의사인 툴켄은 언젠가 갑자기 체중이 50퍼센트 이상 불어나서 그의 호리호리한 쌍둥이 형제가 깜짝 놀랐다고 한다. 그때 그는 확정적 다이어트를 생각해 냈다. 자기와 똑같이 생겼는데 아주 날씬한 쌍둥이 형제가 있다는 것은 잔인한 일이다. 자기가 너무 많이 먹고 있다는 불쾌한 증거를 날마다 목격해야만 하니까. 그래서 툴켄은 여러 가지 전통적인 다이어트를 시도해 봤는데, 그의 표현에 따르면 곧 '여러 가지 다이어트 방법들이 서로 모순되며 근거가 탄탄하지 않다'는 사실을 발견했다. 이것은 대체로 옳은 말이지만, 모든 다이어트 전문가들이 다른 사람들의 다이어트 방법에 대해 하는 말이기도 하다.

하여간 툴켄은 다양한 식이 요법에 도전했다. 저탄수화물 다이어트를 하면서 고기, 생선, 달걀, 치즈만 먹은 적도 있었다. 하지만 저탄수화물 식단은 지루하고 건강에 좋지 않았으며 줄어든 체중은 금방 원래대로 돌아왔다. 그는 마침내 남의 판단에 의존하지 않고 자기 머리로 판단해서(물론 의사로서 임상 수련을 받은 것이 도움이 됐다) 효과적인 다이어트 식이 요법을 한번 찾아보기로 마음먹었다. 그의 첫 번째 결심은 체중을 줄이기 위해 실제로 적게 먹기로 한 것이었다. 아니, 단순히 적게 먹는 것만이 아니었다! 정확히 말하자면 그는 하루에 한 끼만 먹는 것으로 다이어트를 시작하라고 말한다. 그뿐 아니라 이 한 끼의 칼로리를 엄격하게 제한해서 되도록 800칼로리를 넘지 않도록 하라고 한다. 800칼로리는 일반인이 하루 동안 섭취하는 칼로리 총량의 3분의 1 정도다. 하지만 세 끼를 먹는 대신 한 끼만 먹는 것이므로 다이어트 중이라도 만족스러운 식사를 할 수 있다. (여기에 재치가 숨어 있다.) 그리고 툴켄은 하루에 한 끼만 먹을 때는 하루의 마지막 식사인 저녁을 먹으라고 권한다. 이것은 확실히 실용적인 조언이다.

확정적 다이어트의 두 번째 단계는 아침이나 점심을 건너뛰고 하루에 두 끼만 먹는 것이다. 툴켄 박사는 '확정적 다이어트'를 하는 사람들에게 하루 두 번 건강한 식사를 즐기되 하루에 섭취하는 칼로리의 총량은 1200칼로리 수준으로 조절하라고 말한다. 그러니까 칼로리 섭취량은 아주 적어야 한다. 한 끼는 800칼로리, 다른 한 끼는 400칼로리로 나눠서 섭취한다. 확정적 다이어트의 마지막 단계에서는 비록 300칼로리 정도지만 세 번째 식사라는 사치가 허용된다. 300칼로리는 당신이 초콜릿 쿠키 두 개를 먹을 때 섭취하게 되는 열량이다. 당연히 툴켄 박사는 그런 방법을 추천하지는 않는다. 그는 섬유질이 많고 탄수화물이 적고 건강한 지방이 풍부한 음식을 먹으라고 충고한다.

　확정적 다이어트는 지나치게 굶지 않으면서 적게 먹는 방법이므로 대체로 합리적인 것처럼 보인다. 그러면, 에헴, 코언 박사(의학 박사는 아니지만)는 확정적 다이어트에 대해 어떻게 생각하는가? 글쎄. 일단 음식 섭취량을 극도로 제한하는 다이어트가 우리를 날씬하게 만들어 준다는 말은 설득력 있게 들린다. 하지만 이 책의 다른 장에서 설명한 대로 그런 식이 요법들은 당신의 건강을 손상시킨다. 스위스 시계를 망치로 고치고, 크리스털 꽃병을 깨뜨린다. 예컨대 근육과 신체 기관에서 영양소와 에너지를 앗아 가고, 신경과 뇌의 지방을 앗아 가고, 간에서는 포도당을 앗아 간다. 그리고 우리는 먹는 즐거움을 잃어버리고 거의 온종일 배고픔을 참으면서 에너지가 저조한 상태로 지내야 한다. 대부분의 사람은 이런 식의 다이어트를 오랫동안 진행할 수가 없다.

　그렇다면 기원전 4세기 이오니아 해변에 살았던 시노페Sinope의 철학자 디오게네스에게서 이것과 비슷하지만 조금 다른 충고를 들어보자. 합리적인 행동을 많이 했던 디오게네스는 언제나 목이 마를 때까지 기다렸다가 뭔가를 마시고 배고플 때까지 기다렸다가 음식을 먹었다. 그는 진짜로 배가 고플 때까지 기다리는 것이 음식을 맛있게 먹는 가장 확실한 방법이라고 생각했고, 굶주림이야말로 가장 훌륭하고 자극적인 식욕 촉진제라고 말했다. 때때로 체중 조절을 힘들어하는 사람들은 자신들이 먹는 것을 '너무' 좋아해서 그렇다고(날씬한 사람들은 그렇지 않다고 은근히 암시하면서) 말한다.

　목이 마를 때가 아니면 아무것도 마시지 말라는 디오게네스의 조언을 따르려면 사회생활은 다소 재미가 없어진다. 물이나 차를 마시는 일이 공복의 고통을 줄이는 좋은 방법이라는 것은 말할 필요도 없다. 그렇긴 하지만 뭔가를 무턱대고 먹지 말고 정말로 배가 고파질 때까지 기다리면 음식을 더 맛있게 먹을 수 있다는 디오게네스의 지적인 충고는 한번 실천에 옮겨 볼 가치가 있다. 그의 방법을 쓰면 우리는 꿩도 먹고 알도 먹을 수 있다!

　고대 그리스의 역사가인 크리소스토무스는 디오게네스의 생활 양식을 다음과 같이 기록했다.

　그는 보리빵 하나를 먹으면서도 남들이 가장 비싼 음식을 먹을 때보다 큰 기쁨을 느꼈고, 개울에 흐르는 물 한 모금을 마시면서도 남들이 트라키아산 와인을 마실 때보다 더 즐거워했다. 그는 목이 마를 때 샘가를 그냥 지나치는 고급 포도주를 파는 곳을 찾으려고 백방으로 애쓰는 사람들을 비웃었다. 그는 그런 사람들은 소나 양보다도 어리석은 사람들이라고 말하곤 했다.

요약하자면 다음과 같다. '확정적 다이어트'에는 새로운 것도 없고 '확정적'인 것은 더욱 없다. 그러니까 여러분, 그냥 넘어가시라. 선량한 툴켄 박사는 텔레비전 프로그램도 진행한다고(쌍둥이 형제인 크리스와 함께 진행한다) 내가 이야기했던가? 그러니까 잰드 반 툴켄은 우리의 상상처럼 대중적인 문제들을 조용히 연구하는 헌신적인 영양학 전문가는 아닌 듯하다. 아니, 그는 다이어트와 별 관련이 없는 열대 의학* 전문가가 아니던가? 그래도 나는 잰드 박사가 한 가지 귀중한 다이어트 조언을 제공한다고 생각한다. '만약 당신이 실제로 필요한 것보다 많은 음식을 먹고 있다면(우리 대부분은 그렇다), 그 문제를 해결하는 가장 쉬운 방법은 당신의 식사에 무엇이 들어가는지 걱정하는 대신 그저 하루 동안의 식사 횟수를 줄이는 것이다.'

---

* 열대 지방 특유의 질병에 관한 의학.

11장

제철 과일을
먹자

사상가들의 기준으로는 다소 늦은 나이지만 철학자들의 기준으로는 아주 좋은 나이였던 38세 때, 장자크 루소는 갑자기 심오한 깨달음의 시기를 맞이했다. 깨달음의 촉매가 된 사건은 디종대학교(현 부르고뉴대학교)에서 '예술과 과학은 인류에게 기여했는가?'라는 주제로 에세이를 공모한다는 광고를 본 것이었다. 공모전에 제출한 에세이에서 루소는 과학자들은 우리의 구세주가 되기는커녕 세상을 망치고 있으며 진보에 관한 개념은 순전한 착각이라고 주장했다. 그리고 우리가 과거의 건강하고 단순하고 균형 잡힌 생활에서 멀어질수록 그 착각은 널리 퍼진다고 했다. 대신 그는 2000년 전 플라톤이 옹호했던 사회와 고대 스파르타 사람들의 '단순한 삶'에 경의를 표했다.

　일반적으로 〈예술과 과학의 부흥론〉이라는 제목으로 알려져

있는 이 에세이는 당대의 식상한 논쟁에 신선한 한 줄기 바람과
도 같았다. 더욱 놀라운 것은 루소가 상을 탔다는 사실이다. 무명
인에서 하루아침에 유명인이 된 루소는 그의 에세이에 담긴 견
해에 더 가까워지는 방식으로 행동하기 시작했다. 그는 시골에서
즐기는 오랜 산책과 고요한 사색을 사랑하고 모든 인위적인 것과
기술을 멀리하게 됐다. 심지어는 더 이상 시간을 알 필요가 없다
면서 시계까지 팔아 버렸다.

　하지만 루소가 이상적인 식사에 대해 뭐라고 했는지를 알아
보려면 《교육론》이라고도 불리는 《에밀》을 들여다봐야 한다. 그
는 이국적인 재료와 고급 요리를 좋아하는 당대의 유행을 따르지
않고 평범한 음식의 독특한 성격을 강조했다.

　집을 꾸미거나 식탁을 차릴 때 나는 가장 단순한 장식으로 계절의
　변화를 담아내려고 한다. 또 다음 계절을 간절히 기다리는 대신
　각각의 계절이 지닌 매력을 활용하려고 한다. 자연의 질서를 어지
　럽혀 봤자 힘만 들고 멋있지도 않다. 자연이 주려고 하지 않는 선
　물들을 억지로 빼앗으려고 하면 자연은 마지못해 그 선물을 내주
　면서 거기에 저주를 담는다. 그런 선물들은 강렬하지도 않고 맛있
　지도 않으며, 우리의 몸에 영양을 공급할 수도 없고 혀를 간지럽히
　지도 않는다. 억지로 얻어 낸 과일보다 더 무미건조한 것은 없다.
　　난로와 온실을 갖추고 사는 파리의 어느 부유한 남자가 할 수

있는 일은 일 년 내내 형편없는 과일과 형편없는 채소를 아주 비싸
게 사서 식탁에 올리는 것이 고작이다. 만약 내가 서리 낀 체리라
든가 한겨울의 황금색 멜론을 가지고 있다면, 나의 혀가 수분이나
신선함을 필요로 하지 않을 때 내가 그 과일에서 과연 얼마나 큰
기쁨을 얻겠는가? 무더운 날의 열기 속에서 묵직한 밤을 먹어 봤
자 얼마나 유쾌하겠는가? 대지가 정성껏 키워서 나에게 주는 구스
베리와 딸기와 신선한 과일보다 화롯불에 뜨겁게 구워 낸 밤을 더
좋아해야 한단 말인가?

프랑스 혁명과 미국 혁명에 영향을 미친 철학자 루소는 평등
을 지향하는 사람답게 '그 어떤 별미 음식보다도 푸짐한 음식을
더 좋아하는' 곳에서는 모든 식사가 향연일 것이라고 약속한다.
그는 나의 음식에 관한 법칙 2번, '디테일이 중요하다'를 쾅쾅 밟
아 대며 이렇게 역설한다.

웃음소리, 시골의 농사일, 그리고 유쾌한 게임만큼 좋은 요리사
는 세상에 없다. 그리고 이른 새벽부터 걸어 다닌 사람들의 눈에
는 정교하게 만들어진 고급 요리가 우스꽝스러워 보인다. 우리의
식사는 순서나 품위 따위는 고려하지 않고 차려질 것이다. 우리는
정원, 배 위, 나무 밑 등 어디든 식당으로 만들 것이다. 때로는 집
에서 멀리 떨어져 개울의 둑 위에서, 싱싱한 초록색 잔디 위에서,

버드나무와 개암나무가 무리 지어 있는 곳에서, 길게 늘어선 손님들이 깔깔 웃고 노래하며 잔치에 사용될 재료를 들고 온다. 잔디밭은 우리의 의자와 식탁이 되고, 개울가의 둑은 보조 탁자가 되고, 우리의 디저트는 나무에 매달려 있다. 요리가 나오는 순서를 따지지 않고, 식욕을 돋우는 의식도 필요하지 않다.

우리의 말을 다 듣고 귓속말로 우리의 행동을 비판하며, 우리가 한입 먹을 때마다 탐욕스러운 눈으로 바라보고, 우리가 포도주를 한참 기다리게 만들면서 즐거워하고, 우리의 저녁 식사가 너무 길다고 불평하는 지겨운 하인들은 없다. 우리 스스로 주인이 되기 위해, 우리 스스로 하인이 될 것이다. 시간은 의식하지도 못하는 사이에 쏜살같이 흘러가고, 우리의 식사는 힘든 하루를 보내는 사이사이의 휴식이 될 것이다.

이것은 영국의 철학자 프란시스 베이컨의 견해와 뚜렷하게 대조된다. 베이컨은 루소보다 약 100년 전에 《뉴아틀란티스》에서 '삶에 기여하고 삶을 이용하기 위해' 자연을 변화시키는 것은 자비로운 행동이며 인간의 의무라고 주장했다. 반대로 루소는 인간이 자연을 조작하면 괴상한 것이 만들어진다고 경고했다. 유전자 변형 동식물의 시대인 오늘날에 루소의 견해는 더욱 큰 울림을 준다. 루소는 이탈리아인이 아니라 스위스에서 태어난 프랑스인이었지만, 여러 가지 의미에서 그는 20세기에 시작된 '슬로푸드 운동Slow Food Movement'(이탈리아에서 시작된 운동. 23장과 24장에서 소개할 것이다)의 진정한 선구자라 할 수 있다.

하지만 루소의 과일 예찬은 그가 처음 생각해 낸 것이라고 보기는 어렵다. 영국에서는 이미 몇 십 년 전에 루소와 마찬가지로 정치 철학의 선구자이자 빵을 사랑하는 사람이었던 존 로크가 과일에 관한 특별한 의견을 제시했다. 루소가 사람들에게 충격을 주기를 좋아했던 반면 로크는 급진적인 태도를 싫어했다. 그래서 로크는 그 특유의 소심한 성격에 걸맞게 과일이라는 주제를 설명할 때도 '건강을 다스리는 데서 가장 어려운 부분들 중 하나'라는 표현을 썼다.

최초의 인류는 과일을 먹기 위해 낙원에서 쫓겨날 위험을 무릅썼다. 그러니까 우리 아이들이 건강을 희생시키는 한이 있어도 과일의 유혹을 떨치지 못하는 것은 자연스러운 일이다. 단 하나의 포괄적인 규칙만으로는 이 유혹을 조절할 수가 없다. 나는 과일이 건강에 좋지 않다면서 아이들에게 과일을 구경도 못 하게 하는 사람들의 사고방식에 동의하지 않는다. 그렇게 엄격한 방법을 쓰면 아이들은 좋은 과일이든 나쁜 과일이든, 잘 익은 과일이든 설익은 과일이든 간에 과일이 손에 들어올 때마다 모조리 먹어 치우게 된다. 영국의 과일들 중에 멜론, 복숭아, 자두의 대부분, 그리고 포도의 모든 품종은 맛이 아주 유혹적이고 과즙이 몸에 좋지 않기 때문에 아이들에게 절대로 주지 말아야 한다. 가능하다면 아이들이 그런 과일을 자주 보지 못하게 하거나 그런 과일의 존재를 아예 모르도록 해야 한다. 하지만 잘 익은 딸기, 체리, 구스베리, 건포도는 아이들에게 허락해도 아무런 문제가 없으며, 다음과 같은 주의 사항만 지킨다면 아이들이 마음대로 먹게 해도 괜찮다고 생각한다.

루소였다면 전채 요리로 딸기 수프를 먹었을 것이고, 다른 음식들도 순서를 따지지 않고(우리의 식사는 순서나 품위 따위는 고려하지 않고 차려질 것이다) 먹었을 것이 틀림없다. 하지만 영국인이었던 로크의 입장은 나의 세 가지 음식 원칙에 근접한다. 특히 그는 과일을 먹을 때 지켜야 할 세 가지 규칙을 제시했다.

- 규칙 1. 사람들은 으레 식사 후에, 다른 음식으로 배를 채우고 나서 과일을 먹는다. 하지만 과일은 식후에 먹지 말고 식전이나 식사 도중에 먹어야 한다. 그리고 아이들은 아침 식사로 과일을 먹어서는 안 된다.
- 규칙 2. 과일을 먹을 때는 빵도 함께 먹어야 한다. (로크가 빵을 아주 좋아했다고 내가 말하지 않았던가!)
- 규칙 3. 과일은 완전히 익은 것만 먹어야 한다.

하지만 로크는 자유주의와 관용의 정신에 입각해서 다음과 같은 양보도 했다. '사과와 배는 완전히 익었고 수확한 지 얼마간 시일이 지났다면 아무 때나 먹어도 되고 상당히 많은 양을 먹어도 안전하다. 특히 사과는 마음 놓고 먹어도 된다. 내가 듣기로는 10월이 지나서 사과를 먹고 어디가 불편했다는 사람은 없다.'

하지만 로크의 관용은 여기까지였다. 그는 과일이라는 '어려운' 주제에 관한 논의를 마무리하면서, 루소였다면 동의하지 않았을 것이 틀림없는 조언을 던진다.

설탕을 뿌리지 않고 말린 과일은 몸에 아주 좋다고 생각한다. 그러나 어떤 종류든 설탕 절임은 피해야 한다. 설탕 절임을 만드는 사람과 먹는 사람 중에 누가 더 큰 피해를 입을지는 판단하기 어렵다. 한 가지 확실한 것은 설탕 절임은 지금까지 발견한 것 중에 허영심과 관련하여 돈을 가장 불편하게 쓰는 방법이라는 사실이다. 그래서 나는 설탕 절임은 여자들에게 양보한다.

딸기가 건강에 좋은 이유들
(핑계가 필요하다면…)

오랜 세월 동안 딸기는 신장 결석에서 통풍과 류머티즘에 이르는 온갖 질병을 치유하는 데 사용됐다. 1653년 영국의 약제사 컬페퍼Culpeper가 쓴 《컬페퍼의 약초 도감Culpeper's Herbal and English Physician》이라는 책은 딸기의 효능에 관해 시적인 열변을 토한다.

딸기. 딸기는 이 나라에서 너무나 잘 알려진 과일이라서 설명이 필요 없다. 5월에 꽃이 피고 그 직후에 열매가 익는다. 미의 여신 비너스의 과일이다. 간과 피, 열이 많은 담즙질 위장을 식혀 주는 효과가 탁월하다. 기운이 없을 때 원기를 회복하고 위안을 주며 갈증을 해소한다.

딸기의 과즙을 꼼꼼하게 증류한 음료는 심장을 진정시키는 데 효과적이어서 강심제로 쓰이며 황달에도 좋다. 심한 궤양에 딸기즙을 붓거나 딸기 줄기와 뿌리를 달인 탕약을 쓰면 궤양을 청소하고 회복하는 데 도움이 된다. 딸기즙 또는 딸기물은 따갑거나 빨갛게 충혈된 눈에 좋고, 종창과 부스럼을 치료하는 효과가 탁월하며, 손과 얼굴 등 몸의 여러 부위가 따갑고 쓰라릴 때도 도움이 된다. 얼굴의 홍조를 없애 주고 피부의 반점이나 뾰루지를 없애 주며 피부를 더 매끈하고 깨끗하게 해 준다.

컬페퍼의 약초 도감에는 딸기를 발효해서 만든 건강한 음료에 관한 훌륭한 아이디어가 실려 있다. '적당하다고 생각하는' 양만큼 딸기를 준비한다. 딸기를 유리병에 넣고 말똥 더미에 12~14일 동안 묻어 놓는다. '그러고 나서 병 속의 액체를 조심스럽게 증류한 다음 용도에 맞게 사용한다.' 하지만 어떤 이유에서인지 그 음료가 실제로 유행한 적은 없다.

12장

채소 논쟁

채소를 열정적으로 옹호하고 고기를 먹는 걸 전쟁을 일으키는 일과 비슷하게 취급하는 철학적 견해는 수천 년 전에 집필된 플라톤의 《국가》에서 찾아볼 수 있다. 사실 플라톤의 《국가》에서는 온갖 것을 다 찾아볼 수 있다. 어쨌든 플라톤이 묘사하는 세상에서는 모든 사람이 보리와 밀가루로 만든 음식을 배불리 먹고, '고귀한 케이크'를 구워 먹고, '풍미'를 위해 올리브와 치즈를 조금씩 먹는다. 이 모든 음식은 갈대로 만든 깔개 위에 놓인다. 플라톤은 후식으로 은매화 열매myrtle berry 또는 도토리를 추천하며 삶은 무화과나 뿌리채소도 좋다고 말한다. 진정한 철학자들이 보기에는 이런 것들이 평화와 건강을 주는 음식인 모양이다. 여기서 플라톤은 위대한 선배 피타고라스를 따르고 있는 것이 분명하다.

    철학의 역사를 살펴보면 피타고라스의 발자국이 여기저기서 발견되는 것에 충분한 이유가 있음을 알게 된다. 하지만 먼 옛날부터 피타고라스의 경쟁자들은 있는 힘을 다해 그의 견해를 뒤집으려고 했다. 식생활에 관한 피타고라스의 조언조차도 말이다! 그래서 플라톤은 자신의 주장과 피타고라스 이론의 관계성을 축소하려 한다.

어쨌든 어떤 사람들은 니체의 특이한 대변인으로 더 잘 알려진 자라투스트라가 소크라테스와 플라톤에게서 영감을 얻어 창조된 인물이라고 생각한다. (놀랍게도 어떤 사람들은 로버트 앳킨스 Robert Atkins의 유명한 다이어트법이 자라투스트라와 사회적인 '음식 문화'에 관한 그의 주장을 참고해서 만든 것이라고 생각한다.) 자라투스트라의 생애가 자세히 알려져 있지는 않지만, 그는 기원전 6세기 초쯤에 살았다고 알려져 있다. 그는 고대 이란 땅에 정원을 함께 가꾸는 급진적인 공동체를 설립했는데, 이것이 '천국의 정원'의 시초가 된다. 그 공동체에는 과일과 채소가 풍부했고(대부분은 중국에서 새롭게 전해진 품종이었다), 가축을 기르고 보살피는 일은 엄숙한 의무였는데 가끔 가축을 운송 수단으로 사용할 때는 예외였다. 자라투스트라의 철학은 선악의 이분법이란 궁극적으로 '생명을 주는 것'과 다른 존재의 '생명을 빼앗는 것'의 차이라고 설명한다. 그러면 채소 위주의 요리는 왜 널리 유행하는 식사법이 되지 못했을까? 아쉽게도 플라톤의 제자 아리스토텔레스는 그런 음식을 좋아하지 않았다. 아리스토텔레스는 구운 쇠고기 같은 음식을 아주 좋아하는 사람이었다. 그리고 그는 관찰을 통해서도 그렇고 첫 번째 원칙을 따르더라도 동물들은(그는 여자들도 동물로 분류했다!) 순전히 남자들에게 유용하게 쓰이기 위해 존재한다고 추론했다. 여러 문제에 대한 아리스토텔레스의 생각은 성경과 코란에 담긴 가르침과 일치하기 때문에 그의 철학은 항상 우리에게 가장 많이 '주입되는' 철학 중 하나였다.

피타고라스의 은매화 잼(그리고 크럼블)

고대 로마에서는 은매화 열매가 정력제로 알려져 있었고, 멧돼지 고기와 함께 먹는 소스를 만들 때도 은매화 열매를 사용했다. 처음에는 지중해 일대 사람들이 은매화 열매를 사용해 포도주의 향을 냈지만, 요즘에는 술과 디저트에 더 많이 쓰인다.

만들기에 좋은 시간: 맑은 날 오후

요리에 소요되는 시간: 30분

먹으면 좋은 시간: 점심시간
- 은매화 열매 1쿼트(0.94리터)
- 레몬즙
- 설탕 2컵

크럼블에 올릴 재료
- 밀가루 2컵
- 설탕 1컵
- 차가운 버터 1컵: 네모지게 썰어서 준비

은매화 열매가 잔뜩 열린 나무를 찾는다. 열매를 한 그릇 가득 따서 씻고 물기를 뺀다. 열매를 레몬즙과 설탕에 12시간 동안 재웠다가, 재료들이 섞이면 약간 걸쭉해질 때까지 1시간 이상 끓인다. 크럼블을 만들기 위해 밀가루, 설탕, 버터를 섞는다. 미리 준비한 재료를 기름칠한 구이용 팬에 올리고 윗면에 열매를 뿌려 장식한다. 175도 오븐에서 30분, 또는 토핑으로 올린 열매가 황금빛 갈색이 될 때까지 굽는다. 잼을 만들려면 앞에서 끓인 혼합물을 단지에 담고 뚜껑을 닫아 식히면 된다. 냉장고에 보관한다. 농도가 높은 잼을 좋아한다면 펙틴을 첨가하면 된다.

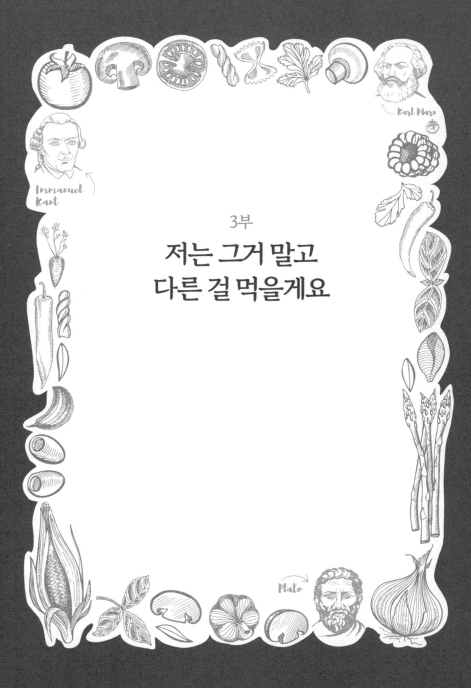

3부

저는 그거 말고
다른 걸 먹을게요

13장

그 누가 설탕을
거부할 수 있는가

'식전에 쿠키와 아이스크림을 먹고 탄산음료를 마셔라!'

평범하지 않으면서도 아주 진지한 이 세 가지 식생활 조언들은 설탕정보 주식회사Sugar Information, Inc.에서 신문과 잡지에 실은 광고였다. 설탕정보 주식회사는 '공공의 이익을 위한 광고' 상까지 받은 바 있다!

날씬한 몸매를 유지하기에 충분한 양의 설탕을 먹고 있습니까? 설탕은 당신이 적게 먹는 데 필요한 의지력을 제공합니다.

물론 당시에도 설탕 섭취량을 줄여야 한다는 이야기가 주류였지만, 이미 미국인들이 비만에 대해 걱정하기 시작했던 1950년대에는 정말로 다이어트를 하려고 하는데 식욕을 억제하지 못하는 사람들에게 설탕이 비밀의 무기가 될 수 있을 것처럼 보였다!
어떻게 그런 관념이 생겼을까? 이 이야기는 지식이 어떻게 생산
되고 정의되며 유포되는가에 관해 생각해 볼 거리를 제공한다.

'설탕은 좋은 것'이라는 관념이 어떻게 작동하는지 살펴보자.
식사 전에 설탕이 들어간 음료를 마셔라. 예컨대 커피에 티스푼
으로 설탕 한 숟갈을 넣어 마시거나 과일주스를 마셔라. 우리의
몸은 설탕이 들어오자마자 에너지로 바꾸기 때문에 일시적으로
식욕이 감소한다. (여기서 디테일은 중요하지 않다. 당신이 적게 먹
기만 한다면, 얍! 당신은 날씬해질 겁니다!) 유용한 조언은 계속된
다. 설탕이 함유된 음료는 생각보다 열량이 낮다. 설탕 1티스푼의
열량은 18칼로리밖에 안 된다. 그래서 설탕이 들어간 음료 자체
가 살찌는 음식은 아니다.

이쯤 되면 의심이 들기 시작한다. 철학은 우리에게 종종 거
론되는 '음식에 관한 사실들'은 물론이고 모든 조언을 의심하라고
경고한다. 날씬해지기 위해 설탕을 섭취하라는 조언은 순진한 대
중의 생각처럼 어떤 선의를 가진 공공 기관이 제공한 것이 아니
라 설탕을 제조하는 거대 기업들이 운영하는 홍보 기구에서 나온
것이었다. 1943년에 설립되어 '설탕의 영양학적 역할에 관한 과학
적 연구를 사명으로 한다'고 홍보했던 '설탕정보 주식회사'는 설탕
생산자와 기업들의 홍보를 전담하는 기구였다.

제2차 세계 대전이 끝난 후에 설탕 제조업체들은 능숙한 솜

씨로 그들의 '연구 결과'를 대중에게 알렸을 뿐 아니라 정부 기관의 공식적인 견해에 반영되도록 했다. 근본적으로는 모든 것이 정치적인 문제였다. 미국 식품의약국은 이미 '식이 지방'을 가장 중요한 표적으로 정해 놓은 상태였다. 만약 설탕을 심장병이나 비만의 또 하나의 원인으로 규정할 경우 식이 지방이 나쁘다는 메시지가 희미해질 터였다.

　　오늘날에도 그렇지만, 당시에는 소수의 영향력 있는 학자들이 공공 정책을 결정하다시피 했다. 그런 학자들 중 하나가 하버드 공중보건대학원의 영양학과를 설립하고 학장을 지낸 프레더릭 스테어Frederick Stare였다. 스테어 교수와 그가 설립한 영양학과는 오랫동안 설탕업계의 지원을 받았다. 스테어와 그의 동료들이 1952년부터 1956년까지 작성한 약 서른 편의 논문은 설탕업계의 연구 자금 지원을 받아 작성된 것이었다. 1960년이 되자 스테어의 영양학과는 500만 달러짜리 새 건물을 짓기 시작했다. 그 500만 달러의 대부분은 사적인 기부금이었는데, 그중 100만 달러는 제너럴푸드General Foods(현재는 크래프트 제너럴푸드Kraft General Foods로 불린다)사가 지원한 돈이었다. 제너럴푸드는 젤로Jell-O, 미닛 타피오카Minute Tapioca, 쿨에이드Kool-Aid, 탱Tang과 같은 설탕이 잔뜩 들어간 간식을 생산하는 업체였다.

　　물론 프레더릭 스테어는 철학자를 자처하지는 않았다. 그는 영양학이라는 새로운 분야의 전문가였다. 하지만 그는 세상이 돌아가는 이치에 관한 주류의 이론을 옹호하면서, 아리스토텔레스에서 제논에 이르는 고대 철학자들에게 매우 익숙했던 하나의 전통을 따랐다. 그리고 고대 철학자들의 이론과 마찬가지로 스테어의 이론들이 근거로 삼고 있던 어떤 가정들은 아주 천천히 오류가 있는 것으로 밝혀져 선택에서 배제됐다.

스테어 교수는 1970년대 초반까지 20년 이상 식품업계 최고의 설탕 지지자로서 매우 중요한 역할을 했다. 객관적인 관찰자를 자처하며 설탕이라는 식품의 완전성을 의회에서 정기적으로 증언했다. 동시에 그가 운영하는 학과는 설탕 생산업체들과 카네이션Carnation, 코카콜라Coca-Cola, 켈로그Kellogg's와 같은 거대 식음료 기업들의 연구 자금을 꿀꺽했다.

이제 공중 보건에 관한 공적인 메시지들을 식품 기업들에게

어머니들에게

설탕업계의 전문가들이 제공하는 사려 깊은 식생활 조언의 일부를 소개한다. '피로는 위험할 수도 있습니다. 특히 자신이 피로한데도 활동 수준을 조절할 줄 모르는 아이들은 조심해야 합니다. 피로해지면 항상 우리를 노리는 각종 질병이나 유행병에 더 많이 노출됩니다. 설탕은 에너지를 신속하게 회복시켜 피로를 덜어 줍니다. 반면 합성 감미료는 아무것도 회복시키지 않지요. 삶에는 에너지가 반드시 필요합니다. 어린 자녀들을 안전하게 지켜주세요. 아이들에게 날마다 설탕을 먹여야 합니다.'

외주화해서는 안 되겠다는 생각이 드는가? 하지만 식품업계는 항상 그런 역할을 맡았고 지금도 그런 역할을 수행하고 있다. 예컨대 2015년 미국 백악관의 후원을 받는 비영리 단체 '건강한 미국을 위한 파트너십Partnership for a Healthier America'은 학문적 연구 결과와 거대 식품 기업들이 제공한 데이터를 교묘하게 섞으면서 창피한 줄도 몰랐다. 이 단체의 웹사이트에 가 보면 다음과 같은 설명이 있다. '아동 비만 문제를 해결하기 위해 우리는 이 나라를 움직이는 자원과 전문 지식, 그리고 무엇보다 자유 시장의 창의성을 활용해야 합니다.' 통제되지 않는 자유 시장은 문제의 해결책이 아니라 문제의 일부일 수도 있다는 의견은 이 웹사이트에 없다. 비교적 최근인 1995년에 미국심장협회가 '저지방 쿠키, 저지방 크래커, 사탕, 젤리, 설탕, 시럽, 꿀'과 같은 '건강한' 간식들과 탄수화물이 잔뜩 들어간 음식들을 추천했다는 사실을 우려하는 모습도 보이지 않는다.

하지만 어쩌면 우리가 듣고 싶어 했던 것이 바로 그런 조언이었는지도 모른다. 비록 인간의 미뢰를 표시한 것으로 알려진 '혀 지도'에서는 '신맛과 짠맛을 감지하는' 영역이 더 넓고 설탕과 단맛을 감지하는 부분은 혀끝의 좁은 영역이라고 돼 있지만, 음식 평론가 마이클 모스가 지적한 대로 혀 지도는 1901년에 독일의 어느 대학원생이 만든 것이고 실제로는 '입안 전체가 설탕을 간절히 원한다'고 알려졌다. '입안에 있는 1만 개의 미뢰는 모두 단맛을 수용하는 특별한 미각 수용체를 가지고 있다. 그 수용체들은 각기 다른 방식으로 뇌의 쾌락 영역과 긴밀하게 연결된다.' 모스의 설명이다. 간단히 말해서 설탕이 들어간 음식은 거부할 수가 없다.

모스는 《배신의 식탁》이라는 매우 적절한 제목이 붙은 책에서, 오랜 세월 동안 식품업체들은 주력 상품의 잠재적인 위험이 새롭게 발견되고 그들의 '중심 기둥'인 소금, 설탕, 지방이 모두 사회적으로 평판이 나빠지자 당장 대중의 관심이 어디에 쏠리느냐에 따라 이 기둥에서 저 기둥으로 갈아타는 전략으로 대처했다고 지적한다. 사람들은 한 번에 여러 가지를 걱정할 수 없다는 것이 심리학의 기본 아니던가!

아리스토텔레스는 세상이 우주의 중심이며 세상은 고정되어 있고 하늘이 세상을 중심으로 돈다고 가르쳤다. 그리고 그가 위대한 지식인이었다는 이유로 사람들은 2000년 가까이 그 가설을 받아들였다! 천만다행으로 오늘날의 가설들은 더 엄밀한 검증의 칼날 아래 놓인다. 다이어트와 영양에 관한 가설들에 대해 여기서 말하려고 하는 것은, 수백 년 동안 식품업계의 광고는 바뀌지 않았고 식품업계의 조언들도 과거와 똑같이 냉소적이라는 것이다. 식품업계가 새로운 돈벌이 방법을 찾고 싶다면 독창성을 발휘해서 충치, 당뇨, 비만처럼 발병률이 높아져 공중 보건을 위협하고 있는 문제들과 맞서 싸워야 한다. 식품업계의 정직함과 우리의 날씬한 몸매를 보증할 수 있는 것은 오직 철학뿐이다.

지방에 관한 어느 경제학자의 견해

통계는 사물에 관해 놀랍고 색다른 시각을 제공한다. 예컨대 오늘날 미국인들은 1960년대와 같은 몸매를 유지하고 있을 경우의 몸무게보다 총 300만 톤이 더 나간다. 그리고 300만 톤의 무게를 가진 물건을 단순히 움직이려고만 해도 약 75억 리터의 연료를 태워야 한다!

리처드 매켄지Richard McKenzie는 《미국은 왜 비만의 땅인가HEAVY!》이라는 책에서 지난 50년 동안 미국인들의 체중이 급격히 증가한 원인과 그 결과를 경제적으로 분석한다. 그의 분석에 따르면 체중 증가는 국제 무역의 자유화, 공산주의의 몰락, 자유 시장 경제의 확산과 관련이 있고, 식사 준비에 걸리는 시간과 체중은 통계학적 상관관계가 있으며, 식품의 가격이 하락하면서 식품 소비량도 증가했다.

매켄지는 패스트푸드의 값이 싸진 이유는 기계화에도 있지만 패스트푸드를 만드는 노동자들의 임금이 상대적으로 점점 낮아졌기 때문이라는 결론에 도달한다. 한편으로 그는 경제적 상황 때문에 1960년대에는 주부였던 사람들이 부엌을 벗어나 일터로 나가면서 가족들이 가공식품이나 외식, 또는 간식으로 식사를 때울 수밖에 없게 됐다고 지적한다.

그렇다면 해결책은 무엇인가? 안타깝게도 매켄지는 구체적인 해결책을 내놓지는 않는다. 그저 자유 시장에서 비만의 확산에 따른 막대한 사회적 비용은 그 문제의 원인을 제공한 사람들에게 강제로 부과해야 한다고만 이야기한다. 농민들, 식품 가공업자들, 식당들이 식품에 제값을 지불하지 않으면 '식품은 지나치게 낮은 가격으로 판매되면서 초과 섭취를 유발한다.' 각국 정부는 비만을 유발하는 식품들에 관한 연구와 생산에 보조금을 지급하지 말아야 한다. 다음으로 매켄지는 공교육에 영양학이 포함돼야 하며, 영양에 관한 식품업계의 주장들을 더 꼼꼼하게 규제하는 기관도 필요하다고 한다. 그러나 매켄지는 지금의 정부들이 선호하는 '정책적 해결책', 즉 설탕과 지방이 많이 함유된 음식에 세금을 부과하는 식의 해결책에는 단호히 반대한다. 세금은 선량한 사람들과 부패한 사람들에게 똑같은 책임을 지우는 방법이기 때문이다.

물을 많이 마셔라

고대 철학자 탈레스는 보통 '최초의 철학자'로 불리지만, 어떤 사람들은 그가 자신의 이론을 확정하기 전에 실체적 증거를 찾아봤다는 이유로 그에게 '최초의 과학자'라는 호칭을 부여한다. 그리고 탈레스는 바위에 화석으로 남아 있는 조개껍데기의 형상을 보고 '만물의 근원은 물'이라는 거창한 철학 사상을 만들었다. 그 이론은 틀렸고 증거도 빈약했지만 그의 접근법은 오랜 세월 유지됐다. 사실 식품과 관련된 문제에서 물은 핵심적인 역할을 한다. 하지만 그 역할은 물이 보통 하는 역할과는 사뭇 다르다.

최근에 진지한 학술지인 《영국 의학 저널British Medical Journal》에 발표된 레이철 브리먼Rachel Vreeman과 애런 캐럴Aaron Carroll의 논문을 보자. 논문의 저자들은 (자신들에게 특별한 지식은 없다고 하면서도) 신문과 직업 의사들이 과학과 건강이라는 미명하에 음식에 관한 잘못된 믿음을 정기적으로 '선전'한다고 맹렬하게 비난했다.

브리먼과 캐럴이 맨 처음 예로 든 것은 오래전부터 신빙성 있다고 받아들여지는 '물을 더 많이 마셔야 한다'는 충고였다. 정확히 말하자면 '하루에 물을 여덟 잔 이상' 마시라는 충고가 상식처럼 통용된다. 브리먼과 캐럴이 아주 현실적인 문제를 지적하고 있다는 것은 새천년이 시작되던 시기에 미국에서는 영부인 미셸 오바마까지 나서서 '물을 마시자Drink Up'이라는 대중 캠페인을 벌였다는 사실로 설명된다. 미셸 오바마의 캠페인은 물의 으뜸가는 지위에 관한 철학적 믿음과 젊은 세대의 비만 경향에 대한 우려가 합쳐진 결과물이었다.

미셸 오바마는 〈투데이〉, 〈굿모닝 아메리카〉, 〈라이브! 위드 켈리 앤드 마이클〉, 〈투나잇쇼〉, 〈레이트쇼〉, 〈닥터스〉와 같은 텔레비전 프로그램에 출연해서 물을 많이 마시라는 메시지를 전달했다. 모든 프로그램이 '물을 마시자'라는 권고를 긍정적으로 조명했지만 〈닥터스〉만은 달랐다. '일주일에 5회 실용적인 건강과 웰빙 정보를 제공하는'(주말에는 건강하게 살지 않아도 되는 모양이다) 프로그램인 〈닥터스〉는 '물을 마시자' 캠페인에 약간 부정적인 태도를 취하면서 시청자들에게 설탕이 많이 들어간 탄산음료를 그만 마시라고 단호하게 말했다. 그럼에도 불구하고 〈닥터스〉의 진행자들(응급실 담당 의사인 트래비스 스톡Travis Stork, 성형외과 의사 앤드류 오돈Andrew Ordon,

부인과 의사 제니퍼 애슈턴Jennifer Ashton, 가정의 및 성관계 전문가인 레이철 로스Rachael Ross)은 하나같이 영부인의 주장에 열정적으로 맞장구를 쳤다.

> "알다시피 우리가 무엇을 마시느냐가 우리를 만듭니다." 화상 전화를 통해 미셸 오바마가 의사들에게 이야기했다. "그리고 우리는 물을 마실 때 가장 멋진 모습이 되지요!"

'물을 마시자' 캠페인을 후원했던 생수 제조업체 에비앙Evian과 정수기 제조업체 브리타Brita는 캠페인을 지원하기 위해 '물을 마시자!'라는 로고가 새겨진 생수 5억 병을 생산했다. 캠페인에 과학적 근거를 제공한 사람은 백악관 영양 정책 보좌관인 샘 캐스Sam Kass였다. 그는 '미국인의 40퍼센트는 물을 하루 권장량의 절반도 안 마신다'고 주장했다.

오늘날 미국 인구의 절반이 '물' 영양 부족이라고 생각하면 아주 끔찍하다. 심지어 어느 연구에 따르면 미국 아동의 4분의 1은 물을 전혀 마시지 않는다! 플라스틱 병에 담긴 비싼 생수조차도! 하지만 다른 나라의 수분 섭취량은 어떨까? 연구 결과에 따르면 체내 수분량을 표시하는 지표인 삼투압 농도가 케냐에서는 400밀리오스몰(mOsm/kg)보다 조금 낮고 스웨덴에서는 964밀리오스몰 정도로, 편차가 크다.

의심 많은 사람들은 물을 더 마셔야 한다는 취지의 연구들 중 최초의 연구가 네슬레 워터스Nestlé Waters(페리에, 비텔, 아쿠아판나 등의 브랜드 생수를 생산하는 업체)의 자금 지원을 받았으며 두 번째 연구는 네슬레의 자회사로서 '연구 서비스'를 다름 아닌 네슬레에 제공하는 회사인 네스텍Nestec이 후원했다는 사실을 우려할 것 같다. 간단히 말하자면 물을 많이 마셔야 한다는 연구는 자본이 인도하는 길을 따라가다가 적절한 시점에 백악관의 캠페인으로 발전했다.

레이철 브리먼과 애런 캐롤에게 돌아가 보자. 물을 마시라는 메시지에 대한 그들의 의구심은 영양사들과 건강 전문가들이 진실이라고 생각하는 신념에 대한 검증을 좀처럼 볼 수 없다는 데

디오게네스의 수제 포도주

- 냉장고에 물 1병을 넣어 둔다.
- 1시간 기다린다.
- 물병에 조각 얼음을 넣는다.
- 얼음물을 잔에 따라 마신다.

얼음물은 정말 맛있다! 이건 조리법도 아니라고? 그건 그렇다. 하지만 물을 조금 더 많이 마시는 것은 체중을 줄이고 몸속 노폐물을 제거하는 가장 쉽고 저렴한 방법이다.

서 출발했다. 그들의 결론은 의미심장하다.

> 의사들도 때로는 과학적 증거와 모순되는 의학적 편견이라든가 주
> 류로 취급되는 단순한 주장들을 믿기 때문에, 의사들이 지지하는
> 다른 거짓말에는 어떤 것이 있는가라는 질문을 계속 던질 필요가
> 있다.

식품 정책에 관한 철학적 의심에 더 큰 역할을 기대하고 싶지
만 페트병 생수 판매량은 계속 증가하고 있다. 그건 그렇다 치고,
만약 물을 더 마시라는 주장에 명백한 근거가 없더라도 체중 조
절이라는 관점에서 물을 많이 마시는 것은 아주 좋은 일이다. 그
게 무슨 말이냐고?

그러니까, 탈레스가 제시했던 고대의 이론, 궁극적으로 모든
것은 물로 만들어진다는 이론을 생각해 보라. 음식과 관련해서
이 이론은 많은 통찰을 제공한다.

사실 먹고 싶은 양만큼 먹으면서도 지나치게 뚱뚱해지지 않
으려면 물을 먹어야 한다. 천재가 아니라도 그쯤은 알 수 있다!
샐러드는 대체로 수분이라는 사실로도 쉽게 알 수 있다! 양상추
와 오이로 만든 그린 샐러드는 중량의 95퍼센트가 수분이지만, 다
른 음식들은 어떨까? 잠시 재미있는 사실과 수치들을 살펴보자.

음식	수분 함량
신선한 과일	일반적으로 75~95퍼센트
수박	99퍼센트
캔털루프 멜론*	90퍼센트
딸기	92퍼센트
사과	84퍼센트
오렌지	87퍼센트
포도	81퍼센트
호박(주키니)	95퍼센트
빨강, 노랑, 초록 피망	92퍼센트
브로콜리	91퍼센트
감자	75~80퍼센트

심지어 건포도와 같은 말린 과일도 3분의 1가량은 수분이다. 한편 위의 '수분 함량이 높은 음식 순위표'에서 내 눈길을 끌었던 항목은 감자였다. 알고 보면 감자는 수분 함량이 낮은 편이다. 감자의 수분 함량이 약 75~80퍼센트밖에 안 된다는 사실에서 감자 칩이 살찌는 음식인 이유를 유추할 수 있다. 이래서 디테일이 중요하다!

다시 과일 이야기를 해 보자. 종종 과일주스는 건강한 식품으로

---

* cantaloupe melon, 껍질은 녹색에 과육은 주황색인 멜론.

간주된다. 과일로 만드니까 당연히 몸에 좋지 않겠는가? 음, 그렇기
도 하고 아니기도 하다. 대부분의 과일주스는 그저 과일향이 나는
설탕물이다. 설령 당신이 100퍼센트 과일로 만든 진짜 주스를 손에
들고 있다고 할지라도 당신은 환타와 코카콜라처럼 인공적인 음료
에 들어가는 것과 똑같은 설탕 성분을 섭취하게 될지도 모른다. 과
일주스의 문제는 진짜 과일로 만들어지기는 하지만 과일의 모든 부
분이 들어가지는 않는다는 것이다. 과일을 있는 그대로 섭취할 때
과일 속의 당분은 과일의 세포벽에 저장된 식이 섬유와 결합되어
있기 때문에 우리의 혈관 속으로 천천히 들어온다. 그러나 대부분
의 사람은 식이 섬유를 마시는 것을 좋아하지 않기 때문에 과일주
스에는 식이 섬유가 포함되지 않고, 우리는 몇 초 만에 다량의 당분
을 꿀꺽꿀꺽 삼키게 된다. 분별 있는 사람이라면 멀찌감치 달아날
만큼 많은 양이다. 물론 '에너지 음료'라는 라벨이 붙어 있다면 이야
기는 또 달라진다. 에너지 음료를 마시면 당분은 기적에 가까운 속
도로 에너지를 공급한다. 그 당분이 실험실에서 제조되며 말토오스,
덱스트로스, 수크로스, 또는 (기업들이 가장 좋아하는) 액상 과당 같
은 별명을 가지고 있을 경우 효과는 더욱 신속하다.

　　토마토소스는 90퍼센트가 수분이다. 토마토가 과일이니 당
연한 일인지도 모른다. 그럼, 토마토가 잔뜩 들어간 스튜를 밥
과 함께 먹는다면? 걱정할 것 없다. 쌀로 지은 밥도 수분 함량이
65~70퍼센트로 높은 편이니까.

육류와 가금류는 4분의 3 정도가 수분이지만 고기를 익히는 과정에서 수분이 증발해 60퍼센트 미만으로 바뀐다. 생선은 70퍼센트가 수분이다. 익히지 않은 쇠고기의 수분 함량은 73퍼센트인 반면 익힌 쇠고기(예: 햄버거 패티)는 62퍼센트가 수분으로, 익힌 닭고기와 비슷한 수준이다. 가공육(예: 살라미)도 60퍼센트 정도가 수분이다. 일반적으로 육류는 한참 동안 가열하기 때문에(위험한 박테리아를 없애기 위해 반드시 익혀 먹어야 한다), 구운 쇠고기를 고온에서 익히는 동안 크기와 무게가 3분의 1쯤 줄어드는 것이 보통이다. 그러면 쇠고기는 수분 함량이 크게 줄어들어 살찌는 음식으로 바뀐다. 일반적으로는 고온에서 조리할수록 수분이 많이 줄어든다. 반면 요즘 슈퍼마켓에서 판매하는 육류와 생선 중에는 의도적으로 수분을 첨가한 제품도 있다. 물론 당신은 그 수분도 돈을 내고 사야 한다. 이상하게도 기업들은 지금껏 이런 사실을 공개하지 않았다. 다이어트에 도움이 되는 제품이라고 홍보할 수 있는데도!

놀랍게도 잼과 과일 통조림은 수분 함량이 30퍼센트밖에 안 되는 '건조'한 식품에 속한다. 그래서 잼과 보존 식품은 다른 음식보다 훨씬 살찌는 음식이 된다. 그리고 당연한 이야기지만 쿠키와 크래커를 양껏 먹는다면 그 결과는 절대로 피해 갈 수 없다. 쿠키와 크래커는 거의 수분이 없는 음식으로 수분 함량이 고작 6퍼센트이기 때문이다. 가장 수분이 적은 음식인 땅콩버터는 수분 함량이 2퍼센트밖에 안 된다. 땅콩버터는 일반적으로 빵과 함께 먹는데, 그렇다면 빵에는 수분이 얼마나 들어 있을까? 글쎄, 빵 반죽의 약 40퍼센트는 수분이지만 오븐에 굽고 나면 그 양은 35퍼센트로 줄어든다. 밀가루 자체도 수분이 11퍼센트밖에 안 되는 건조한 음식이다.

　반면, 날씬한 몸매를 유지하면서 배를 채우고 수분도 많이 섭취하는 방법이라고 생각하기 쉬운 스무디는 알고 보면 그 반대의 효과를 내는 음식이다.

14장

굶기 예찬

아주 긴 세월 동안 사람들은 평소에는 필요한 양보다 조금 더 많이 먹고, 간혹 어떤 시기에는 너무 적게 먹는 리듬으로 생활했다. 그 결과 인간의 몸은 겨울을 날 준비가 필요한 지역에 사는 모든 동물의 몸과 마찬가지로, 어떤 시기에는 음식을 거의 먹지 않거나 아예 먹지 않고 어떤 시기에는 폭식하는 것(장래에 대비해 미리 살을 찌워 놓는 것)을 선호한다. 우리는 현대적인 생활을 하게 되면서 비로소 원하는 음식을 아무 때나 구할 수 있게 됐다. 그러면 잠시 음식을 먹지 않고 지내면 어떤 마법 같은 일이 벌어질까? 하루의 절반인 열두 시간(간의 글리코겐 수치가 중요한데, 그 수치는 열두 시간 동안 굶어야 떨어지기 때문이다) 동안만 혈관에 영양분이 공급되지 않으면 인체는 몸속의 죽은 세포나 손상된 세포를 대체 에너지원으로 삼아 영양분을 얻는다. 이것이 이른바 '자가 포식

autophagy'이다. 자가 포식이라는 단어는 그리스어로 '자신'을 뜻하는 auto와 '먹다'를 뜻하는 phagy의 결합으로 만들어졌다.

자가 포식이 발견된 것은 비교적 최근의 일이다. 1990년대에 서던캘리포니아대학교의 의학 연구자인 발터 롱고Valter Longo는 효모 세포(나에게 보낸 이메일에서 그는 효모가 살아 있는 아주 작은 유기체라고 강조했다)가 당을 얻지 못하고 물만 흡수할 경우 그 효모는 죽거나 쇠약해지지 않고 오히려 더 건강하고 튼튼해진다는 사실을 발견했다. 여기에 흥미를 느낀 롱고는 의학 학술지와 학계 동료들의 회의적인 반응에도 불구하고 더 깊이 있는 연구에 돌입했다. 그의 직감은 틀리지 않았다. 쥐에게 3일 동안 음식을 주지 않으면(3일은 쥐에게는 매우 긴 시간이다) 쥐의 골수가 줄기세포를 만들기 시작한다. 줄기세포는 여러 종류의 신체 조직으로 분화할 수 있는 세포로서 요즘에는 불치병 치료의 성배로 여겨진다. 줄기세포는 마치 오래된 자동차의 엔진을 수리하는 유능한 정비공처럼 손상된 세포들을 감쪽같이 교체한다.

발터 교수는 이러한 현상을 계속 탐구하다가, 6개월 동안 몇 차례에 걸쳐 짧은 단식을 하면 쥐의 면역 체계가 완전히 새롭게 만들어진다는 사실을 알아냈다. 적어도 그의 주장은 그랬다. 그리고 그 사실을 취재한 잡지 기자들은 쥐의 신진대사가 인간의 신진대사와 크게 다르다는 사실은 염두에 두지 않았다.

하지만 단식은 별로 해롭지 않은 치료법(한꺼번에 여러 종류의

독한 약을 몸에 주입하는 것과 비교했을 때의 이야기이다)이기 때문
에 사람을 대상으로 하는 임상 실험 허가를 받기도 쉬웠다. 그리
고 사람에게 진행한 실험에서도 단식은 기력을 회복해 주는 효과
가 있는 것이 확인됐다. 학술지《셀》은 다음과 같이 보도했다.

> 흥미롭게도 자가 포식을 통해 자기 몸의 세포를 파괴하는 과정(단
> 식을 하면 자가 포식이 시작될 수 있다)은 이제 건강과 장수를 촉진하
> 는 생물학적 경로로서 중요하게 부각되고 있다. 유기체의 단식에
> 대한 세포의 반응들 중에 진화 과정에서 가장 잘 보존된 반응은
> (……) 세포가 세포 내부의 물질을 먹어 치우는 것이다. 자가 포식
> 은 단식을 하는 동안에 세포의 필수적인 기능들을 유지하기 위해
> 영양분을 공급하는 역할뿐 아니라 세포에서 불필요한 조직 또는
> 손상된 세포 기관, 변형된 단백질, 그리고 외부에서 침입한 미생물
> 을 제거하는 역할도 한다.

단식은 첫날이 가장 힘들다. 몸은 '지방'이라는 또 하나의 축
적된 에너지원을 태우는 쪽으로 신속하게 전환하지 못하기 때문
이다. 실제로 우리의 몸은 활용이 쉬운 다른 에너지원들을 먼저
습격한다. 근육이나 간 같은 곳들 말이다! 이때만큼은 과체중인
사람들이 마른 사람들보다 유리해진다. 과체중인 사람들이 더 신
속하게 몸에 저장된 여분의 에너지를 활용하기 때문이다. 역설적

이지만 바로 그런 이유로 체온이 저하되는 환경에서는 건강하고 튼튼한 사람들이 과체중인 사람들보다 먼저 사망한다.

대부분의 종교에는 어떤 형태로든 금식의 전통이 있다. 예컨대 기독교도에게는 사순절이 있고 이슬람교도에게는 라마단(보통 새벽부터 황혼까지 열두 시간 동안 금식을 한다)이 있다. 하지만 수천 년 동안 이어진 전통이라고 해도 몸에서 모든 영양분을 제거하는 일에 아무런 위험이 없다고 말할 수는 없다. 우선 영양분이 공급되지 않으면 간과 신장에 문제가 생길 가능성이 있다. 또 하나의 위험은 단식 중에 어지러움을 느끼고 기절할 수도 있다는 것이다. 롱고 교수는 '단식 모방 다이어트'라는 방법을 권한다. 단식 모방 다이어트란 하루에 약 750칼로리를 섭취하고 진짜 음식을 먹되 바, 수프, 셰이크의 형태로만 먹는 방법이다.

아니면 하루나 이틀 동안 과일만 먹는 방법도 있다(그건 그렇고, 아보카도도 과일이다). 나는 이것을 '반∗단식'이라고 부른다. 몸의 욕구를 보류하긴 마찬가지기 때문에 반단식도 무척 어려운 일이다! 하지만 만약 단식을 해 보고 싶은 마음이 있다면 이틀 동안 다양한 과일을 먹는 방법이 더 재미있을 수도 있다(당연히 더 재미있다). 건강한 섭식은 몸을 괴롭히는 것이 아니라 몸을 더 잘 보살피는 것이기 때문이다.

탈레스의 신선한 스무디

탈레스는 최초의 철학자(이것은 잘못된 칭호다)로 일컬어지는 인물이다. 그에 관해서는 어느 무더운 날 육상 경기를 관람하던 중 탈수로 사망했다는 비극적인 일화가 있다. 따라서 우리도 그를 따르던 제자들이 주식으로 먹었다고 알려진 재료들을 섞어 만든 음료로 그에게 경의를 표하면 좋을 것 같다.

　믹서기에 우유 1컵을 붓고 조각 얼음 몇 개를 넣는다. 씨를 뺀 건포도 1컵, 고수 잎 1줌, 아욱(잎, 꽃, 과일 등) 다진 것과 쇠비름 씨앗을 섞은 것 1컵, 곱게 간 체더치즈 1컵, 크림 1컵을 넣은 다음 야생 꿀을 첨가해 맛을 낸다. 아욱에 대해 설명을 조금 하자면, 아욱은 정원사들이 싫어하는 풀이지만 뿌리부터 꽃까지 모든 부분을 먹을 수 있는 식물이다. 아욱에는 비타민 A, B, C와 칼슘, 마그네슘, 칼륨이 풍부하다. 오늘날 우리가 먹는 달콤한 마시멜로marshmallow는 원래 습지marsh에서 자라는 아욱mallow의 뿌리 수액으로 만들었기 때문에 마시멜로라는 이름이 붙었다.

　조리법으로 돌아가서, 재료들이 골고루 섞일 때까지 믹서기를 돌린 후 차갑게 식혀 내면 끝이다.

소크라테스 이전의 스무디

　아무도 콧방귀를 뀌지 않을 만큼 멋지면서도 쉬운 스무디 제조법을 소개한다. 미리 제조된 과일 스무디를 구입한다. 그렇다, 미리 제조된 스무디는 설탕이 잔뜩 들어가 있다(다른 성분들도 많이 들어갔을 것이다). 그래도 콜라보다는 낫다. 콜라가 우리의 기준이다!

　과일 스무디는 건강한 음식처럼 보이지만 현대의 식품업체에서 제조하는 스무디에는 설탕이 가득하다. 아이들이 즐겨 먹는 오렌지 과일 펀치는 몸에 좋지는 않지만 1인분에 약 8그램의 설탕이 들어가는데, 그 양의 두 배쯤 되는 설탕이 들어간 일반적인 스무디와 비교하면 열량이 낮은 음식이다!

15장

지저분하게
먹기

플라톤의 《파이드로스》라는 짧은 희곡에서 소크라테스는 '사람들이 자기 자신을 잘 알기도 전에 추상적인 것을 알려고 하다가 우스꽝스러운 꼴이 된다'고 말한다. 그러나 우리가 진짜로 어떤 존재인가에 대한 과학의 일부 최신 성과는 그보다 훨씬 우스꽝스럽다. 인간은 다양한 박테리아 수백만 마리가 잠시 머무르는 이동식 주택이라는 새로운 이론을 생각해 보라. 사실 그런 이론도 아주 우스꽝스러워 보이지는 않는다. 그저 불쾌할 뿐이다.

영양학자들과 생화학자들은 늘 인체의 저항을 단순한 화학반응으로 환원하지만, 사실 우리는 그런 화학적 저항력을 가지고 있지 않다. 하지만 우리의 머릿속에 박테리아, 즉 미생물은 '우리가 아닌 존재'일 뿐 아니라 '적'으로 입력돼 있다.

우리는 세균에 대해 공포를 느끼는 나머지 식품과 관련된 문제에서 비살균 처리 우유는 거의 다 불법으로 간주한다. 전통 방식으로 제조한 치즈(전통적인 맛과 냄새를 가진 치즈)는 인공적인 치즈에 밀려나 슈퍼마켓 진열대에서 내려왔다. 우리가 허용하는 유일한 박테리아는 실험실에서 조심스럽게 키워 '생 요구르트'에 집어넣은 세균이다.

하지만 요즘에는 우리 몸속의 미세한 유기체들이 우리의 건강을 조종하는 진짜 주인으로 인정받는 추세다. 식품 생산이 기계화하면서 박테리아가 적이 돼 버리긴 했지만 우리의 몸은 여전히 수백만 마리의 '좋은 박테리아'에 의존해서 기초적인 기능을 수행한다. 최근 연구자들은 원시 시대 인류에게 자신의 DNA를 교묘하게 집어넣은 고대의 바이러스를 발견했다. 여기서 내가 말하는 고대는 수천 년 전이 아니라 수백만 년 전이고, 당시의 인류는 팔다리가 네 개였다는 것을 제외하면 우리와 닮은 구석이 별로 없었다. 그 아주 작은 유전자 암호의 조각은 현대 인류의 신경계의 일부로서 인간의 의식에서 중요한 역할을 하며 신경의 소통, 기억의 저장, 고차원적 사고를 활성화한다. 우리는 전염병, 수막염, 폐렴 같은 질병의 원인이 되는 '나쁜 박테리아'와 싸우고 그 박테리아들을 파괴하는 소독약과 항생제의 발견을 축복으로 여기지만, 연구 결과에 따르면 그 나쁜 박테리아들은 우리가 과거에 생각했던 것보다 더 섬세한 역할을 수행한다. 미세 생명체들은 여러 경로로 우리 뇌의 기능에 영향을 미친다. 심지어는 우리 자신에게 이롭지 않지만 박테리아에게는 이로운 특정한 식습관을 가지도록 유도하기도 한다!

뉴멕시코대학교에 재직하면서 이 마지막 가능성에 관한 연구를 주도했던 카를로 말리Carlo Maley 박사의 말에 따르면, 우리의 장에 서식하는 미생물들은 기분을 변화시키는 독소를 생산하거나, 입맛을 변화시키거나, 장과 뇌 사이의 신경을 탈취하는 것과 같은 여러 가지 방법으로 우리의 섭식 행동을 조종할 수 있다. 그 증거를 분석해 학술지《악타 피지올로지카Acta Physiologica》에 기고한 안나 자크리손Anna Zakrisson 박사는 탄수화물에 대한 갈망은 실제로는 우리의 몸속 시스템이 장내 세균에게 탈취당한 결과일지도 모른다고 주장한다. '미생물이 우리의 정신을 조종'했다는 것이다.

고대의 국가들은 대부분 곰팡이, 흙, 식물을 사용해 세균 감염을 치료했다. 고대 세르비아, 중국, 그리스에서는 오래되어 곰팡이가 핀 빵을 상처에 대고 누르는 방법으로 감염을 예방했다. 고대 이집트에서는 곰팡이 핀 통밀빵 껍질로 두피 감염을 치료했으며 '약효가 있는 흙'을 환자에게 처방했다. 당시에는 미생물의 존재가 알려지지 않았으므로 그런 치료법들은 질병과 통증을 관장하는 신이나 정령의 힘을 빌리는 것이라고 설명했다.

밥맛이 떨어질지도 모르지만, 역사상 가장 중요한 의학적 발견은 16세기에 파라셀수스가 여러 마을 사람들에게 그들 자신의 대변을 빵에 몰래 첨가해서 먹이는 방법으로 전염병을 예방한 것이다. 그래서 세균이 질병을 일으킬 수도 있지만 우리를 질병으로부터 보호할 수도 있다는 사실이 증명됐다. 이 이야기는 백신의 기본 원리를 보여 준다. 일반적으로 백신은 힘이 약해진 세균이나 죽은 장내 세균을 가지고 만든다.

대놓고 말하기는 꺼려지지만, 대장균escherichia coli(줄여서 E. coli로도 표기함)은 우리의 적인 동시에 우리에게 도움이 되는 존재다. 역설적이지만 이것은 인체와 음식의 놀랍도록 복잡한 관계를 향유하기 위해 우리가 지불하는 대가다. 대장균과 관련된 20세기의 계몽적인 일화가 하나 있는데, 이 일화에는 세균은 물론이고 히틀러의 개인 주치의가 등장한다. 1930년대에 테오도르 모렐Theodor Morell이라는 별로 유명하지 않고 존경받지도 못하던 의사가 정치에 입문했다. 그는 독일의 신임 총통 히틀러에게 그의 질환을 치유할 수 있는 기적의 약이 있다고 설득했다. 먼저 그는 '퀴스터 박사의 가스 방지제Dr. Küster's Anti-Gas'라는 이름의 작은 검정색 알약을 하루에 열여섯 알씩 먹으라는 처방을 했다. 그 약은 일시적으로 증상을 완화했지만 그만한 대가도 치르게 했다. 그 약의 유효 성분은 치명적인 독성을 가진 스트리크닌strychnine이라는 물질이었기 때문이다. 더 흥미로운 사실은 모렐이 두 번째로 '무타플로르Mutaflor'라는 알약을 처방해서 히틀러의 복통을 싹 낫게 했다는 것이다. 히틀러는 모렐의 치료가 마음에 들었고 그를 나치 엘리트들의 핵심으로 받아들였다.

무타플로르의 유효 성분은 독성 물질이 아닌 세균이었다. 구체적으로 말하자면 인간의 대변에서 추출한 대장균을 가수 분해한 물질이었다. 당신이라면 저녁 식사 후에 어느 알약을 복용하겠는가? 놀랍게도 이 알약은 실제로 효과가 있었고, 오랫동안 유지된 히틀러의 복통이 처음으로 진정됐다.

대장균은 인간과 동물의 소화관에 서식하는 세균 중 하나다. 대장균에도 여러 유형이 있으며 대다수는 해롭지 않다. 하지만 어떤 것은 복통을 일으키고, 어떤 것들은 요도 감염을 일으키며, 어떤 것은 심각한 빈혈 또는 신부전을 일으켜 사람을 사망에 이르게 할 수도 있다. 모렐 박사의 생각에 따르면 대장균을 얻기에 가장 좋은 곳은 사람이나 동물의 배설물이다. 이 대목에서 나는 히틀러와 나치가 음식을 대했던 태도에 관한 흥미롭고 의미심장한 이야기를 떠올린다.

히틀러는 그가 열렬히 찬양했던 철학자 니체와 마찬가지로 건강이 좋지 않았고(그가 니체와 똑같은 질환에 시달렸기 때문에 찬양했던 것은 아니다) 위경련, 과민성 대장 증후군, 복부 팽만으로 고생했다. 애초에 히틀러의 위에 문제가 생긴 이유는 그가 모든 채소를 삶아 먹었기 때문일 것이다. 채소에 있는 좋은 박테리아가 다 죽었던 것이다. 나치 인사들의 식사에는 이상한 관례가 있었다. 식사가 끝날 때마다 히틀러가 배에 가득 찬 가스를 배출할 수 있도록 잠시 자리를 뜨는 시간을 가졌던 것이다.

육식을 하는 사람들이 채식주의자를 만날 때마다 하는 이야기지만, 히틀러는 채식주의자였고 동물의 고기를 먹는 것에 절대 반대했다. 잘 알려지지 않은 사실은 히틀러가 항상 음식에 관해 강한 주장을 피력했다는 것이다. 특히 고기에 대해 무시무시한 견해를 가지고 있었던 그는 고기를 먹는 것을 보면 인간의 시체를 먹는 광경이 떠오른다고 말하곤 했다. 그래서 그는 고기 대신 수분 함량이 높은 채소를 으깨 죽처럼 만든 음식을 양껏 먹었다.

장의 균형을 회복하기 위한 모렐 박사의 치료법을 긍정적으로 보기는 어렵다. 특히 파라셀수스가 전염병 환자들을 치료하기 위해 사용했던 참신한 방법과 다르게, 모렐이 사용한 배설물은 히틀러 자신의 것도 아니고 나치 독일의 군인들에게서 얻었을 것으로 짐작되기 때문에 더욱 불쾌하다. 그러나 생물학적인 관점에서는 다른 사람의 박테리아도 우리 자신의 박테리아와 똑같이 유익하다. 사실 우리에게 '나만의' 박테리아라는 것은 없다. 장내 미생물들은 숙주를 까다롭게 고르지 않으니까. 어쨌든 히틀러 이야기로 돌아가자면, 불행히도 모렐의 치료법은 완전하고도 효과적이어서 히틀러에게 제2차 세계 대전을 일으킬 동력을 제공했다.

좋은 일(의사가 환자를 치료하는 행위)이 끔찍한 결과로 이어졌다는 것도 역설적이지만, 이처럼 히틀러가 개인적으로 박테리아의 이점을 경험했는데도 나치가 위생(그중 하나가 이른바 '인종 청소'였다)과 감염에 집착했다는 것 역시 역설적인 사실이다. 이런 집착은 히틀러의 장황하고 끔찍한 자서전인《나의 투쟁》의 첫 시작에서부터 확인할 수 있다. 그럼에도 불구하고 이 이야기는 건강한 장은 철저하게 소독한 음식만 들어 있는 장이 아니라는 중요한 진실을 드러낸다.

모렐의 아이디어 중에는 성공하지 못한 것도 있었다. 그는 히틀러의 도움을 받아 나치가 몰수한 회사(대개는 원래의 사장을 강제 수용소로 보내는 방법을 썼다)를 기반으로 거대 제약 회사를 설립했다. 모렐의 계획은 큰돈을 버는 것이었지만, 히틀러를 설득할 때는 비타민 보충제를 먹고 힘이 세진 '초인Superman'들로 이뤄진 군대를 만든다는 구실을 내세웠다. 그리하여 나치는 유럽을 파괴하고 수많은 사람을 죽이는 한편으로 비타민 산업을 일으켰다. 실제로 나치는 항상 강인한 신체를 강조했고, 훌륭한 나치 대원은 건강하고 탄탄하며 날씬한 몸을 가지고 있어야 했다.

비타민을 먹여서 초인을 양성한다는 구상이 실현되지 못한 것은 세계를 위해 다행스러운 일이었다. 여기서 우리는 인공적으로 조제한 영양제에 의존하는 것이 어리석은 일임을 다시 한 번 확인할 수 있다. 심지어 모렐은 매일 아침 히틀러에게 포도당 주사까지 놓았는데, 그렇게 해서 얻는 결과는 과일주스 한 잔을 마시거나 토스트에 잼을 발라 먹을 때와 거의 동일했으므로 결국 아무런 의미가 없는 행위였다. 밤이면 모렐은 히틀러의 숙면을 돕기 위해 신경 안정제를 주사했다. 모렐은 히틀러 한 사람에게만 영향을 미친 것이 아니었다. 1940년 4월에서 7월까지 350만 개가 넘는 메스암페타민(필로폰) 알약(거리의 언어로는 '스피드'라 불린다)이 독일 육군과 공군에게 운송됐다. 메스암페타민은 틀림없이 군인들의 자제력과 도덕적 책임감을 약화시켰을 것이다. (1990년부터 1991년까지 걸프 전쟁에 참전한 군인들도 이것과 비슷한 약을 복용했다.)

전세가 히틀러에게 불리해지자 모렐은 그에게 주입하는 약물을 더 늘렸는데, 그중에는 황소에게서 추출한 테스토스테론과 메타돈 같은 이상한 약들이 몇 가지 있었다. 히틀러는 항상 통증에 시달렸고 정신이 혼미했으며 움직임을 통제하지 못했다. 그의 몸이 깨진 조개껍데기처럼 변하자 공식적인 선전용 영화에 그의 모습을 그럴싸하게 표현하기도 어려워졌다. 선전 영화의 한 장면에서 히틀러의 오른손은 나치 청소년단 단원의 어깨를 두드리며 격려하고 있는데, 등 뒤에서 꽉 움켜쥔 왼손은 그의 의사와 무관하게 마구 떨리고 있었다. 그것은 위험한 약물들을 함부로 섞어 먹어서 뇌가 손상됐다는 사실을 보여 주는 증거였다.

아까 이야기하고 있었던 일상생활로 돌아와 보자. 우리는 인간이나 동물의 장에 서식하는 박테리아들이 수원지(그래서 시냇물이나 호수의 물을 마시고 배탈이 날 수도 있다) 같은 곳에 흘러들어갈 가능성을 날마다 걱정한다. 세균이 잘 번식하는 또 하나의 음식은 육류다. 그래서 육류는 고온에서 조리해야 한다. 미국 사람들이 대장균에 감염되는 가장 일반적인 경로가 바로 세균에 오염된 육류다. 사람들이 잘 모르는 사실은, 생고기와 잠깐이라도 접촉한 모든 음식(예컨대 도마 위에서 생고기를 썰고 나서 도마를 깨끗이 씻기 전에 똑같은 도마 위에서 다른 재료를 썰었을 경우, 그 재료)도 동일한 박테리아의 서식지가 된다. 그러고 나면 그 세균들은 가열하지 않은 음식(예컨대 샐러드에 넣는 채소!) 속에서 활발히 서식하게 된다.

가열하지 않은 음식 이야기가 나왔으니 말인데, 요즘에는 저온 살균하지 않은 우유와 치즈에는 대장균이 바글바글하기 때문에 공장에서 만든 가공 치즈를 먹어야 한다는 이야기가 많다. 이것은 식품 대기업들에게 유리한 주장이다. 유통 기한이 긴 대량 생산 제품을 선호하는 식품 대기업들의 입장은 영국과 미국 같은 나라들의 정부 식품 정책에 영향을 미쳤다. 물론 프랑스처럼 기업의 입김에 휘둘리지 않은 나라들도 있었다. 프랑스에서 살균하지 않은 치즈는 아주 소중하게 여겨지는 문화적 전통의 일부고, 그 전통 음식을 먹는 것은 인간의 기본권에 가까운 권리로 간주된다! 실제로는 유제품 금지가 정당하다는 증거는 매우 드물고, 오히려 현대적 식품 가공 기법 때문에 식중독이 발생한 사례들이 있다. 예컨대 젖소(그리고 닭)는 공장식 축사에 집어넣고 고기와 분뇨를 먹여서 키우기 때문에 문제가 생긴다는 주장이 나온다.

어쨌든 당신이 세균에 대한 공포 때문에 살균 처리되지 않은 유제품을 구입하지 않기로 했다면, 일관성을 유지하기 위해 패스트푸드도 끊고 식당에도 가지 않고 쇠고기는 절대로 먹지 말아야 한다. 각종 공중 보건 관련 통계를 보면 사람들이 가장 빈번하게 위험한 대장균에 감염되는 통로가 쇠고기로 나타나기 때문이다. 하지만 나는 우리가 쇠고기를 먹지 말아야 한다고 생각하지는 않는다. 그렇게 따지면 우리는 생과일과 양상추, 알파파싹 같은 생채소, 살균하지 않은 과일주스를 끊어야 한다. 그리고 당연히 다른 사람들과 접촉하지도 말고 호수, 수영장, 상수도도 피해야 한다. 이 모든 것은 대장균 감염의 통로가 될 수 있다고 알려져 있기 때문이다. 따라서 우리가 세균을 완벽하게 피하려면 다른 사람에게 손을 대지도 않고 다른 사람이 우리 몸에 손을 대지도 못하게 해야 하며, 다른 사람과 가까이 있었던 어떤 물건도 만지지 말아야 한다. 한 마디로 대장균은 어디에나 있다. 우리의 창자에 있는 대장균은 우리의 몸이 음식을 소화시키는 것을 도와주고, 비타민 K를 생산하고, 영양분을 흡수한다. 안타깝게도 세균이 하나도 없어야 건강하다는 현대인의 관념 때문에 소화기의 균형을 깨뜨릴 수도 있는 항생제가 지나치게 많이 사용된다. 과도하게 살균된 음식 역시 소화기의 균형을 깨뜨릴 여지가 있다. 결론적으로 매우 흔한 박테리아인 대장균은 나의 음식 원칙 세 가지를 모두 보여 준다. 디테일이 중요하고, 모든 것은 연결되며, 무엇보다 크리스털 꽃병을 깨뜨리지 말라.

16장

아주 작고
살아 있는 것들

과학에서 가장 거창한 철학적 논쟁 중 하나는 다음 질문을 둘러싸고 벌어지는 논쟁이다. 생명은 화학 물질, 즉 한 무더기의 축축한 진흙(냉장고에 너무 오랫동안 넣어 둔 파이 한 조각으로 대체할 수도 있을 것이다)에서 생겨났는가, 아니면 현재 우리가 '박테리아'라고 부르는 눈에 보이지 않는 미세한 '씨앗'의 작용으로부터 시작되었는가? 수천 년 동안 인정받았던 위대한 학자 아리스토텔레스의 가르침은 생명은 진흙에서 생겨났다는 것이었다. 일순간에 생겨난 것도 아니고, 신이 손가락을 튕겨서 생겨난 것도 아니라고 했다. 19세기에 독실한 가톨릭 신자였던 루이 파스퇴르Louis Pasteur가 프랑스 과학 학술원과 오랫동안 실험적이고 지적인 논쟁을 벌인 끝에 생명체가 단순한 화학 반응으로 우연히 발생할 수 없다는 것을 입증했다.

오늘날에도 진화 생물학자들은 생명체(물론 박테리아도 포함된다)가 수백만 년이라는 세월을 거치면서 비유기적 분자들 사이의 화학 반응을 통해 생겨났다는 입장을 견지하고 있지만, 그 과정이 너무나 복잡하기 때문에 지구의 초창기에 단순한 유기 화합물이 운석에 묻어 우연히 지구에 떨어졌다는 가설에 의존하곤 한다.

그 이후로 현대적 식품의 역사는 박테리아의 역사나 다름없게 됐다. 식품 생산이 공업화되면서 박테리아는 커다란 골칫거리가 됐다. '박테리아는 나쁘다'는 사고방식이 전파되는 데는 냉장고도 한몫을 했다.

15장 〈지저분하게 먹기〉에서 언급한 것처럼 사람들은 박테리아에 대해 다소 모순된 태도를 취한다. 우선 우리는 우리의 몸이 박테리아라는 오래된 생명체들의 생존에 상당히 유리한 서식지라는 사실을 잘 인정하지 않는다. 그리고 박테리아는 우리 없이도 아주 잘 지낼 수 있지만 우리는 박테리아가 없으면 금방 죽게 된다는 사실도 좀처럼 인정하지 않는다. 또 우리는 박테리아를 통해 생명의 기원을 유추할 수 있다는 가설에 대해서도 입장을 정하지 못한다. 그 가설은 인간을 단순한 우연의 산물로 축소해 버리는 것처럼 보이기 때문이다.

오늘날 사람들은 박테리아의 존재를 이 정도로 알고 있다. 그리고 그 박테리아를 '먹는' 유일한 방법은 요구르트를 먹는 것이다. 정확히 말해서 요구르트는 그 안에 들어 있는 박테리아 때문에 몸에 좋은 음식으로 간주된다. 그리고 요구르트는 이론적으로는 몸에 좋은 음식이다. 하지만 불행하게도 오늘날 슈퍼마켓에서 우리가 흔히 구입하는 요구르트는 대부분 작은 용기에 변성 우유를 담고 설탕과 과일 조각을 첨가한 제품이다. 게다가 대부분의 요구르트 제품은 꼼꼼하게 살균 처리되기 때문에 박테리아가 남아 있지 않다. 비록 일부 브랜드는 거기에 다시 박테리아를 넣었다는 사실을 내세우지만.

　반면 '진짜' 요구르트가 특별한 이유는 바로 살아 있는 미생물이 들어 있기 때문이다. 놀랍게도 당신이 진짜 요구르트를 먹으면 그 미생물들은 당신이 먹는 다른 모든 음식에 달라붙어 몸매 관리에 도움을 준다. 기회만 주어진다면 그 미생물들은 더욱 열심히 몸매 관리를 도와줄 것이다. 사실은 선의를 가진 요구르트 제조업체들조차도 농부들이 오랫동안 생산해 온 건강한 요구르트를 생산하기가 쉽지 않다. 젖소들을 사육할 때 살을 찌우기 위해 항생제를 정기적으로 투입하기 때문이다. 살을 찌우는 항생제의 효과는 부지불식간에 인간 소비자들에게 전해졌을지도 모른다. 뉴욕대학교의 마틴 블레이저Martin Blaser 교수는 다음과 같이 이야기한다. "확실히 어릴 때부터 항생제에 노출된 아이들이 성인기에 비만이 될 가능성이 높습니다." 블레이저의 설명에 따르면 2012년에 세계 곳곳에서 비만이 증가한 것과 동시에 항생제 사용량도 증가했는데, 비만과 항생제의 연관성은 실험실에서 진행한 여러 편의 연구(이번에도 불쌍한 생쥐들이 사용됐다!)로 밝혀졌다.

그러나 요구르트를 먹으면 더 확실하게 살이 찔 수도 있다. 매장에서 볼 수 있는 요구르트는 대부분 저지방 제품인데, 이런 요구르트를 사서 먹으면 살이 많이 찐다. 모순 아니냐고? 그게 식품의 과학이다! 제조업체들은 음식에서 지방을 제거하면 맛이 없어지기 때문에 다시 맛을 좋게 하려고 액상 과당을 비롯한 첨가물을 넣는다. 오직 설탕만 첨가된 요구르트를 발견했다면 당신은 운이 좋은 것이다! 일반적으로 몸에 좋다고 여겨지는 제품 중 하나인 틸라무크Tillamook의 오리건 딸기 저지방 요구르트를 보자.

다이어트를 위해: 요구르트, 알고 먹자

☑ 시판되는 요구르트의 대부분은 살찌는 정크푸드다.

☑ 저지방 요구르트에는 대부분 액상 과당 같은 인공 감미료가 들어 있다. 액상 과당은 유지방보다 훨씬 나쁘다.

☑ 전유全乳로 만든 그릭요거트는 시판 요구르트를 대체하는 맛 좋고 건강한 음식이다. 그리스인들은 원유를 오랫동안 끓여 설탕, 락토오스(우유에 원래 포함된 또 하나의 당 성분), 그리고 유장(우유를 가공하고 나서 남는 액체)의 대부분을 제거한다. 그래서 그릭요거트는 일반 요구르트보다 걸쭉하고 부드러울 뿐 아니라 단백질을 두 배로 함유하고 있다.

☑ 대부분의 요구르트는 우유로 만들지만 양젖과 염소젖으로 만든 특별한 요구르트도 있다는 사실을 잊지 말라. 양과 염소의 젖은 풍미가 짙고 부드러우며 소화도 잘 된다.

이 요구르트는 한 개가 170그램인데 놀랍게도 설탕이 30그램이나 들어 있다! (그래도 이 틸라무크 제품에는 액상 과당은 들어 있지 않다.) 반면 감미료를 넣지 않고 지방은 그대로 들어 있는 전통 방식의 그릭요구르트는 설탕이 전혀 없고 전유와 미생물들만 들어 있다.

유지방을 먹으면 살이 찐다는 증거는 없다. 사실 어떤 연구에서는 그 반대의 결과가 나왔다! 그리고 요즘에는 포화 지방이 해롭지 않다는 사실이 널리 인정받고 있으므로 저지방 요구르트, 저지방 우유, 탈지 우유는 좋은 성분을 제거하고 그 자리를 훨씬 나쁜 성분으로 대체한 식품인 셈이다. 그리고 살이 찌는 식품이기도 하다.

몸속의 박테리아가 우리다?

루이 파스퇴르는 전혀 예상하지 못한 장소에서 아주 작은 생명의 씨앗, 즉 박테리아가 꿈틀대고 있다는 사실을 밝혀낸 사람이다. 박테리아들이 질병의 원인이 될 수도 있음을 입증하고 그 박테리아들을 죽이는 방법을 알아낸 파스퇴르는 당연히 위대한 과학자로 간주된다. 그러나 저온 살균이라는 방법을 통해 식품에서 살아 있는 박테리아를 제거해 안전하고 효율적인 유제품과 통조림 같은 음식을 섭취할 수 있게 된 반면, 인체의 자연스러운 균형이 교란되는 의도하지 않은 결과가 나타나기도 했다.

히피들이나 하는 이야기라고? 한번 생각해 보라. 세포의 개수만 따지면 인체에는 인간의 세포보다 박테리아의 세포가 더 많다! 심지어 스탠퍼드대학교의 미생물학자인 저스틴 소넨버그Justin Sonnenburg는 인간의 몸은 '체내 미생물들의 성장과 번식에 최적화된 정교한 용기'로 봐야 한다고 주장했다. '사람은 섬이 아니다'라는 오래된 격언은 우리 개개인이 실제로 수많은 생명체들로 이뤄진 군도라는 사실을 상기시킨다. 인간은 수천 개의 서로 다른 유기체로 이뤄지며 그 유기체의 대부분은 박테리아다. 인간은 박테리아와 공존하고 있는 셈이다. 놀랍게도 인간의 몸에서 박테리아 세포가 차지하는 비중은 90퍼센트 정도다! 적어도 숫자로는 그렇다. 박테리아는 소화, 성장, 질병 예방 같은 기능에 반드시 필요하며, 부정적인 기분을 긍정적으로 바꾸는 것과 같은 섬세한 작업에도 관여하는 것으로 보인다. 그건 불가능할 것 같다고? 박테리아는 우리의 신경 전달 체계를 직접 통제한다.

우리 몸의 눈에 보이지 않는 미생물을 존중해야 한다는 것을 가장 잘 보여 주는 것은 모유일 것이다. 얼마 전까지 사람들은 어머니의 모유에는 박테리아가 없을 거라고 생각했다. 물론 그것은 사실과 달랐다. 그래서 꼼꼼하게 살균한 인공 조제 분유를 먹고 자란 아기들은 질병과 소화 불량으로부터 적절한 보호를 받지 못한 채로 삶을 시작한다. 모유가 분유보다 건강에 좋다는 것과 정반대의 견해들이 정점에 이르렀던 시기는 1970년대 후반이다. 당시 스위스에 본사를 둔 네슬레가 개발 도상국, 특히 아프리카의 여성들에게 지나치게 공격적으로 분유를 판매한다는 문제가 제기됐다. 1970년대 중반에는 초국적 기업에 대한 불매 운동이 유럽에서 시작되고 곧 미국으로 확산됐다. 영국의 불매 운동 단체 중 하나였던 '빈곤과의 투쟁War on Want'은 1974년에 발간한 보고서에서 네슬레를 '아기 살인자The Baby Killer'라고 부르기도 했다. 보고서는 초국적 기업들이 저개발 지역에 모유 수유를 하지 말고 젖병 수유를 하라고 권장함으로써 영아들이 질병에 걸리거나 사망하도록 만들었다고 비난했다. 대중의 우려(분노까지는 아니었다)가 아주 컸기 때문에 유엔UN의 세계 보건 총회WHA(WHO의 최고 의결 기구)에서도 이 문제가 논의됐다. 1981년 WHA는 모유를 대체하는 식품을 판매하고 홍보할 때 지켜야 하는 국제적인 행동 수칙을 제정하라고 권고했다. 그때부터 조제 분유를 둘러싼 전쟁은 초국적 식품 기업에 대한 국제적인 규제가 필요하다는 인식을 만드는 데 중요한 역할을 했다.

체중 조절의 문제로 돌아가 보자. 연구자들이 발견한 바는 일반적인 예상과 정확히 일치한다. 우리의 배 속에 살고 있는 박테리아 집단이 건강하면 체중도 적절하게 유지된다. 그리고 비만한 사람들의 장 속에는 미생물이 부족하다. 둘 중 하나가 다른 하나의 원인이라는 말은 아니다(하지만 상관관계는 분명하고 뚜렷하게 나타난다). 통곡물과 신선한 채소를 많이 먹는 사람들의 소화 기관에 박테리아가 더 많아서 그럴지도 모른다. 음식 저술가 마이클 폴란도 〈세균은 내 친구〉라는 글에서 다음과 같이 이야기했다.

음식을 적게 가공할수록 그 음식의 많은 부분이 위장을 무사히 통과해 장내 세균과 결합한다. 예컨대 세균들은 말랑말랑하게 익힌 파스타보다 알덴테로 익힌 파스타를 더 잘 먹는다. 세균들은 압착한 귀리보다 기계로 부순 귀리를 더 잘 먹는다. 생채소 또는 가볍게 익힌 채소가 푹 익힌 채소보다 박테리아들의 먹이를 많이 제공한다. 음식에 관해 이런 식으로 생각하는 것은 아주 오래된 방식인 동시에 아주 새로운 방식이다. 이런 사고방식에 따르면 모든 칼로리가 다 똑같이 만들어지지는 않으며 음식의 성분도 중요하지만 음식의 구조와 조리법도 중요하다.

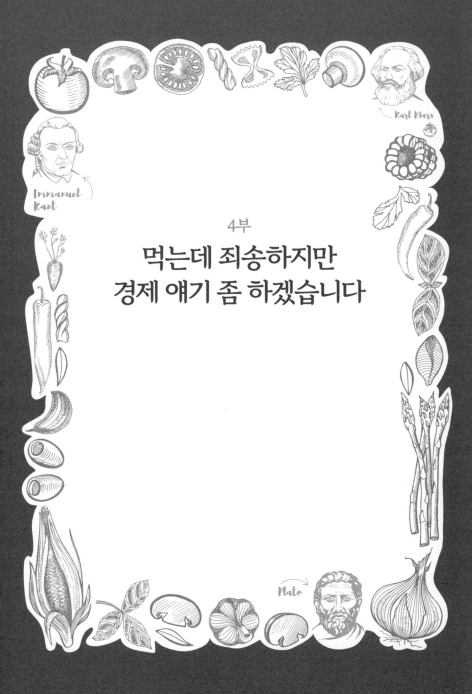

4부

먹는데 죄송하지만
경제 얘기 좀 하겠습니다

17장

간식을 누가
출출해서 먹나요

간식에 관한 진실. 우리는 출출해질 때가 있다. 하지만 그래서 간식을 먹는 건 아니다. 우리가 간식을 먹는 진짜 이유는 '더 많은 것'에 관한 약속이다. 이 약속 때문에 봉지에 든 감자칩이나 판 초콜릿은 대단히 중요한 음식이 된다.

과거의 혁명 지도자 카를 마르크스는 간식을 먹는 이유에 대해 그럴듯한 통찰을 제공한다. 언젠가 그는 모든 상품은 정해진 수요를 충족할 뿐 아니라 '더 많은 것'에 대한 약속을 제공한다고 말했다. (아니, 사실은 길고 장황한 철학 논문에서 수고스럽게 설명했다.) '더 많은 것'이란 불가해한 것, 상상을 초월하는 어떤 것을 의미한다.

이런 측면에서 간식은 부적절한 것이다. 세 가지 코스로 이뤄진 식사는 몰래 먹는 간식이나 먹지 말아야 할 뭔가를 야금야금 먹는 것만큼 유혹적이지 않다. 이런 논리는 디저트라는 개념에도 적용 가능하다. 역설적이지만 디저트가 본요리보다 유혹적일 때가 많다.

물론 마르크스는 이런 종류의 속임수에 관해 속속들이 알고 있었다. 마르크스주의자들이 보기에 모든 자본주의는 대중을 속이는 것이고 식품업계는 가해자 중에서도 질이 가장 나쁜 가해자다. 식품업계는 우리의 푼돈을 갈취하기 위해 우리의 욕구를 조종하고, 그 과정에서 우리의 건강이 망가져도 아랑곳하지 않는 냉혹한 존재다. 마르크스는 가상의 노동자에 관해 다음과 같이 썼다. '자본주의는 노동자의 상태에서 고정성과 안정성을 모두 제거한다. 자본주의는 항상 위협을 가한다. 그의 손에서 생계의 수단을 빼앗으려 하고 그를 불필요한 존재로 만들려고 한다.'

그리고 철저한 마르크스주의자들이 보기에 '식품업계'의 논리는 그들이 점점 더 많은 소비자들에게 영원히 질이 나쁜 식품을 공급해야 한다는 것이었다. 마르크스의 《경제학 – 철학 수고》에는 다음과 같은 설명이 나온다.

오늘날 생활에 꼭 필요한 물자의 생산량은 인구 대비 전혀 많지 않다. 그 반대다. 다수 대중에게 점잖고 인간적인 생활을 보장하기에는 물자의 생산량이 너무 적다. 생산 수단이 충분히 많아서 신체 건강한 사람들을 다 고용할 수 있는 것도 아니다. 오히려 그 반대다.

하지만 세월이 흐르면서 자본주의가 '스스로를 잠식한다'는 그의 주장은 틀렸다는 것이 입증된 것 같다. 자본주의는 스스로 몰락하는 대신 이러한 절박한 문제의 해결을 회피할 수 있을 정도로 충분한 부를 창출하고 있는 듯하다. 하지만 다른 측면에서 보면 식품은 마르크스와 엥겔스의 예언들 중 하나와 일치하는 것도 같다. 시장의 탐욕스러운 수요가 지리적, 문화적 경계와 장벽을 허물어뜨렸다는 점이 그렇다. 평소에는 정치적 반동분자인 생산직 노동자들이 스포츠 경기를 관람하고 집에 돌아가는 길에 즐거운 마음으로 중국 음식을 포장해 가거나, 터키 음식인 케밥을 사거나, 심지어는 프랑스의 바게트를 사 가기도 한다. 이런 점에서 보자면 진보주의자들도 감사한 마음을 가져야 한다고 생각한다.

마르크스의 식생활에 관한 조언은 간식을 강요하는 자본주의의 힘을 유념하고 아침에 건강한 음식을 챙겨서 나가는 방법으로 유혹을 예방하라는 것이다. 그리고 마르크스의 저작은 대부분 음식에 관해 언급하지 않지만, 그의 개인적인 생활은 몇 가지 귀중한 통찰을 제공한다.

카를 하인리히 마르크스는 독일의 트리어Trier라는 도시에서 태어났다. 당시 트리어는 아주 부르주아적인 상업 도시였고, 지금도 그렇다. 마르크스의 부모는 흠잡을 데 없는 부르주아로서 좋은 음식을 먹고 살았다. 하지만 마르크스 자신은 한 명도 아니고 두 명으로부터 유산을 물려받았음에도 그 돈을 대부분 쓸데없는 일에 써 버렸다. 유산의 일부는 혁명 운동을 위한 총기류 구입에 쓰고, 일부는 런던 상류층들이 많이 사는 햄스테드 히스Hampstead Heath 근처에 아늑한 집을 사는 데 쓰고, 일부는 그의 자녀 셋을 사우스 햄스테드에 있는 학교에 보내는 데 썼다. 아쉽게도 결국 그 돈은 바닥이 났고, 여전히 저항 운동에 열렬히 참여하고 있었던 마르크스는 '부르주아 사회가 나를 돈 버는 기계로 전락시키는 것을 허락하지 않겠다'라고 선포했다. 그러나 그는 돈을 벌기 위해 두 배로 열심히 노력해야 했다. 여기서 노력이란 혁명 동지이자 친구로서 공장을 소유하고 있었던 프리드리히 엥겔스에게 편지를 쓰는 일이었다.

마르크스는 돈이 떨어질 때면 가족들에게 빵과 감자만 먹였다. 빵과 감자만 먹는다고 하면 사람들은 살이 찔 거라는 걱정보다 필수 영양소 중 어떤 것이 부족할 것을 우려한다. 하지만 사실 감자는 사람들의 생각과 달리 미네랄과 비타민을 많이 함유하고 있다. 감자는 비타민 B6, 칼륨, 구리, 비타민 C, 망간, 인, 니아신, 식이 섬유, 판토텐산을 섭취하기에 적합한 식품이다. 게다가 감자에는 카로티노이드, 플라보노이드, 카페인산과 같은 건강을 증진시키는 식물성 성분들이 들어 있고, 독특하게도 덩이줄기에 파타틴과 같은 단백질들을 저장하고 있다. 덩이줄기의 단백질들은 유리기free radical(혁명과는 무관한 인체 조직의 유리기를 가리킨다)의 활동을 조절한다. 정작 몸에 해로운 것은 감자를 요리하는 데 자주

사용되는 값싼 기름이다. 이 모든 사실은 대단히 중요하며 조금
은 마르크스주의적인 주장을 뒷받침한다. 어떤 식단이 건강에 좋
은지 나쁜지는 그 식단이 얼마나 '고급스러운가'에 관해 사람들이
가진 생각에 의해 왜곡되기 쉽고, 그래서 값이 싼 음식들은 부당
하게 낮은 평가를 받을 때가 많다.

　마르크스 본인은 항상 건강이 좋지 않았고 부스럼과 종기와
치질로 고생했다. 언젠가 종기가 심해졌을 때 그는 날마다 포트
와인* 서너 잔과 클라레** 반 병을 마시고, 기력을 회복하기 위해
평소 식사량의 네 배를 먹으라는 처방을 받았다. 카를과 그의 아
내 예니 사이에서 태어난 일곱 아이들의 운명 역시 부러워할 것
은 못 된다. 일곱 명의 아이들 중 네 명이 영양실조로 유아기에
사망했다. 그리고 희한하게도 딸들 중 하나는 거식증(신경성 식욕
부진증)에 시달렸다. 하지만 행복한 시절로 돌아가자. 마르크스는
학생 시절부터 술을 잘 마시기로 소문난 사람이었다. 1835년 그
는 본대학교에서 법학 전공자로서 희망찬 출발을 했지만, 곧 선술
집 모임의 공동 회장이 되면서 학업에 흥미를 잃어 갔다. 심지어
그는 '술에 취해 고래고래 소리를 질러 대서 물의를 일으켰다'는
이유로 하루 동안 구금된 적도 있었다. 그의 아버지 하인리히 마
르크스Heinrich Marx가 '광란의 시기'라고 불렀던 이런 시기는 1년 만

---

* 　단맛이 나는 포르투갈산 적포도주.

** 　프랑스 보르도산 적포도주.

에 끝이 났다. 그의 아버지가 잘못된 길로 빠진 아들을 베를린대학교로 전학시켰기 때문이다. 베를린대학교에서 머리가 펑펑 도는 철학 사상들을 실컷 마시라는 뜻이었다. 그래도 맥주를 진탕 마셔 대는 습관은 고쳐지지 않았다. 때때로 그는 술에 취한 채로 당나귀를 타고 이웃 마을들을 순회했다.

물만 먹고 살던 마르크스주의자들?

당신의 생각과 달리 감자는 지방분이 많은 식품이 아니다. 우리가 흔히 구워 먹거나 으깨 먹거나 튀겨 먹거나 칩을 만들어 먹는 러셋 감자Russet potato 는 무게 기준으로 지방을 단 0.1퍼센트만 함유하고 있다! 감자의 주요 성분은 물인데, 대부분의 식품은 수분 함량이 높기 때문에 이런 사실은 특별한 정보가 못 된다. 감자에 두 번째로 많은 성분은 탄수화물인데, 이것은 우리에게 뭔가를 알려 준다. 감자에 탄수화물이 많다는 사실은 감자에 일종의 당이 함유되어 있다는 뜻이다. 그래서 당신이 감자에서 얻은 열량을 태워 없애지 않는다면 감자는 살찌는 음식이 될 수도 있다.

마르크스는 어느 면에서나 본보기로 삼을 인물은 아닐 수도 있지만, 기묘하게도 술집에 자주 가면 건강에 이로운 점도 있다. 어쩌면 마르크스주의와 맥주를 마시는 습관의 오랜 관계는 영양학적으로 입증될지도 모른다.

우선 맥주에 들어 있는 홉은 염증 방지라는 대단히 유용한 효능을 지니고 있다.

맥주에 들어 있는 쓴맛의 산 성분들은 소화를 촉진한다.

맥주에는 루풀론과 잔토휴몰이라는 두 종류의 산이 들어 있다. (힘없는 쥐들을 대상으로 진행한, 신빙성이 떨어지는 연구에 따르면) 루풀론과 잔토휴몰은 소량을 섭취할 때 항암 효과를 발휘한다. 사람들이 맥주를 마시면 이 성분들을 소량 섭취하게 된다. 또 잔토휴몰은 스트레스로 세포가 파괴되지 않도록 함으로써 뇌의 뉴런들을 활성화한다고 알려져 있다.

맥주는 우리 몸에 건강한 뼈를 만들고 유지하는 데 반드시 필요한 실리콘 silicon의 양을 늘려 준다. 그리고 맥주는 충치의 원인이 되는 박테리아를 물리친다.

알코올이 함유된 다른 음료와 마찬가지로 맥주에는 심장 질환 예방에 도움이 된다고 알려진 폴리페놀 성분이 풍부하다.

마지막으로 아주 중요한 사실 하나. 20만 명을 대상으로 실험해서 2013년에 발표된 한 연구의 결과, 맥주를 마시면 신장 결석의 위험이 60퍼센트 감소한다.

18장

코끼리와
귀뚜라미

식사 자리에서 우리는 실용성과 도덕성 사이를 조심스럽게 오가게 마련이다. 예컨대 뭔가를 축하하기 위한 특별한 저녁 식사로 말고기 요리가 나온다면? 바비큐 파티에서 개고기 버거를 먹으라는 권유를 받았다면? 메뚜기를 튀긴 요리는 어떨까?

음, 분명히 누군가는 그 음식을 만드느라 정말 많은 수고를 들였을 것이다. 그러니 사람들을 불쾌하게 만들지 않는 게 낫다! 철학적인 이야기를 자주 했던 독일 극작가 베르톨트 브레히트부터 미국의 전직 대통령 버락 오바마에 이르기까지 수많은 사람이 실제로 '음식이 먼저고, 도덕은 나중Erst kommt das Fressen, dann kommt die Moral'이라는 보편적인 원칙을 따랐다. 이것은 브레히트가 1928년에 발표한 〈서푼짜리 오페라〉에 나오는 대사다.

'음식이 먼저고, 도덕은 나중'은 아주 흔한 접근법이다. 다이어트를 하는 사람들은 사교적인 자리에서 아무것도 먹지 않으면 실례가 될 것으로 짐작될 때, 비록 다이어트를 위해서는 아무것도 먹지 않아야 할지라도 일단 음식을 먹는다. 하지만 버락 오바마는 자서전《내 아버지로부터의 꿈》에서 음식을 먹는다는 특권을 한 단계 더 발전시켰다. 그는 독자들에게 자신이 무엇이 먹을 수 있는 음식인지에 대한 도덕적 제한은 없다고 믿는다고 희미하게 암시했다. 어떤 사람들은 그런 견해를 표명했다가 '무당파층'이 놀라 달아날 것을 걱정했을 테지만 오바마는 이색적인 음식들을 먹어 본 경험들을 솔직하게 밝힌다.

나는 롤로Lolo와 함께 저녁 식사(밥 듬뿍)에 익히지 않은 작은 초록색 고추를 곁들여 먹는 방법을 배웠다. 그리고 점잖은 자리가 아닌 곳에서 개고기(질기다), 뱀고기(더 질기다), 구운 메뚜기(바삭바삭하다)도 먹어 봤다.

하지만 대통령조차도 대중의 견해에 계속 저항할 수는 없다. 2012년 대통령 선거 기간에 오바마는 자신은 어린 시절에 개고기를 먹어 봤을 뿐이지만 상대 후보인 밋 롬니는 개를 상자에 집어넣고 자동차 지붕에 끈으로 묶은 채 여행을 다녀온 사람이라고 반박했다. 어느 쪽이 더 나쁜가? 말과 개 같은 애완동물을 무척 사랑하는 서구인들에게는 우리의 털북숭이 친구들을 먹는다는 것은 절대로 용납되지 않는 일이다. 하지만 어떤 지역에서는 거의 모든 동물을 맛있는 음식으로 간주한다. 여러 개의 확고한 신념들이 공존하기도 한다. 예컨대 프랑스에서는 달팽이와 말고기를 재료로 다양하고 고급스러운 요리를 만든다. 하지만 불과 20킬로미터 떨어진 영국에서 기업들이 가공식품에 그런 재료들을 몰래 넣었다가는 법적 처벌을 당할 수도 있다.

조금 놀라운 사실이 있는데, 사람이 달팽이를 먹었다는 고고학적 증거는 수천 년 전으로 거슬러 올라간다는 것이다. 고대 로마인들은 2000년 전에 달팽이를 채집해서 상류층의 음식으로 대접했다고 한다. 하지만 프랑스인들이 말고기를 먹는 것은 사회적 요인에 의해 비교적 최근에 생겨난 풍습이다. 원래 기독교 세계에서는 말고기를 먹는 일(히포파기hippophagy라는 단어가 따로 있다)이 절대 금기였다. 18세기의 어느 교황이 말고기 섭취에 대해 '혐오스럽다'는 표현을 사용한 이후로는 금기가 더욱 엄격해졌다. 짐작건대 그 교황의 우려는 신중하게 생각해 낸 윤리적 원칙이라든가 동물 복지에 대한 고민의 결과라기보다는 말을 제물로 쓰고 말고기를 먹는 북유럽의 이교도들을 비판하려는 의도와 관련이 있었을 것이다. 그럼에도 불구하고 기독교 세계에서도 말고기는 형편이 아주 어려운 사람들이 의지할 수 있는 식량으로 간주됐다. 프랑스 혁명기에 식량이 부족해진 소작농들과 러시아 원정중에 추운 겨울을 보냈던 나폴레옹의 군사들은 말고기를 먹었다.

사실 19세기 중반까지만 해도 프랑스인들은 유럽의 다른 나라 사
람들과 마찬가지로 말고기에 거부감을 가지고 있었다.

프랑스에 사는 영국 작가로서 피우 마리 이트웰Piu Marie Eatwell
이라는 신기한 이름을 가진 작가는 《그 사람들은 말고기를 먹지
않나요?They Eat Horses, Don't They?》라는 책을 통해 프랑스인들의 식습
관을 변화시킨 원인에 대해 설명했다. 그 책의 일부를 소개한다.

> 사실 프랑스 사람들이 정말로 말고기에 빠져든 것은 1860년대 또
> 는 그 이후부터였다. 에티엔 조프루아 생틸레르라는 이름의 동물
> 학자와 광신적인 군 수의사 에밀 드크루아의 노력이 큰 힘을 발휘
> 했다. 드크루아는 회의적인 대중에게 말고기가 먹을 수 있는 음식
> 이라는 것을 입증하는 데 열을 올렸다. 그는 그 목표를 달성하기
> 위해 상상 가능한 모든 질병으로 사망한 말 수백 마리를 먹어 치웠
> 으며, 비교를 위해 미친 개의 고기까지 먹어 봤다. 사람이 미친 개
> 를 먹고도 살아남을 수 있다면 말을 먹고도 살아남을 수 있다는 사
> 실을 몸소 증명하기 위해 미친 개의 고기로 만든 애피타이저를 먹
> 은 것이다.

말고기가 먹을 수 있는 음식이라는 사실을 홍보하기 위해 '말
고기 연회'도 여러 차례 열렸다. 특히 1865년 파리의 그랜드 호텔
에서 열린 연회가 유명하다. 권위 있는 음식 사전인 《라로슈 음식

백과Larousse Gastronomique》에 따르면 이 자리에는 다음과 같은 음식
이 차려졌다.

말고기 메뉴

- 말 육수 베르미첼리*
- 말 소시지와 삶아서 차갑게 식힌 말고기
- 말고기 아라모드**
- 말고기 스튜
- 버섯을 곁들인 말고기
- 말기름으로 볶은 감자
- 말의 골수를 곁들인 럼 케이크
- 와인: 샤토 슈발 블랑***

파리에서 말고기 연회가 몇 차례 열리자 영국인들도 자극을
받아 비슷한 행사를 열었다. 예컨대 램즈게이트Ramsgate에서 열린
말고기 연회에서는 요리를 설명하기 위해 '말이 선사하는 별미'라
는 거창하고 완곡한 표현을 사용했다. 하지만 영국에서도 프랑스
에서도 말고기에 대한 금기는 약해지지 않았다. 채널 해협 건너

---

*   vermicelli, 아주 가늘고 둥근 파스타의 한 종류.

**   a la Mode, 아이스크림이 곁들여진 요리.

*** Chateau Cheval-Blanc, Cheval Blanc은 '흰 말'이라는 뜻이다.

편인 프랑스에서 변화가 일어난 계기는 1870년 프랑코-프로이센 전쟁 기간에 파리가 봉쇄된 사건이었다. 봉쇄기에 파리 시민들은 늘 먹던 음식을 구할 수가 없었으므로 절박한 상태에서 말은 물론이고 고양이, 개, 쥐까지 먹기 시작했다. 봉쇄가 길어지자 그들은 파리 동물원에 있었던 이국적인 동물들까지 잡아먹었다! 이트웰의 설명에 따르면 낙타와 캥거루, 그리고 마침내 파리 동물원에서 유명세를 떨쳤던 카스토와 폴룩스라는 이름의 코끼리까지 다 경매로 팔렸다. 파리의 푸줏간 주인들은 파리의 부유층을 위해 코끼리의 긴 코를 토막 썰어 특별한 요리를 만들었다(음식 재료라는 관점에서 볼 때 코는 코끼리의 몸에서 가장 귀한 부분이었다).

어떻게 코끼리의 코를 먹는 것이 부유층의 특권일 수 있었을까? 하지만 음식의 세계에서는 뭐든지 가능하다. '최고급 요리haute cuisine'라는 주제로 이야기를 더 해 보자면, 당신이 바비큐 파티에서 절대로 먹지 않을 것 같은 특이한 음식 중 하나로 기름에 튀긴 귀뚜라미가 있다. 하지만 영국의 멕시칸 레스토랑인 와하카Wahaca에 가면 칠리소스에 볶아 낸 메뚜기 요리가 대표 음식이며, 태국에서는 맥주와 함께 간식으로 메뚜기 요리를 즐기는 사람이 많다. 사실은 우리가 어떤 동물은 먹어도 되고 어떤 동물은 먹으면 안 되는지를 결정하는 기준은 매우 불명확하다. 예컨대 유엔의 공식 입장은 곤충이 '잘 알려지지 않은 단백질 공급원'이라는 것이다. 내가 보기에도 곤충은 저평가되고 있는 것 같다.

유엔 식량농업기구FAO에 따르면 곤충은 인류가 오래전부터 먹었던 일반적인 고기보다 생태 발자국environmental footprint을 적게 남기는 지속 가능한 양질의 단백질 공급원이다. 예컨대 인간이 귀뚜라미와 소에게서 똑같은 양의 단백질을 섭취할 경우 귀뚜라미가 소비하는 먹이는 소가 소비하는 먹이의 8분의 1에 불과하다. 아무리 환경보호라는 명분이 있더라도 곤충을 먹는 것은 너무 심하다는 생각이 든다고? 성급한 결론은 금물이다. 곤충의 단백질은 당신이 생각하는 것보다 널리 퍼져 있다. 우리 중에 분쇄한 곤충을 자기도 모르는 사이에 조금이라도 먹어 보지(혹은 마셔 보지) 않은 사람은 거의 없다. 실제로 세계 인구의 80퍼센트는 이미 곤충을 먹고 있다. 독일을 비롯한 몇몇 나라에서는 사람들이 귀뚜라미와 나방을 튀겨 먹는다. 귀뚜라미와 나방을 가루로 만들어 먹는 사람은 더 많다. 귀뚜라미 식품 전문 업체인 아케타Aketta에서 판매하는 '귀뚜라미 밀가루'는 미식가들로부터 '흙과 견과의 맛'이 난다는 칭찬을 받고 있으며, 머핀과 초콜릿 브라우니 같은 제품을 만드는 데 사용된다. 음, 맛있는 머핀! 또 독일인들은 벌 유충을 좋아하고, 프랑스와 벨기에 사람들은 애벌레를 즐겨 먹는다. 남아프리카공화국에서는 메뚜기, 애벌레, 모파인 벌레mopane worm가 인기를 끈다.

식당만으로 세계인의 식습관을 바꾸지는 못하겠지만, 농업이 바뀌면 식습관이 바뀔 수 있다. 그리고 실제로 미국 로스앤젤레스 인근에 새로 설립된 곤충 농장에서는 이른바 '아주 작은 가축'

을 사육하기 시작했다. 여기서 아주 작은 가축이라 함은 귀뚜라미와 딱정벌레를 가리킨다. 딱정벌레의 영어 이름인 밀웜meal worm에서 worm(벌레)라는 부분을 무시하면 meal(식사)이 되니 사업 전망이 좋을 것도 같다. 그러나 현실의 딱정벌레와 귀뚜라미는 단단한 껍질을 가진 시커먼 벌레들이다. 유충일 때는 더욱 역겹다. 딱정벌레와 귀뚜라미 유충은 오래전부터 낚시용 미끼와 수족관에서 키우는 물고기들의 먹이로 사용됐다. (만약 당신이 이 벌레들을 먹어 보고 싶다면, 상업적인 곤충 식품 업체들은 벌레들의 성장을 촉진하는 호르몬제를 사용한다는 사실을 유념해야 한다. 그 호르몬제는 인간에게 부작용이 없다고 확인되지 않았다.)

　다시 오바마 이야기로 가 보자. 철학 책에서 전직 대통령 이야기를 한다는 것이 이상하게 느껴질 수도 있지만, 오바마는 음식 섭취와 공공 정책의 연관성을 효과적으로 보여 주는 인물이다. 앞에서 언급한 대로 그의 통찰을 담은 자서전《내 아버지로부터의 꿈》에서는 식습관이 상당히 비중 있게 다뤄졌으며, 그의 두 번째 저서인《담대한 희망》에는 음식과 관련된 흥미로운 일화가 나온다. 오바마가 아주 어렸을 적에 한번은 가족들이 집에 돌아와 보니 예전에 그들의 이삿짐을 옮겨 줬던 남자가 집 앞에 서서 그들을 기다리고 있었다. 남자는 한 팔에 암탉 한 마리를 끼고 다른 팔에는 긴 칼을 들고 있었다. 그 남자가 뭐라고 말하자 어머니는 다음과 같이 대답했다고 한다. '이 아이는 아직 어리다고 생각하지 않나요?' 이 이야기는 단순한 일화지만 동물의 고기를 먹는 것에 대해 우리가 가지는 모순되는 감정의 일부를 보여 준다.

실제로 그 암탉을 죽이는 장면은 어린 오바마에게 큰 영향을 미친 것 같다. 하지만 그 영향은 그의 어머니가 염려했던 것과 달랐다! 오바마는 닭을 잡는 장면을 너무나 재밌게 구경했기 때문에 그날 밤 잠자리에서 닭 잡는 장면을 머릿속으로 몇 번이고 재현했다고 한다.

그러니까 음식을 먹는다는 것은 철학적인 문제가 될 수밖에 없다. 모든 식사에는 도덕적인 의미가 깔려 있다. 그 요리가 저열량식이든, 채식이든, 할랄Halal*이든, 고기가 아닌 것은 음식으로 간주하지 않을 법한 손님을 대접하기 위해 특별히 준비된 음식이든 간에 다 그렇다. 이 모든 음식은 각기 다른 방식으로 깊이 뿌리박힌 믿음을 반영한다. 브레히트가 잘못 알았던 것이다. 도덕이 먼저고, 음식은 나중이다.

---

* 이슬람 율법에서 '허용된' 음식이라는 뜻으로, 무슬림들이 먹을 수 있는 재료와 조리법으로 만든 음식을 가리킨다.

그릴에 구운 가지와 토마토

만약 버락 오바마 같은 명사들이 모여 개고기(질기다), 뱀고기(더 질기다), 그리고 구운 메뚜기(바삭바삭하다)를 먹는 바비큐에 초대받았다면 당신은 뭐라고 대답하겠는가? 다행히도 대안을 찾아볼 용기를 지닌 자유로운 영혼들을 위한 조리법이 있다.

- 큰 가지 1개: 1/2인치 두께로 둥글게 썰어 준비한다.
- 반쯤 익은 토마토 3~4개: 썰어서 준비한다.
- 파 또는 부추 2~3대: 흰 부분을 주로 하고 초록색 부분도 조금 준비해서 썰어 놓는다.
- 엑스트라버진 올리브유와 화이트와인 식초.
- 마늘 1~2쪽: 으깨서 준비한다(맛을 살리고 싶으면 더 넣어도 된다).
- 고트치즈 100g 내외.
- 신선한 바질 잎: 잘게 다져서 준비한다.

손질한 채소들을 접시에 담고 올리브유와 화이트와인 식초를 붓는다. 풍미를 더하기 위해 으깬 마늘을 넣고 10~30분 동안 숙성시킨다. 마리네이드에서 가지를 꺼내, 가지가 부드러워지고 연한 갈색이 날 때까지 그릴에 굽는다. 납작한 접시에 가지를 보기 좋게 담는다. 다음으로 토마토와 파를 부드러워지고 약간 그을릴 때까지 그릴에 굽는다. (이렇게 작은 재료들을 구울 때는 생선 구이용 도구를 쓰면 편리하다) 가지 위에 토마토를 얹고, 고트치즈를 갈아서 올리고, 바질을 뿌리고, 올리브유를 조금 더 뿌려 마무리한다. 바비큐 그릴에 구운 '비트겐슈타인 빵'이나 '신들의 머핀' 속에 넣어 먹는다.

19장

효율을 버리면
건강해진다

마르크스주의자들은 비만이 매우 정치적이고 개인적인 문제인 동시에 세계적이고 경제적인 문제라는 점을 금방 이해할 것이다. 그리고 요즘에는 보수적인 경제학자들도 그들과 의견을 같이할 것 같다. 현재 세계 경제가 비만으로 지출하는 비용은 2조 달러, 즉 GDP의 3퍼센트 정도다. 경제학자들의 계산에 따르면 영국처럼 경제 규모가 중간쯤 되는 나라에서 비만의 사회적 비용은 연간 700억 달러쯤 된다. 비만은 심혈관 질환, 제2형 당뇨병, 그리고 몇몇 암을 유발하는 원인으로 알려져 있으며, 건강 보험 지출의 20퍼센트 정도가 비만과 관련되어 있다. 나머지 비용은 대부분 노동 시간의 감소와 보험 급여 지급액의 증가를 계산한 것이다.

정확한 이유가 무엇이든 간에 이것은 막대한 비용이다. 또 하나의 놀라운 사실은 정치인들은 물론이고 경제학자들도 비만이라는 '유행병'에 별다른 관심을 쏟지 않는다는 것이다. 그들이 비만에 무관심한 이유는 비만의 원인이 단순하지 않기 때문이다. 비만은 사회 과학, 생물학, 첨단 기술과 모두 관련이 있다. 예컨대 도시화와 자동차의 보급을 생각해 보라. 추정치에 따르면 도시화와 자동차의 보편화로 사람들의 일상적인 운동량이 감소했기 때문에 한 사람이 하루에 필요로 하는 열량이 300칼로리나 감소했다. 이런 이론은 말이 되는 것 같지만, 잠깐 생각을 해 보자. 자동차를 몰고 다니는 사람이 그만큼 적은 열량을 섭취하려면 얼마나 많은 음식을 포기해야 할까? 하루에 쿠키 한두 개를 덜 먹으면 될까? 이것은 사소한 차이지만, 대부분의 사람이 자신의 몸이 에너지를 얼마나 필요로 하는지를 정확히 알지 못한다는 사실을 보여 준다.

시장 논리에 따르면 사람들이 이성적인 선택을 하기 위해서는 그들이 소비하는 에너지의 양과 흡수하는 에너지의 양을 알아야 한다. 하지만 두 가지 다 정확히 알려져 있지 않다. 다이어트를 해 본 사람이라면 누구나 알겠지만, 이런 문제에서는 말만 무성하고 유익한 조언은 별로 없다. 그동안 설탕, 단백질, 지방, 탄수화물, 패스트푸드, 집에서 만든 음식, 간식이 번갈아 가며 비만의 주범으로 비난받았다. 심지어는 과일주스도 지목된 적이 있다!

1950년대에 주류를 이뤘던 이론은 지방 섭취가 비만의 원인이며 설탕을 섭취하면 식욕이 억제되므로 체중 증가를 예방할 수 있다는 것이었다. 13장에서 설명한 대로 설탕업계는 '설탕이 사실은 식욕을 억제하는 유용한 수단'이라는, 얼핏 보면 바람직한 것 같은 건강 메시지를 대중에게 전파했다. 13장에서 소개한 광고는 이렇게 외쳤다. '식사 전에 쿠키나 아이스크림을 먹고 탄산음료를 마셔라!'

설탕업계의 홍보 전략은 이미 식이 지방을 표적으로 정해 놓고 있었던 FDA의 이해와도 맞아떨어졌다. 설탕도 심장 질환과 비만의 원인이라고 선포할 경우 FDA의 메시지는 선명성을 잃을 우려가 있었다. 그리고 〈음식에 관한 선입견: 물을 많이 마셔라〉에서 설명한 대로, 당신은 대중에게 전달하는 건강 메시지를 식품업체에 외주화하면 안 된다고 생각하겠지만, 식품업체들은 항상 건강에 관한 메시지를 전달했으며 지금도 그런 역할을 하고 있다. 2013년 미셸 오바마가 진행했던 '물을 마시자' 캠페인이 이를 단적으로 보여 준다.

오늘날 식품업체들은 상업적 이해관계 때문에 잘못된 식생활이 비만의 주된 원인이라는 주장을 회피하려 한다. 그래서 그들은 운동을 비롯한 다른 요인들에 초점을 맞춘 메시지를 내보낸다. 이것을 '린워싱'*이라고 부른다.

요즘에는 식품업체들도 현재 정치적 관심이 설탕에 집중되고 있다는 사실을 받아들이고, 설탕이 많이 들어간 음식을 덜 매력적

---

* leanwashing, 음식에 지방이 실제보다 적어 보이도록 꾸미는 일.

으로 보이도록 경고 문구와 성분 표시를 넣는 등의 '환경적인' 변화를 제안한다. 담배에 세금을 부과하는 것과 마찬가지로 설탕이 많이 들어간 음식에 세금을 부과하자는 의견도 진지하게 논의되는 중이다. 설탕에 관한 비난에는 실체적 증거로 뒷받침되는 것이 하나도 없지만(자세히 보면 깡마른 아이들 중에도 달콤한 음식을 즐겨 먹는 아이들이 많고, 뚱뚱한 사람들 중에서도 달콤한 음식을 좋아하지 않는 사람이 많다), 정부 입장에서 새로운 세금은 항상 환영이다.

영국 보건 당국의 케빈 펜턴 교수는 설탕 문제를 해결하는 '현실적인 방법'이 있다고 주장한다. 그의 해결책은 케이크, 쿠키, 페스트리와 같은 음식에 들어가는 설탕의 양을 강제로 조금씩 줄이자는 것이다. 하지만 그런 음식들은 아무런 이유 없이 달콤한 것이 아니다. 우리가 단맛을 좋아하기 때문에 달콤하게 만들어지는 것이다. 설탕을 줄인 케이크는 마치 소금을 넣지 않은 감자칩(영국 보건 당국에서는 이것도 추진하고 있다)과 같다. 그러나 과체중인 사람들에게 당신들이 문제니 돈을 더 내라고 할 경우에도 도덕적인 문제들이 뒤따른다. 비만인 사람들은 건강 보험료를 더 많이 내야 할까? 비행기에 탑승할 때는?

정부의 개입에 찬성하는 또 하나의 논거는 과식이 자유 시장에서 이뤄진 선택의 결과가 아니라 자유 시장의 실패에서 비롯된다는 것이다. 그렇다면 정부는 적절한 개입으로 개인들의 선택을 바꿀 의무를 가진다. 미국 국립약물남용연구소 소장인 노라 볼코 Nora Volkow는 음식도 약물만큼 중독성이 강할 수 있다고 주장했다. 이와 비슷한 논리에서 2013년 6월 미국의학협회는 비만은 질병 이라고 선언했다. 만약 비만이 질병이라면 개개인에게 선택에 대 한 책임을 지우기는 어려워진다. 선택에 대한 책임이라는 개념이 성립하려면 정상적으로 작동하는 시장에서 개개인이 이성적인 의사 결정을 할 수 있어야 한다.

미국의 경제학자 리처드 매켄지는 비만이라는 문제를 다른 시각에서 바라본다. 그는 비만이 증가한 원인을 자유 시장 경제 에서 찾는다. 예컨대 패스트푸드의 값이 싸진 것은 기계화 때문 이기도 하지만 패스트푸드를 생산하는 노동자들의 임금이 고객 에게 지출하는 예산에 비해 점점 줄어들었기 때문이기도 하다. 한편으로는 경제적 환경 때문에 1960년대에 주부들이 부엌에 머 물지 않고 일터로 내몰리게 되면서 가족들은 자연히 가공식품을 먹거나 외식을 할 수밖에 없었다. 아니면 제대로 된 식사 대신 간 식을 먹게 됐다. 모든 것은 연결된다.

아마도 비만에 관한 가장 역설적인 사실은, 비만이 부유한 나 라의 질병일 것 같지만 정작 부유한 나라에서 비만으로 고생하는 사람들은 대부분 빈곤층이라는 것이다. 우리는 가난이라고 하면 으레 영양실조로 갈퀴처럼 비쩍 마른 아이들의 이미지를 떠올린 다. 만화와 그림에서 부자들은 항상 통통하고 욕심 많은 모습으로 그려진다. 이런 고정 관념은 쉽사리 흔들리지 않는다. 하지만 오늘날의 현실은 그 고정 관념의 정반대에 가깝다. 오늘날 빈곤과 비만은 불가분의 관계다.

불행한 일은 비만이 학습 부진이나 청소년 비행 같은 사회적인 문제로 인식되지 않고 개인이나 가족이 책임져야 할 문제로 여겨진다는 것이다. 그래서 비만에 대한 해결책들도 개인이나 가족 중심으로 제시된다. 그러나 통계는 비만이 사회적 원인에 따른 증상이라는 사실을 뚜렷이 드러낸다.

예컨대 미국에서 비만이 가장 심한 주인 아칸소주는 네 번째로 가난한 주다. 그리고 가장 가난한 주인 미시시피는 비만도 세 번째로 심하다. 하지만 두 번째로 가난한 뉴멕시코주는 혈통의 다양성이라는 또 하나의 요인이 있어서 조금 복잡하다.

설령 뉴멕시코주의 성인 비만률이 미국 전역에서 '서른세 번째'라 할지라도, 부와 건강의 상관관계는 여전히 뚜렷하게 나타난다. 뉴멕시코주의 성인 비만율은 흑인의 경우 34.4퍼센트, 라틴계의 경우 31.3퍼센트에 달하며 백인들의 집단에서는 비교적 양호한 23.9퍼센트로 집계된다. 이것 역시 부의 분배를 반영한다. 한편 피부색은 건강 악화 및 기대 수명 감소와 상관관계가 있다.

적어도 뉴멕시코주의 남성과 여성 사이에는 건강과 관련된 차이가 크지 않았다. 남성의 26.7퍼센트와 여성의 27.6퍼센트가 각각 비만이다. 하지만 남성과 여성은 '가정'이라는 동일한 사회 집단의 구성원이다.

영국의 최근 연구들은 비만과 소득의 관계를 더 분명하게 보여 준다. 영국에서 비만 또는 과체중인 아이들이 가장 많은 10개 지역 중 절반은 아동 빈곤 순위도 10위 안에 드는 지역이다. 영국에서 비만이 가장 심한 지역인 브렌트Brent 역시 아홉 번째로 가난한 지역이고, 영국에서 가장 부유한 지역인 리치먼드Richmond는 지리상으로 런던과 이웃해 있지만 비만은 거의 마지막인 214번째로 가장 적은 지역 중 하나다. 영국에서 가장 가난한 뉴엄Newham 지역은 아동 비만도 여덟 번째로 심한 곳이다.

비만의 확산은 19세기에 구루병과 장티푸스가 유행했던 것과 마찬가지로 사회적 불평등과 공공 정책에 대한 잘못된 우선순위의 부끄러운 흔적이다. 따라서 개인적인 해결책이 아니라 집단적인 해결책이 요구된다.

공공 정책의 잘못된 우선순위를 보여 주는 대표적인 사례로서, 미국에서만 수십억 달러에 이르는 막대한 공적 기금이 정크푸드를 지원하는 데 들어간다는 사실을 꼽을 수 있다. 옥수수유, 대두, 액상 과당 같은 몸에 좋지 않은 식재료를 생산하는 농가에게 보조금을 지급하기 때문이다. (한 연구에 따르면 미국에서 2011년 한 해에만 13억 달러가 넘는 돈이 정크푸드 보조금으로 쓰였다.)

그렇다면 정크푸드는 정말로 싼 음식인가? 《뉴욕 타임스》에 실린 마크 비트먼Mark Bittman의 〈정크푸드는 정말로 싼 음식인가?

Is Junk Food Really Cheaper?〉라는 기사의 내용처럼, 일반적으로 슈퍼마켓에서 판매하는 가공식품은 가정에서 준비해서 조리하는 음식보다 비싸다. 하지만 사람들은 건강한 음식은 비싸다고 생각하고, 이런 생각은 거대 농업 기업들의 이해에 부합한다. 그래야 사람들이 수동적인 소비자가 되어 슈퍼마켓으로 몰려가기 때문이다.

역설적으로 자유 시장의 '손'은 비만의 원인이 되는 열량이 밀집된energydense 식품을 판매했다고 비난받는 기업들의 행동에서 가장 선명하게 '보인'다. 비만이 사회 문제로 떠오르자 이 기업들은 다이어트 상품과 프로그램 판매를 통한 돈벌이로 아주 매끄럽게 전환했다! 이것은 미국의 경제학자 조지 애커로프와 로버트 실러의 주장이다.

자유 시장은 아주 많은 재화를 가지고 있기 때문에 돈만 내면 우리가 원하는 모든 것을 제공한다. 그뿐 아니라 우리에게 해로운 것들까지 구입하도록 유혹하면서 그 결과에 대해서는 책임지지 않는다.

2012년 미국 전역에서 진행된 한 설문 조사는 1000명이 넘는 여성들에게 건강한 식생활과 관련해서 어떤 습관을 가지고 있으며 건강한 식생활이라고 하면 어떤 느낌을 받는지를 조사했다. 응답자들은 다음과 같은 현실적인 문제를 제기했다.

1. 건강한 음식은 너무 비싸다.

2. 건강한 음식을 먹으려면 시간이 너무 많이 든다.

물론 사람들은 자신들의 진정한 동기를 정확하게 판단하지 못할 때가 많다. 1번과 같은 이유들이 자주 선택되는 이유는 사람들이 건강한 음식은 비싼 것이 타당하다고 여기기 때문이다. 하지만 우리의 행동은 논리보다는 감정을 따른다. 1번과 같은 대답은 현실과 동떨어진 것이다. 앞서 설명한 대로 정부가 농업 보조금이라는 형식으로 정크푸드에 돈을 쏟아붓긴 하지만, 대체로 가공을 많이 거친 식품은 집에서 만든 음식보다 비싸다.

진짜 문제는 사람들이 너무 바빠서 요리를 못 한다는 것이다. '사람들은 해야 하는 온갖 일들로 스트레스를 받기 때문에 요리를 하고 싶지 않은 겁니다.' UC산타크루즈의 공동체학 조교수로서 《비만과 식품 정의Weighing In》라는 책을 통해 '식품 정의food justice'라는 용어를 처음으로 제시한 줄리 거스먼Julie Guthman의 말이다.

어느 독특하고 흥미로운 연구에 따르면 미국인들은 시간이 부족하기 때문에 현재 18세에서 50세까지의 성인들은 하루에 먹는 음식의 5분의 1을 운전 중에 먹는다고 한다! 그렇다면 불필요하게 섭취하는 열량의 대부분은 식탁 앞에서 제대로 하는 식사가 아니라 간식의 형태라는 연구 결과도 놀랄 것이 못 된다.

이것은 여러 모로 불행한 일이다. 그렇게 허겁지겁 음식을 먹는 사람들이 안타깝게 느껴지기도 한다. 하지만 잠깐. 마이클 폴란과 같은 사람들의 말이 신빙성 있는 것이라면, 현대인이 시간이 있을 때 식탁 앞에 앉아서 하는 전형적인 식사도 사실은 대두유와 옥수수유 범벅이라고 봐야 한다. 대두유와 옥수수유라니. 입맛이 돌지도 않고 몸에 좋을 것 같지도 않다고? 그것이 현실이다. 물론 그게 다가 아니다. 대두유와 옥수수유는 살이 찌는 음식이다. 그렇다면 우리는 왜 이렇게 형편없는 음식을 먹고 있을까? 왜 우리 자신의 몸을 이렇게 함부로 다룰까? 하물며 액상 과당과 대두유는 전혀 예상치 못한 곳, 예컨대 저지방 우유 같은 음식에 숨겨져 있다! 이 쓰레기 같은 재료들은 여러 형태로 다양한 음식에 은밀히 섞여 들어간다. 실제로 평범한 미국인이 하루 동안 섭취하는 식물성 기름의 4분의 3은 대두유에서 얻은 것으로 추정되는데, 이것은 사람이 하루에 필요로 하는 열량의 5분의 1에 해당한다. 게다가 우리는 몸에 나쁘다고 알려진 자연의 설탕 대신 인공 감미료를 음식에 첨가하는데, 날마다 소비되는 감미료의 절반은 옥수수에서 추출한 것이다. 인공 감미료 덕분에 대두와 옥수수라는 두 가지 작물이 공급하는 열량은 하루에 필요한 열량의 3분의 1에 이른다! 하지만 당신은 대두와 옥수수를 먹었다고 생각하지도 않는다. 이것은 '강제 급식'과 별반 다르지 않다. 당신이 그건 비윤리적이라고 항의한다면 식품업체들은 '그거 안됐네요'라고 대답할 것이다. 대두와 옥수수는 농작물 중에 가장 값이 싸고 수익성이 높으며, 따라서 식품 제조업체들에게도 높은 수익을 안겨 주는 작물이기 때문이다. 그러니까 당신이 가공식품을 조금이라도 먹는다면 몸에 좋든 나쁘든 간에 대두와 옥수수를 먹게 된다.

대두는 세계에서 가장 큰 초국적 농업 기업(카길Cargill, 아처대니얼스미들랜드Archer Daniels Midland, 솔라에Solae 같은 기업들)에게 큰 이윤을 제공하기 때문에, 간혹 이 기업들을 뭉뚱그려서 '대두 재벌Big Soy'이라는 별명으로 부르기도 한다. 그리고 식품업계가 '대두 재벌'과 사랑에 빠진 것은 이미 오래된 일이다(식품업계와 떼려야 뗄 수 없는 단짝인 유전자 변형 옥수수도 마찬가지다). 대두는 저렴할 뿐 아니라 아주 다양하게 활용 가능한 작물이기 때문이다. 대두는 버려지는 부분이 없다. 두유는 사실 '우유'가 아니라(젖을 짜는 동물에게서 얻은 것이 아니라는 뜻이다) 대두를 물에 넣고 끓여서 얻은 액체에 향료와 감미료를 첨가한 음료다. 대두유를 정제하는 공정에서 얻는 레시틴이라는 물질은 각종 가공식품에서 물과 기름을 결합하는 데 쓰인다(유화제). 그리고 대두의 껍질은 섬유질이 풍부하기 때문에 빵과 아침 식사 대용 시리얼에 첨가된다.

가공되고 정제된 대두는 식품 성분 표기에 '분리 대두 단백'이라든가 '식물성 조직 단백질'이라든가 '식물성 스테롤' 등의 다양한 명칭으로 기재된다. 대두유는 전 세계의 식품업계가 가장 광범위하게 사용하는 식물성 기름이다. 대두유는 종종 식품 포장지에 그냥 '식물성 기름'이라고만 표기되며 마가린, 스프레드, 샐러드드레싱에서 발견된다. 간편식, 소시지, 수프, 테이크아웃 음식,

칩, 동물 사료, 그리고 농업용 비료에도 대두가 들어간다.

　이 모든 사실은 미국에서만 대두 식품 소매업의 규모가 연간 50억 달러 이상인 이유를 설명해 준다. 그리고 식품업계가 가장 깊이 숨겨둔 비밀들 중 하나가 대두와 관련이 있는 이유를 설명해 준다. 그 비밀은, 첫, 사실 대두가 음식의 적이라서 대두를 먹으면 소화 불량에 걸린다는 것이다! 대두는 공업적으로 처리하는 과정에서 단백질은 변성되고 발암 물질 수치는 높아진다. 크리스털 꽃병을 깨뜨리지 말라고 했는데. 공업적으로 처리된 대두가 우리의 배 속에 들어오는 순간 우리의 몸은 필수적인 비타민과 미네랄, 즉 칼슘, 철, 아연과 같은 성분을 흡수하지 못하고 단백질을 잘 소화하지 못해서 결국 살이 찌게 된다. 몸에 해로운 성분을 먹고 암에 걸리는 것만 해도 나쁜데! 마지막이지만 중요한 사실 하나 더. '대두 이소플라본'은 여성 호르몬인 에스트로겐과 구조가 비슷하기 때문에 전혀 예상치 못한 특정한 암과 갱년기 증상을 유발할 가능성이 있다.

　대두를 옹호하는 사람들은 대두가 건강에 좋은 이유들을 나열하겠지만, 아마도 대두가 건강에 좋다는 연구들은 대두 섭취가 갑상선 질환 및 내분비 기능 저하와 관련이 있으며 생식 기관의 발육에도 해롭다는 사실을 무시했을 것이다. 영국에서는 아기가 6개월이 되기 전까지 대두가 들어간 분유를 먹이지 말라고 부모들에게 공식적으로 권고한다. 미국 국립환경건강과학연구소 보고서의 공저자인 레사 뉴볼드Retha Newbold는 이렇게 말한다. "아기와 어린이에게 에스트로겐을 먹이는 것이 좋을 리 만무하니까요."

그런데 잠깐, 당신은 이렇게 반문할지도 모른다. 중국에서는 수천 년 동안 콩을 먹지 않았느냐고? 그렇기도 하고 아니기도 하다. 미국의 영양학자인 카일라 대니얼Kaayla T. Daniel은 자신이 논쟁을 즐긴다고 솔직히 인정하는 사람이다. 대두 섭취의 역사에 관한 특별한 연구를 했던 그는 그런 비교는 불가능하다고 말한다. 중국과 일본에서는 콩을 두부나 된장으로 만들어 먹었다. 두부와 된장은 오늘날 서양에서 공업적으로 가공해 식품에 사용하는 콩과는 크게 다르다. 간장, 타마리,* 된장, 템페,** 두부, 두유처럼 오랜 전통을 가진 콩 음식들은 전통적인 발효법 또는 침전이라는 방법으로 콩에 들어 있는 독성을 중화한다. 이런 음식들은 대부분 대두를 통째로 사용하기 때문에 콩에서 추출한 물질인 분리 대두 단백으로 만든 음식보다 몸에 좋다.

다른 음식들과 마찬가지로 대두는 지지하는 사람도 있고 반대하는 사람도 있는 음식이다. 언젠가부터 사람들은(두유를 무척 좋아하는 나의 아홉 살 아이도) '콩이 정말로 그렇게 나쁜 거라면 정부에서 조치를 취하지 않았을까?'라고 말하곤 한다. 하지만 정부는 이미 많은 노력을 하고 있다. 그 노력이 건강보다 돈에 초점

---

*   일본식 간장의 일종.

**   tempeh, 인도의 콩 발효 식품.

이 맞춰진 것이라서 문제지만. 아이들아, 미안하다! 거의 모든 선진국의 정부들은 사람들에게 단 것을 먹지 말고 운동을 더 많이 하라고 훈계하는 와중에도 지난 50년 동안 공적 기금으로 농업에 보조금을 열심히 쏟아 부어 왔다. 그 결과 채소와 과일 같은 진짜 음식들의 가격이 40퍼센트 상승하는 동안 대두와 옥수수의 가격은 3분의 1 정도 하락했다.

대두가 건강에 미치는 영향이야 어떻든 간에 정부 정책은 오랫동안 사람들이 간식, 인스턴트 식품, 그리고 값싼 대두와 옥수수를 함유한 식품을 사들이고 비싼 진짜 음식은 멀리하도록 유도했다. 돈이 되는 작물들이 국민의 건강을 위태롭게 하는 셈이다.

이런 이야기들은 슬로푸드 운동의 주장처럼 '집에서 요리를 하는 것은 매우 정치적인 행동'임을 증명한다. 집에서 요리를 하면 전통적인 음식과 질 좋은 재료로 돌아가서 가족이 소유한 레스토랑에서 여유롭게 식사를 즐기게 된다. 슬로푸드 운동에 참가하는 사람들의 이야기를 더 듣고 싶다면 5부 〈매일 똑같은 것만 먹을 순 없잖아〉를 읽어 보라!

날씬한 악당, 스콘

다이어트를 하는 사람들은 케이크 같은 후식을 먹을 때마다 1킬로미터 넘게 달리기를 한다. 케이크는 설탕이 많이 들어가고, 음, 살이 찌는 음식이기 때문이다. 스콘은 설탕이 많이 든 음식은 아니지만 케이크만큼 맛있지는 않다. 그래서 잉글랜드 요크셔의 베티스 티룸Bettys Tearooms에서 선보여 유명해진 '팻 래스칼Fat Rascal *'이라는 전통적인 스콘을 소개하고 싶다. 팻 래스칼은 커다란 스콘에 아몬드, 체리, 건과일을 추가해 유혹적인 맛을 낸 제품이다. (그리고 식품의 계량법을 개선하려는 노력이 필요하다. 제과제빵류의 조리법을 설명할 때는 미국의 전통 방식대로 재료의 부피가 아니라 무게를 기준으로 하는 것이 훨씬 정확하다.)

- 셀프레이징 밀가루 ** 250g
- 베이킹파우더 1과 1/2티스푼
- 소금 약간
- 넛멕 1티스푼
- 계피가루 1/2티스푼
- 부드럽게 녹인 버터 100g
- 건포도 75g
- 혼합 시트러스필 *** 50~75g, 잘게 다져서 준비
- 슈가파우더 75g
- 달걀 2개
- 우유 1/2컵
- 설탕을 입힌 체리 반쪽과 살짝 데친 아몬드(장식용): 고급 식료품점에서 구입 가능하다.

* 　살찐 악당이라는 뜻.

** 　베이킹파우더 등이 첨가된 밀가루.

*** 오렌지, 레몬 등의 과일 껍질을 얇게 벗겨 건조한 것.

오븐을 220도로 예열하고 제빵용 트레이 두 개에 기름을 칠해 둔다.

믹싱볼에 밀가루, 베이킹파우더, 소금, 넛멕, 계핏가루를 넣고 섞는다. 버터를 넣고 손으로 휘저어 섞다가 건포도, 시트러스필, 설탕을 넣는다. 계란 1개는 우유와 섞어 반죽에 첨가한다. 반죽이 뻑뻑하면 우유를 더 넣어도 된다.

반죽을 여러 개로 나눠 직경 7~10센티미터 정도로 둥글게 빚는다. 둥글게 빚은 반죽마다 장식용 체리를 올려 장식하고 씹는 맛을 살리기 위해 데친 아몬드를 얹어 준다. 제빵용 유산지 위에 둥글게 빚은 반죽을 좁은 간격으로 올린다. (오븐 안에서 반죽이 부드러워지면 체리와 아몬드가 조금 퍼진다.) 두 번째 달걀을 깨뜨려 붓으로 스콘에 발라 광택을 낸다. 황금빛이 돌 때까지 15분에서 20분 정도 굽는다. 15분이 지나면 오븐을 한번 확인하라. 너무 많이 익힌 '악당'을 좋아하는 사람은 없으니까.

따뜻할 때 반으로 자르고 버터를 곁들여 낸다.

식사는 밖에서
간식은 집에서

이것은 프랑스 실존주의 철학자들의 정치적으로 올바르지 않은 조언이다. 실존주의라는 난해한 이름을 가진 철학 분야의 빛나는 별 같은 존재는 단연 장 폴 사르트르이다. 사르트르는 600쪽이 넘는 《존재와 무》와 같은 묵직한 저서들을 남겼다. 실존주의 철학자들이 탐구한 주제들 중 하나는 사람들이 남에게 또는 자기 자신에게 자신이 어떤 일을 하고 있다고 말하지만 실제로는 그 일을 하지 않는다는 것이었다. 사르트르는 인간의 이런 위선을 '그릇된 믿음'이라 불렀다. 특히 음식이라는 문제에서는 누구나 그릇된 믿음에 빠져들기 쉽다.

사르트르는 부족함 없이 잘살던 부르주아 집안에서 태어나 늘 비싼 음식을 푸짐하게 먹고 적포도주를 잔뜩 마셨는데도 불구하고 뚱뚱한 사람을 가혹하게 비난했다. 아니, 어쩌면 그가 잘 먹고 살았기 때문에 그랬는지도 모른다. 그는 사람의 몸에 붙은 살이 '저절로 출렁거리는 것'이 일종의 '기형'이며 통제력 상실의 징표라고 생각했다. 대부분의 사람은 뚱뚱해지기를 원하지 않기 때문이고, 근육을 움직이는 것과 달리 살의 움직임은 스스로 통제할 수 없기 때문이라고 했다. 심지어 사르트르는 어느 날 '통통한 대머리 아저씨'가 될 것을 두려워하는 마음을 글로 남기기도 했다.

《전쟁 일기》라는 제목을 붙인 책에서 사르트르는 이렇게 말한다. '나의 경우 뚱뚱해지는 것에 대한 공포가 상당히 늦게 찾아왔다.' 그리고 그는 자신이 사치스러운 생활을 하다가 '부처님처럼 풍만한 몸매'를 가지게 됐음을 깨닫고 충격을 받았다.

처음에 사르트르와 그의 친구들은 뚱뚱해진 몸을 농담거리로 삼았을 뿐이지만, 시간이 흐르자 그는 '뚱뚱한 사람들이 혐오스러웠다'고 고백했다. 그 혐오감은 그 자신이 자기 관리를 잘 하지 않으면 금방 살이 찌는 경향이 있다는 공포에서 비롯된 것이었다. 하지만 자기 관리(여기서 실존주의 철학 이론이 등장한다)야말로 어려운 일이고 '문제'였다.

결국 사르트르는 다이어트를 하다 말다 하면서 살게 됐다. 엄격한 다이어트를 시작하면 자신을 혹사하면서 초조한 마음으로 욕실 거울에 자기 모습을 비춰 보며 결과를 확인하다가, 살이 조금 빠지고 체중이 원래대로 돌아왔다는 확신이 들면 다음 달은 다이어트를 중단하는 식이었다.

내 멋대로 사는 삶으로 돌아간다. 더 이상 자제하지 않으니 다시 살이 붙기 시작한다. 그러다 어느 날 걱정스러운 눈으로 내 배를 내려다보고, 이 배가 쏙 들어가게 하려면 어떤 조치를 취해야 할지를 곰곰이 생각한다.

사르트르에 따르면 문제는 다이어트라는 해결책이 스스로 부과하는 다른 어떤 규칙과도 다르다는 것이었다. 예컨대 파이프

다이어트를 하는 사람들의 변명

설문 조사는 우리에게 정보를 주지 못하고 잘못된 결론을 이끌어 내기도 한다. 우리가 실제로 하는 일과 우리가 해야 한다고 생각하는 일이 종종 일치하지 않기 때문이다. 2012년 《숍스마트ShopSmart》 매거진이 미국 전역에서 실시한 설문 조사는 1000명이 넘는 여성에게 식습관이 어떤지, 몸에 좋은 음식을 먹는 것에 대해 어떤 느낌을 가지고 있는지를 물었다. 조사 결과에 따르면 응답자들이 정크푸드 간식을 먹는 이유는 '몸에 좋은 음식은 너무 비싸다'였다. 충분히 이해되는 응답이다. 영양학자들이 자주 인용하는 여러 가지 '실생활 요인들'은 순위가 한참 아래거나 아예 목록에 없었다. 영양학자들이 이야기하는 요인이란 다음과 같은 것들이다.

- 이혼, 한부모, 입양 등으로 가정 형편이 어렵다.
- 출장을 많이 다니고 바쁘게 산다.
- 최대한 싼 음식을 사 먹으면서 돈을 아껴야 하는 형편이다.
- 우울증과 같은 극단적인 감정 상태에 있다.
- 어떤 음식이 건강에 좋은지를 모른다.

담배를 끊는다거나 모자를 쓰고 다니겠다는 결심과 다이어트는 다르다. 어떤 이유에서든 다이어트는 중단하기가 너무 쉽기 때문이다. 우리는 우리 자신도 모르는 사이에 동네 술집에 앉아서 프랑스인 웨이터들이 늘 갖다 주는 적포도주와 롤빵을 즐기고 있을 수도 있다. 원칙적으로 다이어트 기간에 그런 음식은 먹으면 안 되는데도 불구하고 말이다.

그리고 사르트르가 씁쓸한 심정으로 인정한바, 다이어트를 하는 사람들은 언제나 자신들이 정한 규칙을 지키지 않을 핑계를 찾아낸다. '그래, 저녁에는 아무것도 먹지 않기로 결심했지. 하지만 그것은 내가 점심에 식사를 제대로 한다는 가정 아래 정한 규칙이었어.' 혹은 '아까 점심에 빵을 먹지 않았으니 지금 빵을 조금 먹어도 되겠지'라는 식의 '이성적인 타협'을 한다. 그 결과 사르트르는 술집에서 적포도주를 벌컥벌컥 마시고 빵을 먹으면서 스스로를 경멸하곤 했다.

하지만 다이어트 기간이 아닐 때 사르트르가 가장 좋아했던 식단은 매콤한 돼지고기 소시지의 일종인 새비로이saveloy와 사우어크라우트sauerkraut*에 맥주를 곁들여 먹는 것이었다. 소시지는 그의 음식 철학에 잘 맞는 음식이었다. 그의 음식 철학에 따르면 식품 가공은 바람직한 일이었다. 식품을 가공하면 명실상부 '인간이 만든 음식'이 되기 때문이었다. 나중에 그는 신선한 채소와 과

* 양배추를 소금에 절여 발효시킨 독일식 김치.

일은 '지나치게 자연 그대로'라면서 거부하고 통조림 과일과 채소를 선호하기에 이르렀다.

　주류 철학은 사르트르의 이름만 제대로 기억하지만, 사실 그가 자기 과시를 더 좋아했을 뿐 그의 동반자 역시 중요한 인물이었다. 사르트르에게 평생의 동반자가 된 사람은 작가이자 페미니스트인 시몬 드 보부아르였다. 그들은 1930년대에 프랑스의 명문 대학에서 만나 부부가 된 철학계의 유명한 커플이었다.

　시몬은 사르트르보다 덜 부유한 집안에서 태어났지만 사르트르보다 똑똑했던 것 같다. 그리고 그들 두 사람이 주고받은 편지를 보면 사르트르의 후기 책들에 수록된 중요한 개념들의 대부분은 보부아르가 생각해 낸 것이었다. 예컨대 '타자'의 시선이 중요하다는 것도 원래 보부아르의 생각이었다. 보부아르(사르트르는 그녀를 '비버'라는 별명으로 불렀다)는 책에서 '타인의 시선'이라는 개념을 자세히 설명했다. 그중 하나로 텅 빈 극장을 걷는 기분을 묘사한 단락이 있다. (무대, 벽, 의자들은 관객이 없을 때는 살아 숨쉬지 못한다.) 또 레스토랑에서 동석한 남자가 자기 팔을 만지기 시작했는데 그 사실을 무시하는 여자에 관해 서술한 대목도 있다. '그 팔은 잊히고 무시당한 채 가만히 놓여 있었다. 그 남자의 손은 누구의 것도 아니게 된 살덩어리를 쓰다듬고 있었다.' 그리고 그녀의 책에는 다음과 같은 대목도 있다.

"우리가 우리 자신의 속마음을 아는 것처럼 다른 사람들도 그들 자신의 속마음을 잘 아는 지각 있는 존재라고 믿기란 거의 불가능 하지." 프랑수아즈가 말했다. "그걸 알게 되면 끔찍할 것 같아. 우리 자신이 아무것도 아니고 다른 누군가의 머릿속에서 만들어진 허구라는 느낌이 들 테니까."

이것은 보부아르의 소설 《초대받은 여자》에서 프랑수아즈가 걱정스럽게 했던 이야기다. 그녀의 걱정은 외모를 걱정하며 다이어트를 하는 수많은 사람들의 걱정과 비슷하다. 그들 중 일부는 방향을 전환해서 의도적으로 그런 걱정과 멀어진다. 전직 보디빌더인 타린 브럼핏Taryn Brumfitt은 이른바 '보디 이미지 운동Body Image Movement'을 시작했다. 그는 각종 다이어트와 특정한 신체 형태를 이상화하는 것에 반대하는 캠페인을 진행하고 있다.

실존주의자들에게로 돌아가 보자. 보부아르는 철학자로서도 사르트르보다 훌륭했지만 요리 솜씨도 더 좋았다. 아니, 적어도 사르트르의 표현을 빌리자면 그가 '그녀보다 요리를 못하는' 사람이었다. 그들의 파격적인 부부 생활('여행과 육체의 자유, 관계의 투명성')은 그들이 식사를 늘 카페와 레스토랑에서 했다는 사실과도 잘 어울린다. 이런 사실이 그들의 명백한 정치적 진보성과는 잘 어울리지 않는 것 같지만.

불행히도 제2차 세계 대전은 그들의 매력적인 생활 방식과 식생활을 복잡하게 만들었다. 드 보부아르의 회상에 따르면 전쟁 기간 중에서도 식량 부족이 가장 심각했고 외식할 돈도 없었던 1941년과 1942년 사이의 겨울에 그녀는 생애 최초로 음식에 관한 시시콜콜한 사항들에 관심을 기울여야만 했다. '나는 태생적으로 집안일을 싫어했어요.' 전기 작가인 캐럴 시모어존스Carole Seymour-Jones에게 이렇게 말한 적이 있는 그녀였지만 그 시기부터는 '요리의 연금술'에 집착하기 시작했다. 전쟁이 끝날 때까지 3년 동안 드 보부아르는 사르트르에게 요리를 해 준다. 순무와 비트로 만든 '순무 사우어크라우트'에 수프 한 캔을 부어 주는 식이었다. 다른 사람들이 배급을 받으려고 줄을 서는 동안, 인맥이 풍부했던 실존주의자들은 시골에 사는 친구들로부터 토끼고기를 우편으로 배달받아 먹었다. 비록 파리에 도착할 무렵에는 고기가 썩어 있고 구더기로 덮여 있기도 했지만. 다음번 겨울은 상황이 더 나빴다. 이미 홀쭉해진 드 보부아르는 어쩔 수 없이 빵과 물만 먹고 살다가 체중이 7킬로그램 더 줄었다. 전쟁이 끝나자 드 보부아르는 다시는 요리를 하지 않았고, 식사를 직접 준비해야만 하는 날에도 미리 만들어 파는 차가운 고기, 치즈, 샐러드를 먹었다. 체중 감량이라는 관점에서 사르트르와 드 보부아르에게 확실히 도움이 됐을 만한 사실은 그들이 식단 조절 외에도 섹스라는 형태로 격렬한 유산소 운동을 자주 했다는 것이다. 대개는 둘 사이의 섹스가 아니었고 각각 더 젊은 제3자와 관계를 가졌지만.

아니 코엔솔랄Annie Cohen-Solal이 집필한 사르트르 전기에는 드 보부아르가 보조적인 역할로만 등장한다. 그 전기에 따르면 사르트르의 삶은 활발한 사교 생활(여행, 호화로운 식사, 음주, 약물 복용, 흡연)과 수도원 생활처럼 엄숙하고 고지식한 노동이 각각 절반씩을 차지했다.

보나파르트가街에서 정오까지 일한다. 12시 30분부터 한 시간 동안 비서가 잡아 놓은 약속이 있다. 1시 30분. 보나파르트가로 돌아온다. 보부아르, 미셸 또는 다른 여자와 함께. (……) 두 시간 동안 푸짐한 식사를 하고 적포도주 1리터를 마신다.

사르트르는 단 것을 좋아해서 모든 식사를 디저트로 마무리했으며 커피에 초콜릿을 곁들여 먹기를 즐겼다. 하지만 나중에는 긴 프랑스식 점심 식사도 중단해야 했다. 식사 시간이 아닐 때 사르트르는 활력을 찾기 위해 커피, 차, 포도주를 더 마시거나 갖가지 약을 사탕 속에 넣어 씹어 먹었다.

정확히 3시 30분이 되면 그는 하던 말도 딱 멈추고 식탁을 밀면서 벌떡 일어나 보나파르트가의 자기 자리로 달려갔다. (……) 병세가 심각해져서 의사가 휴식을 명령했을 때는 타협안을 택했다. 일주일 동안 담배를 줄이고 약도 거의 끊었다. (……) 24시간 동안 그가 섭취한 음식은 담배 두 갑, 파이프담배 몇 대, 1리터가 넘는 알코올(포도주, 맥주, 보드카, 위스키 등), 암페타민 200밀리그램, 아스피린 15그램, 진정제 몇 그램, 그리고 커피와 차, 푸짐한 식사였다.

이제 우리는 '실존주의자들의 식단'에 꼭 들어가야 하는 재료가 무엇인지를 알아냈다.

- 여유로운 점심 식사, 고기와 포도주와 커피로 구성된 저녁 식사.
- 낮 시간의 담배와 처방 약(식사와 식사 사이에 버티기 위해).

이런 식사법은 효과적일까? 아니다. 체중 감량 효과가 없고 건강에도 좋지 않다. 하지만 이 식사법은 생각보다 살이 적게 찐다. '실존주의자의 식단'은 하루에 한 끼를 아주 배부르게 먹는 이른바 '폭식 다이어트'와 몇 가지 공통점을 가진다. 최근에 발표된 어느 소규모 연구는 폭식 다이어트의 효과를 입증하는 근거를 제시했다. 단, 하루 동안 섭취하는 열량이 필요 열량보다 적어야 한다는 조건이 붙는다. 일반적으로 간식을 먹으면 우리의 몸은 적은 양의 음식을 더 효과적으로 사용하도록 작동하기 때문에, 열량에 관한 규칙만 지킨다면 식사 횟수를 줄이는 대신 폭식을 하는 것이 체중 감량의 전략이라는 것도 타당한 말이다. 프랑스의 시사 잡지 《누벨 옵세바퇴르Nouvel Observateur》는 드 보부아르가 42세 때(1950년이다) 그녀의 집 욕실에서 나체(뒷모습)로 촬영한 사진을 실었는데, 사진 속의 그녀는 날씬한 모습이다. 사르트르에 대해서는 그런 말을 할 수가 없다. 그는 키가 작은 편이고 젊은 시절에도 약간 살집이 있었기 때문이다. 정말로 사르트르는 '뚱뚱한 대머리 아저씨'가 될 운명이었던 것이다. 아, 실존의 고통이여!

　노년에 사르트르는 건강상의 이유로 다이어트를 해야만 했다. 아니, 그가 자신의 '선택'으로 다이어트를 했다고 말해야 할까? 어찌됐든 그의 새로운 다이어트 식단은 그의 선택을 많이 반영하고 있었다. 그는 굵게 간 후추를 듬뿍 뿌려 구운 스테이크와 줄기콩을 먹었다.

21장

마음 챙김
식사법

간식을 즐겨 먹는 사람, 또는 내가 선호하는 표현으로 '야금야금
먹는 사람'인 나는 때때로 '생각 없이 음식을 먹는' 사람이라는 소
리를 듣는다. 다소 불친절한 말이긴 하지만, 동시에 그런 말을 들
으면 '그럼 생각을 하면서 먹는다는 것은 무엇인가?'라는 질문
이 떠오른다. 좋은 소식은 적절한 답변이 이미 나와 있다는 것이
다. 사실은 답변이 아니라 철학 사상이 있다. 그 철학은 넓게 보면
1970년대 미국 히피들의 행동에서 시작됐다고도 볼 수 있다. 철
학적으로 이야기하자면 마음 챙김 식사법은 선불교를 비롯한 여
러 가지 불교 사상에 뿌리를 두고 있으며 요가와도 연결된다. 마
음 챙김 식사법이란 단 한 가지 음식만 먹으면서 삶의 다양한 측
면을 실험하는 것이다. 어느 측면이든 목표는 동일하다. 옛 사람
들의 지혜를 빌려 잃어버린 균형을 회복하는 것이다.

현실적인 용어로 설명하자면 마음 챙김 식사는 주의를 기울이는 데서 시작된다. 무엇을 먹는지 거의 의식하지 않으면서 음식을 입에 넣고 맛을 제대로 음미하지도 않는, 즉 '마음을 챙기지 않고' 먹는 방법과 달리, 마음 챙김 식사법은 그 음식과 관련된 생각, 감정, 감각에 집중한다.

마음 챙김 식사를 할 때는 다음과 같은 것에 주의를 기울여야 한다.

- 나는 왜 음식이 먹고 싶은가.
- 음식이 어떻게 생겼고, 어떤 냄새가 나고, 맛은 어떤가.
- 음식을 먹는 동안과 다 먹고 나서 소화되는 동안 내 기분은 어떤가.

그리고 우리는 음식이 어디서 왔는지를 생각해 봐야 한다. 그 동물을 누가 키웠고, 그 동물이 죽기 전에 어떤 고통을 겪었을지, 건강에 좋은지 아닌지를 생각해야 한다. 생각할 것이 정말 많다! 그래서 사람들은 전문가의 조언을 들으려 한다. 마음 챙김 식사법을 전파하는 전문가들 중 하나로 미국의 영성 지도자이자 《지금 여기에 머물라Be Here Now》의 저자인 람 다스Ram Dass가 있다. 《지금 여기에 머물라》는 그가 인도에 가서 님 카롤리 바바Neem Karoli Baba라는 힌두교 지도자와 교류한 이야기를 담은 책이다.

람 다스는 1931년 4월 6일 리처드 앨퍼트Richard Alpert라는 평

범하고 예스러운 이름으로 태어났고, 얼마 동안 하버드대학교에
서 환각제에 관한 연구를 수행하다가 다소 갑작스럽게 퇴학을 당
했다. 이유는 '학칙 위반'이었다고 한다. 흠, 너무 자세히 파헤치지
는 말자. 아무튼 그는 하버드를 떠난 직후 인도로 가서 영성을 탐
구하던 미국인 커밋 마이클 릭스Kermit Michael Riggs(내가 지어낸 이름
이 아니다)를 만났고, 자신의 이름을 '신의 하인'이라는 뜻의 '람 다
스'로 바꿨다.

레오 바바우타Leo Babauta도 마음 챙김 식사법 전문가로서 숭상
을 받고 있다. 채식주의자인 그는 캘리포니아주 데이비스에서 아
내와 함께 여섯 아이를 키우며 선불교 수행을 한다. 레오가 설명
하는 마음 챙김 식사법의 장점은 다음과 같다.

- 배고플 때 먹고 배부를 때는 멈추게 된다.
- 음식의 맛을 진짜로 느끼게 된다. 그리고 건강에 좋은 음식과 별
  로 좋지 않은 음식을 구별하게 된다.
- 건강에 좋지 않은 음식이 당신이 생각했던 것만큼 맛있지 않다
  는 사실을 깨닫는다.

레오는 이런 통찰을 얻으면 과체중인 사람들도 음식 섭취를 조
절할 수 있으며, 모든 사람이 음식과 식사에 관한 감정적인 문제들
을 분석하기 시작한다고 말한다. 감정적인 문제에 대한 분석은 시
간이 오래 걸리지만 매우 중요한 작업이다.

　　하지만 천 리 길도 한 걸음부터다. 대체 어디에서 시작해야 할까? 마침 '마음 챙김 다이어트'라는 방법이 있다. 건포도나 호두, 작은 초콜릿(나처럼 온건한 다이어트를 원하는 사람에게 해당한다)처럼 작은 음식 한 개를 가져와서 그 음식을 아주 천천히 먹는 것이다. 우선 그 음식을 자세히 관찰한다. 질감과 색을 살핀다. 다음으로는 눈을 감고 촉각을 이용해 음식을 탐색한다. 딱딱한가, 부드러운가? 끈적끈적한가, 건조한가? 그리고 나서는 후각을 이용해 음식을 탐색하라. 눈을 감은 채 당신이 주로 쓰지 않는 손을 써서 첫 한 입을 먹는다. 그러고는 식탁 앞에 앉아 정식으로 그 음식을 먹는다.

　　원래 마음 챙김 식사법은 한 번에 하나의 감각만 사용해서 음식의 다양한 측면을 지각하는 것을 목표로 삼는다. 마음을 챙기며 먹는다는 것은 그런 뜻이다. 그럼, 이제 식사를 시작하자. 음식의 양이 적더라도 최소한 두 번에 걸쳐 나눠 먹는다. 음식을 아주 천천히 씹으면서, 음식을 먹는다는 것의 감각적인 경험에 주의를 기울인다. 음식을 씹는 감각과 동작, 음식의 맛, 그리고 음식을 삼키는 느낌이 어떻게 변화하는지를 살펴라. 마음 챙김 저술가이자 심리 치료사인 크리스토퍼 윌러드Christopher Willard는 최근에 다음과 같이 회상했다.

　　약 20년 전, 내가 처음으로 참가했던 마음 챙김 강좌에서 먹었던

건포도가 아직도 생각난다. 그 강좌는 우리 가족과 가까운 분의
집 지하 사무실에서 열렸다. 당시 나는 고작 스무 살이었는데, 건
포도에서 처음으로 경외심을 불러일으키는 맛을 느꼈다. 그날로
나는 마음 챙김 수행에 깊이 빠져들었다. 지하실에서 걸어 나오면
서, 앞으로는 식사를 할 때마다 그 건포도를 먹을 때와 똑같이 하
겠노라고 스스로에게 다짐했다.

아, 추억이여! 하지만 이 추억은 윌러드에게 중요한 의미가
있었다. 마음 챙김 식사법 덕분에 그는 감정적 허기와 육체적 허
기를 구별할 수 있게 됐기 때문이다. 그러자 마음 챙김 식사법은
음식 섭취를 조절하는 강력한 도구가 됐다. 하지만 이처럼 음식
에 초점을 맞추는 것은 더 긴 여행의 전 단계일 뿐이다. '우리를
자유롭게 하는 마음 챙김의 힘이 제대로 발휘되려면 우리로 하여
금 음식을 먹게 만드는 생각, 감정, 육체적 자극에 적극적인 주의
를 기울여야 한다.' 마인드풀니스다이어트(mindfulnessdiet.com)라
는 웹사이트에 실려 있는 조언이다. 이런 식의 마음 챙김이야말
로 스트레스성 폭식에서 진짜로 벗어나는 길이며 우리와 음식의
관계를 전체적으로 변화시키기 위한 지침이다.
　마음 챙김 식사법은 히피 철학에 뿌리를 두고 있다고 말할 수
있다. 내가 보기에 일부 지지자들은 너무 난해한 이야기를 하는
것 같다. 그들은 '고급 명상'으로 알려진 마음 챙김 식사법의 방법

론이 불교에서 유래했다는 점을 강조하기 위해 '공空'이라는 명칭을 쓴다. '공'의 개념은 음식 한 조각을 집어 들고 그 음식이 '나 자신'이 아니라는 사실을 안다는 것이다. 무슨 말이냐고? 람 다스의 말을 다시 들어 보자.

거기엔 아무도 없다. 그저 음식이 있을 뿐이다. 과일을 들고 있는 손도 당신 자신이 아니고 당신 몸의 일부에 불과하다. 그리고 그 손을 생각하는 마음을 깊숙이 들여다보면 그 마음도 당신이 아니라는 사실을 깨닫게 된다.

요점이 뭐냐고? '음식을 먹는다는 것은 무無를 무無에 집어넣는 것과 같다.' 맙소사. 마음 챙김 식사법은 너무나 심각해서, 음식을 즐기는 것과는 양립할 수 없을 것 같다. 미국의 수도승 잭 콘필드Jack Kornfield는 이렇게 말한다.

당신의 몸은 그저 잘 돌봐야 하는 그릇이지 떠받들어야 할 대상이 아니다. 음식은 그저 생명을 유지하는 수단이고, 생명을 유지해야 영적 실천을 계속할 수 있다. '당신은 음식 먹는 것을 좋아해서 먹는 것이 아니라', 당신의 에너지를 유지해서 영성의 길에서 실천을 계속하기 위해 먹는 것이다. [강조는 지은이]

그래서 마음 챙김 식사법은 사람들에게 '음식의 역겨움'에 관한 명상을 권하기도 한다. 음식의 역겨움에 관해 명상하면서 식습관의 균형을 다시 잡아 나가면 음식의 진정한 본성에 관해 깊이 성찰하게 된다는 것이다.

음식이 역겹다고 느끼는 것은 살을 빼기에는 좋은 방법이겠지만, 그것이 정말로 현명한 길일까? 나로 말하자면 그렇게까지는 안 하고 일종의 온건한 마음 챙김 식사법을 선택하고 싶다. 온건한 마음 챙김은 베트남 불교 수도승 틱낫한Thich Nhat Hanh이 소개하는 방법에 더 가깝다. 틱낫한은 이렇게 말한다. '차 한 잔을 천천히, 경건하게 마셔라. 마치 온 세상이 그 차를 축으로 회전하는 것처럼.'

우리의 찻잔 밑바닥에 진짜 지혜가 숨어 있다. 현명한 사람들은 오래전부터 이를 알고 있었다.

섬유질을
많이 먹어라

섬유질은 좋은 것이다. 그렇지 않은가? 그리고 섬유질은 우리 몸 안에서 소화되지 않기 때문에 살을 찌우지도 않는다. 그런데 요즘에는 가공식품에 '눈에 보이지 않는 섬유질'이 첨가된다. 그 섬유질을 너무 많이 섭취하면 뱃속이 '불편'해지기도 하지만, 사람들은 자신이 섬유질을 너무 많이 먹고 있다는 사실을 알 방법이 없다. 우리가 일상적으로 먹는 초콜릿바, 음료, 간식에도 섬유질이 숨어 있을지 모른다. 그 섬유질의 이름은 '이눌린inulin'이다. (인슐린insulin과 혼동하지 말라.) 이눌린 사용량이 증가하고 있는 이유는 두 가지로 설명 가능하다. 미네소타대학교 식품영양학과의 조앤 슬래빈Joanne Slavin 박사는 로이터 헬스Reuters Health에 다음과 같은 정보를 제공했다.

식품업체들은 열량, 지방, 염분을 줄이고 섬유질은 늘리면서 맛도 좋은 음식을 만들어야 한다는 압박을 받는다. 그래서 이눌린과 같은 물질에 점점 많이 의지한다. 식품업체들은 이눌린의 분자 구조를 화학적으로 조작해 소비자들이 원하는 음식의 맛과 식감을 모방할 수 있다는 사실을 발견했다. 식품 제조업체에게 이눌린은 '궁극의 선'이다.

또 하나의 이유는 이눌린이 값싸고 풍부하며 상품 판매의 이윤을 높여 준다는 것이다. 그러나 바로 그게 문제가 된다. 조앤 슬래빈의 설명을 들어 보자. '밀기울*과 콩류 같은 일반적인 섬유질 식품들은 자기 제한적이다. 이런 음식들을 지나치게 많이 먹기는 어렵다.' 하지만 이눌린은 그렇지 않다. 이눌린은 필요 이상으로 먹기가 쉽다. 게다가 우리 자신이 이눌린을 지나치게 많이 섭취하고 있더라도 그 사실을 모른다. 식품 라벨에는 이눌린이라는 표기가 없고 올리고당이나 프록토올리고당, 또는 매우 천연 물질처럼 들리는 '치커리 뿌리 추출물'이라고 표기되기 때문에 상황은 더 나빠진다. 만약 나에게 선택권이 있다면 발음하기도 어려운 이름을 가진 화학 물질들을 먹지 않고 '치커리 뿌리 추출물'을 먹을 것 같다! 이것은 음식 관련 분야에서 용어와 실체를 혼동하기가 얼마나 쉬운가를 보여 주는 사례다. 사실 올리고당과 프록토

***

* wheat bran. 제분밀에서 밀가루와 배아를 분리하고 남은 것.

올리고당은 식물에서 발견되는 자연 성분의 화합물이다.

치커리('커피풀coffeeweed'이라고도 불린다)는 주위에서 흔히 볼 수 있으며 오해도 많이 받는 식물이다. 치커리는 해바라기와 데이지의 친척이며 양상추와 민들레와도 가깝다. 이쯤 되면 우리에게 아주 친근한 식물이라고 할 수 있다. 유럽인들이 미국인들에게 치커리를 소개한 것은 그리 오래되지 않은 일이지만, 현재 미국에서 치커리는 아주 왕성하게 자라기 때문에 길가의 도랑과 초원에서 치커리가 옅은 파란색 꽃을 피운 광경을 자주 볼 수 있다. 치커리 중에 잎사귀가 넓적하고 둥글게 말려 있는 식물은 엔다이브endive와 에스카롤escarole로 불린다. 겉잎은 초록색이고 조금 쓴맛이 나며, 연두색 속잎은 덜 쓰다.

유럽에서 치커리는 오래전부터 붉은색 잎을 가진 래디치오radicchio와 함께 샐러드에 사용됐다. 래디치오 잎들은 칼로리가 낮고 섬유질, 칼륨, 비타민 C, 비타민 B9이 풍부하다. 치커리는 우리에게 반드시 필요한 비타민을 거의 다 조금씩 함유하고 있는 축복받은 채소다. 치커리에는 셀레늄와 망간이라는 두 가지 미네랄이 높은 비율로 함유되어 있는데, 셀레늄은 갑상선과 면역 체계의 기능에 좋고, 망간은 건강한 뼈와 조직이 만들어지는 과정과 몸속의 호르몬 수치 조절에 도움이 된다. 그리고 신장의 기능을 강화하는 칼륨과 단백질, 당, 칼슘의 대사를 촉진하는 인이 들어 있다. 비타민 중에서는 혈당량을 조절하고 신경계에 긍정적인 영향을 주는 비타민 B6와 몸이 감염에 저항하는 데 도움을 주는 것을 비롯한 수많은 장점을 가진 비타민 C가 있다. 약초를 재배하는 사람들은 오래전부터 치커리를 다양한 증상을 치료하는 귀한 약재로 취급했다. 치커리는 자양 강장제로도 쓰이고, 복통 치료에도 쓰이고, 해독제와 '신경을 다스리는' 약으로도 쓰이고, 심장 박동을 조절하는 약으로도 쓰이고, 골관절염과 통풍과 당뇨병을 치료하는 약으로도 쓰였다.

그러면 치커리의 뿌리는? 그렇다. 사람들이 샐러드의 맛을 돋우기 위해 사용하는 치커리 잎과 달리, 치커리 뿌리에는 이눌린이라는 섬유가 들어 있다. 이눌린은 생화학자들이 '프리바이오틱prebiotic'이라고 부르는 물질로서, 일종의 비료 역할을 해서 '프로바이오틱스probiotics'의 성장과 활동을 촉진한다. 프로바이오틱스는 위와 장에 서식하는 미생물들의 불균형을 바로잡는 유익한 미생물이다. 치커리의 뿌리에는 올리고당도 들어 있다. 올리고당은 양파, 부추, 마늘, 콩류, 바나나 등의 일부 식물에만 있다.

요즘에는 자연 원료에서 이눌린을 추출해 농축한 다음 산업용으로 사용한다. 우리에게 친숙한 다른 탄수화물들은 소장에서 잘게 부서져 몸에 연료를 제공하지만, 이눌린은 소장을 통과해 결장까지 가서 '좋은 박테리아'의 성장을 촉진한다. 하지만 어떤 사람들은 농축된 추출물 형태의 이눌린을 섭취하면 복통을 일으킨다. 이눌린이 몸에 맞지 않을 때의 첫 번째 신호는 속이 부글거리는 불쾌한 느낌이다. 다음 신호는 장에 큰 고장이 나는 것이다. 우리의 몸이 분해가 안 되는 이상한 침입자와 싸우고 있기 때문이다. 그래서 이눌린은 인공적으로 가공하고 제조한 음식으로 만들어진 '멋진 신세계'의 그리 반갑지 않은 상징이라고 할 수 있다.

치커리와 호두 샐러드

- 굵게 다진 호두 1/2컵
- 셰리 식초[*] 1~2큰술
- 엑스트라버진 올리브유 3큰술
- 디종 머스터드 1/2 작은술
- 소금과 후추(즉석에서 갈아서 사용)
- 연한 치커리 잎 4컵(잘게 찢어서 준비)
- 양상추 2컵(잘게 찢어서 준비)
- 래디치오 1개(썰어서 준비)
- 건크랜베리 1/2컵
- 곱게 간 파머잔치즈 1/4컵

물기 없는 팬에 호두를 넣고 약 2분간, 고소한 냄새가 날 때까지 중간 이상의 불에서 볶아 준다. 호두는 따로 담아 식힌다. 작은 볼에 식초, 올리브유, 머스터드, 소금, 후추를 넣고 섞는다. 큰 볼에 치커리, 양상추, 래디치오, 건크랜베리를 담고 드레싱을 붓는다. 접시에 예쁘게 담고 맨 위에는 볶은 호두와 파머잔치즈 간 것을 올린다.

[*]　스페인 남부 지역의 유명한 백포도주인 셰리 와인으로 만든 식초.

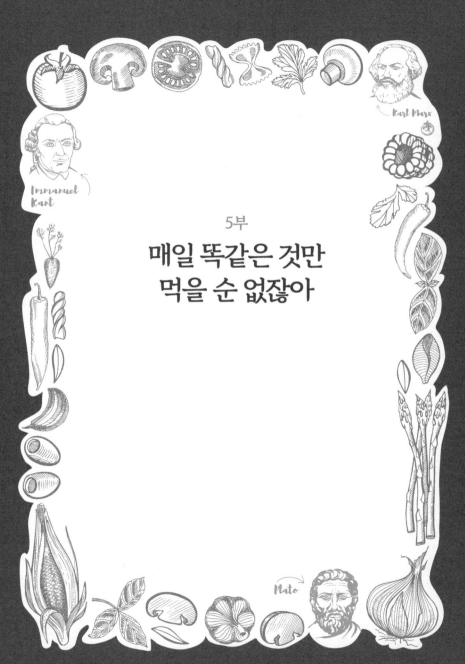

5부

매일 똑같은 것만
먹을 순 없잖아

22장

지금까지
이런 요리는 없었다

모든 것은 1909년 2월 20일 프랑스 신문《르 피가로》의 1면에 발표된 〈미래파 선언Futurist Manifesto〉이라는 글로 시작되었다. 〈미래파 선언〉은 '지구상에 살아 있는 모든 사람에게' 충격과 감동을 동시에 주려는 목적에서 작성된 글로서, 거창하게도 '세계의 재구성'을 약속했다.

사실 미래파 선언의 대부분은 정치가 아닌 예술에 관한 내용이었고 음식에 관해서는 일언반구도 없었다. 미래파 선언을 요리에 적용한다는 아이디어는 나중에 필리포 토마소 마리네티Filippo Tomasso Marinetti와 루이지 콜롬보Luigi Colombo의《미래파 요리 선언 Manifesto of Futurist Cooking》과 마리네티가 단독으로 집필한 더 충격적인 책인《미래파 요리책Manifesto of Futurist Cookbook》으로 결실을 맺는다. 이 두 권의 책에 소개된 '미래파 요리'는 개인들의 욕구를 충족할 뿐 아니라 당장이라도 신형 전투기에 올라타 마을 사람들에게 포탄을 퍼부을 수 있는 가볍고 건강하고 날렵한 사람들로 이뤄진 나라를 만들기 위한 것이었다. (20장의 글상자 〈가공식품의 잔인한 기원〉을 참조하라.) 하지만 분야가 미술이든 요리든 전쟁이든 간에 주제는 항상 같았다. 위험, 속도, 행동, 그리고 미화된 폭력. 이번에도 전쟁은 '세상을 정화할 유일한 수단'(고대 철학자들이 약속했던 것이다)이었고, 군사주의는 '아름다운' 것이었고, 과학과 기술은 새 시대의 '신'이었다.

미래파는 이탈리아의 부유한 바람둥이 청년이자 시인이었던 마리네티의 작품이었다. 그의 이름을 기억하는 사람이 많지 않을지라도, 마리네티는 나름대로 영향력 있는 정치 철학자였다. 그는 파시즘이라는 화려한 새 이념에 이론적 배경을 제공한 지식인들 가운데 하나였기 때문이다.

파시즘은 때때로 전통의 계승을 표방했던 반면, 미래파는 항상 낡은 것과 결별하고 새로운 것을 추구했다. 마리네티는 유명한 옛 화가들과 그들의 황량한 '오래된 그림'에서 벗어나려 했다. 그는 옛 화가들의 그림을 묘지에 일렬로 늘어선 무덤들에 비유했다. 그리고 그는 '괴저'와 같은 교수들과 고고학자들이 운영하는 박물관이나 도서관과도 미련 없이 결별했다. 미래파는 새로운 것, 강력한 것, 근대적인 것을 원했고 오직 그것만을 추구했다.

음식에 관한 마리네티의 견해는 대략 다음과 같았다. '우리가 무엇을 먹고 마시느냐에 따라 우리의 생각과 꿈과 행동이 결정된다.' 따라서 매끼 식사는 정치적이고 사회적인 메시지를 전달해야만 했다. 사실 식사는 사회적인 메시지를 전달할 수밖에 없다. 맥도날드에서 판매하는 빅맥과 감자튀김을 먹는 사람은 미국적 생활 방식을 찬양하고 있는 셈이고, 구운 쇠고기와 감자 요리를 열심히 먹는 사람은 영국의 시골 신사(또는 숙녀)처럼 살려고 애쓸 테고, 아보카도 샐러드에 잣을 곁들여 먹는 사람은 북유럽의 자연 친화적이고 건강한 생활은 물론 사회적 가치에도 동질감을 느낄 가능성이 높다.

　　마리네티의 경우 영양이라는 요소는 과감하게 무시했다. 그는 정부가 배급하는 알약이나 가루약 형태의 영양제를 규칙적으로 섭취하면 영양 문제를 더 효과적으로 해결할 수 있다고 단언했다. (15장에서 잠시 설명했듯이, 나치는 실제로 이런 실험을 대대적으로 진행했다.) 마리네티는 심지어 미래에는 칼과 포크(숟가락은 포함되지 않는 듯하다)가 없어질 수도 있다는 기대를 표명했다. '마르코니*조차도 떠올리지 못한 진짜로 경이로운 아이디어가 하나 있다. 영양분이 담긴 전파를 쏘는 것이다.'

　　물론 미래파가 20세기 파시즘 독재자들의 저녁 식사와 군사 전략에 미친 영향보다는 예술 운동에 미친 영향이 더 많이 알려져 있다. 히틀러의 친위대가 미래파 사조의 가장 어두운 면을 널

---

*　Guglielmo Marconi. 무선 전파의 시대를 열었던 이탈리아의 발명가.

리 퍼뜨리기 한참 전에, 수백 명의 예술가들이 그보다 덜 위험한 세계 각국의 미술관을 평화적으로 침공했다. 미래파 예술 운동의 주제는 속도와 기술이었으며 그 주제를 형상화하기 위해 오토바이, 비행기, 근대 도시 같은 이미지를 활용했다.

미래파 미술 운동과 동일한 철학적 기원을 가지고 탄생한 것이 미래파 음식 운동이었다. 얼핏 보기에도 아주 특이했던 미래파 음식은 지금도 '누벨 퀴진nouvelle cuisine'의 선조로 폭넓게 인정받고 있다. 누벨 퀴진이란 1960년대 프랑스에서 시작된 유행으로서 우아한 멋을 추구하는 요리의 경향을 뜻한다. 누벨 퀴진 요리

음식으로 메시지 보내기

필리포 마리네티와 미래파 예술가들의 신조 중 하나는 삶과 예술은 불가분의 관계라는 것이었다. 그들에게 음식은 이 메시지를 널리 퍼뜨리기에 딱 좋은 수단이었다. 미래파 요리사들은 갖가지 조리 도구를 이용해 전통적인 서양 미술의 작풍과 가치를 비평하고, 감각의 우선순위를 전복해 맛과 냄새보다 형태와 소리를 고양시켰다. 또 그들은 영원을 향한 철학적 동경을 품고 있었다. 예술 작품은 쉽게 부패하거나 변화하지 않기 때문에 더 훌륭하다거나 고급 예술은 현실에서 유용할 수가 없다는 견해를 그들은 인정하지 않았다. 미래파들은 이처럼 음식을 통해 전통을 파괴하려 했다.

미래파 조리법의 파시즘적인 메시지들 중 일부는 다소 불편한 느낌을 준다. 예를 들면 어떤 메시지들은 이탈리아의 힘과 위력을 국수주의적으로 찬양하고, 편협한 시각으로 '부르주아' 요리를 비판하고 있었다!

사들은 음식을 1인분씩 따로 담아 내고, 기름기가 적은 재료를 써서 색과 맛으로 기교를 부리고, 정교하고 장식적인 외관을 강조했다. 이 모든 특징은 미래파 요리와도 겹친다. 한편 미래파 요리는 일부러 재료를 특이하게 결합하고 괴상한 이름을 붙이기로 유명했다. 예컨대 '흥분한 돼지'라는 요리는 익혀서 껍질을 벗긴 살라미를 접시에 수직으로 담고 오드콜로뉴*를 섞은 커피 소스를 뿌린 음식이었다. 오드콜로뉴는 미래주의자들이 가장 좋아하는 향수였다. '식민지 생선의 북소리'는 데친 숭어살을 우유, 리큐어,** 케이퍼, 고추로 만든 소스에 절이고 대추야자잼, 바나나, 파인애플로 속을 채운 요리였다. 요리 이름에 '북'이 들어간 것은 드럼의 박자에 맞춰서 먹어야 했기 때문이다(미래파들은 레스토랑에서 흘러나오는 조용한 음악이 귀에 거슬렸던 모양이다).

　　실제로 먹을 수 없을 것 같은 조리법들도 눈에 띈다. '치킨 피아트Chicken Fiat'***는 닭의 배 속에 자동차 부품의 일종인 볼베어링ball bearing을 채우고 오븐에 구운 다음 휘핑크림을 얹어 내는 요리였다. 미래파 요리들의 특징은 실제 요리보다 이름이 더 충격적이라는 것이다. 예컨대 '악마의 장미'라는 요리는 빨간 장미에 튀김옷을 입혀 익힌 것이었으므로 몸에 하나도 해롭지 않았다. '초

---

*　　eau de cologne. 향수의 일종.

**　　달고 과일향이 나는 독한 술.

***　피아트는 파시즘 시기 이탈리아의 대표적인 기업이었다.

록색 밥'은 그저 완두콩 소스와 함께 먹는 밥이었고, '이혼한 달걀'은 평범한 달걀에서 흰자와 노른자를 분리한 요리였다.

음식으로 조각 작품을 만드는 것은 미래파 요리의 또 다른 특징이었다. 〈미래파 선언〉에서 마리네티는 '적도+북극'이라는 작품을 제안했다. '삶은 달걀의 노른자에 굴 요리처럼 소금, 후추, 레몬

미래파 칵테일

미래파의 연회에는 미래파 음료가 필요했다. 그리고 미래파 운동의 분위기에 맞게 미래파 음료에는 격렬한 대립과 무시무시한 이름이 있었다. 이탈리아의 미래파 엔지니어였던 바로시Barosi가 만든 '입안의 불'이라는 칵테일은 위스키에 매콤한 카이엔페퍼*로 꼼꼼하게 감싼 리큐어 체리를 곁들인 것이다. 이 칵테일의 맨 위에는 꿀을 한 겹 발라서 불투수성 장벽을 만든 후 베르무트**와 리큐어 스트레가***와 알케르메스Alchermes를 부었다.

알케르메스는 이탈리아의 술로서 설탕, 계피, 정향, 넛멕, 바닐라를 비롯한 각종 허브를 사용해 중립적인 영혼을 불어넣어 만든다. 원래 알케르메스는 수녀들이 처음 만든 술이라고 알려져 있다. 미래주의자들이 수녀를 역할 모델로 삼았을 것 같지는 않지만, 아마도 마리네티는 알케르메스의 빛깔을 내는 염료에 매력을 느꼈을 것이다. 그 염료는 연지벌레라는 곤충을 건조해서 만든 분말이었는데, 연지벌레의 사체는 선명한 핏빛 빨강을 띤다.

* cayenne pepper. 생 칠리를 건조 후 빻아 만든 매콤한 양념.

** vermouth. 포도주에 향료를 넣어 우려 만든 술.

*** Strega. 오렌지 맛이 나는 이탈리아산 리큐어.

으로 양념해서 적도의 바다를 만든다. 한가운데에는 달걀의 흰자를 휘저어 거품을 내서 만든 원뿔이 솟아 있다. 원뿔은 태양의 단면처럼 보이는 즙 많은 오렌지 조각들로 채워져 있다. 원뿔의 꼭대기에는 검은색 송로버섯을 가장 높이 날고 있는 검정색 비행기 모양으로 잘라 뿌린다.'

　'초록색 밥'으로 돌아가 보자. 초록색 밥은 음식 분야에서 마리네티의 가장 급진적인 발상이었던 '파스타를 먹지 말자'라는 충격적인 주장(이탈리아인들에게는 정말 충격적인 것이다)을 현실화한 조리법이었다. 스파게티와 토르텔리를 먹지 말자고? 라비올리까지?*

미래파가 사랑했던 음식

음식평론가 엘리자베스 데이비드Elizabeth David가 1974년에 출간한 《이탈리아 음식Italian Food》은 라틴 요리에 관한 유명한 책이다. 그 책에서 데이비드는 마리네티가 개발한 조리법들 중에 실제로 섭취가 가능한 것들(이런 분류법은 오해를 불러일으킬 여지가 있긴 하다. 미래파 요리의 대부분은 지루하고 고리타분한 재료가 아니라 멋과 담음새에 초점을 맞추기 때문이다)을 소개한다. 이를테면 다음과 같다.

- 생선과 사과 - 생선 커틀릿을 얇게 저민 사과 사이에 끼워 익힌 후 럼주에 담그고 불을 붙인다.
- '묵직한 시칠리아산 백포도주와 우유'에 목욕시킨 꿩고기.
- 밥과 커피에 달걀과 레몬필, 오렌지꽃을 띄운 물, 우유를 섞은 것.

진정한 미래주의자들은 낡은 이탈리아의 모든 폐단이 함축된 것에는 동정의 여지가 없다고 생각했다. 마리네티는 파스타를 '이탈리아의 터무니없는 미식 신앙'이라 불렀다. '파스타는 그 뒤엉킨 가닥으로 이탈리아 남자들을 페넬로페의 느린 베틀에, 혹은 바람을 기다리는 오래된 돛단배에 묶어 놓는다.' 이것은 유려한 문장이지만 타당성은 전혀 없다.

어쨌든 〈미래파 요리 선언〉은 어리석은 사람들이 파스타를 먹고 뚱뚱해지고 몸매가 나빠지며 '노곤해지고, 비관적이 되고, 향수에 젖어 무기력해지고 열정을 잃는다'고 주장했다. 그러니까 파스타는 남자답지 못하고, '정력을 떨어뜨리고', '전사를 위한 음식이 아니'었다. 한마디로 진짜 사나이들은 파스타를 먹지 않는다. 하지만 이탈리아 사람들이 가장 좋아하는 파스타를 어떻게 못 먹게 한단 말인가?

마리네티는 레스토랑에서 고객들에게 '우리는 결단했습니다'(파스타를 금지하는 결단)라고 통보하라고 제안했다. 그렇게 해야 하는 이유는 다음과 같다.

파스타는 선사 시대의 길쭉하고 조용한 벌레로 만든 음식이다. 그 벌레들은 역사 속의 지하 감옥에 살았던 그들의 형제들과 마찬가

---

* 아주 모호한 서술이긴 하지만, 이탈리아인들이 벌였던 '파스타와의 전쟁' 이야기는 2014년 필립 매쿼트Philip McCouat가 《예술과 사회 저널Journal of Art in Society》에 기고한 매력적인 논문에서 조금 다르게 서술된 바 있다. 자료 출처를 참조하라—원주.

지로 위에 부담을 주고 복통을 일으키며 위의 기능을 무력화한다. 우리의 몸을 박물관처럼 어둡고 폐쇄적이고 정적으로 만들고 싶지 않다면 이 허연 벌레들을 몸속에 집어넣어서는 안 된다.

마리네티의 동료들 중 하나였던 미래주의자 마르코 람페르티 Marco Ramperti는 파스타에 대한 미래주의자들의 강하고 본능적인 혐오감을 다음과 같이 표현했다. '스파게티는 삼킬 때부터 가닥가닥 꼬이고 빙글빙글 돌면서 우리에게 해를 입힌다. 스파게티는 우리가 지금까지 먹었던 베르미첼리**처럼 서로 섞이고 엉킨다.'

이런 말들은 어리석게 들리지만 어떤 면에서는 현실적인 주장이었다. 이탈리아의 파시즘 지도자로 새롭게 떠오른 베니토 무솔리니Benito Mussolini의 시대에는 전쟁이 정치의 일부였으므로 식량 자급을 실현하는 것이 대단히 중요했다. 그리고 파스타의 주재료(1970년대에 BBC 뉴스는 이탈리아 농부들이 나무에서 파스타를 재배하는 모습을 시청자들에게 보여 주었지만)는 당연히 밀이다. 불행히도 이탈리아의 밀 생산량은 적은 편이었다. 그래서 파시스트들은 이탈리아에서 자급이 가능한 쌀, 포도, 오렌지 같은 음식의 소비를 강력하게 권장했다.

무솔리니는 이른바 '곡물 전쟁'을 벌이면서 이탈리아 국민에게 밀 대신 쌀 소비를 장려했다. 그런 노력의 일환으로 쌀이 훨씬

** 수프에 넣어 먹는 아주 가느다란 파스타.

남성적인 곡물이라고 주장하기도 했다. 또 하나의 프로파간다는 흰 빵 대신 갈색 빵을 먹으라는 것이었다. 흰 빵을 만들 때보다 갈색 빵을 만들 때 밀이 적게 들어가기 때문이었다. (통밀 파스타도 만들 수는 있지만 맛이 고약하다. 미래파도 통밀 파스타를 꿈꾸지는 못할 것이다!) 마리네티는 자신의 요리책에서 파스타에 반대하는 자신의 주장이 무솔리니의 정책과 일치한다고 구체적으로 언급했으며, 독자들에게 파스타를 끊으면 '이탈리아를 비싼 외국산 곡물에서 해방시키고 국내 쌀 산업을 육성하는' 데 도움이 된다고 설명했다.

　이제 정치 이야기는 그만 하자. 오늘날 우리에게 진짜로 중요한 문제는 따로 있다. 파스타는 정말 우리를 뚱뚱하고 볼품없게 만드는가? 진짜 대답은 '아니오'다. 사실 파스타는 우리에게 나쁠 것이 없다. 파스타는 세몰리나 밀가루(단백질 함량이 높은 듀럼이라는 품종의 밀을 원료로 한다)로 만들어지며, 몸속에서 비교적 느리게 분해되고 적당한 속도로 에너지를 공급하기 때문에, 우리가 파스타를 먹고 급격히 살찔 확률은 높지 않다. 화학적으로 보면 설탕이 단순 탄수화물인데 반해 파스타는 전분과 구조가 같은 복합 탄수화물이다. 모든 탄수화물은 몸 안에서 최종적으로 포도당으로 분해되며, 포도당이 연료를 공급하면 혈액이 온몸을 돌며 세포에 에너지를 공급한다. 우리의 몸매를 생각하면 음식이 포도당으로 얼마나 쉽게 전환되는가가 중요하다. 설탕이 혈액 속의 포도당 수치를 급격히 높이는 반면 전분은 천천히 소화된다.

흰 빵과 흰 쌀밥도 설탕이 아닌 전분으로 이뤄진 음식이지만, 흰 빵과 흰 쌀밥은 식이 섬유를 제거한 곡식으로 만드는 경우가 대부분이다. 그래서 정확히 어떤 형태로 섭취하느냐에 따라 그 곡식은 몸속에서 설탕처럼 작용해 금방 소화되고 혈액 속의 당으로 신속하게 변환될 수도 있다. (293쪽의 글상자를 참조하라.) 이처럼 정제된 곡물을 너무 많이 먹으면 인슐린 수치가 급격히 상승해서 간 질환 등의 건강 문제를 유발할 가능성이 있다. 감자를 먹을 때도 이것과 비슷한 문제가 생긴다. 감자는 전분이지만 소화

시금치 토르텔리니

토르텔리니는 시금치 따위의 속재료를 넣은 주머니 모양의 작은 파스타다. 시금치를 좋아하지 않는다면 버섯이나 리코타치즈 같은 다른 재료를 선택하라. 질 좋은 토르텔리니를 구입해서 소금을 넣은 물에 3분간 삶는다. 소스를 곁들일 필요는 없다. 토르텔리니를 소스와 함께 먹으면 기름기가 너무 많아져서 파스타 자체의 맛을 못 느낀다. 토르텔리니가 알덴테로 익으면 물기를 빼고, 소금을 조금 더 치고, 흑후추를 갈아서 살짝 뿌리고, 버터를 첨가하라.

집 근처에 진짜 이탈리아 식료품점이 있다면 생면 파스타를 구입할 수 있을 것이다. 생면 파스타는 건조 파스타와 크게 다르고 맛도 훨씬 좋다. 하지만 건조 토르텔리니도 유통 기한이 아주 길기 때문에 당신의 부엌 찬장에 보관해 둘 가치가 있는 음식이다. 편리한 데다가 포만감을 주니까!

가 아주 잘 되기 때문에 설탕처럼 작용한다. 가장 흔한 품종인 러셋 감자는 어떻게 요리하느냐에 따라 설탕보다 빨리 포도당으로 바뀌기도 한다! 이것(짭짤한 맛과 함께)은 감자칩이 아주 잘 팔리는 유혹적인 간식인 이유가 된다.

비교적 최근인 2015년에 '파스타를 먹으면 살이 찌는가?'라는 질문이 조명을 받으면서 이 문제에 관한 한 편의 연구가 주류 매체의 뉴스로 등장했다. 연구자들은 하얗고 예쁜 파스타가 메밀이나 현미처럼 건강에 좋은(하지만 혀에 착 감기지는 않는) 음식과 마찬가지로 저항성이 매우 강한 전분 구조를 가지고 있어서 위장에서 천천히 분해된다는 사실을 밝혀냈다. 그래서 백밀 파스타를 알덴테로 익혀 먹을 경우 파스타는 에너지를 일정한 속도로 조금

참치 스파게티

이것 역시 아주 간편한 이탈리아 요리다. 양파 1개와 마늘 1쪽을 잘게 썰고, 신선한 타임과 바질 다진 것과 함께 올리브유에 볶는다. 채소가 부드럽게 익으면 해양 동물을 보호하는 방법으로 어획한 참치캔 1개와 방금 썰어둔 토마토 조각과 블랙 올리브(없으면 빼도 된다) 적당량을 추가한다. 비상시라면 캔에 든 토마토를 사용해도 되지만 신선한 토마토를 사용할 때보다는 맛이 덜하다. 어떤 토마토를 쓰든 간에 토마토 페이스트를 아낌없이 짜 넣는다. 소스를 약불에서 15분 이상 끓이고 소금과 후추로 간한다. 방금 삶아 낸 스파게티 위에 소스를 끼얹어 낸다.

씩 공급해서 식욕을 줄여 준다. 적어도 이런 측면에서 파스타는 오히려 날씬한 몸매를 만들어 주는 음식이다. 놀랍지 않은가!

23장

슬로푸드 운동과
함께 미래로

이마누엘 칸트는 커피의 부작용을 크게 우려했다. 커피에 유해한 지방 성분이 있다고 생각했기 때문이다. 그는 말년에 이르러서야 규칙을 조금 느슨하게 적용해서 갓 추출한 커피 한 잔을 스스로에게 허용했다. 어느 전기 작가는 누군가가 칸트에게 그의 커피가 곧 나온다고 말했을 때 그가 이렇게 대답했던 일을 회상한다. "곧 나온다고요? 곧이요? 나올 거라고만 하면 안 됩니다."

시시한 일화 같은가? 커피 추출과 같은 일들을 재촉하는 것은 칸트가 평생 유지했던 '모든 일을 아주 천천히 한다'는 패턴을 깨뜨리는 행동이었다. 그의 일탈이 눈에 띄는 이유가 하나 더 있다. 칸트가 세계에서 가장 위대한 철학자들 중 하나로 간주되는 이유는 그가 규칙 준수에 대해 강철 같은 신념을 가지고 있었기 때문이다. 그의 규칙 가운데 철학자들이 특히 좋아했던 것은 이른바 '정언 명령'이었다. 정언 명령이란 '자신이 대우받고 싶은 대로 다른 사람들을 대하라'는 것이다. 칸트의 저작을 보면 정언 명령은 다른 모든 규칙에 우선하는 이른바 '최상위 규칙'이라고 나오지만, 현실(윤리학에서 현실은 매우 다른 문제다)에서 그는 커피에 관해서만큼은 정언 명령이 두 번째로 중요하다고 간주했던 것이 틀림없다. 내가 이렇게 단언하는 이유는 그가 자신의 규칙을 가장 열정적으로 적용했던 분야가 바로 식생활이었기 때문이다.

니체는 칸트에게 '쾨니스부르크의 중국인'이라는 별명을 붙였는데, 이것은 의미가 모호하긴 하지만 아무래도 호의적인 별명은 아닌 듯하다. 쾨니스부르크의 중국인은 날마다 새벽 5시에 일어났다. 단 1분도 빠르지도 않고 늦지도 않게 정확히 5시에 일어나 차 한잔으로 하루를 시작했다. 그 차는 아주, 아주 연하게 타야 했다. 그러고 나서는 아침 식사에 시간을 할애하지 않고(작은 빵 한 조각도 먹지 않고) 바로 집필을 시작했다. 그는 철학에 관해서만이 아니라 과학에서 건강한 식생활에 이르기까지 다양한 주제로 글을 썼다. 거의 알려지지 않은 사실이지만 칸트의 첫사랑은 과학이었다(1755년에 완성된 그의 박사 논문은 철학에 관한 것이 아니라 '불에 관한' 것이었다). 칸트는 40대 후반에 이르러서야 철학을 전문적으로 연구할 수 있게 됐다. 그전까지 그는 시간당 보수를 받는 강사에 불과했다. 여러 과목의 전문가가 되는 게 유리했을 것이다.

　칸트가 아침 식사를 건너뛴 것은 유럽 대륙의 풍습을 따른 것이었고, 그의 점심 식사 시간 역시 지역의 관습에 맞춰져 있었다. 그의 점심 식사는 큰 행사였고, 학자는 아니지만 그가 세심하게 고른 지적인 친구들 몇 명과 함께 느긋하게 진행됐다. 인원은 항상 세 명(고대 그리스 신화에서 미의 여신이 셋이었으므로) 이상이어야 했고 절대로 아홉 명(학문과 예술의 신인 뮤즈가 아홉이었으므로)을 넘지 않아야 했다. 칸트의 식탁에서는 광범위한 주제에 관해 활발한 대화가 오갔지만 칸트 자신은 항상 최근의 정치, 경제, 과학적 발전에 촉각을 곤두세우고 있었다. 세부적인 사항을 기억하는 능력이 뛰어났던 그는 고향 쾨니히스베르크를 떠날 마음이 전혀 없었는데도 자신이 가 보지 않은 외국의 도시와 장소들에 대해 긴 설명을 늘어놓을 수 있었다. 또 하나의 소박한 정언 명령(반드시 지켜야 하는 규칙)은 그가 가장 좋아하는 음료에 관한 것이었다. 그는 커피 원두의 지방이 건강에 해롭다고 생각했으므로 점심 식사를 커피가 아닌 연한 차 한잔으로 마무리했다. 만약 식사를 거하게 하면서 귀중한 시간을 소모했다면 그날은 더 이상 음식을 입에 대지 않았다.

　칸트는 《순수이성비판》에서 그가 철학의 '코페르니쿠스적 혁명'이라 불렀던 가장 위대한 발견을 제시했다. 이 책에서 그는 인간이 세계를 인식하기 때문에 세계가 형상을 지니게 된다고 주장한다. 그의 통찰은 음식에도 적용될까? 물리적 개념의 우주에 관한 거창한 철학적 탐구라는 측면에서는 확실히 '예'라는 답이 나오겠지만, 이 모든 것은 철학에서는 상당히 오래된 담론이다. 제논과 같은 고대 철학자들은 일찍이 그런 이론을 제시하고 아주 우아하게 증명해 보였다. 제논은 거북이가 토끼와의 경주에서 이길 수 있다는 것을 '증명'했다. 그러나 칸트는 자신이 전에 없던 독창적인 이론을 내놓았다고 생각했고, 비트겐슈타인이나, 음, 요즘 인물을 예로 들자면 미국 대통령 트럼프도 겸손하게 보일(그러니까, 잘난 척하지 않는 걸로 보일) 법한 표현으로 자신의 발견을 자랑한다. '감히 말하건대 해결되지 않았거나 해결의 열쇠가 마련되지 않은 형이상학적 문제는 이제 하나도 없다.'

그러면 칸트의 음식에 관한 이론과 식생활 조언들은 어떻게 봐야 할까? 칸트는 키가 작고 배가 불룩했으며 소화 불량으로 고생하던 사람이었기 때문에 그를 건강 전문가로 인정하기는 어려울 것 같다. 커피에 관한 그의 생각은 확실히 틀린 것이었다. 사실 그는 현실의 여러 가지 문제에 관해 틀린 생각을 가지고 있었다. 예컨대 그는 태양계의 모든 행성에 생명체가 살고 있으며, 그 생명체들의 지식은 태양에서 멀어질수록 더 고도화한다고 생각했다. 또한 도덕에 관한 그의 핵심적인 명제들 중에도 틀린 것이 있다. 예컨대 그는 거짓말을 하는 것은 무조건 잘못이라고 주장했다. 무조건. 아마도 음식과 관련된 칸트의 조언들 가운데 가장 유용한 것은 아무리 바쁘더라도 점심 식사를 제대로 하고, 아주 천천히 먹고, 누군가와 함께 식사하면 더욱 좋다는 권고가 아닐까.

그러면 칸트의 권고에 비춰 볼 때 오늘날 우리는 어떻게 식사를 하고 있는가? 상황은 썩 좋지 못하다. 다소 의심스러운 조사 결과이긴 하지만 영국인의 대다수는 아침 식사에 6분, 점심 식사에 8분, 그리고 저녁 식사에는 9분밖에 사용하지 않는다는 충격적인 결과가 나왔다. 다 합치면 하루 세 끼에 23분밖에 사용하지 않는다는 이야기가 된다. 수치가 이렇게 낮게 나온 것은 식사를 건너뛰는 경우가 많다는 현실을 반영한다. 밥 먹을 시간이 없는 것

영양제를 믿지 마라

《리더스다이제스트》에 따르면 '영국 성인들의 3분의 1가량은 건강해지는 느낌을 받기 위해 매주 어떤 형태로든 영양제를 복용한다.' 아니, 그들은 실제로 더 건강해지기를 원해서 영양제를 복용하기도 한다. 어느 쪽이든 간에 《리더스다이제스트》 칼럼의 저자들은 영양제를 복용하는 사람들이 착각을 하고 있을 가능성이 높다고 설명한다. 예컨대 비타민 A와 비타민 D는 영양제 형태로 과도하게 섭취할 경우 체외로 배출되기가 어려워져서 오히려 더 위험하다. 비타민 A를 과잉 섭취하면 간과 뼈에 해롭고, 비타민 D를 과잉 복용하면 칼슘이 심장과 신장의 조직에 축적되어 회복 불가능한 손상을 일으킬 수도 있다.

체중 감량 보조제는 속임수의 성격이 더 짙다. 미국의 피터 코언Pieter Cohen(나와 친척 관계는 아니다) 박사의 연구는 유명한 체중 감량 보조제에 항우울제, 완하제, 갑상샘 호르몬과 같은 물질들이 들어 있다는 사실을 밝혀냈다.

이다! 미국에서는 빠른 식사에 대한 사람들의 요구가 더 강력했고, 그래서 더 빠르게 음식을 먹는 방법들이 개발됐다.

미국은 이미 오래전에 샌드위치라는 개념을 한 차원 더 발전시켰다. 둥근 번Bun에 양상추와 토마토를 끼우고 경우에 따라 치즈, 피클, 겨자, 케첩을 첨가해서 그 유명한 햄버거를 만든 것이다. 맥도날드의 햄버거 세트는 버거와 셰이크와 감자튀김을 만들어서 도보 또는 차로 이동하는 고객에게 건네주기까지 걸리는 시간을 단 1분으로 단축했다.

미국의 명문 요리 학교인 미국요리학교Culinary Institute of America의 식문화학 교수인 존 니호프는 요즘 미국인들의 식사 5회 중 1회는 차 안에서 하는 식사일 것이라고 말한다. 차 안에서 먹는 음식으로는 버거, 감자튀김, 셰이크로 이뤄진 전통적인 3코스 세트 메뉴도 있지만 도넛 1봉지처럼 단일한 설탕 덩어리 음식도 있다. 아무래도 미국인들은 움직이면서 먹기를 좋아하는 모양이다. 걷거나 운전을 하거나.

"우리는 야금야금 먹는 사람들입니다. 간식을 즐겨 먹고요." 니호프의 설명이다. "우리에게는 잘 차려 놓고 앉아서 식사할 여유가 없어요."

하지만 패스트푸드는 건강에 별로 좋지 않다. 패스트푸드는 가공을 많이 하기 때문에 영양가는 떨어지고 설탕과 지방 함량이 높아지게 마련이다.

"간식 같은 음식으로 식사를 대신하는 일이 많습니다. 그래서 사람들은 자신에게 필요한 영양분을 얻지 못하고 있습니다." 미국영양학회의 대변인이 했던 말이다.

그래서 그들은 운전 중에 식사를 하려면 차 안에서 안전하게 먹을 수 있고 건강에 좋은 음식을 싸 가지고 다니라는 충고를 한다. 예컨대 통곡물 빵에 피넛버터와 잼을 바른 샌드위치를 먹으라고 권한다. (내 생각에 이것은 '타협적'인 해결책 같다.)

어떤 의미에서 미국식 패스트푸드는 혁명이었다. 하지만 모든 혁명에는 반혁명이 뒤따르는 법. 1986년 12월 10일 슬로푸드 운동이 시작됐다. 이 운동은 몇 년 전 이탈리아에서 탄생했지만 파리에서 선언문이 발표되면서부터 슬로푸드 운동이라는 이름으로 불리게 됐다. 운동의 시발점은 로마 시민들이 사랑하는 스페인 광장Piazza di Spagna에 맥도날드 매장이 생긴 사건이었다. 샐러드를 컵에 담고 쇠고기에 슬라이스 치즈를 얹어 파는 회사가 고대 로마 문화의 중심지에 상륙하다니! 용납할 수 없다! 바스타!* 여기서 슬로푸드 선언의 일부를 소개해 보겠다.

세계적인 광기로 번지고 있는 패스트 문화에 대항하여 우리는 조용한 물질적 기쁨을 지켜 내야만 한다. 효율과 광란을 혼동하는 사람들이 많은데, 우리는 그런 흐름에 맞서, 느리고 오래 가는 즐

---

*　Basta! 이탈리아어로 '됐어' '그만'이라는 뜻이다.

거움 속에서 충분한 감각적 쾌락을 느끼는 예방 주사를 제안한다.

이 선언문의 배후에는 카를로 페트리니Carlo Petrini라는 사람이 있었다. 하지만 슬로푸드 선언문을 발표한다는 아이디어는 20세기가 시작될 무렵에 발표된 '미래파 선언'의 선례를 따른 것이었다. 미래파 선언에서도 '속도'와 '현대성'이 중요하게 다뤄졌다. 하지만 미래주의자들이 속도와 현대성을 숭배했던 반면 슬로푸드 운동은 속도와 현대성에 확고하게 반대한다. 미래파가 앞만 보고 빠르게 달리자고 외쳤다면, 페트리니가 창시한 새로운 운동은 과거를 돌아보자는 입장이고 급하게 어떤 목표를 이루려고 하지 않는다. 전자레인지에 피자를 데워 먹는 세상, 요구르트와 수프를 '작은 덩어리 음식과 함께' 튜브에 넣어 걸어가거나 차를 타고 출근하면서 홀짝홀짝 빨아먹는 세상은 슬로푸드 운동을 하는 사람들을 위한 것이 아니다. 그런 일들을 막아야 한다!

미래파는 나중에 파시즘으로 변신했고 세계를 전쟁과 혼란에 빠뜨렸지만, 슬로푸드 운동은 아직 그만큼 강한 힘을 가지고 있지 않다. 힘이 없지는 않지만 파시즘보다 약한 것은 확실하다. 하지만 슬로푸드 운동은 아직 초창기고, 알다시피 뭔가를 서두르는 것은 슬로푸드 운동의 정신에 어긋난다.

슬로푸드 운동이 얻어 낸 성과 중 하나는 이탈리아산 '저가' 포도주의 품질이 크게 개선됐다는 것이다. 이것은 슬로푸드 운동

이 이탈리아에서 생산되는 모든 포도주를 수록한 안내서를 발간
하면서 단기간에 값싸게 제조하는 질 낮은 와인을 혹평한 결과였
다. 마침 어느 유통업자가 이윤을 조금 더 남기기 위해 포도주병
에 메탄올을 섞은 사건이 발생했기 때문에 슬로푸드의 캠페인은
더 큰 힘을 얻었다. 1986년 한 해 동안 열아홉 명이 사망하고 수
백 명이 독극물에 중독됐으며 이탈리아산 포도주 수출은 급감했
다. 내가 급감이라는 표현을 쓴 것은 수출이 10분의 1쯤 감소했다
는 이야기가 아니고 '크게 감소했다'는 뜻이다.*

　　포도주 사건을 계기로 페트리니와 그의 동료들은 슬로푸드
운동을 몇몇 친구들 사이의 취미 활동에서 정치적 의미를 지니는
원대한 운동으로 발전시킬 수 있었다. 또한 포도주 사건은 이탈
리아 식품과 포도주의 평판을 회복하는 것이 이탈리아 국민에게
감정이나 향수의 문제가 아니라 상업적 필요의 문제라는 점을 강
조했다. 슬로푸드 운동의 회원들은 순수한 목적에서 작은 트라토
리아trattoria(레스토랑보다 간단한 음식을 판매하는 이탈리아의 식당)
에 몇 시간 동안 앉아 있거나, 근교에서 생산된 재료를 사용해 '집
에서 만든' 음식을 먹는다. 이것이 슬로푸드 운동의 가장 명확한
'직접 행동'이다. (아니면 진짜 이탈리아 음식을 파는 레스토랑이나
진짜 이탈리아식 피자를 파는 가게에 가는 방법도 있다.) 열정적으로

＊　이탈리아의 포도주 수출액은 1700만 헥토리터hectoliter에서 1100만 헥토리터로 3분의 1 이상 감소했
　　다.-원주.

의견을 개진하는 글을 쓰거나 새로운 법률 제정을 압박하는 것은 슬로푸드 운동의 방식이 아니다. 슬로푸드 운동은 소비자와 생산자들의 연결 고리를 복구하는 것을 중요시한다. 패스트푸드는 생산자들과 멀리 떨어진 곳에 위치하고, 생산자를 보이지 않는 존재로 만들면서 맥도날드, 스타벅스 같은 브랜드만을 내세운다. 그래서 슬로푸드 운동은 세계 각지에서 '훌륭한 음식'에 관한 정보를 제공하는 카탈로그를 만들고 강의를 개설하기도 한다. 1998년, 한때 피아트 공장이 있었던 토리노 외곽 지대에서 슬로푸드 안내서 제2편이 나왔을 때 대중 매체는 지대한 관심을 기울였다. 이것은 이제 슬로푸드 운동이 국제적으로 확산됐다는 증거였다. 슬로푸드 운동의 근본 철학은 유명한 노아의 방주 이야기에서 모든 동물을 두 마리씩 태운 정신이다. 슬로푸드라는 방주에는 고급 치즈도 타고 독특한 사과와 오렌지, 독특한 빵도 올라탄다. 걱정스러운 것은 대량 생산과 소비주의의 홍수가 정말로 잦아들 것 같지 않다는 것이다.

당 지수: 미래파와 비슷한 시각으로 음식을 바라보다

당 지수(GI 지수라고도 한다)는 1980년대에 캐나다 연구자인 데이비드 젠킨스David Jenkins가 처음 제안하고 연구, 발전시킨 개념이다. 하지만 그 이후로 다른 연구자들이 당 지수라는 개념의 범위를 더 넓혔다. 오스트레일리아의 영양학 교수 제니 브랜드밀러Jennie Brand-Miller 같은 사람들은 당 지수라는 개념을 실용화해《저혈당 다이어트 가이드Low GI Diet Shopper's Guide》를 비롯한 여러 권의 책을 출간했다.

당 지수에서 가장 중요한 것은 속도다. 정확히 말하자면 혈관 속에서 음식이 설탕(포도당)으로 바뀌는 속도가 중요하다. 당 지수는 포도당이 혈당을 상승시키는 속도를 100으로 정해 놓고 갖가지 음식이 혈당을 상승시키는 속도를 수치화해서 비교한다.

특히 체중을 줄이고 싶은 사람들의 경우 혈당 수치를 급격히 증가시키는 음식을 섭취하는 것은 바람직하지 않다. 혈당을 낮추기 위해 몸에서 분비되는 호르몬인 인슐린이 과다 분비되면 혈당이 일시적으로 떨어져 금방 다시 허기를 느낀다. 반면 혈당을 천천히 증가시키는 음식을 섭취하면 체중 조절에 도움이 된다.

혈당을 조절해야 하는 사람들이 바게트와 함께 하루를 시작하는 것도 문제가 될 수 있다. 바게트의 당 지수는 95로 아주 높은 편이기 때문이다. (이런 결과를 보고 제니 브랜드밀러 같은 프랑스 음식 전문가들은 매우 언짢아했다. 그녀는 자신이 사랑하는 바게트의 당 지수를 낮추기 위해 열심히 노력했다. 하지만 좋은 밀가루를 사용한 바게트를 통한 그녀의 가장 낙관적인 분석에서도 바게트의 당 지수는 75로 여전히 높게 나타났다.) 다행히 바게트는 열량이 낮은 음식이어서 중량을 기준으로 하면 그냥 설탕을 먹는 것과 같은 효과를 낸다. 콘푸레이크도 바게트와 별반 다르지 않지만, 품질이 좋은 뮤즐리는 당 지수가 훨씬 낮게 나온다.

놀랍게도 땅콩과 후무스hummus[*]의 당 지수는 각각 7과 6에 불과하다.

---

[*]   으깬 병아리콩과 오일, 마늘을 섞은 중동 지방 음식.

이 음식들은 간식으로 먹기에는 좋지만 우리의 몸 안에서 혈당을 쉽게 높이지 않는 모양이다. 게다가 땅콩과 후무스에는 건강에 좋은 지방이 풍부하기 때문에 섭취 후에 오랫동안 공복을 느끼지 않는다. 일반적으로 녹색 채소는 혈당에 거의 영향을 미치지 않는다. 따라서 녹색 채소는 '살도 안 찌고' 에너지를 공급하지도 않는다.

당 지수가 '높은' 축에 속하는 음식들은 다음과 같다.
- 프랑스식 바게트 95
- 콘푸레이크 93
- 백미밥 89 (미래주의자들에겐 미안하다!)
- 감자튀김 75
- 백밀빵 71

다음의 식품들은 당 지수가 '낮은' 편에 속한다.
- 오트밀 55
- 파스타: 일반적으로 50 (여러 가지 맛으로 만들어지는 스파게티는 46, 페투치네는 32)
- 사과 39
- 당근 35
- 검은콩과 렌틸콩 30
- 자몽 25

24장

식생활의 혁명에
반기를 들어라

유럽과 미국의 농장들은 대부분 기업농 시스템의 지배 아래 있다. 기업 농법은 제2차 세계 대전 이후에 개발된 식량 생산 시스템으로, 단일 작물을 재배하는 대규모 농장과 대형 축사를 갖추고 화학 비료를 많이 사용한다. 이것은 전형적인 '대형' 다국적 농업 기업의 방식이다.

불과 몇 개의 대기업으로 이뤄진 '다국적 농업 기업'이 전 세계 사람들이 먹는 음식을 결정한다. 그렇다. 당신이 먹는 음식도 (심지어 내가 먹는 음식도) 그들이 결정한다. 그리고 대형 농업 기업들은 단일 작물 경작을 사랑하기 때문에 식량 공급의 안정성을 크게 위협한다. 식품 활동가 데나 래시 구즈먼Dena Rash Guzman은 그 이유를 다음과 같이 설명한다.

우리가 먹는 농작물은 거의 모두 단일 작물 경작으로 생산되며, 우리가 코스트코 같은 대형 슈퍼마켓에서 만나는 상품도 죄다 단일 작물이다. 하지만 단일 작물은 농사가 아니다. 그것은 환경을 해치는 노천 채굴과 같다. 폭력적인 행동이다. 우리가 먹는 고기는 공장식 축사에서 생산되며, 우유도 대부분 그런 축사에서 공급된다. 과일과 채소도 광활한 땅에서 재배되며 환경에 입히는 피해는 고려되지 않는다.

단일 작물 경작은 화학 비료와 살충제 같은 화학 물질에 많이 의존한다.

농부들은 해마다 끝없이 넓은 땅 전체에 똑같은 작물을 재배한다. 대부분은 상업용 곡물이지만 딸기와 양조용 포도 같은 작물도 더러 있다. 토종 식물들은 잡초 취급을 받아 멸종되고, 화학 성분의 살충제는 이로운 곤충들까지 죽인다. 건강한 생태계의 중요한 부분인 균류가 소멸되고 있다. 단일 작물 재배는 땅에서 필요한 것을 얻기만 하고 땅에게 아무것도 주지 않는다.

비료가 필요한 이유는 매년 똑같은 작물을 재배하면(그리고 다른 것은 일체 재배하지 않으면) 그 작물이 필요로 하는 영양분이 신속하게 고갈되므로 어떻게든 그 영양분을 보충해야 하기 때문이다. 살충제를 뿌리는 이유는 단일 작물 재배를 하는 밭은 특정한 잡초와 병충해에 매우 취약하기 때문이다. 단일 작물 재배의 또 다른 영향은 꿀벌 개체수가 감소한다는 것이다. 우리가 날마다 먹는 음식의 3분의 1은 꿀벌과 같은 화분 매개자들에게 의존한다.

산업적인 육류 생산 시스템도 이와 비슷하다. 우리에게 고기를 제공하는 동물들은 '동물 밀집 사육 시설CAFO'이라 불리는 대규모 축사에서 '완성', 즉 도살 준비를 마친다. 이런 시설에서 동물들의 움직임은 제한되고 곡물 위주의 고열량 먹이가 제공된다. 또 체중을 증가시키기 위해 항생제와 호르몬도 자주 주사한다.

구즈먼은 자신이 대형 농업 기업 및 나쁜 식품과 전쟁을 벌이는 '십자군'이라고 생각한다. 그래서 그 전쟁에서 잘 싸우기 위한 그녀만의 급진적인 철학도 가지고 있다.

집에서 장보기 목록을 만들 때부터 전투가 시작된다. 내가 장바구니에 담는 모든 상품과 내가 심는 모든 씨앗은 세상을 더 건강하게 만들 수도 있지만, 그러려면 지뢰들을 재빨리 탐지해야 한다. 나는 한정된 예산을 가지고 마치 전사처럼 그 돈을 쓰려고 노력한다. 내가 사용하는 얼마 안 되는 돈을 가지고 세상을 바꾸고 있다고 느끼기는 어렵지만, 그래도 뭔가 해야만 한다. 조사를 하고, 깨우치고, 인내를 가져야 한다.

얼마 전 유럽에서 발생한 광우병과 같은 무시무시한 사태들은 산업적 농법 자체의 문제점을 뚜렷이 보여 준다. 유럽에서는 결국 군대를 투입해 수많은 가축을 도살해서 마치 중세 시대의 장례처럼 땅에 묻어 버렸다. (광우병은 치명적인 뇌 질환으로, 다른 감염된 동물들의 육골분이 함유된 사료를 소에게 먹일 때 확산된다. 2014년 6월까지 영국에서만 177명이 광우병으로 사망했다.)

단일 작물 재배로 생길 수 있는 부작용을 보여 주는 최고의 (최악의) 사례는 19세기 유럽에서 발생한 아일랜드의 '감자 대기근'이다. 1845년과 1852년 사이에 아일랜드 인구는 25퍼센트 가까이 감소했다. 그 직접적인 원인은 질병과 기근과 집단 이민이었지만, 그 배후에는 감자의 병충해가 있었다. 감자가 아메리카 대륙에서 처음 전해진 이후로 아일랜드 사람들은 줄곧 한 가지 품종만 재배했는데, 바로 그 품종이 지독한 바이러스에 감염된 것이다. 모든 감자가 동일한 품종이었으므로 병충해의 확산을 막을 길이 없었다.

자연스러운 해결책은 몇 가지 작물을 일정한 간격으로 회전시키면서 재배하는 것이다. 하지만 기업화된 농장에서는 자연스럽게 그런 방법이 채택되지 않는다. 대신 농장들은 점점 더 한두 가지 작물에 집중하면서 화학 물질을 사용해, 그리고 때로는 유전 공학을 사용해 병충해에 잘 걸리지 않게 한다. 그 결과 질병들은 자주 이웃 나라로 확산되어 그 작물의 농사를 다 망쳐 놓는다. 크리스털 꽃병을 깨뜨리지 말라.

예컨대 2010년에 오렌지 생산량이 가장 많은 미국을 비롯한 몇몇 나라에 감귤녹화병이 돌았다. 감귤녹화병에 걸린 오렌지는 맛이 시큼하고 절반은 녹색인 상태로 나무에서 떨어진다. 미국산 오렌지주스의 대부분을 판매하는 플로리다주의 오렌지 농부 8000명은 여러 해 동안 감귤녹화병과 싸웠다. 그들은 감귤녹화병의 확산 속도를 늦추기 위해 병에 감염된 오렌지나무 수십만 그루를 베어 내고 불태웠으며 갖가지 살충제를 살포했지만 별다른 효과가 없었다. 그래서 그들은 감귤녹화병에 대한 자연 면역을 지닌 품종을 찾아서 다시 오렌지를 재배하기 위해 세계 곳곳을 뒤졌다. 하지만 그런 품종은 없었다. 농부들에게 남은 해결책은 하나밖에 없었다. 돈을 내고 유전자 변형 오렌지를 구입하는 것이었다. 이처럼 기괴한 과정을 통해 대형 농업 기업들은 기존의 감귤류 종자를 말살시키고, 병충해 저항력이 강한 특허받은 종자를 농부들에게 판매하면서 새로운 수입을 얻었다.

어떻게 해서 대형 농업 기업이 식품의 세계를 지배하게 됐을까? 조지 오웰식으로 말하자면 그것은 '녹색 혁명' 시기에 벌어진 일이다.

녹색 혁명

녹색 혁명은 여러 가지 혁명이 많이 일어난 시기인 1960년대에 시작됐다. '녹색 혁명'이라고 하면 현대적이고 긍정적으로 들리지만(그런 의도에서 붙인 이름이기도 하다), 그 반대편에 선 사람들은 1960년대에 들어 '종자의 다양성을 훼손하고 제3세계의 농작물 전체의 다양성을 파괴하는 농업 기업들의 음모'에 가속이 붙었다고 비판했다. 좋든 싫든 간에 녹색 혁명은 인류 전체에게 지대한 영향을 미친 세계적인 움직임이었다.

1960년대가 전반적으로 '낡은 것을 추방하고 새로운 것을 받아들이는' 시기였던 것처럼, 녹색 혁명 기간에 '원시적' 또는 '열등한' 것으로 여겨지던 종자들이 수확량이 많은 슈퍼 종자로 대체됐다. 인도에서는 라기ragi(조의 일종)와 조와jowar(수수의 일종)처럼 단백질과 미네랄이 많이 함유된 토종 곡물들이 밀과 쌀 같은 주식용 곡물로 대체됐다. 밀과 쌀은 영양 면에서 라기와 조와를 따라가지 못하는데도 말이다. 왜 그런 일이 벌어졌을까? 새로운 곡물들의 수익성이 훨씬 좋았기 때문이다. 식품 활동가 반다나 시바Vandana Shiva가 《정신의 획일화Monocultures of the Mind》라는 책에서 설명한 대로, 전통적인 곡물들은 '잡초' 취급을 받고 독약에 파괴당했다.

시바는 단일 경작 대신 생태적으로 균형 잡힌 농법을 사용하고 작물을 순환시키는 '혼작' 방식의 다품종 경작을 주장한다. 이런 방법으로 농사를 지으면 해충이 적게 모여들고 토양의 영양분을 유지하는 데도 도움이 된다. 한 농장 안에 다양한 층위의 식물이 자라면 다양성이 확보되고, 다양성은 식물, 동물, 곤충에게 모두 이롭게 작용한다. 어떻게 보면 이런 종류의 캠페인들과 유기농으로 전환하려는 움직임은 농업의 반혁명이라고 할 수 있다.

약을 먹어서
해결하라

미래주의자들은 날씬한 몸매를 유지하는 것을 강조했다. 일단 승객들의 체중이 너무 많이 나가면 신식 비행기들이 작동하지 않을 테니까. 그리고 앞에서도 언급했지만 미래주의자들의 접시에는 진짜 음식은 별로 없고 꽃잎이 수북이 담긴다든지 볼베어링이 올라왔다. 하지만 미래파는 20세기의 어느 시점에서 매력을 잃었고, 미래파의 몰락과 함께 아주 적은 양의 식사를 숭상하는 경향도 사라졌다.

비만은 심각한 문제다. 주변을 둘러보기만 해도 쉽게 확인할 수 있다. 사실 우리 대부분은 자기 모습만 봐도 된다! 더 정확히 말하자면 현재 미국 같은 선진국 국민들의 3분의 2는 과체중 또는 비만이다. 영국 정부에 따르면 영국민의 약 62퍼센트는 몸에 안 좋은 음식을 먹고 있으며, 최근 런던 지하철에서 방영된 다소 불쾌한 광고의 문구처럼 '해수욕장 가기 좋은' 몸매를 포기했을 뿐 아니라 당뇨, 심장병, 특정한 암에 걸릴 위험도 높아졌다. 게다가 체중이 지나치게 많이 나가는 사람들은 일자리를 구하거나 유지하기도 어렵기 때문에 자존감에도 영향이 있다. 미국에서 실시된 어느 조사(다소 불친절한 조사였다)는 과체중 또는 비만인 미국인들이 불필요한 무게를 끌고 다니는 비용을 계산했다. 그들이 고속 도로로 이동한다고 치면 연간 10억 갤런의 휘발유가 더 필요하고, 이를 비용으로 환산하면 연간 27억 달러가 소요된다.

비만이 문제라는 데는 모두가 동의한다. 하지만 그 문제를 어떻게 해결할지에 대해서는 의견이 제각기 다르다. 대부분의 사람들이 알고 있겠지만 탄수화물 섭취를 조금 줄이거나, 일반 우유 대신 저지방 우유를 마시거나, 엘리베이터를 타지 않고 계단으로 올라가는 단순한 방법은 별 효과가 없는 것 같다.

공식적으로 발표된 진지한 과학 논문에 따르면 비만은 다음의 모든 습관과 관련이 있다.

- 단백질, 설탕, 지방 중 하나 이상을 과도하게 섭취하는 것.
- 푸짐한 식사를 하거나 간식을 먹는 것.
- 패스트푸드를 먹는 것, 웨이터가 주문을 받고 음식을 날라 주는 풀서비스 식당에 가는 것, 집에서 식사하는 것.

비만에 대한 해결책은 나라마다 다른 것 같다. 프랑스 사람들은 외과적 수술이나 물리적 개입을 자주 선택한다. 영국인들은 사람들에게 돈을 내게 해서 좋지 않은 음식을 멀리하게 만드는 방법을 선호한다. 즉 '불량한' 식품에 세금을 부과한다(최근의 설탕세처럼).

　　다이어트에 관한 연구들을 살펴보면 의견 일치가 이뤄진 지점은 단 하나다. 즉, 모두 생각이 다르다는 것이다. 그래서 필사적으로 살을 빼려는 사람들 중 일부는 다이어트 알약과 같은 급진적인 해결책에 손을 댄다. 최근에 시판되기 시작한 다이어트 알약들은 대중 매체의 열광적인 환영을 받았다. 당신도 다이어트 알약을 한번 먹어 보고 싶어진다고? 솔직하게 충고하건대, 내가 읽은 자료들에 따르면 다이어트 알약은 당신이 저지를 수 있는 최악의 실수다.

　　우선 다이어트 알약의 효과는 매우, 음, 빈약하다.* 그런 한편 다이어트 알약의 위험성은 매우 높아 보인다. 하지만 다이어트 알약은 정확히 말하자면 '의약품'이 아니기 때문에, 그 약들의 안전성에 관한 중요한 결정(생명을 위협할 수도 있는 결정)이 훨씬 덜 조심스럽게 내려진다.

　　특히 미국 정부는 마치 교육 문제를 해결하는 약물을 승인할 때처럼 체중 고민을 덜어 주기 위해 개발된 약물도 일단 승인해 준 다음 그 결과는 나중에 평가하는 것 같다. (실제로 두 가지 약물의 유효 성분이 동일한 경우가 종종 있다!) 시중에 판매되는 신약

＊　　원문에서 저자는 몸이 날씬하다는 의미의 slim이라는 단어를 써서 말장난을 했다.

두 종류를 예로 들어 보자. (사실 다이어트 알약은 과거에 다른 질병에 처방되던 약물을 용도만 바꿔 판매하는 것이 대부분이지만 '신약'이라고 말해 주자.) 첫 번째 약인 '벨비크Belviq'는 체중을 아주 조금 줄여 준다고 알려져 있지만 심장 판막 질환과 울혈성 심부전을 일으킨다는 보고도 있다. 또 하나의 약인 '큐시미아Qsymia'는 심장 박동을 빠르게 만드는 약으로서 임산부가 복용할 경우 심각한 태아 기형을 유발한다고 알려져 있다. 실제로 다이어트 알약을 복용하려는 유혹을 느끼는 사람들 중에는 임산부가 적지 않다.

'엑셀Xcel'이라는 체중 감소 보조제에는 항우울제인 프로작이 들어 있다. 프로작의 부작용으로 알려진 증상의 일부만 보자. 불안, 설사, 졸음, 소화 불량, 불면증, 구역질, 오한, 두통, 식욕 부진, 성욕 감퇴, 구강건조증, 신경성 폭식증! 특히 신경성 폭식증은 살을 빼려는 욕구가 집착으로 변해서 금식 후에 극단적인 과식을 하거나, 억지로 토하거나, 설사약을 복용하는 증상이다.

놀랍게도 FDA는 어떤 다이어트 알약에 치명적인 위험이 있을 수 있다는 사실을 알면서도 그 알약의 판매를 허가한다. 대신 'FDA는 책임지지 않는다'는 문구를 약 상자에 인쇄하게 한다. 앞에서 언급한 대로 FDA는 약의 판매를 일단 허가하고 몇 년 후에 그 약으로 인한 피해가 있는지 없는지, 있다면 얼마나 심각한지를 따져서 재검토하는 것이 합리적인 전략이라고 여기는 듯하다. 그것이 과연 옳은 방법일까? 하지만 그 약들이 FDA의 최종 판정을 기다리는 동안에도 미국인들은 알약 형태로 된 체중 감소 보조제에 매년 20억 달러 정도를 지출하기 때문에, 지금과 같은 정책을 추진할 금전적 동기가 있는 셈이다. 원래 정부는 황금알을 낳는 거위를 보호하려 한다. 장기간 복용해야 하는, 아니 거의 영원히 복용해야 하는 약을 생산하는 다이어트 업계는 황금알을 낳는 거위가 틀림없다.

　　미국에서 다이어트 보조제로 허가를 받은 약물 중 일부는 악명을 떨치게 됐다. 줄임말로 DNP라고 부르는 '디니트로페놀dinitrophenol'은 사람이 섭취하지 못하게 돼 있지만, 모든 경고를 무시할 정도로 날씬해지고 싶은 욕구가 강한 사람들은 그 약을 구할 수가 있다. 디니트로페놀은 우리가 소파에 앉아 TV를 보고 있는 동안에도 몸에서 지방을 태우게 만드는 일련의 약들 중 하나다. 환상적이라고 생각하는가? 아니다. 그렇지 않다.

　　애초에 DNP는 제초제와 곰팡이 방지제로 생산된 약품이며 화학적으로는 폭약의 원료로 쓰이던 물질과 비슷하다. DNP는 합법적인 약물이며 식품에는 들어가지 않지만 공업용으로 폭넓게 쓰이기 때문에 구하기가 쉬운 편이다. 2015년 봄에는 영국 서섹스주 서부의 워싱Worthing에서 25세 여성이 DNP를 복용하고 나서 몇 주 만에 사망한 사건이 현지 신문에 실렸다. 그녀의 사인 규명 심리에서는 그녀가 '쥐약을 먹고' 있었을지도 모른다는 진술이 나왔다. 또 하나의 불행한 희생자인 26세 여성은 차가운 욕조에서 시체로 발견됐다. 그녀는 체온을 낮추려고 필사적으로 애쓰다가 사망한 것이다.

DNP는 대사율을 높여 몸이 지방을 더 많이 태우도록 한다. 그러나 DNP를 복용하면 몸이 지나치게 뜨거워지기 때문에, 문자 그대로 사람들을 안에서부터 태우게 된다! 영국에서만 DNP가 원인이 되어 사망한 사람이 16명으로 집계된다. 그리고 사망 원인이 정확히 밝혀지지 않았지만 DNP와 관련 있는 경우는 훨씬 많을 것이다.

영국 전국비만포럼National Obesity Forum의 탬 프라이Tam Fry의 표현을 빌리자면, 다이어트 약의 부작용으로 발생하는 위험이 이처럼 큰데도 사람들은 '파티에서 최고의 모습을 보여 주기 위해 자신의 생명을 위태롭게 하는 약을 먹고' 있다.

놀라지 마시라. 다이어트 알약을 허가하는 과학자들과 정부 기관들이 정한 기준은 전혀 바람직하지 않다. 그 약을 복용한 사람들이 위약을 복용한 사람들보다 조금 더 날씬해졌다고 나온 실험에 대한 감독이 우선이고, 안전에 대한 우려는 뒷전으로 밀려난다. 약의 안전성을 높이기 위해 경고 문구를 삽입하고 복용량을 제한하긴 하지만, 현실 세계의 사람들은 두 가지를 다 무시하곤 한다. 다이어트에 열성적인 사람들이나 보디빌더들은 여러 명의 의사로부터 지방을 태우는 알약의 처방전을 여러 장 받을 수도 있다. 그리고 나서 약들을 한꺼번에 삼키는 것이다.

연구를 하는 전문가의 관점에서는 다이어트 약이 체중을 약
간 감소시킨다는 결과가 통계학적으로 '유의미한' 것이다. 하지만
그 효과는 생활 방식을 약간 변화시킬 때의 효과와 별 차이가 없
다. 각국의 정부는 그렇게 작은 효과를 근거로, 거액의 공적 자금
이 각종 건강 보험을 통해 거대 제약 회사로 흘러들어가는 것을
정당화한다. 제약 회사들은 자신들의 다이어트 약이 효과적이라
는 증거를 찾아내기 위해 실험을 무제한 반복할 수 있고 그중 효
과가 나타난 일부를 선별해 작지만 긍정적인 결과가 나타나도록
만들지도 모른다. 그러나 그런 가능성을 걱정하는 사람은 별로
없는 듯하다.

다이어트 알약의 원리

'지방을 태우는' 약은 세포 내에서 화학적 반응을 일으켜 당을 에너지로 바
꾸는데, 그 에너지는 몸의 열로 나타난다. 이런 약의 부작용에는 사망도 포
함된다! 다이어트 알약을 먹는 사람들은 사실상 스위스제 시계의 시각을 맞
추거나 크리스털 꽃병에 광을 내기 위해 망치를 사용하고 있는 것이다.

이것과 비슷한 다른 다이어트 약들은 단순히 대사의 속도를 높여 주는 것
으로 대부분 카페인을 함유하고 있다. 그 정도면 건전한 방법 같기도 하지
만 부작용의 가능성은 여전히 있다. 미국의 마요 클리닉Mayo Clinic에서 수행
한 연구에서는 카페인과 탱자 추출물을 혼합해서 만든 알약을 복용하면 혈
압이 높아지고 뇌졸중 위험이 높아진다는 결과를 얻었다. 다른 지방 분해
약들도 젖산의 축적을 유발해 신부전의 원인이 된다는 의심을 받고 있다.

'지방을 차단하는 약'들은 음식의 소화를 방해하기 때문에 사람의 위장을 만성 소화 불량과 비슷한 상태로 만든다. 뚜렷하게 나타나는 일시적이고 명백한 부작용(예: 구토와 설사)이 전부인 것도 아니다. 이 알약들은 우리의 몸이 음식에서 지방을 흡수하는 것을 차단하기 때문에 신경 세포와 뇌의 활동과 같은 정상적인 신체 기능에 문제를 일으킬 가능성이 있다.

25장

무엇이 나를 살찌우는가

철학적 접근법의 중요한 강점 두 가지(철학적 접근법이 최고로 잘 작동할 경우)는 전체적인 그림을 보려고 한다는 것과 어디서나 아이디어와 주장을 들어 보려는 열린 태도를 취한다는 것이다. 이 접근법의 힘을 보여 주는 좋은 사례로 사회 과학자 보이드 스윈번Boyd Swinburn의 연구가 있다. 스윈번은 건강에 관한 지엽적인 의문에서 출발해서 결국에는 현대 사회의 건강 문제에 관한 새롭고도 무시무시한 통찰을 얻었다. 그의 주장에 따르면 비만은 기업의 이윤을 위해 조장되는 '과소비'라는 광범위한 사회적·경제적 질병 때문에 나타나는 하나의 증상일 뿐이다.

　이것은 고도로 정치적인 발언이다. 원래 보이드 스윈번은 애리조나주 피닉스 외곽의 아메리카 원주민 보호 구역에서 생활하는 피마Pima 인디언들 사이에서 최근 들어 당뇨병 환자가 늘어난 이유를 알아보려고 했다. 그런데 조사에 착수하고 얼마 지나지 않아 그는 진짜로 중요한 질문은 '피마 인디언 중에 비만인 사람이 왜 이렇게 많은가?'라는 사실을 깨달았다. '나는 당뇨병의 원인은 비만이 틀림없고 비만은 비정상적인 환경에 대한 인체의 정상적인 반응이라는 결론에 이르렀다.' 그가 나중에 쓴 글이다. 그는 현대인이 생활하는 비정상적인 환경을 '오비소게닉* 환경'이라고 불렀다. 오늘날 '오비소겐'이라는 단어는 인체의 자연스러운 메커니즘을 방해하는 일련의 화학 물질들을 포괄적으로 지칭한다. 더 구체적으로 말하자면 내분비 체계를 교란하는 화학 물질 전반을 '오비소겐'이라고 한다. 내분비 체계란 성장, 대사, 성적 발달 및 성 기능 조절과 같은 역할을 하는 여러 가지 호르몬을 혈관 속으로 분비하는 샘들의 집합이다. 이 섬세한 시스템을 함부로 다룰 때 발생하는 대표적인 질환이 당뇨병과 심장 질환이다. 그리고 그럴 때 인체는 지방을 저장하기 시작한다.

그렇다면 피마 인디언들은 어쩌다 오비소겐과 접촉하게 됐을까? 결정적인 원인 중 하나는 그들이 플라스틱을 너무 많이 소비하고 있었다는 것이다. 비닐봉지를 재사용하지 않았다는 이야기가 아니다. 피마 인디언들은 플라스틱을 너무 많이 먹고 있었다. 그리고 이처럼 화학 물질을 과도하게 섭취하는 위험한 메커니즘

---

*   obesogenic. 지방 세포의 생산 및 저장 용량을 늘리는 화학 물질을 가리키는 obesogen에서 파생된 용어로, 비만을 유발한다는 뜻.

은 아메리카 원주민 부족들에 국한된 이야기가 아니다. 오늘날 모든 사람이 공통적으로 맞닥뜨린 문제는 플라스틱이 전혀 예상 치 못한 곳에 숨어 있다는 것이다. 심지어 몸에 좋아 보이는 사과, 배, 포도가 수북하게 담겨 있는 과일 그릇에도 플라스틱이 숨어 있다. 대량 생산된 과일이 가장 나쁘지만 복숭아, 천도복숭아, 체 리 같은 이국적인 과일들도 위험하기는 마찬가지다. 반면 오렌지, 자몽, 키위, 바나나, 파인애플, 망고, 수박처럼 두꺼운 껍질을 가진 과일들은 화학 물질을 많이 흡수하지 않는 것 같다. 몸에서 소화 되지 않는 껍질이 보호막 역할을 하기 때문이다.

　　우리의 냉장고 안에도 가소제**가 후추, 셀러리, 딸기, 케일, 양 배추, 당근이라는 형태로 섭취되기를 기다리고 있다. 참치, 수프, 콩, 토마토 통조림을 차곡차곡 채워 넣은 우리의 찬장 안에도 가 소제가 있다. 캔에 담긴 에너지 음료와 아기용 분유에도 가소제 가 포함된다. 가소제의 성분 중 일부는 인간의 몸이 설계된 방식 과 거리가 먼 화학 물질이다. 미국에서만 가소제인 비스페놀 A가 매년 30억 킬로그램이나 음식 사슬에 들어오며, 그 결과 현재 미 국 국민의 93퍼센트에게서 비스페놀 A가 검출된다(미국 국립보건 과학연구소NIHS의 주장이다). 더욱 흥미로운 사실은 비스페놀 A는 우리의 배가 꽉 찼을 때 그 사실을 몸에 알려 주는 호르몬을 교란 한다는 것이다.

** 　플라스틱이나 고무에 첨가해 분자간 힘을 약화시키고 성형 가공을 용이하게 하는 물질.

　　한편 플라스틱을 부드럽게 만드는 데 사용되는 화학 물질인 프탈레이트는 미국 인구의 4분의 3에게서만 검출된다. (왜 프탈레이트가 검출되는 비율이 더 낮은지는 나에게 묻지 마시라.) 프탈레이트는 사람의 몸속에서 에스트로겐을 흉내 낸다. 그리고 에스트로겐 보조제의 공인된 부작용은, 체중이 증가한다는 것이다. 전 세계에서 매년 5억 킬로그램 정도 생산되는 프탈레이트는 우리의 몸에 쉽게 흡수되는 물질이다.

　　가소제를 첨가한 화학 물질들이 우리를 둘러싸고 눈에 보이지 않는 소용돌이를 일으키던 2000년대 초반, 예일대학교 의과대학과 존스홉킨스대학교를 포함한 열 개 대학에 소속된 연구자들이 공동으로 수행한 연구의 결과가 《세계 비만 저널International Journal of Obesity》에 발표됐다. 가축 사육과 육류 생산 과정에서 사용된 스테로이드가 비만의 확산에 기여했을 가능성이 있다는 결과였다.

　　스테로이드 호르몬제를 투여한 가축에게서 얻은 고기를 우리가 먹으면 우리도 그런 물질을 상당량 섭취할 수밖에 없다. 목장에서는 에스트로겐, 프로게스테론, 테스토스테론처럼 자연적으로 분비되는 호르몬들을 가축에게 다량 주사한다. 게다가, 음, '살을 찌우기beef them up'* 위해 트렌볼론아세테이트TBA: trenbolone acetate라는 물질을 가축에게 먹인다. TBA는 단백 동화 스테로이드**의 일

---

*　beef라는 단어에는 '쇠고기'라는 뜻과 함께 '살을 찌우다'라는 뜻이 있다.

종으로 테스토스테론의 여덟 배 내지 열 배나 강력한 물질이다. 즉 우리에게 고기를 제공한 젖소가 TBA를 먹었다면 우리의 쇠고 기에도 TBA가 들어 있고, 우리도 TBA를 일정량 섭취하게 된다. 근육을 늘리고 싶은 보디빌더들은 이것이 쉽고 빠른 방법이라고 생각할지도 모른다(사실은 그렇지 않다). TBA는 테스토스테론과 에스트로겐의 자연스러운 분비를 억제한다. 일반적인 믿음과 달 리 테스토스테론과 에스트로겐은 성별에 따라 양만 다를 뿐 남성 과 여성의 몸에서 둘 다 분비된다. 그래서 TBA를 섭취하면 밤에 식은땀을 흘리고, 공격성이 증가하고, 식욕이 왕성해진다. 한 마 디로 TBA는 사람을 망쳐 놓는다.

지금 우리는 자연의 섬세한 메커니즘을 망가뜨리는 물질들에 관해 이야기하고 있지만, 닭들과 양식장에서 키우는 물고기들에 게도 성장 촉진과 질병 예방(비좁은 공간에 갇혀 사육되는 동물들은 질병에 더 취약하다)을 위해 항생제를 먹이는 경우가 많다는 사실 을 잊지 말자. 특히 항생제는 지질 대사(지방을 분해하고 에너지로 쓰기 위해 저장하는 과정)를 방해하기 때문에 비만의 원인이 된다.

마지막으로 중요한 사실 하나. 거액의 보조금을 받으며 대량 생산되는 콩은 닭, 젖소, 물고기의 사료로도 쓰이고 있다. 따라서 우리도 강제로 대량 생산 콩을 먹고 있는 셈이다. 1950년대부터 항생제가 함유된 가축용 영양제가 널리 사용됐다. 그래서 대형

** anabolic steroid. 단백질 동화 작용을 하는 스테로이드의 총칭. '근육 강화제'로도 불린다.

제약 회사들이 가축용 영양제 사업에 진출했고, 오늘날까지도 수요를 따라가기 위해 생산에 박차를 가하고 있다.

요점은 현대 사회의 대다수 식품에 우리의 호르몬을 교란하는 화학 물질이 들어 있다는 것이다. 그리고 가장 강조하고 싶은 점은 식품에 화학 물질을 사용하는 관행의 부정적인 효과들 중 하나가 '조작된 식품'의 작용으로 우리의 몸이 지방을 축적한다는 것이다. 그러나 인체를 교란하는 화학 물질을 피해 가기는 쉽지 않다. 우리는 우리 자신이 플라스틱을 먹고 있다는 사실조차 모르기 때문이다. 보이드 스윈번의 연구는 다이어트와 영양에 관한 기존의 확고한 견해들을 뒤집어 놓는다.

만약 얼마 전부터 사람들이 칼로리 섭취를 줄이기 위해 빵과 케이크를 덜 먹고 식단에 생선을 더 많이 넣었다면, 그리고 과일과 채소를 그보다 더 많이 먹었다면 문제는 더 복잡해진다. 과일과 채소는 원래 건강에 좋은 음식이어야 마땅하지만 실제로는 갖가지 독극물과 몸에 나쁜 성분들에 흠뻑 젖어 있을 가능성이 높다. 우리가 먹는 생선은 대부분 양식 생선이므로 호르몬과 항생제를 먹여서 길러졌을 것이다. 그리고 우리는 통조림에 든 생선도 먹는다. 우리는 플라스틱 테두리를 두른 캔 위에 앉아서 화학 물질을 빨아들이고 있는 것과 같다. 그리고 야생 물고기의 몸에도 플라스틱이 있다는 사실을 잊지 말라. 플라스틱으로 만든 물건들이 바다에 버려져 물고기의 먹이가 되고, 나중에는 물고기의 살 속에 들어가고, 그 살을 우리가 먹는다. 육지 동물들에게서 얻는 고기는 또 고기대로 약물과 해로운 물질을 함유하고 있다. 한 마디로 수천 년 동안 건강에 좋았던 음식들이 이제는 건강에 좋지 않은 음식이 되었다.

선뜻 믿지 못하겠다고? 연어를 예로 들어 보자. 연어는 아름다운 풍경의 상징이며 자연이 주는 최고의 선물이다. 하지만 오늘날 우리는 대부분 양식 연어를 먹는데, 양식 연어는 콩과 생선을 섞어 만든 인공적인 사료를 먹고 자란다. 너무나 부자연스러운 먹이를 먹은 탓에 연어 살이 분홍색이 아니라 흰색을 띠기도 한다. (야생 연어의 살이 분홍색인 것은 크릴새우라 불리는 아주 작은 갑각류 동물을 먹기 때문이다.) 양식업자들은 연어 특유의 분홍색을 내기 위해 분홍색 염료가 잔뜩 들어 있는 정제를 사용한다. 그들은 색상 샘플지와 비슷하게 생긴 '연어 색상 샘플' 또는 '연어 색상표'를 보고 그들이 원하는 연어 살의 빛깔을 고른다. 그리고 다시 말하지만 이 연어들은 폐쇄된 어장에서 양식되기 때문에 항생제(오비소겐)를 먹고 자란다.

'알았어요! 이제 나도 진짜로 걱정이 되네요! 하지만 내가 뭘 어쩌겠어요? 이미 맛있는 음식은 거의 다 포기했는데(초콜릿만 빼고요)!' 당신은 이렇게 반론할지도 모른다. 다행히 당신이 플라스틱 섭취량을 줄일 방법이 몇 가지 있다.

- 유기농 식품을 구입한다. 물론 유기농 식품이 비싸다는 건 나도 안다. 하지만 진짜 유기농 식품은 맛이 훨씬 좋기 때문에 비싸게 살 가치가 있다.

- 신선한 생선이나 날짜 도장이 찍힌 비닐에 밀봉된 생선을 구입한다. 통조림 생선은 먹지 않는다.

그리고 잊지 말라. 항생제나 화학 물질 이야기를 계속 듣고 있으면 우울해지지만 좋은 소식도 하나 있다. 여러 편의 연구에 따르면, 화학 물질에 심하게 오염된 음식을 멀리하고 '진짜' 음식을 먹기 시작하면 우리의 몸에서 오비소겐이 빠른 속도로 감소하고 인체를 교란하는 화학 물질도 체외로 배출된다.

'알고 보면 유기농이 아닌' 음식

오늘날 유기농 업계는 유기농의 성공으로 오히려 피해를 입고 있다. 《영양 산업 저널Nutrition Business Journal》에 따르면 미국의 유기농 식품 매출액은 2004년 약 110억 달러에서 2012년 270억 달러(추정)로 증가했다. 식품 판매량 전반의 증가 속도보다 훨씬 빠르다. 식품업계의 전문가들은 미국의 유기농 식품 시장이 2014년부터 2018년까지 약 14퍼센트 증가할 것으로 전망했다. 하지만 소비자의 수요가 증가하면서 유기농 농장들은 그들의 친척인 일반적인 농장들과 점점 더 비슷해졌다. 그래서 아몬드, 옥수수, 콩, 코코넛과 같은 갖가지 유기농 작물들은 단일 경작 환경에서 재배된다. 그리고 사실은 유기농 농장에서도 살충제 사용은 허용된다. 다만 살충제의 종류에 관한 규제를 받는다. 하지만 유기농 작물에 허용되는 살충제들이라고 해서 젖소와 사과나무가 있고 연못에 물고기가 헤엄치는 가족 농장의 낡은 구리 냄비 속에서 평화롭게 제조된 것은 아닐 것 같다.

26장

채소는 음식의 미래다

역설적이지만 이탈리아 미래파들은 20세기의 새로운 시대를 예측하고 계획했으면서도 식생활에 관해서는 지극히 전통적인 조언을 채택했다. 여기서 전통적인 조언이란 '채식주의'를 의미한다. 미래파 요리의 공통된 구호가 '파스타는 죽었다. 고기 조각 작품이여 영원하라!'였음에도 불구하고 마리네티는 고기를 너무 많이 먹으면 좋지 않다고 반복적으로 경고했고, 채소도 맛있는 음식이라고 주장했다. 특히 채소를 삶거나 너무 바짝 익혀서 신선한 느낌과 풍미를 없애 버리지 않는다면 더욱 맛이 좋다고 했다. 이것은 고대 철학자 피타고라스의 입에서 나온 말로 추측되며, 시대를 초월하는 지혜로 받아들여진다.

　미래파의 대표적인 식사 중에 채식주의자들도 기꺼이 먹어 볼 만한 요리로 '에어로푸드Aerofood'가 있다. 에어로푸드는 펜넬

fennel, 올리브, 설탕에 절인 과일로 만든 샐러드에 다양한 질감을 가진 작은 직사각형 재료들을 곁들인 매우 피타고라스적인 요리였다. 에어로푸드를 시식하는 사람은 '왼손의 검지와 가운뎃손가락 끝을 조심스럽게 움직여 (……) 빨간 다마스크 천, 작은 정사각형 모양의 검정 벨벳, 그리고 조그만 사포 조각을 만져 봐야' 한다. 소리와 짙은 향기도 시식의 경험에 포함된다. '깊숙이 숨겨진 음향 장치에서 바그너 오페라의 한 소절이 흘러나오고, 아주 우아하고 민첩한 웨이터들이 공중에 향수를 뿌려 준다.' 어떤 때는 식사하는 사람에게 거대한 선풍기(비행기 프로펠러를 사용하면 더 좋다)로 바람을 쏘여 주고, '동작 빠른 웨이터들이 카네이션 향기를 스프레이로 뿌려 주기도' 했다. 그리고 식사 도중에 '어디 불편한 데가 없으신지요?'라는 질문을 받는 것은 짜증나는 일이라고 생각했다!

고기가 들어가지 않은 미래파 요리를 하나 더 보자. 노른자 수란으로 만든 음식 조각에 '적도+북극'이라는 이름을 붙이면 된다. 22장에서 소개한 바 있는 이 요리는 마리네티의 채식주의(더 정확하게 말하자면 자연주의)적인 면모를 드러낸다. 《미래파 요리책》에 실린 조리법에는 이 요리를 먹을 때의 경험을 극대화하기 위해 가장 강렬한 음악과 향수를 선택해야 한다고 적혀 있다.

마리네티는 세상에 하나밖에 없는 미래파 레스토랑에서 식사하는 사람들에게 '깜짝 놀랄 만한 결과'가 있을 거라고 주장했다. 미래파 레스토랑이란 토리노에 위치한 선술집이었는데, '신성한 미각의 선술집Tavern of the Holy Palate'(이것은 교황을 향한 조롱이었다)이라는 간판을 달고 내부는 각진 알루미늄 판으로 도배한 곳이었다.

하지만 현실에서 미래파의 주장에 충실한 연회의 중심에 놓인 요리는 채식주의와는 정반대였다. '고기 조각품'은 채소로 속을 채운 송아지고기로 탑을 쌓고 측면으로 꿀을 뚝뚝 떨어뜨리는 요리였다. 꿀은 소시지로 만든 받침과 '닭고기로 만든 세 개의 황금색 구' 위로 떨어졌다. 화가 필리아Fillia(루이지 콜롬보Luigi Colombo 가 정한 이름이다)는 이 요리가 '이탈리아의 다채로운 풍경을 상징하는 작품'이라고 주장했고, 마리네티는 이 요리를 다른 어떤 요리보다 많이 언급했다. 따라서 이 요리야말로 진정한 미래파 요리법의 초석이라 하겠다.

훌륭한 지중해식 스튜

사람들이 과식을 하거나 건강에 좋지 않은 음식을 먹는 이유 중에 납득이 가는 것이 하나 있다. 집에 요리할 재료가 없다는 것. 지중해식 요리는 그래서 편리하다. 가장 단순한 지중해식 요리는 중간 크기의 양파 1개, 마늘 몇 쪽, 토마토 몇 개(신선한 것, 통조림, 병조림 등 다 좋다)만 있으면 만들 수 있다. 이 재료들은 훌륭한 스튜의 기본이며, 모두 길게는 몇 달 동안 부엌에 저장해 놓을 수도 있다.

중간 크기의 양파를 썰어 보라. 커다란 소스팬에 올리브유 2큰술을 넣고 보글보글 끓을 때까지 달군다. 양파, 다진 마늘, 허브를 넣고 볶으면서 소금, 후추로 간한다. 양파가 황금빛이 돌거나 짙은 갈색이 되어 그을릴 때까지 익힌다. (양파를 살짝 태우면 '그냥 익힌' 양파보다 더 맛있다.)

당신이 가지고 있는 매력적인 재료들은 뭐든지 추가해도 된다. 네모지게 썬 주키니와 당근, 캐슈넛, 아몬드, 잣, 통조림 참치 등 선택지는 무궁무진하다! '오묘한 맛'*을 내기 위해 꿀 1숟갈과 와인 약간을 넣고 저어 준다.

아주 약한 불에서 1시간 동안 끓인다. 완성된 스튜를 밥, 파스타, 피타브레드,** 구운 감자 등 머릿속에 떠오르는 음식과 함께 먹는다. (그리고 국가경제는 걱정하지 마시라. 무솔리니가 알아서 할 테니.)

---

* je ne sais quoi. 말로 표현할 수 없는 좋은 것을 가리키는 프랑스어 표현.

** pita bread. 밀가루를 발효시켜 만든 원형의 넓적한 빵. 그리스, 시리아, 레바논 등지에서 많이 먹는다.

설탕은 나쁘고
화학 물질은 안전하다

'과학적 사실들'은 매우 정치적이고 항상 유동적이라는 철학자 토머스 쿤의 주장처럼, '설탕 재벌'이 다이어트와 관련된 문제에서 다시금 악당 노릇을 하기 시작했고 모든 사람이 설탕을 줄일 방법을 모색하고 있다. 그래서 저지방 요구르트 같은 식품에는 인공 감미료가 많이 들어간다. 친절한 화학자들이 이상한 이름을 가진 인공 감미료를 사용하는 것을 그럴듯하게 합리화하고 있다. 그 인공 감미료들 중 일부는 자연에서 발견되는 물질이고 일부는 실험실에서 합성을 통해 얻을 수 있는 물질이다.

하지만 여러 편의 대규모 연구에서 인공 감미료 소비와 체중 증가의 상관관계가 발견됐다. 우리가 구입 가능한 거의 모든 가공식품에 획일적으로 첨가되는 대량 생산 작물인 액상 과당은 한때 설탕보다 나은 당이라고 대대적으로 홍보됐지만, 요즘은 비만 확산의 주범으로 지탄을 받는다. 건강 캠페인을 진행하는 음식 블로거이자 가정과 의사로 활동하는(어떻게 이 일들을 다 할까?) 마크 하이먼은 2013년 《허핑턴포스트》에 기고한 글에서 다음과 같이 경고했다.

> 우리는 당을 어마어마하게 많이 먹고 있다. 특히 액상 과당을 잔뜩 먹고 있다. 액상 과당은 정상적인 설탕보다 저렴하고 단맛이 더 강하며 모든 가공식품과 달콤한 음료에 들어간다. 우리가 건강을 위해 할 수 있는 가장 좋은 일은 식단에서 액상 과당을 아예 빼버리는 것이다!

하이먼 박사는 그냥 먹어도 나쁜 액상 과당에 수은을 비롯한 위험한 화학 물질이 꽤 많이 들어갔을 거라고 의심한다. 그렇다면 우리는 어찌해야 할까? 작은 인공 감미료 알약 몇 알을 음식에 뿌려 먹으란 말인가?

영양사들은 감미료를 '영양분 있는 감미료'와 '영양분 없는 감미료'로 나눈다. 전자는 몸에 에너지(칼로리로 측량된다)를 공급하고, 후자는 그렇지 않다. 이상하게도 우리는 영양분이 없는 식품이 좋은 것이라는 생각을 주입받았다.

영양분 있는 감미료는 화학적으로 말하자면 '탄수화물'로서 칼로리를 공급한다. 탄수화물(설탕, 전분, 셀룰로오스 형태를 취한다)은 생명체, 특히 식물이 만들어 낸 유기적 화합물이다. 이 화합물에는 우리 몸에서 분해해서 에너지를 생산하기 쉬운 형태의 탄소, 수소, 산소가 포함된다. 가장 자연스러운 형태의 당인 꿀은 자연에서 채취한 상태 그대로 사용 가능하다. 영양분이 있는 감미료는 식품 포장에 기재된 성분 표기에 '설탕' 또는 '첨가당'이라고 표기되며, 때로는 포도당(글루코스), 과당(프룩토스), 자당(수크로스), 엿당(말토오스) 등으로 표기된다. 건강한 성분처럼 들리는 '시럽'이라는 단어가 붙을 때도 있다.

좋다. 첫 번째 감미료인 영양분 있는 감미료에 관한 설명은 이 정도면 됐다. 그러면 영양분 없는 감미료는 어떨까? 영양분 없는 감미료는 실험실에서 만들어 낸 화학 물질이다. 예컨대 폴리올*('많은 알코올'이라고 생각하면 된다)이라고 불리는 화학 물질들의 무리에는 에리스리톨erythritol, 아이소말트isomalt, 말티톨maltitol, 마니톨mannitol, 소르비톨sorbitol, 자일리톨xylitol과 같은 낯선 이름들이 포함된다. 폴리올은 수크로오스(사탕무당이나 사탕수수당에서 얻는다)보다 칼로리가 낮고 혈중 포도당 수치에 미치는 영향은 적다. 얼핏 듣기에는 좋을 것 같지만, 설탕 옹호자들이 늘 하는 말대로 혈당 수치가 계속 낮게 유지되면 음식을 더 많이 먹게 된다.

설탕의 사례는 교훈적이다. 설탕의 사례가 우리에게 교훈을 주는 이유는 그것이 복잡하기 때문이다. 첨가당에 의존해서 상품

---

*   polyol. 수산기-OH를 가진 지방족 화합물의 총칭.

을 생산하는 설탕 생산자들과 대형 식품업체들은 건강상의 위험이 실제보다 적어 보이도록 해야 이익이 된다. 그리고 그들과 마찬가지로 막강한 어떤 기업들은 천연 당을 인공 감미료로 대체해서 이익을 얻는다.

이 모든 설명을 이해하기 위해 타임머신을 타고 1960년대로 가

생각할 거리[*]

새천년이 시작될 무렵 전 세계의 모든 연령대에 걸친 당뇨병 환자의 비율은 3퍼센트 미만으로 낮은 편이었지만, 상승 추세가 이대로 계속될 경우 2030년에는 4.4퍼센트로 상승하리라는 예측이 나온다. 4.4퍼센트도 적은 수치로 느껴진다면 당뇨병 환자의 수를 기준으로 보자. 지난 30년 동안 당뇨병을 앓는 사람의 수는 1억 7100만 명에서 3억 6600만 명으로 50퍼센트 가까이 증가했다.

설탕에 관한 대중의 공포를 부추기는 전형적인 연구 결과들 중 하나로, 캠브리지 대학 연구자들은 2016년에 오렌지 스쿼시라든가 레몬맛 탄산음료 캔과 같이 달콤한 음료를 하루 한 잔만 줄여도 당뇨병 발병 위험을 25퍼센트나 낮출 수 있다고 발표했다.

이 모든 주장들은 과학적 사실일까, 아니면 과학계의 유행일까? 따지고 보면 당뇨병은 비단 설탕만이 아니라 모든 음식과 관련이 있다. 특히 필요 이상으로 섭취하는 음식이 당뇨를 유발한다. 그리고 설탕업계가 걸핏하면 우리에게 홍보하는 것처럼, 사과와 오렌지에도 당이 제법 많이 들어 있다. 뭐든지 의심하고 볼 일이다.

* '생각할 거리'를 가리키는 food for thought라는 영어 표현에는 food(음식)이라는 단어가 들어간다.

보자. 당시 체중에 신경을 쓰기 시작한 미국인들은 일제히 다이어
트 음료로 갈아타고 있었다. 특히 시클라메이트와 사카린으로 단맛
을 내고 칼로리는 0인 '다이어트 라이트Diet Rite'와 '탭Tab'이 많이 팔
렸다. 1963년부터 1968년까지 탄산음료 시장에서 다이어트 음료
의 비중은 4퍼센트에서 15퍼센트로 급상승했다. 독립사회조사재단
Independent Social Research Foundation의 부회장이자 연구 책임자인 존 힉슨
John Hickson은 내부 보고서에서 탄산음료 제조업체들에 대해 다음과
같이 경고했다. '1달러어치의 설탕 대신 1다임어치의 인조 설탕을
쓸 수도 있다.'

　　실제로 전통적인 설탕업계는 이름만 보면 전혀 해롭지 않을
것 같은 '슈거 트윈Sugar Twin'과 '수카릴Sucaryl'이라는 감미료의 유
해성을 발견하기 위해 오늘날의 돈 가치로 400만 달러 이상을 투
입했다. 그리고 어떤 연구는 신속하게 인과 관계를 찾아냈다. 하
지만 사람과 전혀 다른 대사 시스템을 가진 동물들에게 인공 감
미료를 다량 주입하는 이런 연구들은 현재로서는 실질적인 의미
가 없다. 그럼에도 불구하고 '안전성 테스트'는 그런 방법으로 이
뤄진다. 1969년 미국에서 시클라메이트 사용이 금지된 것도 그런
테스트의 결과였다. 1977년에는 사카린도 암과 연관이 있는 것으
로 밝혀졌지만, 이때 사카린이 전면 금지되지는 않았다. 단지 사
카린을 함유하는 식품에는 다음과 같은 문구를 덧붙이기로 했다.
'이 상품을 사용하면 건강에 해로울 수도 있습니다. 이 상품에 포

함된 사카린 성분은 실험실의 동물들에게 암을 일으킨다는 사실이 확인된 바 있습니다.'

2000년에 와서야 사카린은 라벨 표기 의무에서 해방됐다. 후속 연구의 결과 사카린이 쥐들에게 미친 영향이 인간에게 똑같이 나타나기란 물리적으로 불가능하다는 사실이 입증됐기 때문이다. 물론 그렇다고 해서 사카린이 암을 유발하지 않는다는 것이 입증되지는 않지만, 그것을 걱정하는 사람은 없어 보인다. 하지만 처음에 인공 감미료를 따라다녔던 신성한 아우라는 돌아오지 않았다.

'뉴트라스위트NutraSweet' 또는 '이퀄Equal'이라고도 불리는 감미료 아스파탐aspartame을 예로 들어보자. 아스파탐은 '이 물질이 동물들에게 암을 일으키는가?'라는 통상적인 테스트를 통과한 후 1980년대 초에 FDA에서 승인받은 물질이다. 하지만 새로운 화학 물질이 사람에게 어떤 영향을 끼치는가를 확실히 알아내는 유일한 방법은 사람들에게 그 화학 물질을 먹여 보는 것이다. 그리고 아스파탐을 사용했던 기업들에게는 안됐지만 1996년에 새로운 보고서가 나왔다. 이 보고서는 미국인들 가운데 뇌종양 환자의 수가 증가한 시점이 아스파탐의 도입 및 사용 시기와 정확히 일치했다는 점을 강조했다.

상관관계가 곧 인과 관계는 아니다. 그리고 뇌종양과 아스파탐의 상관관계를 우연의 일치로 짐작할 만한 이유도 몇 가지 있었다. 그래서 미국 정부 당국자들은 '완전히 안심할 수는 없다'는 메시지, 즉 '아직까지 아스파탐 소비량과 뇌종양 발병률의 명확한 인과 관계는 입증되지 않았습니다'라는 메시지를 명시하기만 한다면 아스파탐을 계속 사용해도 된다고 결정했다.

　2005년에 아스파탐과 관련된 연구가 추가로 진행됐다. 그 연구에서 실험용 쥐에게 먹인 아스파탐의 양은 사람이 하루에 다이어트 음료 2000캔을 먹을 때 섭취하게 되는 아스파탐의 양과 비슷했다. 이 연구에서 아스파탐을 먹은 쥐들은 림프종과 폐렴의 발병률이 높아졌다. 하지만 은퇴한 미국인 50만 명에게서 얻은 실제 인간의 데이터에서는 아스파탐이 함유된 음료를 마시는 것과 림프종, 폐렴, 뇌종양 발병의 상관관계가 발견되지 않았다. 과거에 설탕업계가 동물 실험의 부정적인 결과를 인용하면서 설탕의 경쟁 상대인 인공 감미료를 깎아내리려고 한다고 비판했던 학자들은 이처럼 '명쾌한' 결과를 환영했다. 하지만 방법론적으로는 그런 연구들도 똑같이 의심스러운 것이었다.

　요약하자면 인공 감미료의 누명을 벗기는 연구는 아직 명확한 결론이 나지 않았다. 나의 개인적인 의견으로는 여전히 상당히 의심스럽다. 그리고 연구 결과야 어떻든 간에 나는 천연 감미료를 아주 좋아하는 사람이다. 특히 시골의 생산자들이 채취해서 아름다운 병에 담은 야생꿀을 무척 좋아한다.

6부

달콤 쌉싸름한
초콜릿의 모든 것

27장

구원받을 자
초콜릿을 먹으라

초콜릿. 이 한 단어에 너무나 많은 뜻이 함축되어 있다. 초콜릿은 음식으로서 수많은 사회적·문화적 연관 관계를 가질 뿐 아니라 생물학적·화학적으로도 놀라운 성질을 지닌 사물이다. 그리고 다이어트를 하는 사람들이 자신이 먹는 것을 주도면밀하게 관리하려는 의욕과 열정을 잃기 시작할 때 초콜릿은 구원자 노릇을 해준다. '신의 음식'인 초콜릿은 건강에 좋고 수수께끼 같은 음식인 한편 오해도 많이 받는 음식이다.

고대인들이 초콜릿을 숭배했다는 것은 누구나 아는 사실이다. (여기서 '누구나'라는 표현은 다소 느슨하게 사용된 것이다. 사실은 '숭배했다'와 '초콜릿'도 마찬가지로 느슨한 표현이다.) 하지만 오랜 세월 동안 버밍엄의 조지 캐드베리George Cadbury, 브리스톨의 엘리자베스 프라이Elizabeth Fry, 그리고 요크의 유명한 초콜릿 제조업체들이 모두 영국 업체였을 뿐 아니라 의미심장하게도 모두 퀘이커 가문이 설립한 업체였다는 사실을 아는 사람은 별로 없다. 알다시피 퀘이커교도들은 대단히 철학적인 사람들이라서 신성한 것을 추구하기 때문에 성서라든가 공식적인 교리를 멀리하는 대신 공통의 인도주의적 가치관을 중심으로 하는 개인적인 도덕을 추구한다. 오늘날의 시각으로는 문제될 것이 전혀 없어 보이지만, 17세기와 18세기에 퀘이커교도들은 종종 추방을 당했고, 추방당한 사람들 중 일부는 신대륙으로 도망쳤다.

하지만 신대륙에서도 상황은 별로 나아지지 않았다. 오히려 더 나빠지기도 했다. 매사추세츠주에서는 퀘이커교도로 의심되는 사람은 모두 옷을 몽땅 벗겨 '마녀 반점'이 있는지 조사한 후 채찍질을 했다. 남자들은 귀를 자르고 여자들은 수레 뒤쪽에 묶고 왼쪽 어깨에 낙인을 찍은 다음 주 경계선에 도착할 때까지 마을을 지날 때마다 채찍질을 했다.

다시 영국으로 돌아가 보자. 초창기의 초콜릿 제조업자들은 신앙심이 깊었기 때문에 그들이 세운 기업들은 업무 시간 중에 종교 경전을 읽는 시간을 허락하는가 하면 찬송가를 부르기 위해 쉬기도 했다. 퀘이커교도 사장들은 노동자들에게 공정한 임금과 좋은 근무 조건을 보장하고, 그들에게 집을 지어 주고, 의사와 치과의사를 고용해야 한다고 강력하게 주장했다. 그때 영국에 있었던 다른 기업들, 사실상 그들과 경쟁 관계였던 기업들은 여전히 아동 노동을 활용하고 있었는데 말이다. 퀘이커교도들의 도덕적 관행은 퀘이커 제과업체들이 믿을 만하다는 이미지를 형성하는 데 기여했다. 과자류의 오염이 심각한 사회 문제였던 시대였으므로 그런 이미지는 매우 중요했다. 예컨대 당시에는 사탕의 색을 내기 위해 독성 물질인 광명단*이 많이 쓰였고, 업체들이 비싼 코

퀘이커교도

퀘이커교도의 정식 명칭인 '종교친우회The Society of Friends'는 1650년대에 조지 폭스George Fox가 영국에서 창시한 기독교 교파다. 종교친우회는 온화하고 평화주의적인 교파로서 정형화된 교리를 따르지는 않았지만 모든 사람이 신성한 불꽃을 공유하며 모든 사람에게 신이 깃들어 있다고 주장했다. 퀘이커교도들은 알코올을 멀리하고 심지어는 커피도 잘 마시지 않았기 때문에 핫초콜릿이 훌륭한 대안이라고 생각했다. 퀘이커교도들이 별명을 어떻게 얻었는지에 관해서는 여러 가지 속설이 있다. 그중 하나는 퀘이커의 창시자가 치안 판사에게 하나님의 이름 앞에서 몸이 떨린다고quake 말해서 퀘이커라는 이름을 얻었다는 것이고, 다른 하나는 퀘이커교도들이 종교 집회를 열 때 몸을 떨어서 그렇게 불린다는 것이다.

퀘이커의 규모는 아주 작다. 1851년 잉글랜드, 스코틀랜드, 웨일스의 기독교 신자 2100만 명 중에 퀘이커교도는 0.1퍼센트에 불과했다. 그래서 당시에 세계의 초콜릿 생산을 퀘이커들이 독점하다시피 했다는 이야기는 괄목할 만한 사실이다. 오늘날 영국에는 퀘이커교도가 1만 7000명 정도밖에 안 되고 전 세계에는 21만 명 정도 있다. 초콜릿 업계의 주요 업체들 중 몇몇은 캐드베리, 드로스테Droste, 반 호텐van Houten, 슈샤드Suchard 같은 유럽인들의 이름이다. 비록 원래의 이상은 사라지고 그 이름들만 남아 있긴 하지만.

---

* red lead. 3개의 납 원자와 4개의 산소 원자가 결합된 산화물. 사산화삼납이라고도 한다.

코아가루에 벽돌 가루 같은 이상한 물질을 섞어 양을 늘린다는 소문도 있었다.

제조업체들이 비싼 코코아와 코코아버터 대신 값싼 재료를 사용하는 문제는 아직도 다 해결되지 않았다. 일반적인 식품 제조업체들이 전통적인 재료들(크림 등)을 빼고 값싼 재료들(식물성 기름 등)로 대체하는 독창적인 관행도 여전히 남아 있다. 실제로 영국과 유럽 연합은 영국 초콜릿 업체들이 식물성 유지만 잔뜩 들어가고 코코아는 거의 들어가지 않은 설탕 혼합물을 초콜릿이라는 이름으로 판매해도 되느냐를 두고 30년 동안 전쟁을 벌였다. 그들은 지금도 다투는 중이다. 유럽 대륙의 경쟁 업체들은 그런 상품은 '식물성 기름 초콜릿'* 또는 '초콜릿 대용품'이라는 명칭으로 판매해야 한다고 주장한다.

하지만 19세기로 돌아가 보면 퀘이커 가문들은 코코아가 많이 들어간 초콜릿을 생산했고 이윤보다 도덕을 우선했기 때문에 소비자들도 안심할 수 있었다. 하지만 퀘이커교도들의 확고한 도덕적 신념에도 불구하고 1907년까지도 초콜릿 제조업체들은 인도 서부의 설탕 플랜테이션 농장에서 노예에게 노동을 시키고 있었다. 일이 돌아가는 모양이 우습지 않은가? 아니, 사실은 우습지 않았다. 캐드베리사가 공식 보고서에 사용한 표현대로 노예들은 '극도로 잔인한 환경에서' 생활했기 때문이다. 초콜릿 제조업체들

---

* vegelate. vegetable과 chocolate의 합성어로, 식물성 기름이 들어간 저질 초콜릿이라는 뜻.

에게 매우 중요한 카카오빈을 싼 값에 공급하기 위해 퀘이커의 도덕적 가치가 훼손된 셈이다. 결국 퀘이커교도 초콜릿 사장들도 그들이 살던 시대에서 자유롭지 못했던 것이다. 그래서 그들은 여직원이 결혼을 하면 강제 퇴직을 시키기도 하고 노예에게 일을 시키기도 했다. 그러면서도 그들은 19세기 초에 영국에서 노예 무역에 반대하는 캠페인이 처음 시작되자 그 캠페인을 도왔다.

제1차 세계 대전이 끝난 후에 최대 규모의 초콜릿 제조업체 사장이었던 조지 캐드베리는 '빈의 부랑자들'이 전시 스트레스에서 벗어나는 데 도움을 주기 위해 3톤의 '갈색 황금'을 보냈고, 그 이후 '초콜릿 삼촌'이라는 별명을 얻었다. 나중에는 미국의 밀튼 허쉬Milton Hershey가 '초콜릿맨'이라는 별명과 함께 캐드베리사의 초콜릿에 우유와 설탕을 더 많이 넣은 제품을 판매할 권리를 취득했다. 헌신적인 자선 사업가였던 허쉬는 노동자들에게 당시로서는 대단히 우수한 품질의 집을 지어 주기도 했다. 그래서 먼로 스토버Monroe Stover라는 노동자는 자신의 새 집에 관해 다음과 같은 글을 썼다.

우리 아홉 명이 함께 사는 작은 집이었지만 우리가 그런 신식 주택에서 살기는 처음이었기 때문에 영영 잊지 못할 것 같다. 허쉬로 이사하는 것은 천국으로 이사하는 것과 같았다.

그리고 당연히, 스토버는 이렇게 회상했다. '모든 사람의 찬장에 초콜릿이 들어 있었다.'

하지만, 이제 좋았던 시절은 가 버렸다! 유럽에서는 경쟁 업체가 캐드베리를 인수했다. 처음에는 프라이Fry's가 캐드베리를 인수했는데, 2010년에는 프라이가 세계에서 두 번째로 큰 식품업체이자 스위스 회사인 크라프트Kraft에 115억 파운드(약 160억 달러)라는 거액에 팔렸다. 불과 2년 후 크라프트도 몬델레즈 인터내셔널Mondelez International이라는 업체에 먹혔다. 이런 사실들만 보더라도 식품업계의 거의 모든 역사는 한줌의(아니, 한입이라고 해야 하나?) 대형 초국적 기업들로 귀결된다는 것이 확인된다. 캐드베리의 새로운 주인들은 변화를 강력하게 주장했다. 그래서 초콜릿바의 크기가 작아졌고, 전에 캐드베리에서 일하다 퇴직한 사원들에게 나눠 주던 크리스마스 선물 바구니도 없어졌다. 캐드베리사측은 그 작은 절약이 반드시 필요하다고 설명했다. 캐드베리는 퇴직자들에게 편지를 보내 '퇴직금의 블랙홀'을 메우기 위해 선물 바구니를 중단하기로 결정했다고 설명했다. 그들은 15달러 상품권을 봉투에 같이 넣어 보내면서 이렇게 덧붙였다. '본 서신에 동봉된 상품권은 귀하가 원하는 대로 사용 가능합니다. 상품권의 유효 기간은 1년이고 갱신되지 않습니다.'

퀘이커교도들의 절약하는 습관이 계속 유지된 모양이라고 생각하기 쉽지만 꼭 그렇지는 않았다. 크라프트의 최고 경영자인 이레네 로젠펠트Irene Rosenfeld는 그런 조치를 취하는 한편으로 자신에게 1000만 달러를 추가로 지급해서 연봉을 2100만 달러로 만들었다. 메리 크리스마스!

초콜릿의 노래

뉴욕주 코틀랜드에 위치한 뉴욕주립대학교의 철학과 조교수인 세바스천 퍼셀Sebastian Purcell은 행복에 관한 에세이에서 〈벗들이여, 일어서라!〉라는 제목의 특이하고 철학적인 시를 소개한다. 이 시는 오늘날의 멕시코 땅에 있었던 고대의 텍스코코Texcoco라는 도시 국가의 통치자이자 만물박사였던 네자후알코요틀Nezahualcoyotl이 남긴 작품이다.

벗들이여, 일어나라!
왕자들은 빈민으로 전락했다네
내 이름은 네자후알코요틀,
나는 노래하는 사람, 마코앵무새의 우두머리
자네들의 꽃과 부채를 집어 들게나
그걸 손에 들고 춤추러 나가세!
자네들은 나의 자식들,
자네들은 수선화라네
카카오나무의 꽃,
초콜릿을 받아 가서,
다 마셔 버리게나!
춤을 추고,
노래하라!
이곳은 우리의 집이 아니고,
이곳에 우리가 살지도 않으니,
자네들도 떠나야 하네

28장

아이 러브
초콜릿

영국의 대형 제과업체인 캐드베리를 창립한 사람들은 제품에 대해 철저히 조사했기 때문에 초콜릿의 신비로운 힘과 명성을 속속들이 알고 있었을 것이다. 그들은 1741년 칼 폰 린네Carl von Linne가 집필한《초콜릿 음료에 대하여Om Chokladdrycken》라는 신기한 소책자도 읽어 봤을 것 같다. 이 소책자는 초콜릿을 치료에 활용하는 법을 설명하면서 초콜릿이 최음제, 즉 '사랑의 묘약'이라고 밝혔다. 저자인 폰 린네는 칼 린네우스Carl Linnaeus라고도 불리는 위대한 자연 과학자로서, 오늘날 사용되고 있는 동식물의 분류 체계를 정리한 사람이다.

린네는 초콜릿이 그런 효능을 발휘하는 원리를 설명하지는 않았지만, 오늘날에는 초콜릿이 암페타민과 비슷한 페닐에틸아민이라는 물질을 함유하고 있다는 사실이 알려져 있다.《옥스퍼드 음식 안내서Oxford Companion to Food》의 미묘한 표현에 따르면 페닐에틸아민은 사랑에 빠졌을 때 느끼는 '황홀한 감정'을 조절한다.

영국의 유명한 초콜릿 업체인 캐드베리가 초콜릿에 관한 강렬한 경험을 제공했다가 결국 수치스러운 논쟁에 휩싸인 것은 불가피한 일이었다. 사건의 발단은 누군가가 초콜릿을 가느다란 실처럼 만들고 그 실 여러 가닥으로 관 형태의 과자를 만든 후 다시 초콜릿으로 코팅한다는 아이디어를 떠올린 것이었다. 캐드베리는 1920년 '플레이크Flake'라는 이름으로 그 상품을 출시하면서 '당신의 혀에 닿자마자 부서지는 우유'라는 직설적인 문구로 홍보를 했다. 한동안 플레이크는 달콤한 간식일 뿐이었지만, 1960년대 후반부터 캐드베리사의 텔레비전 광고는 조금 더, 뭐랄까, 자극적인 분위기로 바뀌어 '보헤미안 분위기의 아름다운 여자들'이 플레이크 초콜릿바를 천천히 핥아먹는 장면을 보여 주었다. 말이 나온 김에, 이 광고는 다이어트를 하는 사람들이 반드시 기억해야 하는 중요한 진실을 알려 준다. 광고에 나오는 아름다운 사람들이 하는 행동은 우리가 건강하고 아름답게 생활하는 것과 아무런 상관이 없다.

어쨌든 캐드베리의 광고 중 하나에는 마스카라와 립스틱만 바르고 아무것도 입지 않은 여성 모델이 등장한다. 그녀는 욕조의 물이 흘러넘치도록 내버려 두면서 플레이크를 먹는다. 다른 광고에서는 더운 여름날 저녁 네글리제*를 입고 창턱에 앉아 있는 젊은 여성을 보여 준다. 두 여성은 넋을 잃고 욕망에 취해 있는 모습이다. 미스 월드 출신의 오스트리아 여배우인 에바 로이버스테이어Eva Rueber-Staier가 출연한 세 번째 광고는 더 노골적이었다. 그 여배우가 초콜릿을 즐기는 방식이 암시하는 것들에 관한 불만이 터져 나왔고, 결국 광고의 방영이 중단되기에 이르렀다.

캐드베리는 광고를 둘러싼 논쟁에 별다른 신경을 쓰지 않았다. 매일 밤 그것을(에헴) 얻을 수만 있다면 평판이 나빠지든 말든 무슨 상관이랴. 그래서 캐드베리는 2001년에 또다시 나체에 가까운 여성이 초콜릿바를 빨아먹는 장면을 담은 포스터 광고를 제작했다. 이 포스터에는 '당신은 이 여성의 직업이 얼마나 마음에 드십니까?How much would you like this woman's job?'**라는 문구가 들어갔다. 하지만 이번에는 캐드베리가 지나쳤던 것 같다. 그 광고 속 여성이 오럴 섹스를 권장하는 모습을 보여 준다고 영국 광고심의협회Advertising Standards Authority에 신고한 사람이 서른 명이나 됐다. 홀륭한 퀘이커 기업인 캐드베리가 다 알고도 그랬다는 이야기는 아니다.

실제로 캐드베리는 그런 이야기가 나왔다는 것만으로도 경악을 금치 못했다고 발표했다. 캐드베리는 그 광고가 그저 사람들에게 '얼마를 받으면 플레이크 하나를 먹겠는지' 생각해 보라

---

* 속이 비치는 얇은 천으로 만든 여성용 실내복.

** job이라는 영어 단어에는 '직업'과 함께 '성행위'라는 뜻도 있다.

는 의미였다고 주장했지만 별다른 소용이 없었다. 여성들이 초콜릿을 즐기는 모습을 광고로 보여 주었을 뿐이라는(아하, 그렇긴 하다. 하지만 초콜릿의 어떤 면을 즐겼단 말인가?) 캐드베리 측의 해명은 받아들여지지 않았다.

초콜릿을 즐기는 행위는 어떤 상황에서든 외설적인 분위기를 풍긴다. 이것은 영국 광고심의협회도 잘 알고 있었던 사실이다. 캐드베리는 플레이크라는 제품을 만들기 시작하면서 이미 그 위험한 영역으로 깊숙이 들어갔다. 섹시한 텔레비전 광고를 제작하기 한참 전부터. 한편으로 이런 광고들을 보면 초콜릿은 우리를 섹시하고 매력적인 사람으로 만들어 주지는 못할지라도 우리로 하여금 그런 착각에 빠지게 해 줄 수는 있다는 생각이 든다. 초콜릿을 식단에 포함시킬 이유는 이것으로 충분하다.

로맨스를 위한 레시피:
화이트초콜릿 소스를 곁들인 연어

- 버터 1큰술
- 밀가루 1큰술
- 우유 1컵 이상: 우유의 양을 조절해서 농도를 맞춘다.
- 화이트초콜릿 120g: 지나치게 달지 않은 제품을 작은 덩어리로 썰어 준비. 기라델리Ghirardelli에서 판매하는 베이킹용 화이트초콜릿 4온스 제품을 사용하면 딱 맞다.
- 올리브유 1/4컵(연어 조리용)
- 레몬(중간 크기) 1개, 절반은 편으로 썰고 절반은 즙을 낸다.
- 잘게 다진 파슬리 1큰술(다른 신선한 허브도 가능)
- 소금과 후추 약간

화이트소스 만들기: 중간 크기의 소스팬을 약불로 달구고 버터를 녹인다. 밀가루를 넣고 저어 주면서 페이스트 상태로 만든다. 우유를 붓고 나무 숟가락 뒷면으로 계속 저어 주면서 흘러내릴 때까지 끓인다. 화이트초콜릿을 소스에 넣고 휘저으면서 초콜릿이 완전히 녹을 때까지 가열한다. 필요한 경우 우유를 조금 더 넣어 소스를 따를 수 있을 정도의 농도로 만든다.

다른 팬에 올리브유를 두르고 중약불로 달군다. 연어를 팬에 올려 굽는다. 중간에 한 번 뒤집어 주고 속살까지 완전히 익힌다. 그러고 나서 레몬 슬라이스와 레몬즙을 넣는다. 파슬리, 소금, 후추를 뿌리되 소금은 조금만 넣는다. 초콜릿과 소금은 잘 어울리는 사이가 아니다.

구운 연어에 찐 쌀을 곁들이고, 작은 그릇에 소스를 담아 함께 낸다. 살짝 찐 아스파라거스나 브로콜리 같은 초록색 채소도 같이 먹는다.

29장

기분 좋게
취한다

질 좋은 다크초콜릿 하나를 먹는 것은 암페타민 정제 한 움큼을 먹는 것과 같다(솔직히 말해서 작은 암페타민이긴 하지만). 그리고 초콜릿에 들어 있는 암페타민과 비슷한 물질 때문인지, 카나비노이드˚ 때문인지, 아니면 단순히 맛 때문인지는 몰라도 초콜릿이 유럽에 처음 들어왔을 때 교회에서는 '자극'적인 효과가 지나치게 강하다고 여겨 즉시 초콜릿 섭취를 금지했다. 적어도 종교적 금식 기간에는 초콜릿을 먹지 못하게 했다. 영국 태생의 도미니크 수사로서 17세기 중반에 아메리카 대륙을 여행했던 토머스 게이지는 당시에 초콜릿 음료 때문에 스페인 사람들과 크레올˚˚들 사이에 갈등이 생겼다고 회상했다. 어떤 일화에 따르면 크레올 여

˚ 대마초 성분을 가진 화학 물질의 총칭.

˚˚ creole. 유럽인과 유럽의 식민지였던 지역의 토착민 사이에서 태어난 혼혈인을 가리킨다.

자들은 초콜릿을 특히 좋아했고, 크레올 교회에서 열리는 예배는 '초콜릿 한 모금'을 마실 수 있는 기회였다. 스페인의 한 성직자는 초콜릿이 성교를 연상시킨다고 생각해서 교회에서 초콜릿을 마시는 관행을 중단시켰는데, 얼마 후 그 성직자는 시체로 발견됐다. 소문에 따르면 아침에 초콜릿을 마시지 못하게 된 크레올 여자들이 앙심을 품고 그 성직자의 초콜릿에 독을 넣었다고 했다 (충분히 넣은 모양이다). 이것이 진실이든 근거 없는 소문이든 간에 여기서 새로운 격언 하나가 탄생했다.

'치아파*의 초콜릿을 조심하라.'

토머스 게이지는 초콜릿을 마실 권리와 관련해 토착민들의 편에 섰다. 물론 성직자 살해라는 더 큰 문제에는 찬성하지 않았겠지만. 그리고 초콜릿 자체의 자극적인 성질에 관해 게이지는 그저 밤늦게까지 글을 쓸 때 초콜릿을 마시면 맑은 정신을 유지하는 데 도움이 됐다는 정도의 기록만 남겼다. 몇 년 동안 숙고를 거듭하던 교회도 초콜릿을 억압하는 방침 때문에 수사들과 사제들의 고충이 많다는 사실을 알고 나서는 입장을 선회해 폭넓은 해석이 가능한 방침을 발표했다. 1662년 브란카치오Brancaccio 추기경은 이제부터 교회의 새로운 방침은 '리퀴덤 논 프란짓 제주눔

* Chiapa. 멕시코 남부의 지명.

liquidum non frangit jejunum'이라고 선언했다. 쉽게 말하자면 '금식 중에도 액체는 괜찮다'고 밝힌 것이다.

이렇게 해서 초콜릿은 규칙을 잘 지키는 수많은 사람에게 널리 공급됐다. 그리고 솔직히 말해서 초콜릿이 모든 사람에게 캐드베리의 플레이크와 같은 효과를 발휘하지는 않았지만(28장 〈아이 러브 초콜릿〉을 참조하라), 코코아매스가 많이 함유된 질 좋은 초콜릿은 실제로 기력을 북돋아 주는 효과가 있다. 그것은 코코아에 기분을 좋게 해 주는 강력한 물질들이 소량 포함되기 때문인 듯하다. 그런 물질들 중 하나인 트립토판은 아미노산의 일종으로서 뇌 속에서 화학 물질을 전달하는 세로토닌이라는 호르몬의 분비에 관여한다. 세로토닌이 다량 분비될 때 우리는 고양된 기분을 맛본다.

미국의 연구자인 엠마누엘 디 토마소Emmanuelle di Tomaso와 대니얼 피오멜리Daniele Piomelli는 초콜릿, 특히 다크초콜릿의 화학 성분을 조사한 결과 '카나비노이드와 유사한 작용을 하는' 물질 세 가지를 발견했다.

이런 설명을 듣고 있자니 초콜릿을 먹는 것이 마약 복용과 비슷하다는 생각이 든다고? 어쩔 수 없다. 실제로도 비슷하니까. 1960년대 열린 팝 페스티벌에서 히피들은 대마초의 일종인 하시시(멋지다!), 설탕(조심하라!), 밀가루, 버터, 우유, 그리고 초콜릿(음란하다!)을 섞어 만든 담배를 피웠다. 진한 다크초콜릿에 함유된 카나비노이드 중 하나인 '아난다마이드'라는 물질은 대마의 친척뻘로서 뇌에서 대마와 똑같은 영역에 작용한다. 물론 초콜릿에 함유된 아난다마이드는 아주 소량이어서, 동종 요법 지지자가 아닌 다음에야 그걸로 큰 효과를 기대하지는 않을 것이다. 미국 국립정신건강연구소National Institute of Mental Health의 크리스천 펠더 Christian Felder의 추산에 따르면 보통 사람이 실제로 환각 작용을 일으키려면 초콜릿 11킬로그램을 한꺼번에 먹어야 한다.

그리고 초콜릿에서는 암페타민과 유사한 물질들도 발견된다. 흥미롭게도 이 물질들은 사람을 흥분시키는 동시에 식욕을 억제한다. 이 물질들은 신경과 뇌를 활성화해 체내에 특정한 화학 물질의 양을 증가시켜, 심장 박동수를 증가시키고 혈압을 높이고 식욕을 감소시키는 역할을 한다. 초콜릿이 이렇게 많은 일을 하다니!

오래전부터 화학자들은 초콜릿에 두 가지 화학적 자극제가 들어 있다는 사실을 알고 있었다. 하나는 그 유명한 카페인인데 양이 많지 않고, 다른 하나는 그보다 덜 유명하지만 양은 꽤 많은 테오브로민이다. 테오브로민은 다크 초콜릿에서 쓴맛을 내는 물질이기도 하다. 시판되는 밀크초콜릿은 대부분 우유와 설탕이 너무 많이 들어가서 초콜릿 본연의 맛과 효능이 제대로 느껴지지 않지만, 양질의 코코아가루에는 테오브로민이 2퍼센트에서 10퍼센트 이상에 이르는 다양한 비율로 들어 있다. 그러니까 밤에 진짜 핫초콜릿을 한 컵 가득 마시는 것은 그다지 좋은 생각이 아니다. 아니, 당신이 그날 밤 도취에 가까운 행복을 맛보고 싶다면 좋은 생각일지도 모른다. 하지만 오전 시간에 활력을 얻기를 원한다면 핫초콜릿은 더없이 좋은 선택이며, 놀랍게도 다이어트에도 큰 도움을 준다.

옛 사람들은 초콜릿의 가치에 관해 글을 쓸 때 시적인 표현을 사용하곤 했다. 드 켈뤼D. de Quélus라는 프랑스의 의사는 《초콜릿의 자연사The Natural History of Chocolate》에서 1온스(약 30그램)의 초콜릿에 함유된 영양분이 쇠고기 1파운드(약 450그램)의 영양분과 동일

테오브로민

테오브로민theobromine이라는 이름은 그리스어로 '신'을 뜻하는 테오theo와 '음식'을 뜻하는 브로마broma가 합쳐서 만들어졌다. 그러니까 초콜릿은 정말로 '신들의 음식'인 셈이다. 초콜릿은 체내 혈류를 관장하는 신경을 안정시키고 약한 자극을 생성한다. (참, 테오브로민은 독극물인 브로민bromin과는 아무런 상관이 없다.) 테오브로민이 인체의 수분 함량을 줄여서 '근육질' 또는 '콘돔 속의 호두' 같은 외모를 만들어 준다는 사실을 알고 있는 보디빌더들은 테오브로민을 농축해서 만든 약을 복용한다. 조금 덜 극단적인 예를 들자면 다크초콜릿을 조금씩 깨물어 먹는 것은 건강한 체중 감량법이 될 수도 있다. 다크초콜릿 속의 테오브로민이 몸속에 저장된 수분을 감소시키기 때문이다.

애완동물을 키우는 사람들이 알아 두어야 하는 사실. 이 테오브로민 성분은 동물들에게 위험할 수 있으므로 애완동물이 판초콜릿을 먹지 못하도록 해야 한다.

하다는 사실을 열정적으로 설명했다.

초콜릿이 유럽 대륙에 전해지기 전까지는 훌륭한 포도주에 '옛 사
람들의 우유'라는 별명을 붙였지만, 이런 별명은 이제 초콜릿에 붙
여야 마땅하다. 이제 초콜릿이 아주 널리 사용되기 때문에, 유럽인
들에게 초콜릿은 아기들의 우유만큼이나(비하의 의미가 아니다) 중
요한 것으로 간주된다.

또 한 명의 유럽인 작가인 안토니오 콜메네로 드 레데스마
Antonio Comenero de Ledesma는 다음과 같이 초콜릿을 예찬했다.

비너스를 열렬히 부추겨 여자들을 임신시키고, 분만도 쉽고 빠르
게 이뤄지도록 해 준다. 초콜릿은 소화에도 큰 도움을 주고, 폐결
핵을 치료하고, 폐에서 나오는 기침을 가라앉히고, 신종 질병, 장
염, 백화, 황달, 감염과 폐색 같은 온갖 질환의 치료에 사용된다.
초콜릿은 국소피부경화증을 빠르게 치유하고, 치아를 깨끗하게 해
주고, 입 냄새를 없애 주고, 이뇨 작용을 하고, 결석을 치료하고, 유
해 물질을 배출하고, 각종 감염성 질환을 막아 준다.

다 좋은 이야기다. 하지만 결정적인 질문은 따로 있다. 초콜
릿을 먹으면 살이 찔까? 음, 좋은 소식도 있고 별로 좋지 않은 소

식도 있다. 좋지 않은 소식은 모호한 표현을 쓰지 않았던 고대의 권력자들이 이 질문에 '그렇다'라고 답했다는 것이다. 수백 년 동안 카카오빈에 대해 일관성 있게 제기된 의학적 주장 세 가지가 있다. 그중 하나가 초콜릿을 먹으면 체중이 증가한다는 것이다. 나는 옛날에는 체중 증가가 좋은 일로 간주됐다는 사실을 강조하고 싶다. 고대, 식민지 시대, 그리고 전근대 시대의 의사들은 쇠약해진 환자들의 '살집'을 늘리거나 회복하기 위해 초콜릿을 자주 권하거나 처방했다. 예컨대 1577년 프란시스코 헤르난데즈Francisco Hernandez는《새로운 스페인의 식물의 역사A History of Plants in the New Spain》라는 제목의 식물학 교과서를 썼는데, 이 책은 초콜라틀이라는 음료를 자주 마시면 '아주 통통해진'다는 사실을 소개하면서 끝난다. 그래서 마르고 허약한 환자들에게 초콜라틀은 이상적인 처방전이었다. 안토니오 콜메네로 드 라데스마도〈신기한 자연에 관한 논고Curioso Tratdo de la Naturaleza〉라는 이름으로 초콜릿에 관한 글을 썼는데, 그 글에서 카카오를 마시는 사람들은 '살이 찌고, 뚱뚱해지고, 편안하고 상냥해'진다고 주장했다. 이것은 상당히 단정적인 표현이다.

하지만 늘 그렇듯이 맥락이 중요하다. 그리고 이 경우에는 확실히 맥락이 의미를 바꾼다. 요즘 영양학자들이 자주 쓰는 표현을 빌리자면, 옛 사람들이 말한 것은 나쁜 지방이 아닌 '좋은 지방'이었다. 음식이 부족하고 질병이 항상 사람들을 따라다녔던 시대에 초콜릿 음료는 영양가가 아주 많은 음식으로 간주됐다. 그러니까 환타보다는 '갓 짜낸 오렌지주스'에 가까웠다.

그렇다 해도 초콜릿은 건강에 좋지 않다는 평판을 유지하고 있다. 예전부터 우리가 '아주 나쁜 것'이라고 들었던 포화 지방이 들어 있기 때문이다. 하지만 요즘에는 전문가들의 조언도 달라졌고, 실제로 초콜릿에 들어 있는 포화 지방(스테아르산과 올레산)은 좋은 지방으로 알려져 있다. 특히 스테아르산과 올레산은 혈중 콜레스테롤 농도를 상승시키지 않는다.

사실 초콜릿에는 에피카테킨과 같은 플라보노이드*가 들어 있기 때문에 초콜릿이 심장을 보호해 줄 가능성도 있다. 일부 연구자들은 에피카테킨이 혈압을 낮춰 심장 질환의 위험을 줄여 주고 나아가 암 발병을 막아 준다고 주장했다. 플라보노이드는 차와 적포도주에도 함유되어 있기 때문에 차와 적포도주를 마셔도 같은 효과가 있다는 주장이 나오지만, 플라보노이드 함유량이 충분해서 실질적인 효과를 기대할 수 있는 음식은 다크초콜릿밖에 없다.

불행히도 요즘에 시판되는 판초콜릿에는 설탕이 많이 들어 있다. 다크초콜릿이라는 이름을 달고 있는 판초콜릿도 마찬가지다. 그리고 저가 초콜릿은 설탕과 공업적으로 생산된 식물성 유지로 만들어진다. 이런 제품을 먹는 사람은 당연히 살이 찐다. 그

* 식물에서 흔히 볼 수 있는 황색 계통의 천연 색소.

래도 아직은 코코아를 포기하지 말자. 초콜릿을 간식으로 먹으면 날씬해진다는 놀라운 증거가 있으니까. 못 믿겠다고? 그래도 좋다! 하지만 모호한 이론만이 아니라 명확한 사실들도 이 명제를 뒷받침하고 있다. 일례로 2013년에 진행된 한 연구에서는 비만인 사람들이 초콜릿 케이크를 먹고 체중 감량에 상당한 도움을 받았다는 결과가 나왔다. 비결은 초콜릿 케이크를 이른 시각에 먹어야 한다는 것이다. 연구자들은 아침 식사로 초콜릿케이크를 먹는 것을 추천했지만, 내가 보기에 그건 너무한 일이다. 나 같으면 오전에는 그냥 차 한 잔을 마시면서 하루치 카페인을 섭취하겠다. 초콜릿 섭취를 적어도 오전 10시쯤으로 미루면 안 된단 말인가? 하기야 어떤 자료를 찾아보더라도 신진대사 속도를 높이기에 좋은 시간은 오전이라고 나온다.

　　이와 관련해 이스라엘의 다니엘라 야쿠보비츠Daniela Jakubowicz가 주도한 연구가 있다. 그들은 의학적으로 비만 판정을 받은 성인 200명 정도를 두 개 집단으로 나눴다. 두 집단 모두 8개월 가까이 다이어트를 했고(대부분의 사람들은 8개월 동안 다이어트를 지속할 정도로 열정적이지 못할 텐데!), 하루 섭취한 칼로리의 총합은 남성의 경우 1600칼로리, 여성의 경우 1400칼로리로 동일했다. 다시 말하면 이들은 건강한 성인이 하루에 필요로 하는 열량보다 훨씬 적은 칼로리를 섭취했다. 첫 번째 집단은 저탄수화물 식사법에 따라 아침 식사 때 300칼로리를 섭취했고, 두 번째 집단은 균형 잡힌 식단으로 구성되고 초콜릿 케이크가 포함된 아침 식사로 600칼로리를 섭취했다.

그러자 신기한 결과가 나왔다. 32주로 예정된 실험이 절반쯤 진행된 시점에 양쪽 집단 모두 1인당 평균 15킬로그램을 감량했다. 하지만 마지막 한두 달 동안 '초콜릿 케이크를 먹지 않은' 집단은 슬프게도 빠진 살의 상당 부분이 돌아왔다. 이 기간에 증가한 체중은 1인당 평균 10킬로그램이었다. 반면 행복하게 케이크를 먹었던 사람들은 1인당 6.8킬로그램이 더 줄었다! 야쿠보비츠 교수는 아침 일찍 달콤한 간식을 먹은 덕분에 하루 동안 맛있는 음식에 대한 욕구를 덜 느꼈기 때문이라고 설명했다. 생화학 용어를 빌리자면, 달콤한 음식으로 하루를 시작할 경우 인체의 그렐린 분비가 억제되기 때문에 다이어트의 역설이 자연스럽게 감소한다. 다이어트의 역설이란 살을 빼기 위해 엄격한 식사 요법을 실시하면 원칙적으로는 효과가 있어야 하는데 실제로는 다이어트를 하는 사람들이 예전보다 더 좋지 않은 음식을 먹기 때문에 실패하는 현상을 가리킨다.

그러므로 다이어트가 새로운 삶의 방식이 되도록 하려면 현실적인 다이어트를 해야 한다. 장기적인 성공을 위해서는 무턱대고 굶는 것보다 식욕을 조절하는 것이 낫다.

하지만 초콜릿은 자극제와 최음제로 사용되는 한편 위안을 주는 음식으로도 널리 알려져 있었다. 20세기의 스위스 심리학자

초콜릿 나무

진짜로 좋은 것들은 나무에서 자란다! 초콜릿 나무가 대표적인 예다. 초콜릿 나무는 유럽의 드넓은 과수원이나 북아메리카의 플랜테이션 농장에서는 볼 수 없다. 중남미에서만 서식하기 때문이다. 초콜릿 나무는 베네수엘라의 아마존에 있는 오리노코강Orinoco River 상류 부근에서 몇 백만 년 전에 처음 생겨났다. 요즘에는 초콜릿 나무를 중앙아프리카로 옮겨 심어 키우기도 한다.

맨 처음 초콜릿을 먹은 사람들은 아메리카 대륙의 토착민들이었다. 신기하게도 '초콜릿'이라는 단어는 그 나무의 씨앗 꼬투리를 초콜릿으로 가공하는 과정에서 물에 잠긴 꼬투리를 두드릴 때 나는 소리에서 유래했다고 한다. 카카오나무는 테오브로마속屬으로 분류되는 70종 이상의 나무들 중 하나다. 이 70종의 나무는 대부분 특별한 효능을 지니고 있어 전통 의학에 사용됐다. 우리가 이야기하고 있는 나무는 테오브로마 카카오Theobroma cacao라는 이름으로 불린다. 이 나무는 줄기에 씨앗 코투리가 자라나며, 이 씨앗을 사용해 초콜릿을 만든다. 흥미롭게도 이 중요한 나무가 살았던 시간은 1만 년에서 1만 5000년 정도밖에 안 된다고 알려져 있으며, 그보다 훨씬 오래전부터 서식했던 테오브로마 친척들에게서 갈라져 나오게 된 것은 사람들과 관련이 있다고 추측된다.

그렇게 오랜 옛날의 문자 기록은 남아 있지 않지만, 고고학자들은 중앙아메리카 동부 해안지대의 벨리즈Belize에서 옛날에 초콜릿을 재배했다는 증거를 찾아냈다. 놀랍게도 그 증거는 3000년 전의 것이었다. 그리고 페루 사람들이 2500년쯤 전에 만든 도자기에서 초콜릿 나무의 형상이 발견되기도 했다. 카카오 씨앗 꼬투리는 발효시키고, 건조하고, 불에 굽고, 키질을 하는 등 4단계를 거쳐 가공했다. 그러면 옛날 사람들은 왜 씁쓸한 음료를 얻기 위해 이런 수고를 감내했을까? 그 답은 초콜릿의 항정신성에 있다. 소피 코이Sophie Coe와 마이클 코이Michael Coe는 《초콜릿의 진짜 역사The True History of Chocolate》라는 책에서 다음과 같이 설명한다.

콜럼버스의 항해 이전부터 중앙아메리카와 남아메리카 북부에 카카오나무 경작이 확산된 이유는 중독성이 있고 심지어는 환각 작용도 일이키는 카

카오나무 씨앗에 사람들이 매료됐기 때문이다. 초콜릿은 신비로운 제례 의
식에 사용됐을 것이다.

클로테르 라파이유Clotaire Rapaille의 관찰에 따르면 이처럼 마음을
진정시키는 물질의 대부분은 어린 시절의 추억 속에서 끌어낸 것
이었다. '어린 시절의 추억은 특정한 음식을 선호하게 만드는 것
은 물론이고, 유쾌하고 정다운 가족 구조와 문화적 관습에 대한
특유의 가치관을 형성한다.'

　라파이유는 스위스의 초콜릿 업체인 네슬레에 고용되어 일본
고객들이 커피를 구입하게 만드는 임무를 맡았다. 다국적 기업
인 네슬레는 분유가 굳이 필요하지 않은 아프리카 여성들에게 성
분이 의심스러운 조제 분유를 판매한 일로 좋지 않은 평판을 자
초한 적이 있다. 그 사건은 우리가 지금 하려는 이야기와도 무관
하지 않다. 네슬레는 일본인들에게 인스턴트커피를 판매하는 데
라파이유의 전문 지식이 도움이 되리라고 생각해서 그를 고용했
기 때문이다. 원래 일본인들은 인스턴트커피를 즐겨 마시지 않았
을 뿐 아니라 커피 자체를 싫어하는 사람들이었다. 2500억 달러
규모의 회사인 네슬레는 라파이유 박사의 도움을 받아 일본인들
의 취향을 바꿔 보려고 했다. 그리고 실제로 그걸 해냈다! 큰 효

과를 발휘한 라파이유 박사의 조언은 일본인들에게 그들이 사랑하는 녹차 대신 커피를 마시면 좋다고 설득하지 말고 아이들을 위한 커피향 디저트를 일본 시장에 내놓으라는 것이었다. 그 전략을 채택한 네슬레는 1~2년 후부터 달콤한 과자류를 통해 간접적으로 커피를 판매하기 시작했고, 소비자들의 어린 시절의 추억을 은근히 자극했다. '그리고 그 아이들이 10대 청소년이 되자 네슬레는 이제 일본에 거대한 커피 시장이 열렸다는 사실을 발견했다.' 라파이유 박사가 자랑스럽게 쓴 글이다.

이렇게 해서 일본의 새로운 세대에게 커피는 위안을 주는 식품으로 자리 잡았다. 이 이야기는 우리가 어떤 음식을 좋아하느냐는 미각 세포와는 별 상관이 없고 뇌파와 더 밀접한 관련이 있다는 사실을 증명한다. 하지만 그것은 사회 과학이고, 섭식에 관한 논의는 여전히 영양학자들이 주도한다. 영양학자들은 뇌의 미묘한 작동 방식에는 별다른 흥미를 느끼지 못하고 우리가 초콜릿을 갈망하는 이유를 생화학으로만 계속 설명한다. (영양학자들은 우리의 몸이 진정으로 갈망하는 것은 짙은 녹황색 잎채소, 견과류, 씨앗류, 생선, 콩, 통곡물, 아보카도, 요구르트, 바나나 같은 음식들이라고 말한다. 오만하게도 그들은 우리가 그런 음식들을 갈망하지 않는다는 현실을 무시하고 있다. 알다시피 과학적 추론에 따르면 이 모든 음식과 초콜릿은 마그네슘이 풍부한 음식이다. 학교 화학 선생님들이 불을 붙여 요란한 소리를 들려주었던 그 반짝이는 금속 말이다.)

똑똑한 식품 전문가들은 인구의 80퍼센트가 하루 동안 마그네슘이 함유된 음식을 하나도 먹지 않는다고 이야기한다. '마그네슘은 감염을 예방해 면역 체계를 강화하고, 신경계의 균형을 유지하는 중요한 역할을 하며, 불안을 다스리는 데도 도움이 됩니다.' 뉴트리센터NutriCentre의 영양학자인 쇼나 윌킨슨Shona Wilkinson의 말이다. 그럼 전체 인구의 80퍼센트나 되는 사람들이 불안에 시달린다는 말인가? 그렇다면 불안에 시달리는 것이 표준이 되기 때문에 앞뒤가 맞지 않는다. 그렇다면, 윌킨슨의 말은 비상용 초콜릿을 항상 구비해 놓는 일이 과거 어느 때보다 중요하다고 해석될 수도 있겠다!

30장

이걸 먹고
병이 나았어요

인생학교the School of Life는 현대적 귀족이라 할 수 있는 작가 알랭 드 보통Alain de Botton이 설립한 철학 교육 기관으로 유럽의 여러 도시에 분교를 두고 있다. 모든 분교는 교실 한 개, 철학책들이 소장된 도서관, 그리고 주류를 파는 식당으로 이뤄져 있다. 철학은 기름을 쳐야 잘 돌아가고 좋은 음식이 들어갈 때 훨씬 잘 이해되는 학문이기 때문이다.

인생학교는 〈치료를 위한 음식〉이라는 독특한 제목의 칼럼을 통해 음식에 관한 몇 가지 중요한 견해를 밝히고 있다. 첫째, 음식은 단순한 '연료'가 아니라 '우리의 심리적 요구'를 채워 준다. 간단히 말해서 음식은 '치료적 잠재력'을 지니고 있다. 모든 음식에는 영양학적 가치는 물론이고 심리적 가치가 있기 때문이다.

음식의 심리적 가치는 음식의 특징에서 비롯된다. 모든 음식은 하나의 성격, 하나의 방향, 세계를 이해하는 하나의 방법을 연상시킨다. 또 만약 마법에 의해 그 음식이 사람으로 바뀐다면 그 사람은 누구일지도 알려 준다. 어떤 음식에 성별, 인생관, 영혼, 심지어는 정치적 성향을 부여하는 일도 가능하다.

여러 종교에서 음식이 특별한 역할을 하는 것은 결코 우연이 아니다. 관습을 충실히 따르는 유대인 가정에서 아직도 이어지고 있는 전통 중 하나는 유월절* 기간에 이스트를 넣지 않은 빵과 쓴맛이 나는 호스래디시를 먹는 것이다. 이 음식들은 유대인 조상들이 이집트에서 탈출했을 때 보여 준 용기를 상징한다. 그러나 인생학교에서는 그들의 주장을 뒷받침하기 위해 아주 소박한 음식들을 예로 든다. 레몬, 헤이즐넛, 그리고, '피시앤칩스.'

레몬부터 살펴보자. 영양학적으로 레몬은 아주 직설적인 음식이다. 레몬 100그램에 열량은 29칼로리, 식이 섬유는 2.8그램 들어 있으며 레몬을 먹을 때는 설탕을 듬뿍 뿌려 먹게 된다. 하지만 심리학적으로 본다면 레몬에는 특별한 '성분'이 들어간다.

레몬은 다음과 같은 이야기를 '들려주는' 과일이다. 남쪽, 태양, 정직과 희망, 아침, 그리고 단순함. 레몬은 행동을 촉구하는 느낌을

---

*   이집트 탈출을 기리는 유대인들의 축제.

준다. 레몬은 우리에게 중요한 문제를 공격적으로 해결하고 우리가 해야 한다고 생각하는 일에 집중하라고 말해 준다. 레몬은 감성에 반한다. 레몬은 잔인할 만큼 정직하지만 친절한 과일이다.

나는 이 설명들 중 처음 한두 개는 진실에 가깝다고 본다. 하지만 레몬이 감성에 반한다고? 레몬은 우리를 눈물짓게 하는 과일인 것을! 여기서 상징주의는 주관성을 띄고 있다(하지만 그것은 당신을 위한 상징주의다). 인생학교에서 두 번째로 제시한 식품인 헤이즐넛은 어떨까? 헤이즐넛에 담긴 영양 성분들을 나열하기는 쉽지만 그 성분들이 합쳐져 어떤 치료 효과를 낸단 말인가? 인생학교는 헤이즐넛에 대해 다음과 같이 설명한다.

다음과 같은 것들을 한 접시에 담아 놓았다고 생각하면 된다. 가을의 상쾌한 느낌, 성숙, 맑은 정신, 자립성, 그리고 (서랍을 항상 깔끔하게 정리하는 열 살짜리 아이 같은) 단정함.

나는 서랍을 항상 깔끔하게 관리하는 열 살짜리 아이를 많이 알지 못한다. 이번에도 음식에 관한 연상들은 지극히 개인적이고 주관적인 어떤 것 속으로 사라지는 것 같다. 하지만 모든 음식에 특정한 인생철학이 담겨 있다는 주장만큼은 널리 받아들여지는 것이니, 여기서 초콜릿과의 연결 고리를 찾아볼 수는 있겠다.

'우리는 육체적으로 음식을 먹는 한편, 직관적인 심리적 영양분을 우리의 영혼에 집어넣으려고 노력한다.' 우리는 '성격의 어떤 측면들을 강화하고 영혼의 약점을 보완하기 위해' 음식을 선택하고 활용한다. '아보카도의 자신 있는 고요함, 무화과의 편안하고 관능적인 태도, 가리비의 위엄 있는 비밀주의, 아스파라거스의 개성에 대한 확고한 신념을 닮기를 원한다.'

음식을 치료의 도구로 바라보는 견해에 따르면 모든 식사는, 아니 우리가 음식을 한입 먹는 모든 행위는 어떤 식으로든 우리의 균형을 바로잡기 위한 선택이 된다. 때때로 우리는 지나치게 이지적이거나, 지나치게 짜증이 많이 나거나, 혹은 지나치게 감정적이 된다. 스트레스를 받은 사람은 뮤즐리 여러 그릇을 단숨에 먹어 치울 수도 있고, 피곤한 사람은 판초콜릿 한 개를 간식으로 먹을 수도 있다. 우리는 다음과 같은 인식을 가져야 한다.

우리가 '맛있다'고 이야기하는 음식은 우리의 위장만이 아니라 우리의 정신세계에 부족한 것이 무엇인가에 관한 단서를 제공한다. 음식의 힘은 우리를 더 완전한 존재로 만들어 주는 데 있다.

하지만 주의하시라. 어쩌면 저 마지막 문장은 조금 유감스럽게 들릴지도 모르겠다.

31장

마음껏 먹고
즐겨라

스페인 사람들은 17세기에 아메리카 대륙에 도착하자마자 초콜릿이 고급스러운 음료라는 사실을 알아차렸다. 그리고 프랑스에 도착한 최초의 카카오 꼬투리는 프랑스 루이 13세의 왕비였던 안도트리슈Anne d'Autriche라는 지체 높은 인물과 함께 피레네산맥을 넘어 프랑스로 갔다는 사실을 밝혀 두는 것도 의미가 있을 듯하다. 그로부터 400년 후에 초콜릿은 매우 세련된 음료라는 명성을 얻었다. 비슷한 시기에 아메리카 대륙에서 발견된 음식인 커피는 초콜릿과 비슷한 지위에 오른 적이 한 번도 없었다.

초창기에 초콜릿이 매력적으로 받아들여진 것은 상당 부분 초콜릿이 건강에 도움이 된다고 알려진 데 기인했다. 진짜 초콜릿(오늘날의 설탕덩어리 말고)에는 귀중한 물질들이 가득하다. 혈관 속의 손상된 세포들을 흡수하는 항산화 물질, 콜레스테롤 수치를 조절하는 식물성 스테롤, 그리고 혈액 순환에 도움이 되는 코코아 플라바놀cocoa flavanol 같은 물질들이다. (초콜릿의 화려한 명성에는 다 이유가 있다.)

17세기 스페인에서 존경받는 의사였던 후아네스 데 바리오스 박사는 언젠가 아침 식사로 초콜릿을 마시라고 권하면서 '인디언의 음료'를 마시고 나면 고기나 빵이나 다른 음료가 필요하지 않다고 말했다.

그 시대의 다른 스페인 의사들도 일제히 초콜릿을 칭송했다. 그중 하나인 세비야의 무명 의사는 다음과 같은 글을 남겼다. '와인만 마시고 7일 이상 살아남은 사람은 지금까지 없었다. 하지만 다른 것은 일절 먹지 않고 초콜릿만 먹는다면 몇 달, 몇 년도 살수 있을 것 같다.' 그 의사는 다음과 같은 자신의 경험을 털어놓았다.

젖을 뗀 아기가 있었는데, 어떤 방법을 써도 그 아기는 음식을 먹지 않았다. 4개월이라는 기간 동안 아기의 생존을 위해 쇼콜라타만 먹였다. 가끔은 쇼콜라타에 빵 부스러기를 조금 섞어 먹였다.

18세기 프랑스에는 새로운 음식인 초콜릿이 일종의 슈퍼푸드라는 대중적인 믿음이 있었다. 의사였던 드 켈뤼 박사는《초콜릿과 설탕의 자연사》라는 책에서 초콜릿이 단순히 건강에 좋기만

한 것이 아니라 수명을 연장해 준다는 공술 증거testimonial evidence를 소개했다.

> 얼마 전 프랑스의 마티니코에서 100살쯤 된 시의원이 사망했다.
> 그 시의원은 30년 동안 초콜릿과 비스킷만 먹고 살았다. 아니, 때
> 때로 저녁 식사에 수프를 조금 먹기도 했지만 생선도, 고기도, 다
> 른 반찬도 먹지 않았다. 그런데도 그는 아주 활기차고 민첩했으며,
> 80년에다 5년을 더 살고 나서도 등자 없이 말등에 오를 수 있었다.

스페인의 군의관이었던 안토니오 라베단Antonio Lavedan은 1796년

전략: 초콜릿을 먹자

☑ 유기농 다크 초콜릿을 조금씩 먹는다.
☑ 신선한 우유와 진짜 카카오로 만든 핫초콜릿을 마신다.

주의

진짜 카카오는 구하기가 매우 어렵다. 이미 오래전에 대형 초국적 기업들은 설탕을 잔뜩 넣은 식물성 유지류를 판매하는 것이 수익성이 훨씬 좋다고 판단했다. 하지만 프랑스인들은 진짜 카카오의 효능을 잘 알고 있었다(그들이 빈틈없이 지켰던 식민지들 중 한 곳에서 얻은 정보였다). 그리고 요즘은 잘 찾아보기만 하면 슈퍼마켓에서 음료용 또는 요리용으로 판매하는 스페셜티 코코아를 구입할 수 있다.

에 발표한 〈커피, 차, 초콜릿, 담배에 대하여On Coffee, Tea, Chocolate, and Tobacco〉라는 유명한 논문에서 서양인들의 다양한 기호품을 비교 분석했다. 그 논문의 마지막 문장은 다음과 같았다.

> 사람은 초콜릿 하나만으로도 여러 해 동안 건강하고 튼튼한 몸을 유지할 수 있다. 그러려면 초콜릿을 하루에 세 번 먹어야 한다. 즉 아침에 한 번, 점심에 한 번, 그리고 저녁에 한 번 먹어야 한다.

오늘날 초콜릿의 잠재적 이점으로 알려진 것들 중에는 콜레스테롤 수치 감소, 인지 능력 쇠퇴 방지, 심혈관 질환 위험 감소 등이 있다. 하지만 더욱 놀라운 것은 소량의 초콜릿, 특히 다크초콜릿을 먹는 것이 다이어트 요법에 포함될 수 있다는 증거가 축적되고 있다는 사실이다!

고기가 안 들어간
초콜릿 칠리Chili non Carne y Chocolate

- 올리브유 2큰술.
- 양파(중) 2개: 잘게 썰어 준비.
- 대파 1대: 흰 부분만, 잘게 썰어 준비.
- 주키니(대) 1개: 잘게 썰어 준비.
- 당근(대) 1개: 껍질 벗기고 잘게 썰어 준비.
- 신선한 붉은 고추: 잘게 썰어 준비.
- 마늘 4쪽: 곱게 다져서 준비.
- 맛을 내기 위한 허브와 향신료(예: 오레가노, 바질, 타임 같은 일반적인 허 브와 큐민, 코리앤더, 파프리카, 계피, 넛멕 같은 이국적인 향신료).
- 소금(되도록 '진짜' 소금을 즉석에서 갈아서 사용).
- 후추(즉석에서 갈아서 사용).
- 토마토 퓌레 2큰술.
- 건조 렌틸콩 2와 1/2컵: 붉은색, 녹색 또는 혼합.
- 붉은 덩굴강낭콩 400g 통조림 1개: 물기를 빼고 씻어 준비(나는 남들보 다 적게 사용한다. 솔직히 강낭콩은 가끔 한두 개만 맛있고 다 맛이 없기 때 문이다).
- 토마토 통조림 400g 2개: 잘게 썰거나 체에 받쳐 준비.
- 버터 1큰술.
- 꿀 1큰술, 와인 약간(선택).
- 달콤쌉싸름한 초콜릿 2온스(60g).
- 곱게 간 체더치즈 1/4컵: 장식용.

커다란 소스팬에 기름을 두르고 보글거릴 때까지 달군다. 잘게 썬 채소들 과 일반적인 허브, 소금과 후추를 넣고 중불에서 채소가 무르게 익을 때까 지 가열한다. 이국적인 향신료들을 첨가하고, 원한다면 넛멕을 강판에 갈아 넣는다. 몇 분 동안 볶은 후 토마토 퓌레를 넣고 중약불에서 휘저어 주면서 5분간 익힌다. 렌틸콩, 강낭콩, 토마토를 넣고 저어 준다. 버터를 추가하고,

원한다면 꿀 1큰술과 약간의 와인을 넣는다. 마지막으로 가장 중요한 초콜릿을 넣고 다 녹을 때까지 저어 준다. 5분 동안 보글보글 끓인다. 약불로 줄이고 가끔 저어 주면서 30분 이상 천천히 끓인다(렌틸콩이 부드럽게 익을 때까지). 밥과 함께 그릇에 담고 곱게 간 체더치즈로 장식한다. 바나나 썬 것과 색색의 초콜릿을 올려도 좋다.

32장

돈이
열리는 나무

우리 모두 학교에서 크리스토퍼 콜럼버스가 푸른 바다를 항해해
아메리카 대륙을 '발견'했다는 이야기를 수없이 들었다(실제로는
그게 아니었지만). 그러나 콜럼버스가 초콜릿을 발견했다는 이야
기를 들은 사람은 거의 없을 것이다. 그가 초콜릿을 발견한 것은
아메리카 대륙에 다녀온 지 10년쯤 후인 1502년의 일이었다. 콜
럼버스와 그의 부하들은 카리브해에 위치한 구아나야섬Guanaja에
서 카누 한 척을 나포했는데, 그 카누에는 이상하게 생긴 '아몬드'
가 잔뜩 실려 있었다. 알고 보니 그 아몬드는 카카오빈이었다. 나
중에 콜럼버스 일행은 중앙아메리카 일대에서는 카카오빈이 화
폐처럼 쓰인다는 사실을 알았다. 하지만 그들은 자신이 손에 넣
은 물건이 왜 그렇게 가치 있는 것이며 어디에 사용하는 것인가
라는 수수께끼를 끝내 풀지 못했다.

콜럼버스는 지금의 멕시코 땅에 존재했던 아즈텍 왕국의 통치자들이 순전히 초콜릿 나무를 확보하기 위해 이웃 나라와 전쟁을 벌였고, 그들이 마야 사람들에게 코코아로 세금을 내게 했으며, 이 나무의 꼬투리를 특별한 경로로 아즈텍 왕실로 수송하게 했다는 사실을 곧 알게 되었다. 하지만 그도 카카오빈을 가공하는 복잡한 절차가 어떻게 되며 카카오빈이 축제에 정확히 어떻게 사용되는지는 알지 못했다.

나중에 유럽인들이 아즈텍의 웅장한 축제에 초대받아 축제를 참관했을 때, 아즈텍 사람들의 삶에서 코코아가 특별한 위치를 차지한다는 사실이 비로소 명백하게 밝혀졌다. 이 이야기는 '치유하는 음식'의 또 다른 측면을 보여 준다. 아즈텍 사람들에게 초콜릿은 국가의 가장 큰 집단 치유 의식이었던 것이다! 군인으로서 에르난 코르테스와 함께 멕시코 정복에 참여했던 스페인의 베르날 디아스 델 카스티요는 아즈텍 최후의 황제였던 몬테수마의 황궁에서 거행된 의식을 다음과 같이 묘사했다.

　　때때로 병사들이 코코아나무에서 얻은 음료를 순금 컵에 담아 황제에게 올렸다. 그들은 황제에게 후궁들을 만나러 가기 전에 그것을 마시라고 간언했다. 당시에 우리는 주의 깊게 보지 않았지만, 그들은 쉰 개는 족히 되는 커다란 초콜릿 주전자를 가지고 들어왔다. 모든 주전자에는 거품을 낸 초콜릿이 담겨 있었고, 황제는 그것을 조금씩 마셨다. 위대한 몬테수마 황제가 식사를 끝내면 병사들과 하인들 모두가 차례대로 식사를 했다. 음식이 담긴 접시 수천 개가 그들 앞에 차려지고, 멕시코식으로 거품을 낸 초콜릿 주전자도 2000개가 넘게 날라져 왔다.

서양인들은 어디를 가도 서양인들이라, 곧 이 '희귀한 화폐'를 더 많이 재배하는 일에 뛰어들었다. 하지만 테오브로마 카카오는 재배하기가 어려운 작물이었다. 테오브로마 카카오를 재배하려면 특별한 토양이 필요하고, 강우량도 정확히 맞아야 했고, 심지어는 카카오나무가 잘 자라도록 그늘을 만들어 주는 특정 종류의 나무도 필요했다. 1674년 예수회 신부인 조앙 펠리페 베텐도르프João Felipe Bettendorff는 파라Para에서 예수회의 임무를 몇 가지 수행하고 나서 카카오 꼬투리 몇 개를 챙겨 카누를 탔다. 그는 산타루치아Santa Lucia에서 카카오 재배에 도전했다. 대성공을 거뒀고, 3년이 지나자 산타루치아의 예수회 신도들은 1000그루가 넘는 건강한 카카오나무를 키우게 됐다. 1693년에 예수회 신부인 알폰소 아비릴라가Alfonso Avirrillaga는 지방 상급 교회 신부에게 편지를 보내 멕시코의 치아파스대학교가 소유한 두 개의 플랜테이션 농장에 카카오나무가 7만 5000그루나 있다고 보고했다! 세 번째 플랜테이션 농장에는 나무가 더 많았고 맷돌까지 갖추고 있어서 카카오 분쇄와 가공도 효율적으로 이뤄졌다.

　　예수회 신도들은 초콜릿을 아메리카 대륙에서 스페인을 거쳐 이탈리아로 보냈다. 프란치스코 수사들과 마찬가지로 그들도 브라질, 파라과이, 멕시코를 한 축으로 하고 캘리포니아와 서유럽을 다른 축으로 하는 카카오 무역에 깊이 관여했다. 교회들은 브라질에 플랜테이션 농장을 설립하고 원주민들을 강제로 이주시킨 후 농장에서 일을 시키기 위해 노예를 수입했다. 신부들 몇몇이 도덕적인 이유에서 반대했지만 받아들여지지 않았다. 지역에서 활동하는 신부들의 의견이 멀리 떨어진 가톨릭의 위계질서에 의해 묵살당하는 이러한 패턴은 오늘날까지 이어지고 있다.

　　위계질서 이야기가 나온 김에, 교회의 상층부에서는 예수회의 신부들이 여러 가지 향이 첨가된 초콜릿을 서로에게 선물로 보내곤 했다. 자연스럽게 종파마다 초콜릿 제조법에 관해 각기 다른 견해를 가지게 됐다. 도미니크 수도회는 핫초콜릿에 '향기 나는 식물'을 넣는 것에 반대했고, 베네딕트 수사들은 '초콜릿 소스'라는 말만 들어도 기겁을 했다. 예수회의 이러한 영향은 아직도 사람들이 초콜릿을 대하는 태도에 영향을 미친다. 오늘날의 상류층과 프랑스인들 사이에서는 이국적인 맛의 초콜릿이 유행하고 있고, 초콜릿 전문가들은 오래전부터 여러 가지 맛을 자유자재로 섞었지만, 대다수 사람들은 초콜릿이라고 하면 두 가지만 있다고 생각한다. 즉, 밀크초콜릿과 다크초콜릿이다. 하지만 견과류나 건과일을 첨가한 초콜릿도 있고, 장식으로 페퍼민트 덩어리를 넣은 것도 있다. 그래서 두 가지 맛만 이야기할 경우 초콜릿을 경험할 수 있는 다양한 방법들이 배제된다.

하지만 언젠가부터 '핫초콜릿'은 그 특징의 일부를 잃어버렸다. 특히 앵글로색슨족의 세계에서 핫초콜릿은 아이들의 달콤한 간식이라는 인식이 강해졌다. 반면 프랑스 같은 나라들에서는 여전히 '쇼콜라테리에'라고 하면 핫초콜릿을 마시기 위해 들르는 고급스러운(실제로 값도 비싸다) 장소로 받아들여진다. 오늘날 사무실에서, 아니 스타벅스에서도, '초콜릿 음료' 한잔 하자고 말하는 사람은 거의 없겠지만, 영국인들의 커피하우스 전통은 아마도 차를 즐기는 동양 사람들의 풍습보다 핫초콜릿을 즐겨 마시는 남아메리카 사람들의 의례에서 더 큰 영향을 받았을 것이다.

런던 최초의 커피하우스는 1652년에 문을 열었다. 1657년에는 최초의 티하우스가 생겼고(당시에는 차가 굉장히 비쌌다), 같은 해에 어느 프랑스인이 최초의 초콜릿하우스를 열었다. 그 초콜릿하우스는 비숍게이트 거리의 퀸스헤드 골목에 있었다. 그리하여 서인도 제도의 참혹한 환경 속에서 노예들이 생산한 초콜릿은 영국의 가장 호화로운 지역에서 최상류층이 마시는 음료가 됐다. 초콜릿을 마시는 풍습은 금방 유행으로 떠올랐다. 런던 대화재 기간에 일기를 남긴 것으로 유명한 새뮤얼 피프스Samuel Pepys는 1664년 11월 24일의 일기에 이렇게 썼다. '조콜라테*를 마시러 커

---

* jocolatte, 당시의 표기는 오늘날과 달랐던 것으로 짐작된다.

피하우스에 갔다.' 그는 그 음료가 '아주 맛있었고' 찰스 2세의 대관식 축하 파티에서 과음한 다음 날에 그의 '슬픈 머리'와 '어리석은 배 속'을 편안하게 해 줬다고 썼다.

당시 공공장소에서 초콜릿을 마시는 것은 세련되고 교양 있는 사람이라는 징표로 간주됐고, 앤 여왕 시대에 유명했던 폴몰Pall Mall 거리의 '코코아트리'라는 이름의 초콜릿하우스는 도박과

주니퍼베리를 곁들인 초콜릿 가나슈

가나슈란 우아한 프랑스어로서 소스 또는 걸쭉한 페이스트를 가리킨다. 가나슈는 초콜릿과 크림의 단 두 가지 재료로 만들어지며, 경우에 따라 맛을 내기 위해 다른 재료를 첨가한다. 때로는 알코올이 함유된 재료를 추가한다. 가나슈는 종종 케이크와 페이스트리의 속재료로 사용되고, 초콜릿 트뤼플chocolate truffles 속에 넣기도 하며, 고급 요리의 재료로도 사용된다. 예컨대 연어와 함께 먹는 식이다. 가나슈만큼 준비하기 쉬운 음식도 없다. 가나슈는 우유가 아닌 크림으로 만든 핫초콜릿과 사실상 동일하니까.

- 진한 크림 100ml(1/2컵 정도)
- 건조 주니퍼베리 2큰술: 잘게 썰어 준비
- 질 좋은 다크초콜릿 100g: 적당히 썰어서 준비

중간 크기의 소스팬을 중약불에 달군 다음 크림을 넣어 끓기 직전까지 가열한다. 주니퍼베리를 넣고 향이 우러날 때까지 2분 정도 졸인다. 크림이 끓을 정도로 가열하지는 말라. 초콜릿을 넣고 살살 저어 주면서 녹인다.

가나슈를 그릇에 담고 실온에서 식힌다. 그러고 나서는 1시간 이상 냉장고에서 식힌다.

정치 토론의 중심지가 됐다가 나중에는 문학 클럽으로 자리 잡았다. 이 문학 클럽의 회원들 중에는《로마제국 쇠망사》를 쓴 역사학자 에드워드 기번과 시인이었던 조지 바이런이 있었다. 바이런은 몸매 때문에 고민이 많았고 신경성 식욕 부진증에 시달리고 있었다. 그런 그에게 초콜릿은 신이 보낸 선물처럼 느껴지지 않았을까. 바이런은 〈캐롤라인에게To Caroline〉라는 제목의 시에서 초콜릿에 대해 이렇게 썼다.

오! 그렇다면 마실 수 있을 때 실컷 마시자, 기쁨의 물약을,
　　거기서 우리의 열정과도 같은 뜨거운 열정이 끊임없이 흘러나
올지니
　　사랑의 축복이 가득 담긴 잔을 한 바퀴 돌리자,
　　그리고 우리 아래 놓인 달콤한 음료를 벌컥벌컥 마시자

플라톤의 고귀한 케이크

이것은 초콜릿, 꿀, 보릿가루로 만들어지는 대단히 '고귀한' 케이크로서 죄책감을 느낄 필요가 전혀 없는 음식이다. 차를 마실 때 같이 먹으면 좋다.

- 판으로 된 다크초콜릿 1개
- 버터 1큰술(1/8 스틱)
- 꿀 1/2컵
- 굵은 설탕 1/2컵
- 무가당 코코아가루 1/4컵
- 바닐라 꼬투리 1개 분량의 씨앗
- 사과소스 1컵(신선한 사과를 졸여서 직접 만들면 제일 좋다)
- 물 1/4컵
- 보릿가루 1컵
- 베이킹파우더 1작은술
- 다진 견과류 1/2컵
- 소금 약간

　　오븐을 175도로 예열하고 20센티미터짜리 사각형 오븐 용기에 기름을 발라 둔다. 커다란 그릇에 초콜릿과 버터를 담고 중탕으로 가열하면서 녹인다. 꿀, 설탕, 코코아가루, 바닐라빈, 사과소스, 물을 넣고 저어 주면서 반죽이 부드러워질 때까지 섞는다. 나무 스푼으로 보릿가루를 살살 섞어 주고, 다음으로 베이킹파우더, 다진 견과류, 소금을 넣고 다시 섞는다. 미리 준비한 오븐 용기에 반죽을 붓고, 케이크 가운데 부분을 손가락으로 살짝 눌러 탄력이 느껴질 때까지 35~40분간 굽는다. 오븐에서 꺼낸 케이크를 오븐 용기에 담긴 채로 완전히 식혀 준다. 네모 모양으로 자른다.

33장

붉은
초콜릿

유럽인들이 도착해서 초콜릿을 이윤이 많이 남는 사업인 동시에 떠들썩한 술집의 분위기를 돋우는 음료로 바꿔 놓기 한참 전부터 남아메리카와 중앙아메리카 사람들은 초콜릿을 영적이고 종교적인 목적에 사용하고 있었다. 그들은 카카오가 땅, 하늘, 지하 세계의 균형을 잡아 주며 신이 옥수수와 초콜릿으로 인간을 창조했다고 믿었다. 카카오나무 자체가 최초의 나무였고 세계의 기원이라고 생각했다. 그래서 그들은 지하 세계, 물, 죽음과 관련이 있는 초콜릿 의식을 치렀다.

실제로 초콜릿은 인간을 제물로 바치는 의식에서 중요한 역할을 했다. 고대 마야 문명에서 전해지는 단 네 권의 양피지 책 가운데 하나인 《마드리드 코덱스Madrid Codex》는 사제들이 자신의 귓불을 창으로 찔러 카카오를 피에 적시는 장면을 묘사한다. 윽!

더 심한 것도 있다. 마야와 멕시코의 신화에 따르면 신성한 할머니 여신 슈무카네Xmucane가 옥수수로 인간을 만들어 내자 깃털 장식을 단 뱀의 왕이 마야인들에게 카카오를 선물했다. 이 사건을 기념하는 의식에서는 초콜릿색 반점이 있는 개 한 마리를 제물로 바쳤다. 하지만 이것은 인간이 초콜릿의 신들에게 지불한 비용의 일부에 불과했다. 더 유명한 의식은 노예 한 사람을 우리에 가두고 초콜릿과 피를 섞어 마시게 한 다음 정확히 밤 12시에 제물로 바치는 것이었다.

음식에 관한 아즈텍 신화들 가운데 가장 중요한 것으로 절도와 처벌에 관한 교훈적인 이야기가 있다. 이 이야기에 따르면 공기와 바람과 의술의 신으로 '깃털 달린 뱀'이라는 별명을 가진 케찰코아틀Quetzalcoatl이 음식의 신들에게서 카카오빈을 몰래 훔쳐서 땅으로 내려와 아즈텍 사람들에게 줬다. 그는 카카오빈을 식용으로 가공하는 방법, 꼬투리를 재배하는 방법, 카카오빈을 발효시키고 건조하고 볶는 방법, 키질하고 빻아서 박에 담고 물과 섞어 반죽처럼 만드는 방법에 관한 신성한 지식도 함께 알려 주었다.

전설에 따르면 케찰코아틀은 붉은색 꽃이 핀 작은 나무를 훔쳤다. 그는 그 나무를 땅에 심고, 비의 신 틀라록Tlaloc에게 부탁해서 물을 주고, 풍요의 여신 소치케찰Xochiquetzal에게는 나무를 보살피고 아름다운 꽃을 피워 달라고 부탁했다. 작은 나무에서는 쉴 새 없이 꽃이 피어났다. 나중에 그 나무에 짙은 색 열매가 열리자 케찰코아틀은 꼬투리를 수확해 씨앗을 볶고, 톨텍Toltec 여자들에게 그 볶은 씨앗을 곱게 갈아 가루로 만드는 법을 가르쳤다. 그 여자들은 코코아가루를 물에 섞고 휘저어 거품이 이는 음료로 만들고 그 음료를 초콜라틀chocolatl이라고 불렀다. 초창기에는 사제들과 왕족들만 그 음료를 마셨다. 이때는 따로 설탕을 첨가하지 않았으므로 마야 사람들은 그 음료를 '쓰다'는 뜻의 '카하우kahau'라고 불렀다.

케찰코아틀의 동료 신들은 자신들의 음식을 보잘것없는 인간에게 나눠 준 데 대해 당연히 화를 냈지만, 그들이 분개한 진짜 이유는 초콜릿이 인간들에게 너무나 큰 기쁨을 선사했기 때문이라고 한다(전설에 따르면 그렇다).

초콜릿 신들의 축제

'깃발을 올리는 달'(서양 달력에서는 11월 21일경부터 12월 10일경까지의 기간을 의미한다)에 멕시코 사람들은 전쟁과 태양의 신 우이칠로포크틀리Huitzilopochtli를 기리는 축제를 연다. 그리고 이 축제에서는 '코의 우두머리'이자 여행자들의 신으로 알려진 야카테쿠틀리Yacatecuhtli에게 제물을 바친다. 몇 백 년 전에는 이 축제가 열리기 전날마다 곧 죽임을 당해 신에게 제물로 바쳐질 사람들에게 카카오 음료를 주었다.

오늘날에도 멕시코에서 추수기에 거행되는 또 하나의 의식에는 사제들의 귀와 팔에 상처를 내어 거기서 얻은 피를 카카오꽃에 적시는 순서가 포함되어 있다.

죽음의 초콜릿 케이크

이처럼 중요한 서구의 의식을 거행하려면 초콜릿 케이크가 하나 필요하다. 요즘에는 초콜릿 케이크를 구할 수 있는 곳이 많다. 조리법을 구해서 초콜릿 케이크를 직접 만들 수도 있다. 빵집에서 판매하는 케이크와 브라우니(냉동하지 않은 제품)도 있고, 급할 때 사용하기 편한 믹스 제품도 있다. '죽음의 초콜릿 케이크'라는 이름에 걸맞은 케이크를 만들려면 윗면 장식과 속 재료를 풍부하게 넣어야 한다. 코코아매스 함유량이 70퍼센트 이상 되는 고급 다크초콜릿을 선택하라. 당을 소량 첨가한 것도 좋고 첨가하지 않은 것도 괜찮다. 무가당 초콜릿을 사용할 경우에는 꿀을 조금 넣는다.

윗면 장식

중간 크기의 냄비에 2/3컵의 헤비크림*을 붓고 가열한다. 팬을 불에서 내리고 잘게 다진 다크초콜릿(당 첨가 여부에 관해서는 위의 주의 사항을 따른다) 260g을 섞고, 럼주 약간(필수는 아님)을 넣는다. 매끄럽게 섞일 때까지 저어 주고 반죽을 식힌다. 반죽은 걸쭉하면서도 펴 바를 수 있는 정도여야 한다.

케이크 윗면의 바삭하게 익은 표면을 제거한 후 케이크를 수평으로 반 자른다. 두 개의 층에 각각 장식 재료를 고루 올린다. 어떤 사람들은 케이크 옆면에 반죽을 칠해 장식하기도 하지만, 나는 개인적으로 그것은 너무 요란하다고 생각한다. 원한다면 케이크 윗면에 초콜릿칩 또는 다른 초콜릿 과자를 뿌려 장식한다. 케이크를 냉장고에 넣어 프로스팅**을 굳히되 대접할 때는 실온에 맞춘다.

---

* 유지방 함량이 36퍼센트 이상인 크림.

** 케이크 표면에 입히는 달콤한 설탕 혼합물.

34장

초콜릿만
먹고 살기

그리고 그들은 산처럼 쌓인 음식을 보고 무척 기뻐했다. 달콤한 음식이 가득했고 모캄보카카오°와 카카오가 잔뜩 들어간 풍부한 음식들이 '파괴된 장소, 쓰디쓴 물의 장소'라고 불리는 성채를 가득 채우고 있었다.

마야 왕국의 종교 경전에 해당하는 《포폴 부Popol Vuh》에 나오는 초콜릿 예찬이다(1985년 데니스 테드록Dennis Tedlock이 동일한 제목으로 출판한 책에서 인용). 중앙아메리카 일대에서는 예로부터 초콜릿이 단순한 간식이 아니라 주식의 일부였다. 초콜릿은 맛있는 스튜에 꼭 들어가는 재료였고, 코코아버터와 고추를 섞어 만드는 수프와 비슷한 음료에도 들어갔다. 영국의 의사이자 작가였

° 속이 흰 카카오의 일종.

던 헨리 스터브Henry Stubbe가 《인디언들의 음료, 쇼콜라타에 대하여The Indian Nectar, Or A Discourse Concerning Chocolata》라는 책에서 상세히 설명한 바에 따르면 아메리카 원주민 여성들은 고체 육류를 거의 섭취하지 않았는데도 초콜릿을 자주 먹었기 때문에 체력이 떨어지는 모습을 보이지 않았다. 또 이 책에는 자메이카에 주둔했던 영국 군인들이 카카오와 설탕을 섞어 만든 페이스트를 물에 녹여 먹으며 지냈다는 이야기가 나온다. 그것은 군인들이 장기간 그곳에 주둔하면서 스스로를 돌본 방법이었다.

17세기에 초콜릿이 유럽에 처음 전해졌을 때 이탈리아인들은 시험 삼아 초콜릿을 주요리의 재료로 써 봤다. 미래파라는 이름을 감안하면 역설적이지만 이탈리아 미래파들은 12세기의 오래된 전통을 되살려 화려한 조리법들을 제시했다. 1824년 캐드베리 사는 버밍엄에 카페를 열고 차, 커피와 함께 '카카오닙스'를 판매하면서 그것을 '아침 식사 때 마시기 좋은 영양가 풍부한 음료'로 홍보했다. 그것은 초콜릿을 건강한 음식으로 취급하는 오랜 전통에 부합했다.

중앙아메리카의 토착민들 사이에서 카카오가 의학적 효능과 영양가 때문에 아주 귀하게 여겨지는 음식이라서 지체 높은 관리들과 탁월한 전사들만 먹을 수 있다는 사실을 유럽인들이 발견했을 때, 초콜릿은 그전까지와 사뭇 다른 의미를 획득했다. 코코아가 제의의 희생양들이 마지막으로 마시는 음료였다는 작지만 중요한 사실도 의미심장하게 받아들여졌다. 초콜릿에 얽힌 이러한 역사는 우리의 인식을 바꿔 놓았다.

오늘날 서양에서는 초콜릿을 디저트로 먹기에 적합한 음식이라고만 생각한다. '정상적인 음식'을 먹지 않고 간식으로 초콜릿을 먹는 사람들은 식습관이 좋지 않다는 비판을 받는다. 초콜릿 가토* 한 조각을 다 먹어도 저녁 식사를 제대로 한 것으로 쳐 주지 않는다!

문화적 규범과는 별개로, 다이어트를 하는 사람들이나 음식을 충분히 구할 수 없는 사람들에게 초콜릿은 여전히 지방, 당, 단백질, 철을 함유하고 있는 매우 우수하고 영양분이 농축된 식품으로 인정받는다. 초콜릿의 다른 특징들이야 어떻든 간에 그 이유만으로도 초콜릿은 비상식량의 지위를 얻을 자격이 있다. 이것은 나 혼자만의 주장이 아니고 미국의 식품 과학자 앤셀 키스도 했던 주장이다. 20세기 중반에 몇몇 나라를 골라 연구를 하면서 지방을 너무 많이 섭취하면 심장 질환이 발생한다고 주장함으로써 식생활의 교리를 만든 바로 그 앤셀 키스 말이다(9장을 참조하라). 지방과 심장 질환에 관한 논쟁에 본격적으로 뛰어들기 전에 키스는 제2차 세계 대전에 참전한 수백만 군인들을 위한 간단한 비상식량을 개발하는 임무를 맡았다. 그는 지방이 많은 음식에 관해서는 잘못된 견해를 가지고 있었지만 초콜릿의 영양학적 가치는

---

* gateau. 프랑스어로 케이크를 가리킨다.

정확히 알고 있었다. 그의 이름을 따서 'K 레이션'이라는 이름이
붙은 전투용 비상식량에는 딱딱한 비스킷, 건조 소시지, 딱딱한
사탕, 초콜릿이 들어 있었다.

7부

내가 먹는 음식을
남이 결정하게 두지 말라

35장

나는 먹는다 고로 존재한다

나의 방법은 건축가를 모방한 것이다. 표면에는 모래가 많고 깊은 곳은 바위나 점토처럼 단단한 땅에 튼튼한 기초를 가진 집을 지으려 할 때, 건축가는 우선 몇 군데를 깊이 파서 그곳을 근거지 삼아 모래를 퍼내고, 모래 위에 있는 것과 모래에 섞여 있는 것들도 모두 제거한다. 그래야 단단한 지반 위에 집의 기초를 세울 수 있다. 이와 마찬가지로 나는 모래처럼 의심스러운 것을 모두 골라내 버렸다.

르네 데카르트의 《성찰》에 수록된 답변이다.

현대 철학은 데카르트가 프랑스식 오븐이 설치된 방(음식에 관한 책을 쓰기에 딱 좋은 장소였다)에서 진리가 아닌 것들(실제로도 진리가 아니었다)을 믿지 않는 방법이 무엇인가를 조용히 사색하며 보낸 시간에서 시작됐다. 체중 감량에 도전해 본 사람이라면 누구나 이와 비슷한 감정을 느껴 봤을 것이다. 다이어트 전문가와 영양학자들의 주장을 정말로 믿어도 될까? 지금까지 나온 주장들 가운데 의심스러운 것들 몇 가지를 보자.

- 지방은 살을 찌우고 콜레스테롤 수치를 높여 심장 질환을 유발한다.
- 당은 살을 찌우는 음식이고 당뇨병을 일으킨다.
- 빵과 감자 같은 음식에 함유된 탄수화물은 살을 찌우는 음식이고 심장 질환과 당뇨병의 원인이 된다!

이런 것들은 모두 잘못된 정보일까? 혹시 거대한 사기극의 일종일 수도 있을까?

'그렇다면 의심의 여지가 없는 진실은 무엇일까? 그런 진실은 하나밖에 없다. 확실한 것은 아무것도 없다는 것이다.' 이것은 데카르트가 수백 년 전에 쓴 글이다. 그의 철학적 견해에 따르면 의심은 범위는 광대하기 때문에 우리는 다이어트 조언은 물론이고 외부 세계의 모든 지식을 의심하게 된다. 물질이나 인과 관계에 관한 확고한 법칙들은 의심의 대상이 되고 신에 관한 지식으로 대체된다.

하지만 그것은 우리의 임무가 아니다. 우리는 그저 어떤 음식이 건강에 좋은 음식인지를 알아보려는 것이다. 물론 이 질문에 답하기도 어렵긴 마찬가지지만. 하지만 작고 통통한 사람이었던 데카르트도 다음과 같은 글을 썼을 때 음식에 관해 이야기하고 있었는지도 모른다. '우리의 감각은 때때로 우리를 속인다. 그리고 우리를 한 번이라도 속인 적이 있는 감각은 전적으로 신뢰하지 않는 것이 신중한 태도다.'

데카르트의 방법은 건강한 음식을 먹는 사람들에게 적합하다. 우리가 기존에 가지고 있었던 믿음(혹은 식생활 계획)은 모두 버리고 우리가 절대적으로 확신하는 한두 가지 진실을 찾아본다. 데카르트 본인은 다음과 같은 유명한 명제를 남겼다.

'나는 생각한다. 고로 나는 존재한다.'

우리도 데카르트처럼 급진적인 태도로 많은 것을 의심해 볼 필요가 있다. 단순히 슈퍼마켓 음식들이나 유명 다이어트 전문가들의 조언을 의심하자는 이야기가 아니다. 영양에 관한 모든 조언을 의심해 봐야 한다. 출처가 정부든, 의사들이든, 겉만 번드르르한 웹사이트든 간에 모든 이론과 법칙은 '입증되기 전까지는 의심스러운' 것으로 간주해야 한다.

이 원리를 실생활에 적용하고 싶다면 당장 냉장고와 식품 저장소로 가서 보관된 식품들을 모두 꺼내 보라. 의심스러운 식품은 모두 상자에 넣거나 지금까지는 원하지 않는 채소를 위해 남겨 두었던 냉장고 맨 아래 칸에 넣어 둔다. 그 식품에 무엇이 들어 있는지 확실히 알게 될 때까지 그대로 보관한다. 데카르트는 6일이 지나서야 그 자신이 과거에 가정했던 모든 것을 거부하고 확실한 진리를 추구하게 됐다(6일이라는 것은 문학적 장치였고 실제로는 오랜 세월이 소요됐다고 한다). 그러니까 우리도 무엇을 먹어야 할지를 30분 만에 확실하게 알게 되리라는 기대는 하지 말자. 다만 자연이 주는 가장 소박한 음식인 잎채소와 과일을 제외한 모든 음식이 의심스럽다고 가정해야 한다(굶을 수는 없는 노릇이니 잎채소와 과일은 제외!). 걱정 말라. 머지않아 먹을 수 있는 음식이 늘어날 테니까. 적어도 음식에 관한 문제에서는 아주 조금만 철학적으로 생각해도 진실과 오류를 수정처럼 투명하게 인식할 수 있다.

데카르트의 '방법적 회의'를 식생활에 적용하기

찬장을 점검하고 정크푸드를 모조리 버린다.

쿠키, 칩, 페이스트리, 케이크.

즉석식품, 간편식품.

저지방, 무설탕, 이해할 수 없는 어떤 성분의 함량이 '높다'고 표기된 모든 식품.

포장지에 표기된 내용을 액면 그대로 믿지 말고 의심스러운 것으로 취급하라. 건강에 좋은 식품이라면 왜 그런 마케팅 용어 뒤에 숨겠는가?

유통 기한을 확인하라. 건조, 초절임, 발효와 같은 전통적인 방식으로 보존된 식품이라면 걱정할 필요가 없다. 그렇지 않은 경우라면 유통 기한이 길수록 그 식품에 남아 있는 좋은 성분은 줄어들 가능성이 높다. (우유가 좋은 예다.) 유통 기한을 현명하게 활용하는 방법은 그 음식에 남아 있는 영양 성분의 가짓수가 얼마나 많은가를 짐작하는 기준으로 사용하는 것이다. 보통은 보관 가능한 기간이 길수록 가공을 많이 거친 식품이고 영양가는 적어진다.

36장

모든 것을
의심하라

사실 내 친구 하나는 영양학자였다. 아마 그 친구는 아직도 영양
학자일 것이다. 그녀의 직업은 설탕과 지방을 먹지 말라고 사람
들을 설득하는 것이었다. 그녀는 마른 편이었고 그리 건강해 보
이지 않았다. 방금 말했듯이, 그녀는 마른 편이었다. 그러면 그녀
의 조언이 옳았던 것이 아니냐고? 그건 아니다! 어떤 사람이 지방
과 설탕을 적게 먹기 때문에 날씬하다는 생각이야말로 가장 흔한
착각이다. 실제로는 그 사람이 날씬한 다른 원인들이 얼마든지
있을 수 있다. 이것은 철학자들이 거창한 용어로 '후건 긍정의 오
류'라고 부르는 현상이며, 긴 이름이 붙어 있든 아니든 간에 다이
어트 조언에서 자주 발견되는 추론의 오류이기도 하다. 숨을 깊
이 들이마시고 사례들을 살펴보도록 하자.

당신이 파리에 관해 이야기하고 있다고 가정하자. 올바른 논

리는 다음과 같이 전개된다.

> 12월이면 길가 카페에서 마시는 커피가 차가울 것이다.
> 지금은 12월이다.
> 그러므로 길가 카페에서 마시는 커피는 차가울 것이다.

전제가 참으로 받아들여지기 때문에 결론도 참이다. 논리적으로 유효한 주장은 가정에 포함된 정보를 결론에서 그대로 반복하게 된다. '만약 A라면 B다, 그런데 우리에게 A라는 조건이 있다. 따라서 우리는 B다.' 하지만 이것은 사실 아무런 이야기도 하지 않은 셈이다.

아리스토텔레스가 적절히 지적한 대로 철학의 논리가 더 유용한 이유는 그릇된 주장을 가려내는 데 도움이 되기 때문이다. 예컨대 위의 논리를 뒤섞어 놓으면 어떻게 되는지 살펴보자.

> 12월이면 길가 카페에서 마시는 커피가 차가울 것이다.
> 길가 카페에서 마시는 커피가 차갑다.
> 그러므로 지금은 12월이다.

아니다! 지금은 추운 1월의 어느 날일 수도 있고, 다른 어떤 달일 수도 있다. 아니면 커피 추출기가 고장 났을 가능성도 있다.

음식과 건강에 관한 문제에서 우리는 건강한 사람이 하는 행동 중에 우리가 하는 행동과 현저히 다른 어떤 것을 찾는다. 그리고 그게 건강한 사람들의 비결이라고 지레짐작한다! 하지만 커피가 차가워지는 것과 마찬가지로 그 사람들의 건강도 여러 가지 다른 이유가 있을 수 있다. (이 점을 깨달아야 '모든 것을 의심할' 수 있다.)

논리학자들의 눈에는 이것이 우스꽝스러운 실수로 보이겠지만, 우리는 이런 실수를 정말 자주 저지른다. 우리가 높이 평가하는 어떤 특징을 가진 사람을 만났다고 치자. 예컨대 날씬하고 건강한 사람이라든가, 몸매가 탄탄하고 젊어 보이는 사람을 만났다고 하자. 그런데 그 사람들이 우리에게 우리의 행동과 확연히 다른 자신의 독특한 행동 한 가지('그러니까, 저는 매일 잠자리에 들기 전에 꼭 물을 3리터쯤 마십니다'라든가 '음, 그게, 저는 아침 식사로 늘 참치를 먹어요')를 알려 준다면 우리는 바로 그게 건강의 비결이라고 생각해 버린다. 그리고 그 사람과 똑같은 행동을 하면 우리도 똑같아질 것이라고 기대한다.

철학은 그런 추론이 유효하지 않다는 것을 강조한다. 그것은 유용한 가르침이지만, 그 추론이 틀렸다고 말하는 것과 같은 이야기는 아니다(교수들이 개론 수업을 들으러 온 학생들에게 하는 설명은 어떨지 모르겠지만). 왜냐하면 유효하지 않은 주장도 특정한 믿음의 증거를 제시하는 하나의 방법이기 때문이다. 당신은 왜 친구가 과일만 먹는 다이어트를 한다고 생각하는가? 그 친구가 날 씬하기 때문이다. 그런 추론이 위험하다는 점을 인식해야 에너지 를 낭비하지 않고 나중에 실망하지도 않는다.

　매우 흔한 오류인 후건 긍정의 문제점을 쉽게 알려 주는 예를 하나 더 보자.

　전제: 내가 저녁마다 피자를 먹는다면 나는 뚱뚱해질 것이다.

　전제: 나는 뚱뚱해지고 싶지 않다.

　그러므로(이것이 논리적인 부분이다) 나는 이 피자 한 조각을 먹는

후건 긍정의 오류

포스트 혹 에르고 프롭터 혹 Post hoc ergo propter hoc은 라틴어로 '이것 다음 에, 따라서 이것 때문에'라는 뜻이다.

　어느 연예인이 자신의 가족은 항상 새벽 5시에 일어나 해변으로 나가서 달리기를 하고, 돌아와서는 양상추 샐러드를 먹고 한 시간 동안 역기 운동 을 한다고 말한다. 그런데 그들은 날씬하다! 그래서 우리는 두 가지 사실을 연결한다. 하지만 사실 논리적 연관성은 없다. 하나를 결과(이 경우 날씬하 다는 것)로 보고 다른 하나를 그 결과의 원인으로 보는 것은 식생활과 관련 된, 아니 건강과 관련된 문제에서 자주 발견되는 가정이다. 하지만 대개는 잘못된 가정이다.

　철학자들이 보기에 그것은 논리가 거꾸로 된 것이다. 후건을 긍정하는 사 람들은 어떤 원인의 결과가 그 원인의 원인이라고 생각한다. 실제로는 그렇 지 않은데도!

대신 나중에 커피에 우유를 넣지 않을 것이다.

이 논리는 유효한가? 잘 모르겠다고? 그렇다면 당신은 피자도 먹고 커피에 우유를 넣어서 마셔도 된다! 하지만 이것은 논리가 아니라 심리적인 문제다. 그리고 이것은 우리가 평소에 생각하는 방식을 정확히 반영하긴 하지만 진짜로 논리적인 사고는 아니다. 나는 이런 논리를 '뒤틀린 사고warped thinking'라고 부른다. 이것을 왜 뒤틀렸다고 하는지를 이해하면 생활 속의 끝없는 결정들에 도움이 된다. ('뒤틀린'이라고 하니 뭔가가 떠오른다. 〈스타트렉〉의 논리적이기로 유명한 등장인물인 스폭 박사가 항상 딱 붙는 옷을 입고 있었고 아주 똑똑해 보인 반면 불쌍한 커크 선장은 배가 불룩 나온 것을 감추려고 애쓰던 모습이 기억나는가? 논리적인 것과 날씬한 몸매는 딸기와 크림처럼 궁합이 잘 맞는 것 같다. 아니, 루꼴라와 올리브유라고 말해야 할지도 모르겠다.)

영양학이라는 학문이 훌륭한 조언을 제공하려고 노력하는 이유 중 하나는 인간의 몸이 매우 복잡하기 때문이며, 건강한 식생활은 단 하나의 단순하고 선형적인 규칙을 따르는 것이라기보다 생활 방식의 균형을 잘 잡는 일이기 때문이다. 이 점을 이해하기 위해, 이론상으로는 좋을 것 같은 제안들이 종종 그와 정반대의 결과로 이어진다는 사실을 떠올려 보자. 우리가 사시사철 듣는 '지방 섭취량을 줄여라'라는 조언을 예로 들어 보자. 지방을 적게 먹으면 당연히 살이 덜 찔 것 같지만, 인체의 생물학은 '당연한' 일을 하지 않는다. 그리고 테스토스테론 분비를 위해서는 지방이 반드시 있어야 한다. 남성호르몬인 테스토스테론은 몸에 저장하는 지방의 양을 조절하는 메커니즘에 관여하기 때문에 남녀 모두에게 필요하다. 그렇다. 근육을 만드는 일이 아니라 지방을 저장하는 일이다. 그래서 인체의 호르몬 균형을 깨뜨리는 다이어트를 하면 사람들의 근육량이 감소하고 복부 둘레에 살이 붙는 결과가 신속하고 직접적으로 나타난다. 운동을 더 하라는 충고도 그렇다. 사람들은 운동량을 늘린 것에 대한 보상으로 에너지 음료와 간식을 더 많이 먹거나 운동 후에 휴식을 취할 필요(이것은 정당한 필요일 것 같다)를 느낀다. 어떤 사람들은 운동을 시작한 지 얼마 지나지 않아 지루함을 느낀다. 그래서 건강 전문가들은 강도 높은 운동을 짧게 하라고 권하지만, 바로 그런 운동이 몸에 부상을 일으킬 가능성이 있으며 그런 운동을 하면 휴식이 필요하다.

논리보다 중요한 다른 방법이 하나 있다. 그것은 철학과 건강한 식생활이 공존할 수 있는 방법이다. 건강한 식생활은 선택의 문제이기 때문이다. 선택은 언제나 복잡하다. 선택을 하려면 분석하고, 조사하고, 증거와 주장들을 평가해야 한다. '오, 나는 그런 일들을 할 시간이 없어요!' 당신의 목소리가 들리는 듯하다. 실제로 우리 대부분은 우리의 결정을, 특히 음식에 관한 결정을 다른 사람들에게 맡긴다. 그런 전략을 구사하는 사람들에게는 안됐지만 영양학이라는 분야에는 수많은 전문가들이 있는데 그들의 조언도 서로 모순될 뿐 아니라 일단 의심해 봐야 하는 것들이다. 한 전문가는 지방을 소리 높여 규탄하고, 다른 전문가는 설탕이 문제라고 외치고, 또 다른 전문가는 단백질에 의존하지 말자고 한다. 그리고 연구비만 수백만 달러를 쓰는데도 오늘날 전 세계 10억 명이 만성적 과체중 또는 비만이라는 것은 놀라운 사실이다. (서구인의 5퍼센트는 신경성 식욕 부진증 때문에 만성적 저체중이라는 사실도 기억하라.) 인류의 역사에 이런 시대는 없었다. 우리의 식생활에 뭔가 이상한 변화가 생긴 것이다. 우리의 몸이 반박 불가능한 증거다.

건강한 식생활과 다이어트에 관한 조언이나 의견은 부족하지 않지만 그 조언들의 상당수는 틀린 것이고 그 나머지도 다른 것과 충돌한다. 조언들 사이에서 길을 찾아 나가려면 약간의 논리와 적당한 의심이 필요하다.

이 책의 대부분은 사실과 허구를 구분하자는 내용이고, 논리와 주장은 양념으로 조금만 곁들여진다. 불행히도 영양학은 부패한 과학과 위험한 교리로 채워져 있다. 선의를 가진 사람들이 우리에게 알려 주곤 하는 식생활 황금률들을 한번 보자.

- 지방은 무조건 나쁘다. 저지방은 조금 낫고, '무지방'이 바람직
  하다.

- 정제당(단순히 '탄수화물'로만 분류되어 착각을 일으키곤 한다)은 악이다. 하지만 건강한 음식처럼 보이는 과일에 숨겨진 당도 조심해야 한다.
- 반면 단백질은 우리를 건강하고 튼튼하게 만들어 준다. 단백질 외에는 비타민 한두 종류만 섭취하면 된다. (비타민제는 따로따로 구입하라.)

이것은 모두 그럴싸한 조언이다. 영양학자, 영양사, 의사들 대부분이 이런 조언을 할 것이다. 내가 그들에게 반대할 자격이 있는가? 당신은? 하지만 철학의 첫 번째 법칙, 적어도 데카르트 이후 철학의 첫 번째 법칙인 '모든 것을 의심하라'를 기억하자. 건강한 식습관과 다이어트에 관해 지금까지 들은 모든 것을 '의심스럽고' '입증되지 않은' 사실로 받아들이고 잊어버리자. (여기까지는 쉽다.) 다음 단계는 도저히 의심할 수 없다고 판단되는 몇 가지 사실을 토대로 당신만의 접근법을 만드는 것이다. 그러니까 음식, 건강, 다이어트의 미궁 속에서 당신만의 길을 개척하는 철학적인 방법은 능동적으로 생각하는 사람이 되는 것이다. 그리고 설령 우리가 무엇을 먹을지, 가게까지 걸어갈지, 아니면 운전을 해서 갈지를 잘못 선택할지라도, 적어도 우리가 무엇을 먹고 있는지에 관해 생각을 한다면 우리는 기계가 아닌 인간에 조금 더 가까워진다.

비트겐슈타인 샌드위치

20세기의 논리학자이자 언어 철학자였던 루트비히 비트겐슈타인은 식이 조절에 엄격한 사람이었다. 그의 전기에 따르면 그는 '항상 같은 것을 먹는 다는 조건만 충족되면 무엇을 먹는지는 신경을 쓰지 않았'다. 그는 오랫동 안 돼지고기 파이로만 식사를 했는데, 한번은 친구 노먼 맬컴의 아내가 그 에게 호밀빵과 스위스 치즈를 대접했다. 그녀가 음식을 가져오자마자 비트 겐슈타인이 소리쳤다. '굉장한데요! Hot Ziggety!' 그는 그 단순한 샌드위치에 반해서 한동안 그 음식을 매일 먹기를 고집했다. 그 샌드위치는 특별히 맛 있지는 않지만 아주 실용적인 음식이다. 아니, 비트겐슈타인의 언어를 사용 하자면 매우 '기능적'인 음식이다(그가 무쇠 난방기를 설계하느라 바쁠 때만 빼고).[*]

이스트로 발효시켜 만든 호밀빵 두 조각에 버터를 바른다. 빵 사이에 스 위스 치즈 몇 장을 넣는다. (비트겐슈타인은 에멘탈 치즈만 사용했다. 요즘에 판매되는 '스위스제와 비슷한' 다른 치즈들은 거들떠보지도 않았다.)

---

[*] 비트겐슈타인은 누이 마르가레테를 위해 직접 집을 설계했는데, 온수 파이프와 방열기를 이용한 난방기까지 모두 손수 설계했다고 알려져 있다.

후기

논리는 분위기 좋은 저녁 모임을 망치기 십상이다. 못 믿겠다면 비트겐슈타인이 저녁 식사에 꼭 먹어야 한다고 고집했던 음식을 한번 보라. 만약 당신이 돼지고기 파이를 매일 저녁 먹어야 한다면 어떨까? 한편으로는 우리가 낯선 음식을 처음 접했을 때 데카르트의 그 유명한 '방법적 회의'를 적용하는 것에 대해서도 보충 설명이 필요하다. 건강에 좋지 않은 가짜 음식과 맛있는 진짜 음식을 구별하려는 사람에게는 그런 의심이 반드시 필요하다. 이런 이야기를 하다 보면 결국 맥도날드를 언급하지 않을 수 없다. 막상 맥도날드에 가 보면 문제가 겉보기처럼 간단하지 않다. 그래서 약간의 철학적 회의주의가 필요하게 된다.

나에게 맥도날드 방문은 철학적인 의미가 큰 사건이다. 물론 윤리적인 문제도 있다. 햄버거에 들어가는 쇠고기는 물론이고 감자튀김에 숨어 있는 대두를 얻기 위해 열대 우림의 나무를 몇 그루나 베어 냈을까? 사회 정의의 문제도 있다. 당신의 식사를 1분 안에 준비하기 위해 직원들이 시계를 맞춰 놓고 종종거리며 돌아다니는 것이 정말로 옳은 일일까? 하지만 이런 문제보다 훨씬 흥미로운 것은 맥도날드가 사물의 정의에 의문을 제기한다는 사실이다. 햄버거의 정의는 무엇인가? 감자튀김이 되려면 어떤 조건을 갖춰야 할까? 샐러드의 정의는?

오해하지 마시라. 내가 아주아주 어렸을 적에(지난 세기의 일이다) 맥도날드 음식을 처음 먹어 보고 얼마나 좋아했는지가 지금도 기억난다. 나는 맥도날드의 맛을 사랑했다. 특히 작은 감자튀김, 치즈버거, 그리고 그곳에만 있는 소스들의 배합이 마음에 들었다. 그곳의 실내 장식마저 마음에 쏙 들었다! 돌이켜보면 공짜로 주는 사은품 때문에 내 판단이 조금 흐려졌던 것 같기도 하다.

지금의 나는 맥도날드 매장과 그 거대한 플라스틱 광대가 싫다. 하지만 열린 마음을 가지려고 애써 보겠다. 어차피 패스트푸드를 먹는다면 맥도날드의 '질'이 가장 좋다. 오늘 당신이 맥도날드에 들른다면 건강을 생각해서 어떤 음식을 주문하겠는가?

당신이 건강한 식생활을 포기하지 않으려고 샐러드를 주문한다고 가정하자. 맥도날드의 샐러드는 메뉴판에 있는 치킨 맥너겟이나 맥그리들* 같은 다른 패스트푸드 메뉴보다 건강에 좋은 음식으로 홍보된다. 맥도날드사는 '프리미엄 샐러드'에 여러 종류의 양상추와 로메인, 방울토마토가 들어간다고 자랑스럽게 홍보한다. 그 샐러드에 고수 라임 글레이즈와 오렌지 글레이즈도 들어

---

* McGriddle. 한국에는 없는 아침 메뉴로서 소시지, 달걀, 치즈와 빵을 같이 먹는 음식이다.

간다는 사실은 자세히 설명하지 않는다. 이 글레이즈에는 프로필
렌글리콜이 들어 있다. 프로필렌글리콜은 냄새는 거의 없고 아주
약한 단맛이 나는 끈적끈적한 무색 액체로서, 산업용으로는 주로
중합체polymer 생산에 사용되며 식품업계에서는 커피가 들어간 음
료, 아이스크림, 휘핑한 유제품과 같은 여러 식료품 속에 숨어 있
다(유럽 연합에서는 프로필렌글리콜을 E1520으로 표기한다). 프로필
렌글리콜은 '안전한' 중독성 물질로 간주된다. 하지만 어떤 사람
들에게는 알레르기 반응을 불러일으키고, 그 경우 안면의 건조한
피부에 염증이 나타나거나 몸에 붉은 반점이 생기기도 한다.

당신이 주문한 건강한 샐러드는 프로필렌글리콜에 대한 알레
르기 반응 외에 다음과 같은 부작용을 일으킬 가능성이 있다.

- 두통
- 홍조
- 땀
- 안면 압박 또는 경직
- 마비, 따끔거리는 느낌, 안면과 목 등의 작열감
- 심장 박동이 빨라지고 두근거림

내가 '일으킬 가능성이 있다'고 말하는 이유는 이것들이 MSG
증후군의 전형적인 증상이기 때문이다. MSG는 대부분의 중국 음식
점에서 자유롭게 사용하는 화학 물질이다. 물론 연구자들은 아직도

MSG를 두고 논쟁 중이지만, 나의 경우 MSG 때문에 극심한 발작을 일으킨 적이 있었고 그 일을 계기로 식습관에 변화를 주기 시작했다. 1950년대부터 1970년대까지 맥도날드에서 사용한 전통적인 조리법들을 보면, 글루탐산소다가 건강에 미칠 수 있는 악영향에 대해 아무것도 몰랐고 논쟁이 일어나지도 않았던 시대에 그들이 글루탐산소다를 아낌없이 사용했음을 알 수 있다. 하지만 오늘날 맥도날드의 공식 입장은 MSG를 사용하지 않는다는 것인데 무엇이 걱정일까? 《자연스러운 사회Natural Society》의 공저자인 앤서니 구치아르디Anthony Gucciardi에 따르면 맥도날드의 샐러드에는 'MSG의 존재를 폭로하는' 물질 두 가지가 들어간다. 다이소듐이노시네이트와 다이소듐구아닐레이트가 그것이다.

오늘날 맥도날드를 비판하는 사람들은 그릴 치킨 필레, 소시지 패티, 그리고 다름 아닌 프렌치프라이에 '천연 조미료' 또는 '가수 분해 단백'이라는 이름으로 MSG가 숨겨져 있다고 말한다. 그

MSG와 중국집 증후군

MSG라고 하면 대단히 인공적이고 형편없는 음식을 떠올리지만, 토마토와 앤초비처럼 자연 상태의 음식에도 MSG가 포함된 경우가 있다. 시판되는 MSG는 발효를 거쳐 만들어지는데, 이른바 '중국집 증후군'의 범인은 중국집 음식에 들어가는 간장이나 굴소스 같은 다른 발효 양념인지도 모른다.

래도 그런 메뉴들이 건강에 좋다고 주장하는 사람은 없다. 아니, 맥도날드의 광고를 곧이곧대로 믿는 사람들은 건강에 좋다고 주장할지도 모른다. '좋은 감자를 선별한 다음, 감자 껍질을 벗기고, 썰고, 튀기면 끝.' 말이 나온 김에, 이 광고는 영국 광고심의협회의 심의를 통과하지 못해 방영이 철회됐다.

다음은 육류를 홍보하는 문구를 지어낼 차례다. 이 경우에는 햄버거 제품이다. 광고에 따르면 맥도날드의 버거는 '100퍼센트 쇠고기 패티에 녹인 치즈, 톡 쏘는 피클, 다진 양파, 그리고 (당연히) 케첩과 머스터드를 얹은' 제품이다.

이 정도면 괜찮아 보인다. 그렇지 않은가? 그러나 철학자들은 어떤 사물이 '○○해 보이는' 것에 만족하지 않고 그 사물의 진짜 모습을 알려고 한다. 우선 햄버거에 들어가는 고기는 들판에서 평화롭게 풀을 뜯던 소들이 아니라 CAFO, 즉 동물 밀집 사육시설에서 자란 소들에게서 얻는다. 게다가 버거 한 개에 들어가는 고기는 젖소 한 마리가 아니라 '여러' 마리에게서 얻은 것이다. 버거에 들어가는 고기의 양이 많아서가 아니다. 옛날에 버거에 사용했던 끔찍한 '핑크 슬라임'*은 이제 사용하지 않지만(언론이 핑크 슬라임의 실체를 고발하고 나서 사용이 중단됐다), 여러 마리의 소에게서 얻은 고기를 조금씩 섞어 패티를 만들기 때문이다. 어쩌면 여러 나라에서 수입한 고기를 섞을지도 모른다.

＊ 소의 살과 지방을 분리하고 남은 찌꺼기에 암모늄수산화물을 넣어 만든 가공품.

미국 맥도날드는 '다른 식품 유통업체와 마찬가지로' 2004년부터 2011년까지 버거에 핑크 슬라임을 넣은 사실을 인정했지만, 핑크 슬라임의 유해성을 알게 된 지금은 살코기만 사용한다고 밝혔다. 아, 슬프게도 그 소들에게는 항생제와 호르몬이 투여될 것이고, 그 소들에게서 얻은 고기에는 새로운 박테리아가 살고 있을 것이다. '우리가 고기를 얻는 소들은 대부분 호르몬이 첨가된 사료를 먹고 자랍니다. 미국의 목장주들이 소들의 성장을 촉진하기 위해 대부분 호르몬제를 첨가하거든요.' 맥도날드는 흐뭇해하며 이렇게 말한다. 마지막이지만 중요한 사실 하나. 패스트푸드는 전 세계의 쇠고기 수요를 증가시키고, 맥도날드는 세계에서 쇠고기를 가장 많이 구입하는 기업이다. 따라서 맥도날드는 소를 키우기 위해 열대 우림의 나무들을 베어 내도록 압박을 가하고 있는 셈이다. 맥도날드는 다른 곳에서 쇠고기를 공급받는 것이 자신들의 방침이라고 강조하지만 현실에서는 맥도날드 때문에 산림이 황폐화되고 있다.

이제 맥도날드의 쇠고기가 나쁜 것이라는 걸 알게 됐다. 하지만, 열대 우림이 희생되고 있을지라도, 옛날에 먹던 고기보다는 낫지 않냐고 생각할 수 있을 것이다. 그렇다면 햄버거 빵은 어떨까? 요즘 모든 사람이 걱정하는 대로, 빵은 우리가 주식으로 먹는 음식 가운데 가장 살 찌는 음식이다. 그리고 어떤 빵들은 다른 빵보다 더 나쁘다. 그렇다면 맥도날드의 햄버거빵은 어느 정도일까? 음, 그 빵의 재료 목록은 정말 길다.

강화 밀가루(표백한 백밀, 맥아를 첨가한 보릿가루, 나이아신,[*] 환원철, 티아민질산염, 리보플라빈, 엽산), 물, 액상 과당 또는 설탕(둘 다 들어가기도 한다), 이스트, 대두유 또는 카놀라유(둘 다 들어가기도 한다). 그리고 2퍼센트 이하로 함유된 재료들은 다음과 같다. 소금, 밀글루텐, 황산칼슘, 탄산칼슘, 황산암모늄, 염화암모늄, 반죽 조절제(여기에는 다음 중 한 가지 이상의 성분이 들어간다: 스테아린젖산나트륨, 글리세린주석산지방산에스테르, 아스코르브산, 아조디카본아미드, 모노글리세라이드와 디글리세라이드, 에톡시화 모노글리세라이드, 제1인산칼슘, 효소, 구아검, 과산화칼슘), 소르브산, 프로피온산칼슘, 프로피온산나트륨(보존제), 대두레시틴.

재료 목록의 길이만 봐도 속이 메스꺼워진다! 아마도 가장 위험한 재료는 대두, 카놀라, 액상 과당과 같은 지방일 것이다. (케첩에도 액상 과당이 들어가고, 보통은 옥수수시럽도 들어간다.)

이만하면 우리가 점심 때 햄버거 전문점에 들르지 말아야 할 이유는 충분하다. 맥도날드에서 판매하는 버거, 빵은 물론이고 샐러드조차도 커다란 '실수Mistake'다. 두 개의 곡선으로 이뤄진 대문자 M으로 시작하는 실수. 그러면 저 황금색 프리덤프라이[**]를 아주 조금만 먹는 건 어떨까?

---

[*]　수용성 비타민으로 B군 비타민에 속하는 니코틴산과 니코틴아미드의 총칭.

[**]　Freedom Fries. 프랑스를 못마땅하게 여기는 미국인들이 프렌치프라이 대신 사용하려고 만든 명칭.

맥도날드의 '그다지 프랑스적이지 않은' 감자튀김에는 단 세 가지 재료만 들어간다고 가정하는 것이 논리에 부합한다. 감자, 식용유, 소금. 그리고 감자 자체는 몸에 좋은 음식이다. 나중에 칼로리를 태워 버린다면 말이다. 하지만 컴퓨터와 수학에서는 논리가 정답을 알려 주는 반면 패스트푸드 음식점에서는 논리로 해답을 찾을 수가 없다.

맥도날드는 2015년부터 투명성 캠페인을 시작했다. 그 결과 기존에는 비밀이었던 재료 목록과 조리 기술이 이제는 누구나 취득할 수 있는 정보가 됐다. 맥도날드가 그토록 맛있는 황금색 감자튀김의 비밀을 공유하는 것은 좋은 일이다. 맥도날드 감자튀김을 둘러싼 일들은 우리의 상상을 뛰어넘기 때문이다. 우선 중요한 재료가 열여섯 가지나 더 있다!

좋은 소식은 그래도 감자가 주재료라는 것이다. 안심이 되는 이야기다. 하지만 감자튀김에는 당신이 먹고 싶지 않을 법한 다른 재료들도 잔뜩 들어간다. 우선 카놀라유가 있다. 맥도날드의 친절한 전단지에 따르면 카놀라유는 단순히 감자를 튀기기 위해서가 아니라 '색, 향미, 질감'을 위해 사용하는 재료라고 한다. 실제로 오늘날 업소의 주방에서 사용하는 요리유는 올리브유 25퍼센트와 카놀라유 75퍼센트의 비율로 혼합한 기름이다. 우리 동네의 건강식품 매장에도 올리브유와 해바라기씨유 옆에 그 혼합 기름이 담긴 커다란 유리병이 놓여 있다. 그 유리병에는 우중충한 갈색을 띤 기름이 들어 있고 '냉압착'이라는 메모가 붙어 있다. 이 것을 보면 카놀라유를 새로운 브랜드로 재탄생시키는 일은 매우 성공적이었다는 생각이 든다. 카놀라유는 대부분 유전자 변형 제품이고 사실 카놀라 씨앗(유채씨)도 밝은 노란색 겨자꽃을 잡종 교배한 결과물이다. 그런데도 카놀라유는 올리브유와 똑같이 단일불포화 지방산을 함유하고 있다는 이유만으로 건강에 좋은 식품으로 홍보된다. 포화 지방과 불포화 지방을 둘러싼 주장들(이 주장들은 오랫동안 소비자들에게 유제품 대신 마가린 같은 공업 제품을 구입할 이유를 제공했다)은 다 거짓은 아니겠지만 확실히 입증되지 않은 것인데도 말이다. 분명한 사실은 카놀라유가 순한 맛을 지니고 있으며 값이 매우 싸다는 것이다. 이 마지막 두 가지 장점 덕분에 카놀라유는 사랑스러운 올리브유와 크게 다른 제품이 된다. 그리고 확실히 카놀라유가 건강에 미치는 영향도 올리브유의 영향과 제법 차이가 나는 것 같다. 가족을 위한 건강 웹사이트인 〈헬시홈이코노미스트Healthy Home Economist〉의 필진인 존 무디John Moody는 카놀라가 건강에 좋지 않을 수도 있다고 주장한다. 그는 카놀라가 원래 LEAR, 즉 저에루스산채종유Low Erucic Acid Rapeseed oil라고 불렸다는 사실을 상기시킨다. 채종유의 문제점은 심장과 신장에 손상을 일으키는 에루스산이라는 물질이 많이 들어 있다는 것이다. 카놀라는 유전자 변형을 통해 덜 위험한 품종을 개발하기 위한 연구의 결과물이다. 존의 설명에 따르면 캐나다 정부의 후원을 받은 그 연구에는 약 5000만 달러의 예산이 투입됐는데, 연구의 마지막 단계에서 연구자들이 새로운 식용유에 대해 GRAS 인증을 받아 냈다. GRAS는 '일반적으로 안전하다고 인식됨Generally Recognized as Safe'이라는 뜻이다. 그때부터 카놀라유는 안전한 식품으로 인식됐다. 게다가 오늘날 카놀라는 앤드류 웨일 Andrew Weil과 배리 실스Barry Seals 같은 사람들이 쓴 유명한 건강 서적에서 훌륭한 음식으로 소개된다. '건강 전문가들이 베스트셀러에서 홍보하니까 카놀라는 당연히 건강에 좋겠지요?' 존의 다소 냉소적인 반문이다.

개인적으로 나는 카놀라유에 관한 장황한 논쟁을 소개하느라 감자튀김에 들어가는 다른 중요한 재료 이야기를 못하게 되기를 원하지는 않는다. 다른 중요한 재료란 거대 농업 기업들이 아주 좋아하는 콩기름, 즉 수소화콩기름이다. 잠깐, '수소화'가 대체 무슨 뜻인가? 수소화란 수소와 촉매를 첨가해 대두를 가열하는 공정이다. 이 공정을 거치는 동안 대두에 함유된 일부 다불포화 지방산들은 단일불포화 지방산과 포화 지방산으로 변화한다. 그래서 조금 전에 언급한 카놀라유를 홍보하는 데 큰 도움이 됐던 건강 메시지가 만들어진다. 그러나 화학적 관점에서 포화 지방은 단지 수소 분자들이 포화된 상태라서 탄소 분자들 사이에 이중 결합이 없는 지방 분자들일 뿐이다. 이제 잘 알겠는가? 전혀 모르겠다. 뭐, 그게 중요한가? 우리의 몸이 포화 지방은 나쁘고 불포화 지방은 좋다고 받아들이기는 하는가? 오랫동안 유지된 전문가들의 견해로는 그렇다. 그런데 연구자들이 실제 연구를 통해 데이터를 수집해 보니 '버터는 나쁘고 마가린은 좋다'는 수십 년 동안의 조언이 건강에 유익하다는 근거는 발견되지 않았다. 오히려 불포화 지방이 사망률을 높이는 등 건강에 좋지 않은 효과를 발휘한다는 놀라운 징후가 나타났다.

수십 년 동안 계속된 좋은 지방과 나쁜 지방 사이의 논쟁을 자세히 들여다보고 나니 한숨이 나온다. 확실한 것 하나는 '아무 것도 확실하지 않다'는 것이다. 최근에 포화 지방에 관해 나오는 '○○할 것이다'라는 모호한 이야기, '아마도' 지방 연소를 차단하고 지방을 축적하는 유전자를 활성화할 '것이라는', 혹은 '어쩌면' 그 반대의 일을 하는 유전자를 활성화할 것이라는 모호한 이야기 역시 뜬구름 같다. 아마도 '연구 자금을 더 주세요'라는 일종의 호소였을지도 모른다. 실생활에 도움이 되는 사실은 과거에 비난을 받았던 버터와 엑스트라버진 올리브유(글상자를 참조하라)가 요즘에는 그냥 먹거나 요리에 넣는 용도로 부활하고 있다는 것이다. 버터와 엑스트라버진 올리브유는 편리하고 맛있고 건강에도 좋은 식품이다.

내가 알아낸 바로는 마이클 폴란을 비롯한 몇몇 식품 저술가들의 조언이 괜찮은 것 같다. 어려운 용어는 무시하고 실제 음식 이야기를 하자. 폴란의 판단 기준을 빌려 오자면 유채씨는 우리의 증조할머니가 와삭와삭 씹어 먹었을 법한 음식은 아니다.

사실 맥도날드는 여기서 만족하지 않는다. 맥도날드는 건강에 해로운 식사와 세계의 삼림 파괴를 유발하는 또 하나의 재료를 추가하기를 원한다. 그 재료는 바로 홍화유였다. 사실 홍화(잇꽃)는 뾰족뾰족한 잎과 노랑 또는 주황 꽃이 피는 아름다운 식물로서, 오래전부터(맥도날드가 생기기 전부터) 의류 염색에 사용된 바 있다. 고대 이집트의 투탕카멘 왕의 무덤에서 홍화로 만든 화관이 여러 개 발견됐다는 소식을 들으니 조금 안심이 된다. 오, 그리고 좋은 이야기가 하나 더 있다. 홍화유가 체지방 감소에 도움이 된다는 설이 그것이다! 그렇다면 좋아요, 로널드. 감자튀김 반죽에 홍화유를 듬뿍 넣으시지요.

감자튀김에 관해서도 긍정적인 이야기를 좀 해 보자. 감자튀김에 들어가는 설탕은 0그램이다. 하지만 불행히도 맥도날드는 마지막 순간에 감자 스틱에 포도당의 일종인 덱스트로스를 스프레이로 뿌려서 그것마저 망가뜨린다. 덱스트로스를 뿌리는 이유는 감자의 황금색을 유지하기 위해서다. 그리고 감자튀김 반죽이 회색으로 변하는 것을 막기 위해 산성피로인산나트륨을 첨가한다. 이야기가 나온 김에 화학업계의 안전 문서에 산성피로인산나트륨이 등장할 때는 '섭취하면 위험한 물질'로 기재된다. 대량 포장된 산성피로인산나트륨에는 '사람이 흡입하거나, 섭취하거나, 피부 또는 눈에 닿을 경우 극도로 위험하며 심각한 염증을 일으킬 수도 있다'는 경고 문구가 인쇄돼 있다. 하지만 미국 FDA는 산성피로인산나트륨을 농도가 낮은 식품 첨가물의 형태로 섭취할 경우에는 안전한 물질로 규정하고 있다.

맥도날드에서 진짜 천연 성분을 찾고 싶다면 보존제로 사용되는 구연산을 보자. '산'이 들어가면 항상 무섭게 느껴지지만 구연산은 그냥 레몬즙이라고 생각하면 된다. 분말 형태의 구연산 1작은술은 레몬즙 4큰술과 같다. 우리의 몸은 구연산을 자체적으로 만들어 내기도 한다.

그러면 구연산은 혐의를 모두 벗었다. 그러나 디메틸폴리실록산에 대해서는 같은 이야기를 할 수가 없다. 디메틸폴리실록산이라는 이름을 처음 들어본다고? 사실 디메틸폴리실록산은 비식용 물질로서 가슴 성형용 보형물이나 액체 괴물 제작에 사용되며, 공장에서는 소포제anti-foaming agent로 쓰인다. 디메틸폴리실록산이 식품에 들어갈 때 발생하는 안전 문제들은 한두 가지가 아니다. 당신은 가슴 보형물이 혈관으로 '유출'될 위험이 있다는 이야기를 들어 봤을지도 모른다. 그러면 당신이 감자튀김을 먹는 동안 그것과 동일한 화학 물질을 섭취하게 될 위험은?

무시무시한 진실은 감자를 튀길 때 사용되는 기름이 일곱 가지 물질로 이뤄진 혼합물이라는 것이다. 이 일곱 가지 물질은 카놀라유, 옥수수유, 대두유, 수소화 대두유, 구연산, 그리고 디메틸폴리실록산, 그리고 약간의 터셔리부틸하이드로퀴논TBHQ: tert-butylhydroquinone이다. TBHQ는 석유의 부산물이며 부탄의 친척쯤

된다. 라이터에 들어가는 액체 말이다! TBHQ는 식품 첨가물로서 (유럽 연합에서는 E319로 표기한다) 다양한 식품에 첨가되며 냉동 생선과 어류 가공품에는 최대 허용치가 첨가된다. TBHQ의 기능은 식품의 저장 기한을 연장하는 것이다. 유럽식품안전청EFSA과 미국 FDA는 둘 다 TBHQ를 분석한 후 극소량을 섭취할 경우 문제가 없다고 판단했다. 하지만 TBHQ를 한도 이상으로 섭취할 경우 폐렴, 피부 질환, 호르몬 불균형, 그리고 암이 유발될 위험성이 있다고 알려져 있다.

그러니까 맥도날드는 다음과 같은 교묘한 방법으로 논리학의 세 가지 기본 원칙을 수시로 전복하고 있다.

- 상충의 법칙: 감자튀김이 무설탕인 동시에 설탕을 함유하는 것을 가능한 일로 만든다.
- 배중률: 맥도날드의 버거를 제조하는 과정에 산림 벌채가 이뤄지는 동시에 산림 벌채가 절대로 이뤄지지 않는 세계를 창조한다. (진실은 둘 사이의 어딘가에 있다.)
- 정체성의 법칙: 예컨대 당신은 당신이 먹는 샐러드가 화학 물질 범벅인 가짜 음식이 아니라 진짜 샐러드라고 장담한다.

나의 논리적 비약이자 보편적이고 현명한 섭식 전략은 다음과 같다. 대용량 감자튀김을 먹기 전에 신중하게 생각하라.

이 장에서 내가 한 일, 아니 이 책의 대부분의 장에서 내가 한

올리브유

요즘 올리브유가 다시 인기를 끌고 있다. 올리브유는 여러 모로 건강에 도움이 된다고 인정받는다. 예컨대 올리브유는 류머티스성 관절염과 심장 질환의 발병률을 낮춰 주며 항산화 물질을 많이 함유하고 있어서 항암 작용도 한다. 올리브유가 극찬을 받은 결정적인 계기는 2015년 스페인에서 수행한 연구였다. 그 연구에서는 날마다 올리브유를 조금씩 섭취하면 유방암 발병률이 68퍼센트 감소한다는 결과가 나왔다. (신기하게도 그 연구에서는 대조군에게 저지방식에 관한 책을 주고 캔에 담긴 저지방 식품을 먹였다. 이 형편없는 조언이 대조군의 암 발병률을 높였을 가능성도 무시할 수 없다. 그리고 유방의 종양 가운데 양성 종양과 전이되기 때문에 치료를 요하는 종양을 구별하는 방법이 현재로서는 없다는 사실도 덧붙여야 할 것 같다.) 하지만 올리브유의 효능을 최대한 얻기 위해서는 냉압착 방식으로 제조한 엑스트라버진 올리브유를 구입해야 한다. 그래, 맞다. 엑스트라버진이 가장 비싸다. 하지만 가격이야말로 겉보기에는 비슷비슷해 보이는 식품들의 품질을 판단하기에 유용한 지표가 된다. 물론 광고를 많이 하는 브랜드의 제품 가격이 그만큼 높아진다는 사실은 감안해야겠지만. 올리브유는 제조 과정에서 질병과 싸우는 폴리페놀 성분이 많아질 수밖에 없는 식품이다.

폴리페놀은 언제나처럼 화학 분야의 전문 용어가 식생활의 공론장에 끌려 들어온 사례로서, 자연에서 가장 많이 발견되는 항산화 물질을 가리킨다. 화학적으로 설명하자면 폴리페놀은 방향족고리의 일부인 탄소 원자에 히드록실기(-OH)가 붙어 있는 유기적 화합물들의 집단이다. 좋다. 이 어려운 설명이 끝나서 기쁘다. 우리의 입장에서 폴리페놀이라는 용어는 암과 싸우는 효능을 가지고 있다고 알려진 여러 가지 음식들을 하나로 묶어 주는 기능을 수행한다. 폴리페놀이 풍부한 음식으로는 녹차와 레드와인이 있고, 옛날부터 약재로 사용되던 로즈마리, 타임, 오레가노, 세이지, 페퍼민트 같은 허브도 있다. 식물의 세계에서 폴리페놀은 곤충들의 공격에 맞서 식물들을 지켜 주고 식물의 색을 낸다. 실제로 올리브유의 강렬한 색은 영양학적 가치를 나타내는 긍정적인 속성이다.

일은 음식을 둘러싼 문제들을 아주 자세히 들여다보는 것이었다. 나는 우리가 지금 먹고 있는 것들을 더 잘 이해하기 위해 음식에 관한 갖가지 주장과 현안들을 하나씩 떼어 자세히 설명했고, 그 과정에서 현대의 식품업계가 어떻게 돌아가는지도 알아보려고 노력했다. 복잡한 것을 분해해서 각 부분을 따로 조사하는 것은 예로부터 철학의 임무였다. 다시 말하면 철학의 임무는 분석이었다. 하지만 실존주의는 어떻게 봐야 할까? 실존주의라는 위풍당당한 명칭에는 어쩐지 그보다 더 많은 뜻이 담겨 있을 것 같다. 그리고 내 생각에는 실제로도 더 많은 의미가 담겨 있다. 현대의 패스트푸드 음식점 또는 슈퍼마켓에서 파는 간편한 식품들은 이제 우리가 무엇을 먹는지를 우리 자신이 통제하지 못한다는 것을 알려 준다. 우리는 그 식품 안에 무엇이 들어 있는지를 잘 모른다. 그 많은 성분들이 우리의 건강에 어떤 영향을 미칠지는 더더욱 모른다. 요리에 가장 많이 사용되는 식용유가 수천만 달러의 비용을 들여 실험실에서 발명됐다니, 믿어지는가? 대체 어떻게 흰색 모자를 쓴 요리사들이 아니라 흰색 실험복을 입은 화학자들이 음식의 맛을 결정할 수가 있는가?

우리가 먹는 음식이 우리를 만든다. 하지만 어떤 지점에서는 다른 누군가의 결정이 우리를 만든다.

포크를 든 철학자들

이 책에 등장하는 철학자들과 연구자들

르네 데카르트

Rene Descartes (1595~1650)

만약 당신이 음식을 더 중요한 일들을 계속 해 나가기 위해 먹어야
만 하는 어떤 것으로 생각한다면, 프랑스의 철학자 르네 데카르트
와 비슷한 사고방식을 가진 셈이다. 데카르트가 쓴 세상에서 가장
유명한 철학 책에는 다음과 같은 대목이 있다.

> 나는 나에게 머리, 손, 발, 그리고 내가 나 자신의 부분 또는 전체
> 로 간주하는 다른 부위들이 있다는 것을 알아냈다. 더 나아가 나
> 는 내 몸이 수없이 많은 다른 몸들 사이에 위치한다는 사실을 인
> 지했다. 따라서 나의 몸은 다양한 방식으로 이로운 영향과 해로운
> 영향에 노출된다. 몸에 이로운 영향은 유쾌한 감각으로 인지되고,

몸에 해로운 영향은 고통의 감각으로 인지된다. 쾌락과 고통 외에도 나는 배고픔과 목마름을 비롯한 여러 가지 욕구를 의식했으며 내 몸이 기쁨, 슬픔, 노여움과 같은 감정으로 기울어지는 경향도 의식했다. _《성찰》

사실 데카르트는 음식에 관해 별다른 말을 남기지 않았다. 그가 말한 '몸이 기울어지는 경향'들 가운데 하나를 공복으로 파악한 것이 고작이다. 그럼에도 불구하고 데카르트는 우리의 행동과 사고에 지대한 영향을 행사하는 철학자로 손꼽힌다. 고대 철학자들은 동물의 세계에 연민을 느껴 요즘 건강식으로 간주되는 과일과 채소 위주의 식사를 옹호했던 반면, 데카르트는 동물들은 지능도 감정도 없이 시계 태엽 장치처럼 규칙적으로 움직이는 기계와 같은 존재라는 다소 비합리적인 주장을 펼쳤다. 그래서 그는 극단적인 '채식 반대론자', 공장식 농업의 아버지, 그리고 음식은 그저 필요해서 먹는 것일 뿐이고 '생각하는 존재'보다는 동물에게 더 잘 어울리는 식량이라는 관념을 확립한 사람으로 간주된다.

만약 당신이 철학적 명제를 단 하나 알고 있다면 그것은 데카르트가 남긴 말일 가능성이 높다. '나는 생각한다, 그러므로 나는 존재한다'라는 명제를 남긴 사람이 데카르트였기 때문이다. 이 명제는 원래《성찰》에 나온 것이다.《성찰》에서 이 명제는 너무나 많은 것이 불확실하고 역시 불확실한 다른 가정에 의존하는 세계에서 데카르트가 의지할 수 있는 유일한 진리로 제시된다.

데카르트가 실제로 주장한 내용보다 더 중요한 것은 그의 방법론이다. 사실 데카르트의 유명한 명제는 그 자신에게조차 새로운 것이 아니었다. 그는 예수회 학교의 스승들이 가르쳐 준 성 아우구스티누스의 충고를 거의 그대로 빌려왔다.

'존재하지 않는 사람을 속일 수는 없다. 그러므로 내가 속아 넘어간다면 나는 존재한다.'

설령 데카르트의 철학이 다른 여러 측면에서 별로 독창적이지 않고, 자세히 살펴보니 깊이가 없고, 심지어는 어리석기까지 한 것으로 밝혀지더라도, 그가 남긴 책들은 지금까지 출간된 수많은 철학 교과서들 가운데 가장 널리 읽히고 있다. 하지만 음식이라는 영역에서 그의 가장 큰 업적은 회의에 대한 지적인 권유일 것이다. '음식에 관해 지금까지 들은 이야기를 모두 의심하는 대신, 당신이 합리적 확신을 가질 수 있는 한두 가지 보편적인 원칙을 찾아보라.'

존 로크

John Locke (1632~1704)

> 떡갈나무 밑에서 주운 도토리나 숲속의 나무에서 따온 사과를 먹
> 고 영양분을 얻는 사람은 그 열매들을 자신을 위해 전용한 것이 틀
> 림없다. 그 영양분이 그의 것이라는 사실은 누구도 부인할 수 없
> 다. 그렇다면 나는 이렇게 묻고 싶다. 언제부터 그 영양분이 그의
> 것이었는가? 소화가 끝났을 때? 아니면 그가 음식을 먹을 때? 그
> 가 음식을 끓일 때? 아니면 그 음식을 집으로 가져왔을 때? 아니
> 면 열매를 손에 넣었을 때? _《통치론》

이것은 철학자들이 흔히 하는 질문이다. 하지만 수백 년 동안 전
해지고 있는 로크의 주장은 도토리와 사과를 공짜로 얻는 일에
관한 것이 아니라 사유 재산과 소유권에 관한 것이다. 인간의 지
각, 철학자들이 사용하는 근사한 용어로 '인식론'에 관한 그의 견
해도 잘 알려져 있다.

　로크의 주장에 따르면 우리가 아동기부터 성인기까지 성장
하면서 우리를 둘러싼 세상의 모든 것을 경험하는 동안 개념들이
우리의 정신에 새겨진다. 그리고 이런 통찰을 적용하기에 가장
적합한 분야가 바로 음식과 다이어트의 문제다.

　음식이라……. 음식이라는 문제에 관한 로크의 글은 얼마나

유명했을까? 불행히도 젊은 시절 로크는 신대륙의 플랜테이션 농장에서 노예를 사용하는 것을 정당화하는 논리를 만드는 데 시간을 써 버렸지만, 적어도 그는 어떤 사람이 자신이 실제로 소비할 수 있는 것보다 많은 음식을 가져가서 결국 쓰레기통에 들어가게 만든다면 그 사람은 '자기 몫보다 많이 가져갔고 남들의 몫을 훔친 것'이라는 유명한 주장도 내놓았다.

반면 로크는 그 사람이 자신에게 남는 식량을 소비하거나, 다른 물건과 교환하거나, 누군가에게 공짜로 준다면 '그는 아무런 피해를 입히지 않은' 것이라고 주장했다. '그 사람은 공적인 재화를 낭비하지 않았고, 남이 가진 재화를 파괴하지도 않았다. 식량이 그의 손에서 쓸모없이 썩어 가지 않는 한에는.'

철학자로서 로크는 논리를 정치학에 적용한 사람으로 기억되고 있지만, 한편으로 그는 인간의 정신이 '감각 자료sense datum'라는 연속된 경험들을 인지하고 활용하는 방법에 관한 중요한 이론을 제시했다. 그리고 그도 '반성'이라는 이름으로 내적 성찰에 관해 이야기하긴 했지만, 그가 말한 반성은 '정신이 그 자신의 작용과 그 작용의 방식을 인지하는' 것으로 정의된다.

이른바 계몽주의 사상이 등장하면서 합리성이라는 개념이 부활하자 로크, 라이프니츠, 벤덤, 스피노자와 같은 사상가들은 정보를 처리하고 합리적인 결론에 도달하는 질서 정연한 시스템을 확립하려고 노력했다.

하지만 나는 로크 철학의 스타일을 좋아한다. 그는 국가에게 인권에 관해 충고하다가 이웃들에게 추운 날에는 따뜻하게 옷을 껴입으라고 충고하는 내용으로 매끄럽게 넘어간다.

다음은 그가 남긴 〈교육에 관한 생각들Some Thoughts Concerning Education〉이라는 저평가된 에세이의 중요한 한 대목이다. 이 에세이는 1692년에 집필한 것인데 지금도 참신하게 느껴진다. (아니, 오래된 빵껍질처럼 약간 딱딱하긴 하지만, 그래도 450년이나 된 것처럼 딱딱하진 않다!)

따라서 내가 몸과 마음에 관해 지금까지 했던 연구는 쉽게 실천 가능한 몇 가지 원칙으로 요약된다. 맑은 공기를 충분히 들이마시고, 운동을 하고, 잠을 잘 자고, 식사는 간소하게 하고, 와인이나 센 술을 먹지 않고, 약은 아주 조금만 먹거나 아예 먹지 않는다. 너무 따뜻한 옷이나 몸을 조이는 옷은 피하고, 머리와 발을 차갑게 한다. 특히 발은 찬물에 자주 담그고 습기에 노출한다.

실제로 로크는 성인이 되고 나서 대부분의 시간 동안 갖가지 질병으로 고생했다. 공기 질이 나쁜 런던에 다녀오고 나서 더 심해진 호흡기 질환도 그중 하나였다. 그는 자신의 철학적인 이론들 덕분이 아니라 허약한 몸 덕분에 단순하고 소박한 식사를 하고 건강에 좋은 사과를 가까이하게 됐다.

칼 마르크스

Karl Marx (1818~1883)

> 굶주림은 굶주림이다. 그러나 익힌 고기를 나이프와 포크로 먹으
> 며 채워지는 굶주림은 손과 손톱과 이로 날고기를 뜯어먹으며 채
> 워지는 굶주림과 다르다. _《정치경제학 비판》

혁명가 마르크스는 19세기 유럽 전역에서 노동자 혁명의 물결을
일으킨 인물로 알려져 있다. 철학자 마르크스는 헤겔이라는 철학
자가 먼저 제시한 난해한 이론을 토대로 새로운 정치 이론을 만
들어 부지런히 책을 펴냈다.

　하지만 음식에 관한 문제에서는 개인으로서의 마르크스가 가
장 중요하다.

　혁명과는 무관하게 마르크스는 사회적 성공을 위해 유대교
신앙을 포기한 부유한 독일인 변호사의 아들로 태어났다. 풍족한
집안에서 태어난 덕분에 그는 '트리어에서 가장 아름다운 아가씨'
와 결혼할 수 있었는데, 그 아가씨는 베스트팔렌 남작의 딸인 예
니였다. 그런 집안과 결혼했기에 마르크스는 나중에 아가일 공작
의 문장紋章이 새겨진 은식기를 저당 잡힐 수가 있었다.

　마르크스는 좋은 집안에서 태어났고 상당한 유산을 물려받았
는데도 궁핍한 환경에서 다소 슬프고 외로운 삶을 살았다. 극도

로 빈곤하지는 않았을지라도, 그의 아이들 일곱 중 네 명이 영양실조와 열악한 생활환경 때문에 어릴 때 사망하는 비극도 발생했다. 음식과 식사에 관련된 이와 같은 개인적인 경험을 통해 마르크스는 음식의 정치학에 관한 진지한 질문을 던지게 됐을까? 그건 아닌 것 같다.

하지만 마르크스는 항상 자신은 실용적인 기술자가 아닌 철학자라고 생각했다. 그는 절대로 '부르주아 사회'가 자신을 '돈 버는 기계'로 전락시키게 하지 않겠다고 맹세했고 실제로도 그 맹세를 철저하게 지켰다. 누군가에게 받은 돈이나 다른 경로로 그의 집안에 들어온 돈은 혁명 사업, 자녀들의 등록금, 와인과 파티에 비효율적으로 지출되곤 했다! 나는 마르크스가 여러 측면에서 현실적인 활동을 하는 대신 글(혁명적인 글이든 다른 글이든 간에)을 썼다고 생각한다. 그래서 마르크스 자신의 글에서 음식에 관한 조언은 찾아볼 수 없다. 오늘날의 '식품 산업'이 작동하는 원리를 파헤치기 위해 그의 저작을 살펴보다가 유용한 교훈을 발견하는 사람은 많을 수도 있지만.

프리드리히 니체

Friedrich Nietzsche (1844~1900)

나는 그 어느 신학자의 신조에 관한 질문보다도 '인류의 구원'에

　　결정적인 영향을 미칠 하나의 질문에 훨씬 흥미를 느낀다. 그것은

　　영양에 관한 질문이다. _《이 사람을 보라》

콧수염을 기른 과격한 현자였던 니체는 금언을 잘 만드는 사람으로도 유명하다. 오늘날의 트럼프를 둘러싼 소동은 그저 재잘거림으로 보일 만큼 정치적·경제적으로 격변하던 시대에 프러시아의 로켄Rocken이라는 도시에서 태어난 그의 주된 관심사는 '신의 죽음'과 정치학이었다. 그가 관심을 가진 주제 자체가 그 시대의 우울을 대변한다. 니체는 언제나 논쟁거리를 찾아다녔고, 그의 표현에 따르면 자기희생과 연민을 숭상하는 기독교 세계의 '노예의 도덕'을 비판하고 그가 진정한 미덕이라고 생각했던 '권력의지'를 찬양했다.

　　그러니 사람들이 자주 언급하는 모든 영화, 아니 지금까지 제작된 모든 영화에서 다른 어떤 철학자보다 니체가 자주 등장한 것은 자연스러운 일이다. 니체의 글은 인용하기가 아주 좋고 그만큼 잘못 해석하기도 쉽기 때문이다. 뭐든지 자주 인용되면 잘못 해석되는 일도 그만큼 많아지게 마련이니까. 하여간 적어도 내가 구글에서 검색한 결과에 따르면 세상의 모든 철학자들 가운데 니체야말로 영화산업의 '총애를 받는 철학자philosopher du jour'인 듯하다.

　　2003년에는 니체를 기리는 의미에서 아예 제목이 《니체》인

영화가 만들어졌다. 이 영화의 첫 대사는 다음과 같다. '신은 죽었다.' 니체의 이 말은 워낙 유명해서 〈위키피디아〉에 실려 있는 설명만 2000단어가 넘어간다. 신이시여! 아니, 이럴 때는 '악마시여!'라고 말해야 하나?

우리는 '신은 죽었다'는 그 주장의 간단명료함에 감탄해야 마땅하다. 쓴 알약 하나에 정말 많은 생각들이 담겨 있다.

니체의 매력적인 사상을 담은 격언들을 몇 가지 더 살펴보자. 애매한 기준이긴 하지만 대중적인 영화에 자주 인용되는 문구를 중심으로 소개하겠다.

〈엔터 더 매트릭스Enter the Matrix〉에 등장하는 유령Ghost은 니체의 다음과 같은 충고를 상기시킨다.

> 무엇이 달라지기를 바라지 말아야 한다. 앞으로 가지도 않고, 뒤로 가지도 않고, 영원히 그대로이길 바라자. 필요한 것을 받아들일 뿐 아니라 사랑해야만 한다.

영화 〈더 도어스The Doors〉(1991)에서는 유명 가수가 되기 전의 짐 모리슨Jim Morrison이 영화 수업의 일환으로 토론을 하는 장면에서 다음과 같은 니체의 격언을 인용한다.

> 모든 위대한 것들은 처음에는 끔찍하고 무시무시한 가면을 쓰

고 나타난다. 그리하여 인류의 심장에 자신을 새겨 넣는다.

그리고 〈스몰빌Smallville〉에서 라나는 이렇게 말한다. "니체라고? 너에게 어두운 면이 있는 줄은 몰랐어, 클락." 그러자 클락(슈퍼맨)은 "누구에게나 그런 면은 있지 않아?"라고 말한다. 그러자 라나가 묻는다. "그럼 너는 누구지? 인간이야, 아니면 초인superman 이야?" 결정적인 대사인 클락의 대답은 상당히 익살스럽다(아니면 '따분하다'고 해야 할까?). "난 아직 답을 찾지 못했어."

물론 라나와 클락의 이런 대화는 니체 철학과 무관하다. 하지만 니체를 인용하면 영화 제작자도 좋아하고 관객들도 좋아한다. 영화감독, 철학 교수, 그리고 격언을 만드는 사람들에게 니체는 영웅이기 때문이다. 그들 모두 니체가 종교, 윤리, 현대 문화, 철학, 그리고 과학에 관해 도발적인 주장이 담긴 글을 쓰면서도 현실의 사회에서 그게 어떤 결과로 이어질지를 생각하는 것과 같은 따분한 일은 전혀 하지 않았다는 사실에 감탄한다.

7장에서 설명한 대로 니체 철학은 대부분 인간에게 정말로 자유 의지가 있는가라는 질문을 던지고 자유 의지에 관한 철학적 문제를 탐구하는 내용이다. 그에게 음식 선택은 우리가 가진 자유가 생각보다 적을지도 모른다는 것을 보여 주는 사례였다. 대부분의 사람은 자신이 원하는 음식을 자유롭게 먹을 수가 없고 우리의 몸이 받아들이는 음식으로 기울어지기 때문이다. 그래서 니체는 피타고라스 이후로 건강과 장수를 위해 특정한 음식을 특정한 방법으로 먹기를 권했던 모든 사람에게 반대하는 입장이었다. 이 '음식 십자군 전쟁'에서 니체는 적어도 일관성은 유지했다. 거의 모든 윤리적인 사안에 대해 그는 정설을 뒤집고(문자 그대로 뒤집었다) '좋은 것'을 나쁜 것으로, '나쁜 것'을 좋은 것으로 바꿔놓는 방식으로 접근했기 때문이다.

니체의 일생 자체도 희비극이었다. 창의적이고 똑똑한 지성인이었다가 직업적 실패와 육체적 질병에 오랫동안 시달리면서 냉소적인 사람으로 변한 니체는 소망과 실제 성취의 불일치(슬프게도 우리 대부분은 이런 불일치를 잘 알고 있다)에 영원히 갇힌 존재다.

플라톤

Plato (기원전 427~기원전 347)

대부분의 문제에 대한 플라톤의 견해는 우리가 그의 어떤 책을 보느냐에 따라 달라진다. 하지만 그의 가장 훌륭한 저서에 따르면 건강한 식사란 곡물, 콩과 식물, 과일에 우유와 꿀, 그리고 일반적인 양의 생선을 함께 먹는 것이다. 그는 고기와 와인을 좋게 생각하지 않아서 적당량만 먹으라고 충고했다.

이게 다가 아니다. 플라톤의 책에는 놀라운 구절이 나온다.

음식, 특히 좋은 음식은 철학과 문화의 적이고 이성적 사고를 방해한다는 것이다!

> 그래서 질병이 우리를 신속하게 파괴하고 우리의 유한한 질주가 그 목표를 이루지도 못하고 종결될 위험에 대비하기 위해, 신은 '아랫배'라고 불리는 것을 만들어 필요 이상으로 섭취한 육류와 음료를 집어넣도록 했다. 그리고 아주 복잡하게 얽힌 장을 만들었다. 음식이 재빨리 내려가 버려서 몸이 더 많은 음식을 요구하지 않도록, 그래서 끝없는 식탐이 생겨나 전체 인류를 철학과 문화의 적으로 만들지 않도록, 그리고 우리 안의 신성한 요소에 대항하는 일이 없도록 했다. _《티마이오스》

일반적으로 플라톤은 역사 속의 위대한 철학자들 중에서도 가장 위대한 사람으로 간주된다. 역사가들은 그가 어떤 것에 대해 이야기하기만 하면 그대로 철학이 됐다는 굉장한 찬사를 보냈다. 그리고 플라톤의 견해는 매우 넓은 범위에 걸쳐 있는데, 여기에는 '무엇을 먹을 것인가'라는 시대를 초월하는 질문도 포함된다. 플라톤은 거창한 형이상학적 문제에 대해 독특하고 불분명한 이론을 제시했다. 그러면서도 그는 '무의미한 말장난으로' 남들을 당황시키는 사람을 '소피스트' 내지 사기꾼이라고 불렀다.

플라톤은 아테네에서 태어나 아테네에서 공부하고, 가끔 여행을 다니기는 했지만 아테네에서 제자들을 가르치다가 세상을 떠났다. 소크라테스와 아테네의 동료 시민들이 나눈 역사적인 대화를 기록한 그의 대화록은 실로 다양한 문제를 다룬다. 정신과 물질의 차이(나중에 데카르트가 이 부분을 참조한다)를 논하기도 하고, 천상 세계의 이데아(형상)라는 신기한 이론(우리가 알고 있는 모든 개념에 대해 이데아가 하나씩 존재한다)을 제시하기도 한다. 하지만 최고의 이데아는 '선의 이데아'라 규정하고 '동굴의 비유'라는 개념을 제시(둘 다 그의 가장 유명한 대화편인 《국가》에 나오는 내용이다)한 것처럼, 그는 항상 자신의 주된 관심사였던 도덕으로 돌아간다. 그는 진짜 철학자들과 대립되는 개념으로 우리 같은 보통 사람들을 '밧줄에 묶인 죄수들shackled prisoners'이라고 은유적으로 일컬었는데, 이 죄수들이 '자유로워지기' 위해서는 선에 관한 지식의 빛이 지상에 매여 있는 그들의 비참한 존재를 환히 비추도록 해야 한다.

피타고라스

Pythagoras (기원전 500년경)

지중해 연안의 어딘가에서 기원전 6세기 말까지 살았던 피타고라스를 숭상하는 사람들은 그가 수학적 사고의 발전 과정에 중대한 기여를 했다고 주장한다. 그를 폄하하는 사람들은 피타고라스가 실존

인물이 아니라고 주장하지만, 존재하지 않았던 사람치고 그의 영향력은 상당히 크다. 어쨌든 피타고라스를 숭상하는 문화는 확실히 존재했다.

피타고라스를 따르는 사람들은 엄격한 계율을 따랐는데, 그 계율에서는 음식이 큰 비중을 차지했다. 첫 번째 규칙은 살코기를 금지하는 것이었다. 동물을 도살하면 안 된다고 했다. 피타고라스를 따르는 사람들은 살아 있는 존재를 죽이지 말고 '잔인한 소리가 나는 유혈사태', 특히 동물을 제물로 바치는 의식을 멀리하라는 명령을 준수했다.

피타고라스는 살코기를 먹지 않고 락토 베지터리언lacto-vegetarian 식사법에 따라 과일, 채소, 곡물, 견과, 콩류, 그리고 약간의 유제품을 먹었다. 피타고라스를 따르는 사람들은 나와 마찬가지로 생선은 동물과 다르다고 간주하고 살코기도 소량으로 먹는 것은 용납했다. 하지만 피타고라스를 따르는 사람들에게 식단의 기본이자 주식이 된 음식은 견과류와 곡물이었다. '피타고라스 추종자들은 점심 식사로 빵과 꿀만 먹었다.' 훗날 로마의 논객 이암블리코스가 남긴 〈피타고라스에 관한 장문〉이라는 글의 일부다.

장자크 루소

Jean-Jacques Rousseau (1712~1778)

우리가 자연스러운 생활 방식에서 멀어질수록 우리의 자연스러운 입맛도 잃게 된다. 그리고 습관이 제2의 본성을 만든다. 습관은 본성을 대체하기 때문에 우리는 더 이상 우리의 본성이 무엇이었는지도 모르게 됐다. 한편으로는 가장 단순한 취향이 가장 자연스러운 것일 가능성이 높다. 가장 단순한 취향이야말로 쉽게 변화하기 때문에, 우리의 변덕에 의해 민감해지기도 하고 자극을 받기도 하면서 항상 일정한 형태를 취한다. _《에밀》

다른 위대한 사상가들과 마찬가지로 루소는 모든 면에서 전통적인 철학과 싸운 사람이었다. 교육과 아동 발달에 관한 온화하고 지혜로운 책인 《에밀》에서 루소는 독특한 고백을 한다. 어느 날 그는 여성 지배자에 대한 환상에 정신을 빼앗긴 나머지 낯선 사람들에게 둔부를 노출하고 싶은 충동을 느꼈고, 한번은 젊은 여성들이 모여 있는 우물가에서 실제로 그렇게 해 봤다는 것이다.

'그들이 목격한 것은 음란한 장면이 아니었다. 나는 음란한 행동을 할 생각은 전혀 없었다. 그것은 익살스러운 행동이었다. 내가 그들에게 내 엉덩이를 보여 주면서 느낀 어리석은 기쁨은 말로 다 표현할 수가 없다.' 학자인 레오 댐로슈Leo Damrosch는 그

일화를 소개하며 이렇게 덧붙였다. '어떤 여자들은 웃음을 터뜨리고 어떤 여자들은 비명을 질렀다. 루소는 줄행랑을 쳤다.'

철학자로서 루소의 영향력은 그의 다채로운 삶과 분리해서 생각할 수가 없다. 그는 인공적인 것을 모두 거부한다. 미각의 문제에서도 인공적인 것을 거부하는 한편 장중한 스타일의 감각은 늘 유지한다. 그의 글에는 자유와 평등을 향한 웅장하고 수사학적인 호소가 곧잘 눈에 띈다.

철학자, 음악가, 소설가, 자서전 작가였던 루소는 당대 철학의 표준 모델과도 거리가 있었다. 당시 철학은 수학, 물리학, 그리고 냉철한 정신을 토대로 하는 건조한 학문이었다.

장 폴 사르트르

Jean-Paul Sartre (1905~1980)

사르트르는 정말로 굶는 것보다 곤충을 먹는 것이 낫다고 여겼을까? 확실히 그의 실존주의 철학에 부합하는 '선택'일 것 같긴 하다.

사르트르에게 음식은 생명을 유지하기 위한 방편이기도 하고 상징이기도 했다. '우리가 음식의 실존적 의미를 알아낼 수 있다면, 굴과 조개 중 뭘 더 좋아하는지, 달팽이와 새우 중 뭐가 더 좋은지는 더 이상 사소한 문제가 아니게 된다.' 사르트르가 쓴 글의 일부다. 실제로 사르트르의 식단을 보면 그에 관해 많은 것을 알 수 있다. 그는 곤충을 연상시킨다는 이유로 게와 가재를 혐오했다. 반면 케이크와 페이스트리는 '그 모양과 조리법, 심지어는 맛도 인간이 생각해서 의도를 가지고 만든 것이기 때문에' 좋아했다. 사실 그의 이론에 따르면 가공을 많이 한 식품일수록 좋은 것이었다. 오늘날의 식생활 상식과는 정반대의 사고방식이다. 환경 보호가 다 뭔가. 사르트르는 신선한 농산물보다 통조림 과일과 채소를 선호하는 도전적인 입장을 보여 준다. 가공 과정에서 음식은 인간이 만든 물건에 더 가까워지기 때문에 더 나아진다는 생각이었다. 신선한 과일과 채소는 '지나치게 자연적'이었다.

하여간 음식에 관한 사르트르의 견해는 아주 진지하게 받아들여지지는 않는 것 같다. 하지만 그의 철학이 중요한 의미를 지니는 지점이 하나 있다. '우리 자신에게 진실하다는 것이 무엇인가?'라는 질문이 그것이다. 다음 이야기는 그의 철학적 업적으로 이해해도 되고 짤막한 농담으로 이해해도 좋다.

사르트르의 커피 주문

한 남자가 프랑스의 어느 카페에 앉아 두껍고 복잡한 철학책을 읽고(아니, 적어도 읽는 척은 하고) 있다. 잠시 후 웨이트리스가 주문을 받으러 온다. 남자는 크림을 넣지 않은 커피 한 잔(coffee with no cream)을 주문한다. 웨이트리스는 잠깐 어디론가 갔다가 돌아와서 미안해하며 묻는다. "죄송하지만 손님, 우리 가게에 크림이 다 떨어졌거든요. 우유를 넣지 않은 커피(coffee with no milk)도 괜찮으신지요?"

이 우스운 이야기(적어도 철학을 전공하는 학생들에게는 우습다)의 핵심은 《존재와 무》라는 장황한 책에서 사르트르가 어떤 것의 부재도 존재하는 것이라고 주장했다는 데 있다. 내가 개인적으로 이 이야기를 좋아하는 이유는 지극히 현실적이고 실존적인(인생을 바꾸는) 선택에 대해 알려 주기 때문이다. 우리는 누구나 실존적인 선택을 해야만 하고, 나중에는 왜 잘못된 선택을 했는지 후회한다. 우리의 선택을 이해하고, 우리가 어떻게 그런 선택을 했으며 어디에서 잘못됐는가를 알자는 것이 《존재와 무》의 핵심이다.

헨리 데이비드 소로

Henry David Thoreau (1817~1862)

나는 밭이랑의 콩과 사랑에 빠졌다. 콩은 나를 대지에 밀착시켜 주고, 나를 그리스 신화에 나오는 거인 안타이오스처럼 힘센 사람으로 만들어 준다. 그런데 나는 왜 콩농사를 짓고 있는가? 그것은 하늘만 안다. 나는 여름 내내 신기한 노동을 했다. 지구 표면에서 이만큼의 땅에, 과거에는 양지꽃과 블랙베리와 물레나물 같은 식물만 자라고 달콤한 야생 열매와 예쁜 꽃이 있었던 이 땅에 콩이 열리도록 하려고 애썼다. 나는 콩에 대해 무엇을 배우게 될까? 콩은 나에 대해 무엇을 알게 될까? 나는 이 콩을 소중히 여기고, 괭이질을 하고, 아침저녁으로 살펴본다. 이것이 내가 온종일 하는 일이다. _《월든》

앞에서도 언급했듯이, 이 어지러운 세상에서 오아시스처럼 소중한 지각과 합리성을 대표할 것만 같은 철학자들 중 다수는 실망스럽게도 자세히 살펴보면 다소 특이한 사람이었을 뿐 아니라 매우 비이성적이기도 했다. 무정부주의자로서 호숫가의 오두막에서 연필 만드는 일로 생계를 유지했던 헨리 데이비드 소로는 얼핏 봐도 특이한 사람 같다. 적어도 다른 철학자들과 달리 소로는 그 사실을 알고 있었다. 1857년 1월 7일의 일기에서 그는 자신에 대해 다음과 같이 기록했다.

거리에서나 사회에서나 나는 항상 방탕하고 보잘것없는 사람이고, 내 삶은 이루 말할 수 없이 초라하다. 아무리 많은 금이나 아무리 명예로운 일이 생겨도 내 삶이 근사해지지는 않을 것이다! 주지사와 식사를 한다거나 국회의원이 된다고 할지라도! 그러나 한적한 숲이나 들판, 또는 소박한 잔디밭이나 토끼가 뛰어다니는 목초지에 혼자 있을 때는, 더없이 음산하고 우울해서 동네 사람들이 모두 술집에나 가려고 하는 오늘 같은 날에도, 나는 나 자신으로 돌아오고, 또다시 나 자신이 대단히 중요한 존재라고 느낀다. 마치 추위와 고독이 내 친구인 것만 같다.

이런 것들의 가치는 어떤 사람들이 교회에 나가서 기도하면서 얻는 것과 같다고 생각한다. 나는 마치 향수병 걸린 사람이 고향을 찾아가는 것처럼 혼자 숲길을 걸어 집으로 돌아온다. 그런 식으로 불필요한 것들을 모두 제거하고 나니 사물을 있는 그대로의 장엄하고 아름다운 모습으로 보게 됐다.

소로는 북아메리카 동부 해안에 위치한 매사추세츠주 콩코드에서 태어났다. 소로는 정치적 급진주의자로서 하버드대학교에서 공부를 했지만, 전통적인 철학자가 되기 위한 학문적 토대(수사학, 고전, 수학 등)를 쌓은 후 고향 마을로 돌아와 작가들의 무리에 합류했다. 그 작가들 중에는 뉴잉글랜드 초월주의 운동의 지도자였던 랄프 월도 에머슨Ralph Waldo Emerson이 있었다. 초월주의는 인간이 자연을 통해서만 영혼의 실체를 만날 수 있다는 신비주의적이고 종교적인 운동이었다. 오늘날 소로를 숭배하는 사람들 대부분이 생태주의자인 것처럼 소로야말로 최초의 진정한 생태주의자였다.

사실 소로가 자연에 관심을 기울이게 된 것은 1845년에 그가 원래 살던 집에서 30분쯤 떨어진 작은 목조 오두막집으로 이사를 하면서부터였다. 그는 그 오두막집을 정확하진 않지만 애정 어린 별명인 '통나무집'으로 불렀다. 오두막집은 월든 호숫가에 위치해 있었다. 월든Walden Pond은 연못이 아니라 숲속에 자리 잡은 호수였다. 연못pond이라고 부르려면 크기가 작아야 할 텐데, 인근 주민들은 그곳의 물은 깊이를 알 수가 없다고 말했다. 적어도 이 점에서는 소로가 인류의 지식에 작은 기여를 했다. 그는 월든 호수의 가장 깊은 지점이 약 30미터라는 사실을 밝혀냈다. 그가 왜 그 호숫가로 이사를 했는지는 몰라도, 그 호수는 마을과 아주 가까웠으므로 사실 그가 아주 고요한 곳에 고립되어 있었던 것은 아니다. 그는 자연 상태 그대로라고 짐작되는 황무지를 칭송했을 뿐 아니라 '부분적 경작이 이뤄지는 시골'도 찬양했다. 그가 남긴 일기의 한 대목은 세월이 흐른 뒤에도 유효한 충고를 담고 있다.

가장 가까운 길만 골라 다니면서 집에 머무른다. 한 남자가 자기가 태어난 골짜기에 머무른다. 꽃받침 속의 꽃부리처럼, 깍정이에 싸인 도토리처럼. 당연히 그가 사랑하는 모든 것, 그가 기대하는 모든 것, 그의 모든 존재가 이곳에 있다. 그의 신부로 선택된 여자가 바싹 다가와 있다. 그가 상상할 수 있는 가장 좋은 것과 가장 나쁜 것이 전부 이곳에 있다. 무엇을 더 바라겠는가? 그녀를 차지하

　라! 어리석은 사람들은 그들이 꿈꾸는 것이 다른 어딘가에 있다고
　상상한다. _소로의 일기, 1858년 11월 1일

　소로의 가장 유명한 책 《월든》은 인간의 본성과 사회를 비판
적으로 묘사하고 숲을 찬양하는 책이다. 책의 첫머리에서 소로는
사람들이 소박하게 살지 않고 물질적인 부를 얻기 위해 시간을
낭비한다고 말한다(먼 옛날 플라톤도 똑같은 탄식을 했다). 그리고
높은 자리에 올라간 사람들도 호머와 아이스킬로스의 시를 읽는
대신 현대 소설을 읽느라 시간을 낭비한다고 비판했다. 이런 주
장들은 하버드에서 공부한 영향이 틀림없다. 다행히 하버드의 영
향은 피상적이었고, 잠시 후 소로는 신비롭고 웅장한 자연이 그리
스 고전보다 훨씬 흥미롭다고 강조한다. 책의 뒷부분으로 갈수록
그는 숲과 호수에 관해, 자연이 어떻게 변화하고 적응하며 소생하
는지에 관해 풍부하고 자세하게 기록한다. 그의 전원생활 일기는
식사 일기를 쓰려는 사람에게도 영감을 준다. 그가 매일의 일기
를 두 단계로 작성했기 때문이다. 첫째, 소로는 그가 자연을 관찰
한 결과를 자세히 기록했다. 예컨대 그날의 날씨가 어땠는지, 어
떤 꽃이 피었는지, 월든 호수의 수심이 얼마였는지, 그가 만난 동
물들의 행동은 어땠는지를 모두 기록으로 남겼다. 그리고 그 다
음 단계로는 자신이 관찰한 것들의 영적이고 미학적인 의미를 찾
아내고 서술했다. 우리도 그의 아이디어를 빌려 그날그날의 가장

흥미로운 식사나 음식을 기록할 수 있겠다. 우선 피상적인 사실들을 기록하고, 다음으로는 그 사실들의 철학적인 측면과 의미를 고찰하면 좋겠다.

현재 활동 중인 식품·정책 연구자와 저술가들

이 책을 집필하는 과정에서 여러 식품 저술가들과 전문가들의 도움을 정말 많이 받았다. 그들 중 몇몇은 책의 일부를 미리 읽어 보고 유익한 조언을 해 주기도 했다. 지금부터 소개하는 사람들은 나에게 가장 유익하고 풍부한 정보를 제공한 책과 글의 저자들이다.

마이클 모스

Michael Moss, 언론인 · 저술가

마이클 모스는 식품 문제에 관해《배신의 식탁》을 비롯한 여러 권의 대중서를 집필한 작가이자《뉴욕 타임스》보도로 퓰리처상을 수상한 언론인이다. 그의 주장에 따르면 대형 식품업체들이 '입에 착 감기는 맛'을 극대화하기 위해 식품에 지방, 설탕, 소금을 잔뜩 집어넣었기 때문에 지난 100년 동안 미국인들의 식생활이 왜곡됐다. 특히 비만의 원인이 되는 고열량 식품을 선호하게 됐다.

2009년 쇠고기의 안전성에 관한 기사에서 햄버거에 들어가는 육류를 가리키는 '핑크 슬라임'이라는 용어를 처음 사용한 사람도 마이클 모스였다. 그는 모든 책에서 오늘날의 식품업계를 만들어 내고 대중이 음식을 잘못 이해하도록 만드는 과학과 마케팅의 복잡한 연결 고리들을 파헤친다.

마이클 모스는 그의 친구이자 동료로서 과거에 FDA 국장으로 일했던 데이빗 케슬러David A. Kessler와 힘을 합쳐, 식품업계가 뇌의 쾌락 중추를 의도적으로 조작해서 '조건화된 폭식'을 하게 만드는 위험한 상황을 대중에게 경고하고 있다. 설탕과 지방은 뇌의 쾌락중추에서 '사이렌의 노래'를 부르고 있는 셈이다.

제니 브랜드밀러

Jennie Brand-Miller, 영양학자 · 저술가

'여전사 제니GI Jennie'라는 별명으로 불리는 제니 브랜드밀러는 오스트레일리아의 교수, 저술가, 식품 전문가로서 인체가 탄수화물(특히 프랑스 바게트의 탄수화물)을 흡수하는 과정에 관한 독보적인 연구를 통해 'GI 다이어트'라는 새로운 다이어트법을 탄생시킨 인물이다.

브랜드밀러 교수는 시드니대학교의 분자생물학과에서 인체 영양학을 연구하면서 인체가 탄수화물에 반응하는 과정의 수수께끼, 즉 혈당의 변화를 탐구했다. 그녀는 인체가 가장 빠르게 반응하는 음식을 찾아내는 데 초점을 맞췄다. 진화영양학에 특별한

관심을 가지고 있었던 그녀는 영양학 강사였던 1981년에 호주 원주민인 애버리진의 음식을 조사하던 중 당지수glycemic index라는 개념을 알게 됐다. 당지수는 원래 토론토 대학의 데이비드 젠킨스David J. Jenkins 연구진이 고안한 개념으로, 영양학 전문가들이 음식과 다이어트에 접근하는 방법에 지대한 영향을 미쳤다.

브랜드밀러는 200만 부가 넘게 팔린《당지수(GI)로 당뇨병, 비만, 심장 질환을 잡는다》와 비교적 최근에 출간된《GI 다이어트 혁명The Low GI Diet Revolution》라는 책, 그리고 200편이 넘는 기사를 통해 당지수라는 개념을 확산시켰다.

참신하게도 브랜드밀러는 그녀에게 중요한 것은 돈이 아니라 메시지라고 말한다. 그래서 그녀는 당지수와 관련된 연구로 창출되는 수익의 대부분을 그녀가 소속된 대학에 기꺼이 넘겨준다. "돈이 나를 행복하게 해 줄 것이라고 생각한 적은 없습니다." 그녀의 말이다. "그리고 내가 대학에서 받는 급여는 국민의 세금입니다. 나는 공직에 있는 사람이고 정보를 확산시키는 것은 나의 책임이지 이윤을 위한 일이 아닙니다."

브랜드밀러는 그녀의 이야기를 하는 것만으로도 기쁘다고 말한다. "메시지를 널리 알리는 것이 정말 중요합니다. 식품업체들은 쓰레기 같은 가공식품을 광고하는 일에 몇 백만 달러를 쓰는데 우리는 그 업체들과 경쟁할 예산이 없으니까요. 우리가 할 수 있는 일은 최대한 많은 사람에게 가닿도록 최대한 큰 목소리

로 외치고 그 메시지가 멀리까지 전달되기를 바라는 것밖에 없
지요."

리처드 매켄지

Richard McKenzie, 자유 시장 경제 옹호론자 · 저술가

경제학 분야에서 명예로운 칭호를 많이 가지고 있는 리처드 매켄
지는《미국은 왜 비만의 땅인가》라는 책의 저자이기도 하다. 그
는 45년 동안 학계에서 활동하고 2011년 캘리포니아대학교 어
바인 캠퍼스에서 은퇴한 후에도 일련의 학문적, 비학문적 모험들
을 계속 실행했다. 그중 하나로 미시경제학에 관한 30분짜리 강연
58편으로 이뤄진 온라인 동영상 강의 과정을 개발하기도 했다.

　　19장에서 소개한 바와 같이 매켄지는 비만의 경제학을 다룬
저서인《미국은 왜 비만의 땅인가》에서 지난 50년 동안 미국인들
의 체중이 증가한 경제적 원인들과 결과들을 논했다. 그는 체중
증가가 세계의 무역 자유화, 공산주의의 몰락, 자유 시장 경제의
확산과 관련이 있다고 주장했고, 식사 준비에 사용하는 시간과 체
중의 통계학적 관련성, 그리고 낮은 식품 가격과 식품 소비량 증
가의 관련성을 밝혀냈다.

발터 롱고

Valter Longo, 생화학자

발터 롱고는 혁신적인 발상을 가진 식품 연구자로서 간헐적 단식과 세포 복원의 관계를 규명한 사람이다. 의학 전문 매체 STAT(2017년 6월 13일자)에 우샤 리 맥팔링Usha Lee McFarling이 기고한 글은 다음과 같다.

> 명문 대학의 종신 교수가 복부 지방을 녹여 없애고, 손상된 세포를 복원하고, 당뇨병에서 암에 이르는 각종 질병을 예방하는, 그리고 노화의 시계를 거꾸로 돌리기까지 하는 다이어트 상품을 판매하는 것은 흔한 일이 아니다.

> 하지만 최근까지 캘리포니아주에 살았던 젊은 이탈리아인 생화학자인 발터 롱고가 했던 일이 바로 그것이다. 롱고는 나에게 보낸 이메일에서 효모는 박테리아가 아니라 미생물이라는 점이 중요하다고 인내심 있게 설명했다. 이제 그는 순수 과학에서 조금 벗어나 실생활로 나아가 케일 칩, 퀴노아 수프, 히비스커스 차 같은 음식들을 정확한 분량으로 소분해 그것으로 이른바 프로론 ProLon 다이어트(프로론은 장수 친화pro-longevity의 줄임말이다) 키트를 만들어 수백 달러를 받고 판매한다.

현재 롱고는 서던캘리포니아대학교와 밀라노의 IFOM 암연구소 양쪽에서 실험실을 운영하고 있다. 그는 고대인들의 금식풍습이 세포에게 휴식과 소생과 재생의 기회가 됐던 이유를 자신이 발견했다고 믿는다. 동물 실험은 확실한 답을 주지 못하지만, 음, 롱고 자신은 몇 달에 한 번씩 자신의 방법으로 다이어트를 하는 것 같다. 특히 파스타를 사랑하는 나라인 이탈리아에 갔다가 돌아오면 체중을 감량하기 위해 간헐적 단식을 한다. 그리고 평소에는 하루에 두 끼만 먹는다고 한다.

로버트 실러

Robert Shiller, 경제학 교수 · 노벨경제학상 수상자 · 베스트셀러 저자

로버트 실러는 예일대학교 경제학 교수였고 현재는 예일 경영대학원 국제금융센터의 연구원이다. 그는 식품 전문가와는 거리가 멀지만 합리적 의사 결정에 관심을 가진 사람이며, 경제 관련 데이터를 힘들게, 자세하게, 혁신적으로 연구한 끝에 2013년 노벨경제학상을 받았다.

실러는 《월스트리트저널》의 제이슨 즈바이크와의 대담 기사에서 최근 조지 애컬로프George Akerlof와 공저한 책인 《피싱의 경제학Phishing for Phools》(2015)을 소개했다. 이 대담에서 실러는 사료 업체들이 판매하는 여러 가지 고양이 사료들의 맛이 진짜로 다른

가를 알아보기 위해 자신이 직접 사료를 먹어 봤다고 고백했다. 결과는? 맛이 다르지 않았다. 그는 이 사실을 다음과 같이 설명했다.

사료 캔에 붙어 있는 라벨에는 '로스트비프 파테' 같은 문구가 적혀 있었습니다. 우리가 레스토랑에서나 보는 요리 이름이잖아요. 그래서 나는 로스트비프 파테라고 되어 있으니 로스트비프 파테와 비슷한 음식이어야 한다고 생각했어요. 맛을 봤지만 모든 사료가 거의 똑같은 맛이었습니다. 그냥 고양이 사료 같은 맛이었어요. 마케팅으로 가상의 현실을 만들어 낸 겁니다.

그야말로 헌신적인 자세가 아닌가! 나는 실러의 예전 저서인 《비이성적 과열》을 특히 좋아한다. 이 책은 원래는 '이성적'이어야 할 인간의 의사 결정에 '동물적 충동'이 이런저런 다른 요소들을 개입시킨다는 개념을 제시했다. 특히 도덕적 원칙과 뚜렷하게 관련된 상황에서 이런 현상이 두드러지게 나타났다. 나 역시 그런 요소들에 관해 생각해 보고 있었는데, 실러는 나에게 보내 준 이메일에서 아직도 많은 사람이 종교적 규범을 근거로 음식을 선택한다는 사실을 지적했다.

말렌 주크

Marlene Zuk, 생물학자 · 저술가

말렌 주크는《팔레오는 환상이다》를 비롯한 여러 권의 베스트셀러를 출간했다. 주크는 대중적으로 인기를 끌었던 팔레오 식사법을 비판하는 입장이다.《팔레오는 환상이다》는 석기 시대 식생활로 돌아가려는 운동을 뒷받침하는 근거들이 잘못된 것이라고 보고 생동감 있는 문체와 학자적인 태도로 반박한다.

　이 책의 4장에서 설명한 대로《팔레오는 환상이다》는 인류에게 '자연스러운 상태'라는 것이 있으며 그 상태를 벗어나면 무조건 위험해진다는 끈질긴 철학적 관념에 도전하면서, 지나가는 말투로 몇몇 철학자들이 그런 견해를 옹호했다고 언급한다. 이 대목을 읽으면서 나는 이 책에서도 자세히 소개한 장자크 루소의 주장을 떠올렸다. 루소는 자연스러운 상태의 인간이 고귀하다고 주장하고 농업의 발달은 인간이 저지른 가장 큰 실수라고 강조한다. 주크는 다음과 같이 서술한다.

　　상대적으로 본다면 그것은 눈 깜짝할 사이에 일어난 일이었다. 아주 짧은 시간 동안 인류는 유목 생활을 하다가 정착 생활을 하게 되고, 농업을 발달시키고, 소도시에 살다가 대도시로 나아가고, 달나라까지 날아가는 능력을 획득하고, 실험실에서 배아를 만들어

내고, 우리가 능숙하게 움직이는 엄지손가락과 같은 크기의 공간
에 어마어마한 양의 정보를 저장할 수 있게 됐다.

우리가 어떤 특정한 환경에 맞게 진화했으며 빠르게 변화하
는 현재의 환경에 적응하지 못하고 있다는 주장이 있다. 말렌 주
크는 이것은 그럴싸해 보이지만 틀린 주장이라고 말한다. 인류학
자 레슬리 에일로Leslie Aiello의 표현을 빌리자면 그것이야말로 '팔
레오 환상'이다. '슬로푸드 또는 노푸드 식단, 맨발로 뛰어다니는
생활' 따위를 지지하는 사람들은 우리가 생물학적으로 지나간 시
대에 속하는 사람이고 기술이 진화론적 변화를 뛰어넘었다는 관
념에 의존하고 있다.

주크는 이런 주장들은 진화가 이뤄지는 과정을 완전히 잘못
이해한 데서 나온 것이라고 이야기한다. 진화는 아주 오랜 세월
동안 아주 조금씩 뒤로 가는 것이 아니다. 진화는 빠를 수도 있고
느릴 수도 있고 그 중간일 수도 있다. 게다가 진화론적 적응의 핵
심은 '타협'이다. 예컨대 더 빨리 달릴 수 있게 하는 적응은 체온
보존의 측면에서는 약점이 된다. 시베리안 허스키 개들이 그런
예다. 딸꾹질은 특이한 물리적 이상 반응이지만 우리가 어류 조
상들로부터 '해부학적 기술의 불완전한 전이'가 이뤄졌다는 증거
다. 딸꾹질은 진화가 '고장을 일으키지 않으면 굳이 고치지 않는
다'는 법칙을 따른다는 것을 보여 주는 좋은 예다.

식생활이라는 측면에서는 과거에 우리가 우리의 몸에서 필요로 하는 것과 정확히 일치하는 음식을 먹었다는 것은 잘못된 상상이다. 석기 시대에는 음식을 구할 수 있는 곳이 일정하지 않았고, 당시의 인류는 '따뜻한 기후에서 서늘한 기후로, 열대 초원에서 삼림으로' 변화하는 과정을 경험했을 것이다.

주크의 견해는 노스웨스턴대학교의 인류학자 윌리엄 레너드 William Leonard가 2002년 《사이언티픽 아메리칸Scientific American》에 기고한 논문의 요지와도 비슷하다.

현대의 건강 문제들이 인간의 자연스러운 식생활에서 멀어져 '나쁜' 음식을 먹은 결과라고 묘사되는 경우가 많다. 인간의 영양학적 필요를 이런 식으로 분석하는 것은 근본적으로 잘못된 방법이다. 인간은 한 가지 최적화된 식단으로 생존하도록 만들어진 종이 아니다. 인간의 놀라운 특징은 먹는 음식이 아주 광범위하다는 것이다.

레너드는 이렇게 덧붙인다. '우리 개개인은 생명이라는 것이 탄생한 이후로 줄곧 조정되고 변형되고 잃어버리고 되찾은 유전적 형질들의 역동적인 집합체라 할 수 있다. 유전적 형질들의 변화는 지난 1만 년 동안 중단된 적이 없다.'

연구자로서 주크는 곤충의 행동에 주목한다. 그리고 곤충 연구에서 발견한 증거들을 토대로 인간이 동물의 행동을 이용하는 방식에 관한 이론을 도출한다. 그녀는 나에게 보낸 이메일에서 자신은 진화론적 적응이라는 훨씬 광범위하고 시대를 초월하는 문제가 아니라 팔레오 식단 논쟁이라는 지엽적인 문제에 대중의 관심이 집중된다는 것이 아직도 이해가 잘 되지 않는다고 이야기했다. 음식과 관련된 문제에서 우리는 조금 편협해지기도 하는 것 같다!

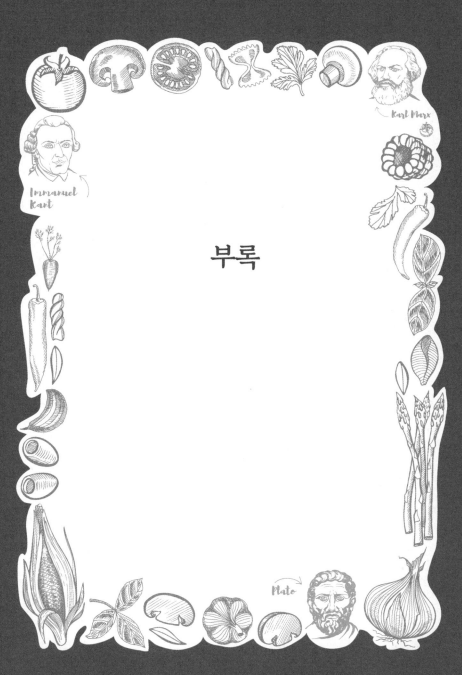

부록

모양만으로 효능을
알 수 있는 음식들

기원전 4세기에 현대 의학의 아버지인 히포크라테스는 '약을 음식으로 삼고 음식을 약으로 삼아라'라는 유명한 말을 남겼다. 하지만 이 조언의 앞부분을 너무 성급하게 해석해서 기침약을 양껏 마시거나 아스피린을 한 움큼 삼키지는 말자. 히포크라테스의 말뜻은 진짜 음식, 그러니까 가까운 지역에서 자연적으로 생산된 재료로 만든 음식에 놀랍고 독특하며 확실히 저평가된 치유 능력이 있다는 것이었다!

파라셀수스와 히포크라테스는 이러한 통찰에다 어떤 음식은 그 모양으로부터 음식의 치유력에 관한 단서를 얻을 수 있다는 이론을 추가했다. 이상한 소리라고? 그건 그렇다. 하지만 그저 기억을 돕는 장치로만 활용한다 해도 아주 매력적인 아이디어다. 이제부터 음식과 건강의 문제에서 '비슷한 것이 병을 치료한다'는 주장을 옹호하는 사람들이 주장하는 '닮은꼴' 음식 몇 가지를 소개하려 한다. 적어도 어떤 집단에서는 2500년 동안이나 그런 믿음을 간직하고 있었고, 현대의 과학 연구들도 이런 주장과 일치하는 증거를 점점 많이 찾아내고 있다.

가장 단순한 접근법은 음식의 모양을 살펴보는 것이다. 예컨대 딸기는 '먹을 수 있는 작은 심장' 모양이다. 딸기를 먹으면 혈액 순환이 원활해져서 심장에 도움이 될까? 딸기는 성욕을 자극할까? 이런 사고방식에 따르면 모든 채소와 과일은 인체의 어떤 기관을 닮은 특정한 모양을 하고 있으며, 이 모양은 그 과일 또는 채소의 효능을 우리에게 알려 주는 단서가 된다.

자, 이제 증거들을 보면서 당신이 직접 판단해 보라!

1. 토마토

토마토는 사람의 심장을 떠올리게 한다. 토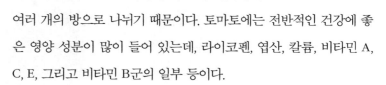
마토를 반으로 갈라 보면 그 빨간 과일(그
렇다. 토마토는 과일이다. 엄밀히 말하자면 과일
이기 때문이다)은 인간의 심장 구조와 비슷하게
여러 개의 방으로 나뉘기 때문이다. 토마토에는 전반적인 건강에 좋은 영양 성분이 많이 들어 있는데, 라이코펜, 엽산, 칼륨, 비타민 A, C, E, 그리고 비타민 B군의 일부 등이다.

라이코펜은 토마토의 붉은 색을 내 주는 화학 물질로서 강한 항산화 작용을 한다. 라이코펜은 세포가 손상되는 것을 막아 준다. 일부 연구에 따르면 라이코펜은 '나쁜' 콜레스테롤을 감소시키고 혈액 응고를 막아 준다. 이 모든 효능은 심장 건강에 도움이 된다. 놀랍지 않은가!

2. 호두

호두의 특징인 갈색의 주름진 껍데기를 보면 곧바로 뇌를 떠올리게 된다. 그런데 그림이나 사진이 생기기 이전에 살았던 사람들 중에 진짜 뇌를 본 사람이 몇이나 있었을까?

　애매모호한 이야기는 제쳐 두자. 실제로 호두의 모양이 뇌의 모양과 비슷하고, 왼쪽과 오른쪽 반구로 갈라져 있는 것도 비슷하다는 점은 인정해야 한다. 그렇다면 호두는 뇌에 좋은 작용을 할까? 그렇다. 호두에는 오메가 3 지방산이 풍부한데, 최근에 밝혀진 바에 따르면 오메가 3 지방산은 뇌가 기능하는 데 매우 중요한 영양분이다. 또 호두는 비타민 E의 공급원인데, 연구에 따르면 비타민 E는 알츠하이머병과 같은 신경 장애와 정신 질환을 예방하는 데도 도움이 된다고 한다.

3. 당근

당근의 경우 모양과 효능의 관계가 아주 명백하지는 않다. 그것을 알기 위해서는 당근을 반으로 썰어야 한다. 당근을 반토막 내면 '눈'처럼 생긴 무늬가 보이는데, 그 '눈'의 주변에 있는 무늬는 사람의 눈에 있는 동공과 홍채를 닮았다.

그러면 당근은 눈 건강에 좋은 음식일까? 맞다! 오랜 세월 동안 어른들이 당근을 안 먹으려는 아이들에게 들려주던 옛이야기는 진실이다. 당근에는 베타카로틴beta-carotene(carrot이라는 당근의 영어 이름도 베타카로틴의 carotene에서 따온 것이다)이 엄청나게 많이 들어 있다. 베타카로틴은 비타민 A로 쉽게 전환되는 물질이다. 베타카로틴을 적당량 섭취하면 안구 표면의 각막이 건조해지는 것을 방지할 수 있다. 노년층이 당근을 먹으면 노년기 실명의 가장 흔한 원인이자 비가역적 질환인 황반변성을 예방할 수 있다.

4. 강낭콩

이름*에 작은 단서가 들어 있다. 강낭콩은
사람의 신장과 비슷하게 생겼다. 그리고 뜻
밖에도 강낭콩은 필수적인 영양소를 많이 함유하고 있어
신장에 아주 좋다.

강낭콩은 몰리브덴을 공급해 주는 훌륭한 음식이다. 몰리브덴
은 '당신이 한 번도 들어 보지 못했을 가장 중요한 광물'로 불리기도
한다. 몸속에 몰리브덴이 부족하면 혈액 내에 요산이 고여서 관절에
염증과 통증을 유발하고 심하면 신경계 손상을 일으킨다.

강낭콩에는 엽산, 구리, 망간, 인, 비타민 B1, 철, 칼륨, 마그네슘
과 같은 갖가지 좋은 성분이 많이 들어 있다.

한마디로 신장에게 강낭콩은 '만나'**와 같은 음식이다.

5. 생강

인체 내부 기관들의 생김새를 잘 아는 사람들의 눈
에 생강의 뿌리는 사람의 위와 비슷해 보인다. 그
리고 확실히 생강은 위에 아주 좋은 음식이다!
미국 농림부에서는 생강의 톡 쏘는 향과 맛을 내

---

* 　강낭콩은 영어로 kidney bean이고 kidney는 신장을 뜻한다.

** 　manna. 하늘이 주신 양식.

는 성분인 진저롤gingerol을 구역질과 구토를 없애 주는 효능을 가진 소수의 파이토케미컬*로 인정한다. 또 생강은 위경련을 예방하고 심지어는 위궤양도 억제한다고 알려져 있다.

6. 고구마

고구마는 췌장과 비슷하게 생겼다. 췌장은 소화를 촉진하고 혈당 수치를 조절하는 중요한 기관이다. 췌장은 인슐린이 분비되는 곳이기도 하다. 고구마는 당근과 마찬가지로 베타카로틴이 풍부한 음식이다. 베타카로틴은 강력한 항산화 물질로서 췌장뿐 아니라 인체의 모든 조직을 보호해 준다.

7. 셀러리

셀러리의 흰색에 가까운 창백한 줄기는 뼈를 닮았을 뿐 아니라 실제로 뼈에 아주 좋다. 셀러리의 줄기 부분에 실리콘이라는 무기물이 많이 들어 있기 때문이다. 영양소 중에는 골 분해를 억제하는 물질이 많이

---

* 식물을 가리키는 phyto와 화학이란 뜻의 chemical의 합성어로, 식물에서 자연적으로 만들어지는 모든 화학 물질을 가리킨다.

있고 새로운 뼈의 형성을 촉진하는 물질도 많이 있지만, 그 두 가지 기능을 다 가진 물질은 실리콘밖에 없다.

8. 아보카도

아보카도는 여성의 자궁을 닮은 과일이며, 희귀한 영양소로 가득 차 있는 기적의 음식이다. 특히 아보카도는 엽산이라고도 불리는 비타민 B9를 다량 함유하고 있어서 생식 기관에 이롭다고 밝혀졌다. 비타민 B9는 태아의 기형을 예방하는 데 반드시 필요하기 때문에 미국(1998년부터)을 비롯한 여러 나라에서는 빵과 시리얼 같은 가공식품에 비타민 B9를 첨가하도록 법으로 강제하고 있다.

9. 오렌지, 레몬, 자몽

이 과일들의 경우 모양과 효능의 연관성은 특히, 뭐랄까, 주관적이다. 어떤 사람들은 자몽과 여성의 유방이 상당히 닮았다고 주장한다. 어쨌든 그런 주장은 다른 시트러스계 과일들(오렌지, 레몬 등)과 마찬가지로 자몽에 리모노이드라는 성분이 함유되어 있다는 사실을 상기시키는 데는 유용하다. 리모노이드는 발암을 억제하는 물질로 알려져 있다. 물론 이 모든 과일에는 비타민 C도 들어 있는데, 비타민 C는 면역 체계의 약점을 보완하고(즉, 계절성 감기와 독감을 물리치고) 심혈관 질환 및 태아기 질환을 예방하고 눈 건강과 피부 건강에도 도움이 된다고 오래전부터 알려져 있다. 시트러스계 과일들을 그냥 보는 것만으로 이런 효능을 떠올릴 수 있는지는 잘 모르겠다. 하지만 이 과일들은 우리의 몸에 좋을 것 같은 모습이긴 하다.

10. 무화과

무화과가 남성의 고환을 연상시킨다는 의견이 있다. 내 생각에는 타당성이 별로 없는 것 같지만. 어쨌든 무화과는 씨를 가득 품고 있고, 익으면서 둘로 갈라지긴 한다. 그리고 무화과를 먹으면 남성의 정자 수와 활동성이라는 두 가지 측면에 상당한 도움이 된다고 한다.

11. 버섯

버섯은 귀를 닮았다. 아니, 모든 버섯이 귀와 비슷하지는 않지만 어떤 버섯은 그렇다. 과학적으로 이야기하자면(이런 식의 비과학적 접

근법을 과학적으로 변형할 수 있는지는 잘 모르
겠지만) 우리가 자주 먹는 버섯들은 대부분
세로로 반을 갈라 보면 사람의 귀에 외이도
ear canal가 붙은 모양과 비슷하다.

　　그리고 실제로도 버섯은 청력을 개선
하는 효능이 있다. 버섯에 비타민 D의 전구물질인 에르　　고
스테롤이 함유되어 있기 때문이다. 비타민 D는 우리가 햇빛을 받은
피부에서 합성이 되기 때문에 '햇빛 비타민'이라고도 불리며, 뼈의
건강을 유지하는 데 중요하다. 귓속에서 소리를 뇌로 전달하는 조
그만 뼈들도 여기에 포함된다.

12. 포도

마지막으로(흥미로운 사례들을 끝없이 나열할 수도 있지만, 여기까지만
하겠다.) 포도, 정확히 말하면 포도송이는 폐와 비슷하다. 사람의 폐
는 공기가 지나가는 아주 가느다란 가지(관)들로 이뤄져 있으며 그
가지들의 말단에는 폐포라 불리는 작은 공기주머니들이 포도송이
처럼 모여 있다. 폐포는 폐에서 산소를 받아들
여 혈관으로 보낸다. 포도는 심장을 튼
튼하게 해 주고 혈압을 조절하는 등
건강에 도움이 되는 효능을 아주 많이

가지고 있다. 아마도 가장 신기한 효능은 포도씨에 천식 발작을 완
화한다고 알려진 프로안토시아니딘이라는 화학 물질이 들어 있다
는 것이다.

간식을 대체할 수 있는 음식들

대다수의 사람들은 너무 바빠서 요리를 할 수 없다는 고충에 시달린다. '사람들은 각자가 해야만 하는 일들로 스트레스를 많이 받은 상태라서 요리를 하고 싶어 하지 않아요.'《무게 달기Weighing In》의 저자인 줄리 거스먼Julie Guthman의 말이다. 알다시피 슈퍼마켓에서 사온 피자를 데우는 일은 잠깐이면 되지만 건강한 식생활을 위해 갖가지 재료를 준비하고 끓이고 쌀을 넣고 하려면 여간 번거로운 게 아니다.

하지만 만약 우리가 부엌에서 설탕이나 소금이 잔뜩 들어간 불량 식품을 모두 골라내 폐기한다면(35장에서 제안한 대로) 간식으로 무엇을 먹어야 할까? 여기서 나는 장기간 보관이 가능하면서도 건강한 식사의 요건이 되는 영양 성분을 함유하고 있는 음식 열 가지를 소개한다.

1. 소금 간이 된 피스타치오

'소금 간'이 중요하다. 소금이 입맛을 돋워서 간식을 많이 먹게 하기 때문이다. 피스타치오는 살이 찌지 않는 지방이 풍부한데도 살이 찌는 이율배반적인 음식 중 하나다. 피스타치오에는 '심장 건강에 도움이 되는' 불포화 지방이 들어 있고 칼륨과 같은 미네랄도 포함된다. 피스타치오 열매 한 개당 유용한 에너지 4칼로리를 공급하는데, 인간의 대사는 신비로운 과정이어서 이 칼로리가 몸 안에서 지방으로 전환되는 속도는 느리다. 당연한 이야기지만 껍데기가 그대로 붙어 있는 피스타치오를 구입하라.

2. 건조 토마토

뜻밖에도 토마토는 다양한 효능을 가진 기적의 음식이다. 그뿐 아니라 토마토는 쓸모가 많은 재료로서 샐러드, 샌드위치, 곁들이 음식으로 두루 활용 가능하다. 그리고 오일에 재운 건조 토마토는 신선한 토마토보다 맛이 좋다. 건조 토마토를 구입할 때는 약간의 지출을 감내하자. 저가의 건조 토마토는 화학 물질로 뒤덮여 있을 가능성이 높다.

3. 견과류와 건포도

한두 줌의 견과류와 건포도는 공복을 채워 주는 이상적인 음식이다. 시판되는 봉지 견과류에는 해바라기씨, 건크랜베리 같은 다른 음식도 들어 있다. 견과류에는 지방이 많이 들어 있지만 살이 찌지는 않는다. 그리고 건과일에는 당이 많이 함유되어 있지만 그것은 '좋은 당'이다.

4. 사과

사과는 따분한 음식처럼 보이지만 사실 사과에도 종류가 무척 많다. 새로운 품종의 사과를 한두 가지 구입하면 그것을 기꺼이 간식으로 먹게 되고, 실제로 그 사과로 요리를 해 보고 싶어질지도 모른다. 사과를 썰어서 샐러드에 넣거나 생선, 견과류, 치즈와 함께 즐기면 된다. 사과를 건포도와 함께 졸여서 달콤한 디저트를 만들어도 좋다. 유기농 사과를 신선한 상태로 구입하면 몇 주 동안 싱싱하게 유지되므로 아주 편리한 식량이 된다. 물론 유기농 사과를 먹는다고 해서 몸을 씻지 않아도 되는 것은 아니다. 내가 이렇게 말하는 이유는 컴퓨터광이자 마케팅의 천재로서 세계 최고의 컴퓨터 회사를 일궈 낸 스티브 잡스에 관한 신기한 일화가 있기 때문이다. 채식주의자였던 잡스는 자기가 가장 좋아하는 과일의 이름을 따서 '애플'이라는 회사를 창립했다. 한때 그는 더 나은 일자리로 옮기기 전에 사과 농장에서 일하기도 했다. 그리고 삶이 순조롭지 못했던 시기, 즉 대학에서 1학기만 마치고 중퇴했을 때는 사과만 먹는 다이어트에 도전했다. 그는 사과가 몸을 깨끗이 해 주기 때문에 몸을 씻을 필요도 없을 것이라고 생각했다. 실제로 그렇지는 않았지만, 애플사의 로고와 이미지는 다른 여러 면에서 큰 힘을 발휘했다.

5. 잣

잣도 쓸모가 많고 맛있는 음식이다. 특히 생선과 함께 구우면 맛이 좋고, 샐러드에 뿌리거나 스튜에 넣어도 된다. 사실 잣은 식욕을 억제한다고 알려져 있지만, 수분 함량이 높은 '다이어트' 음식들과 달리 순간적으로 높은 에너지를 제공한다. 잣은 피로를 완화하는 철과 마그네슘 같은 미네랄이 풍부한 음식이다.

6. 절인 청어

채식주의자들과 일부 생태주의자들은 동의하지 않겠지만,《내셔널지오그래픽》의 멋진 제목처럼 '수많은 사람을 먹여 살리는 작은 생선'인 청어는 건강에 아주 좋은 간식이다. 청어는 포만감이 높은 음식이면서 비타민 D의 전구물질을 다량 함유한 음식이다. 비타민 D는 인체가 햇빛을 받아야 스스로 합성할 수 있는 비타민이다. 현실적으로 날씨가 좋지 않거나 실내에서 보내는 시간이 너무 길기 때문에 우리 대부분은 필수 영양소인 비타민 D를 충분히 얻지 못하고 있다. 비타민 D는 이와 뼈를 튼튼하게 해 주고 체내의 여러 과정에 관여하는 물질이다.

또 청어(다른 생선들도 마찬가지지만)는 심장 질환을 예방하고 뇌가 정상적으로 기능을 수행하는 데 필요한 지방산이 풍부한 식품이다. 이것과 같은 이유에서 청어는 크론병이나 관절염 같은 염증성 질환을 억제한다고 알려져 있다. 청어는 몇 세기 동안 가난한 사람들의 음식으로 취급됐기 때문에 건강한 식단에 포함되는 음식으로서는 아직도 저평가되는 경우가 많다.

절인 청어는 품질의 차이가 많이 난다. 절인 청어는 보통 얇게 썬 양파와 함께 유리병에 담겨 판매되는데, 고급 제품에는 오이와 당근을 얇게 썰어 만든 피클도 들어 있다. 간편한 저녁 식사로도 그만이다.

7. 달걀

마크로비오틱*을 실천한 가수 마돈나라면 인정하지 않겠지만, 달걀은 당신의 냉장고에 분명히 들어 있을 것이다. 달걀은 살이 찌지도

---

* 　마크로비오틱 식사법이란 불교 철학에서 유래했다고 알려진 독특한 식사법이다. 먹는 즐거움을 추구하는 대신 음양의 조화에 신경을 쓰면서 생명 유지에 필요한 것만을 먹고 마신다. 마크로비오틱 식생활을 하는 사람들은 통곡물, 채소, 콩, 그리고 해조류를 섭취한다.

않으면서 영양가가 높은 음식이기 때문이다. 게다가 달걀은 요리하기도 쉽다. 달걀을 삶거나 스크램블하거나 프라이로 먹는 데 싫증이 났다면 프랑스식 이름으로 바꿔서 불러 보자. 외프 알라코크,* 외프 브로이유.** 그리고 완숙으로 삶은 달걀은 가지고 다니기도 편하다.

작은 충고 하나를 하자면, 자유롭게 돌아다닐 수 있는 환경에서 사육한 암탉이 낳은 알을 먹어라. 건강하고 행복한 새가 건강하고 '행복한' 알을 낳는다. 좋은 달걀과 나쁜 달걀은 껍질로도 구별할 수 있다. 좋은 달걀은 껍질이 매력적이어야 한다. 껍질이 매끈하고 윤기가 나야 하고, 종이 용기에는 흰색부터 갈색까지 조금씩 다른 달걀이 담겨 있어야 한다. 공장식 축산으로 생산한 달걀은 획일적이고, 연한 분홍색이 돌고, 얼룩덜룩하다.

8. 버섯

당신은 버섯을 어떻게 보관하는가? 버섯은 딱 하루만 지나도 상하기 시작한다. 해결책은 말린 버섯이다. 말린 버섯은 신선한 버섯보다 더 좋은 것으로 취급된다는 장점을 가지고 있다. 표고버섯, 포르치니버섯, 곰보버섯, 살구버섯 같은 독특한 품종들이 말린 상태로

---

*   oeuf à la coque. 껍질째 삶은 계란 반숙.
** oeufs brouillés. 프랑스식 계란 스크램블.

유통되기 때문이다. 말린 버섯은 맛이 더 진하고 강렬하기 때문에 채소와 함께 한 끼 식사로 즐길 수도 있고 소스를 곁들인 고기 요리의 대체제로도 활용 가능하다. 문자 그대로 물만 부으면 된다!

9. 베이크드 빈

영국인이 좋아하는 음식이 나와서 깜짝 놀랐다고? 의심스럽기도 하다고? 물론 콩 통조림은 설탕과 소금이 많이 들어간 대량 생산 식품임에 틀림없다. 그래도 콩 통조림은 섬유질과 저지방 단백질이 풍부하며 비타민과 미네랄도 함유하고 있다. 2008년 영국의 한 신문은 40세 남성이 콩 통조림만 먹는 다이어트를 개발했다고 보도했다. 그는 (생각만 해도 끔찍하지만) 9개월 동안 콩 통조림만 먹은 결과 63킬로그램을 감량했다. 그 남자는 다이어트를 시작하면서 맥주도 끊었기 때문에 그 실험이 아주 과학적이었다고는 할 수 없지만 그래도 유용하긴 했다. 콩 통조림은 살찌는 음식도 아니고 확실히 아주 편리하다.

콩 통조림을 토스트와 함께 먹으려면 가짜 곡물로 만든 하얀 빵이 아니라 얇게 썬 통곡물빵을 선택해야 한다.

콩 통조림의 최고봉은 미국 회사인데 어떤 이유에서인지 영국에서도 정말 잘 팔리는 하인즈사의 제품이다. 위건Wigan의 키트 그린Kitt Green에 위치한 하인즈 공장은 유럽에서 가장 큰 식품 공장으로 매년 콩 통조림만 100억 개 넘게 생산한다. 코카콜라와 마찬가지로 하인즈는 자사의 특별한 조리법에 관해 화려한 선전을 한다. 사실 하인즈의 콩 통조림에는 설탕과 유전자 변형 옥수숫가루(오, 맙소사)가 들어 있기 때문에 연예인들은 다이어트를 할 때 그 통조림을 즐겨 먹지는 않는다. 하지만 비상시에 실용적인 먹을거리를 찾는다면 하인즈 콩 통조림은 괜찮은 방편이다.

　　그래도 의문은 남는다. 콩 통조림baked bean에 들어가는 콩bean은 정확히 무엇인가? 답은 강낭콩의 일종인 까치콩haricot bean이다. 까치콩은 콜레스테롤 수치를 낮추는 효능을 가지고 있으며 섬유질 함량이 높아서 식후에 우리 몸에서 그 중요한 혈당 수치가 급격히 상승하는 것을 막아주고, 나중에 당수치가 갑자기 낮아지면서 다른 음식을 먹으려는 욕구가 생겨나지 않도록 해 준다. (그래서 콩은 당뇨병 환자들에게 좋은 음식이다.) 까치콩은 엽산(세포의 성장에 반드시 필요한 비타민 B9), 망간, 티아민(비타민 B1), 칼륨, 인, 구리, 마그네슘, 아연이 풍부한 음식이다. 그리고 약간의 셀레늄도 들어 있다.

10. 통조림 채소

그렇다. 통조림 채소는 신선한 채소보다는 못하지만 집에 저장해두면 좋은 식품이다. 건조 버섯과 마찬가지로 통조림 채소는 몇 년 동안도 보관이 가능하다. 통조림 형태로 편리하게 사용할 수 있는 채소로는 시금치, 완두콩, 당근(냄비에 붓고 끓여서 '수프'라고 이름 붙이면 된다), 토마토가 있다. 통조림 속의 채소는 깍뚝썰기한 모양이거나 걸쭉한 액체 상태다.

보너스. 채소 통조림 두세 가지를 합치면 5분 안에 거의 모든 요리를 뚝딱 만들어 낼 수 있다. 통조림 채소에는 몸에 좋은 성분이 많지는 않지만, 통조림 채소를 사용하면 요리의 수분 함량이 높아지기 때문에 몸매 관리에도 도움이 된다.

추천 자료

음식에 대해 사회적 또는 과학적으로 접근한 책들은 대부분 요리를 많이 하지 않을 것 같은 사람들이 쓴 책이다. 그리고 요즘 사람들은 대부분 요리를 많이 하지 않는다. 그래서 나는 음식에 관한 책이 미식의 측면에 지나치게 치중해서는 안 된다고 생각한다. 내 책은 나처럼 음식을 즐기긴 하지만 음식에 삶 전체를, 아니여가 시간의 전부를 바치고 싶지는 않은 사람들을 위한 실용적인음식 안내서에 가깝다. 그래서 이 글은 일반인 독자들을 위한 음식 관련 서적들을 소개하는 것으로 시작하고, 그러고 나서는 책에소개된 자료와 주장들의 출처를 장별로 밝히려 한다.

독자들이 음식을 수많은 관심사들 중 하나로만 생각한다면 내가 먼저 권하고 싶은 책은 음식을 무척 사랑하는 미식가 래리 올름스테드Larry Olmsted의 책이다. 그가 출간한《진짜 음식, 가짜 음식Real Food/Fake Food》은 '나쁜 음식'과 그런 음식을 만드는 사람들, 즉 기업농과 식당 요리사들을 신랄하게 비판하는 동시에 사람들이 '진짜 음식'을 먹고 즐기도록 하겠다는 복음주의적인 사명감을 표현한다. 이 책에서 래리는 수많은 '가짜 음식'을 낱낱이 비판하고 그가 좋아하는 음식들에 대해서도 자세히 설명하는데, 그가 가장 좋아하는 음식은 고기(몇 개 장에 걸쳐 고기 이야기만 한다)와 샴페인과 스카치위스키인 것 같다. 역시 전문가의 취향답다. 그는 와인도 중요하게 보고 장 하나를 통째로 할애해서 길게 설명하고 있다.

나는 래리처럼 미식을 권장하고 좋은 음식을 사랑하는 일도 중요하다고 생각한다. 그래서 이 책에서도 이탈리아의 슬로푸드 운동에 관해 자세히 소개했다. 하지만 내 책의 논조는 더 민주적이고 더 평범한 사람들을 향한다. 이 책에 수록된 조리법은 모두 널리 알려진 방법을 변형한 것이며 나 또는 나의 가족이 실제로 시도해 본 조리법이다. 데이비드 흄의 '양머리 수프'만 빼고. (5장에서 이 요리를 언급하긴 했지만 자세한 설명은 없다. 이 음식은 큰 냄비에 양의 머리를 넣고 10시간 동안 끓여서 만드는 것이 전부다.) 만약당신이 양머리 수프 요리에 도전한다면 맛이 어땠는지를 글로 써서 나에게 보내……지 말아 달라. 나는 비위가 약한 사람이니까.

다음 목록은 음식과 관련해서 더 폭넓은 독서를 하고 싶은 사람들에게 추천하는 자료들이다. 실용적인 관점에서 집필한 음식 서적, 즉 요리책과 다이어트 지침서는 항상 넘쳐 나지만 요즘에는 사회 과학, 철학, 인류학 등의 이론적 관점으로 음식을 다룬 책도 많이 나온다. 어떤 책들은 사회학적 관점을 취하고, 어떤 책들은 아주 정치적이고, 어떤 책들은 이론과 실용적 조언을 결합한다. 그리고 어떤 책들은 격한 논쟁을 일으킨다. 이런 책들은 젠더 장벽을 넘어 남성과 여성 독자들 모두에게 호소한다. 또 전통적으로 이런 학문들은 남성 교수와 남성 독자들이 지배했지만 오늘날 음식에 관한 과학적·사회학적 연구서의 저자들은 상당수가 여성이라는 사실도 언급하고 싶다.

다음은 식품을 과학적 또는 사회학적으로 다룬 책들이다.

- 《팔레오는 환상이다Paleofantasy: What Evolution Really Tells Us About Sex, Diet, and How We Live》, 말렌 주크Marlene Zuk (2013)
- 《마이클 폴란의 행복한 밥상In Defense of Food: An Eater's Manifesto》, 마이클 폴란Michael Pollan (2008)
- 《식품 정치학Food Politics: How the Food Industry Influences Nutrition and Health》, 매리온 네슬Marion Nestle (2002)
- 《식품업계의 속임수Appetite for Profit: How the Food Industry Undermines Our Health and How to Fight Back》, 미셸 사이먼Michele Simon (2006)
- 《식품 피라미드가 우리의 건강을 망친다Death by Food Pyramid: How Shoddy Science, Sketchy Politics and Shady Special Interests Have Ruined Our Health》, 드니스 밍어Denise Minger (2014)

이 목록에서 알 수 있듯이 식품업계를 비판하는 사람은 많지만, 그들 중에서 가장 효과적으로 비판을 하는 사람은 마이클 폴란과 마이클 모스가 틀림없다. 나도 이 책의 본문에서 폴란과 모스의 주장을 많이 언급했다. 마이클 모스는《배신의 식탁》과 같은 대중적인 식품 관련 서적을 집필했으며《뉴욕 타임스》보도로 퓰리처상을 수상하기도 했다. 그의 주장은 거대 식품 기업들이 '입에 착 감기는' 감각을 극대화하기 위해 식품에 지방, 설탕, 소금을 잔뜩 넣어 사람들의 식품 선택을 왜곡한다는 것이다. 특히 미국을 비롯한 여러 나라에서 사람들이 비만을 유발하는 고칼로리 식품을 선호하게 됐다는 것이다. 모스는 이 책을 집필하기 위해 약 4년 동안 식품업계 관계자 수백 명과 인터뷰했다. 여기에는 화학자, 영양학자, 행동생물학자, 식품공학자, 포장 디자이너, 식품업체의 고위 임원들이 다 포함된다.《배신의 식탁》은 건강한 식생활을 위한 지침서도 되지만 탐사 기록으로도 손색이 없다!

마이클 폴란의《마이클 폴란의 행복한 밥상》역시 훌륭한 책인 동시에 식품업계를 매우 진지하게(어떤 사람들은 '비타협적'이라고 말할지도 모른다) 파헤친 책이다.《마이클 폴란의 행복한 밥상》의 주된 주장은 우리가 증조부 세대들이 먹었던 것과 비슷한 음식을 먹어야 하며 현대적 식품 생산 기술을 한번쯤 의심해 봐야 한다는 것이다.

폴란은 그 밖에도《푸드 룰》을 비롯한 여러 권의 책을 집필했다.《푸드 룰》은 실행에 조금 더 초점을 맞춘 책으로 알려져 있다. 어떤 독자들은 그 책이《마이클 폴란의 행복한 밥상》의 재탕이라고 불평하지만《푸드 룰》이라는 책이 나왔다는 사실 자체가 식생활에서 '어떻게'가 중요하다는 증거다. 그래서 나도 이 책을 쓰면서 이론적인 논쟁에만 머물지 않고 실용적인 전략을 많이 제시하려고 노력했다.

데이비드 케슬러의 《과식의 종말》이라는 책에서도 식품업계는 악으로 묘사된다. 전직 FDA 직원이었던 케슬러는 항상 필요 이상의 음식을 섭취하는 사람들에게 영양의 균형이 맞지 않는 음식을 강요하는 식품업계의 부정행위에 초점을 맞춘다. 다시 말하자면 이 책은 비합리적인 식사를 하는 통제 불가능한 행동 패턴, 케슬러의 표현을 빌리자면 '조건화된 폭식'에 관해 길게 설명한다. 책의 말미에서 케슬러는 과식은 의지 부족이 아니라 질병이라는 결론을 짓는다. 이 책은 '마른 몸'이라는 주제에 대해서도 자세히 서술한다.

내 책이 환경 보호 의식을 강화하는 부드러운 호소가 되기를 바란다. 그리고 그런 의미에서 함께 읽어 보면 좋은 책으로 권위 있는 고전인 레이철 카슨의 《침묵의 봄》을 추천하고 싶다.

출판업자들의 시각에서 《침묵의 봄》은 그전까지는 히피들과 소수 중산층 지식인들만의 관심사였던 문제에 새로운 관심을 불러일으켰다. 레이철 카슨은 그 문제를 무미건조한 통계 수치와 딱딱한 정치적 선언이라는 형식으로 제시하지 않고 문학의 언어와 감성적 서술을 활용했다. 《침묵의 봄》은 정치적이고 사회적인 문제에 시적 성격을 부여하고, 음식에 관한 결정을 감정적인 특권으로 표현한다.

　카슨의 문체가 대중에게 처음 알려진 것은 1962년 6월 《뉴요커》에 글을 연재하면서부터였다. 그 글들은 그해 9월 책으로 출간되자마자 집중적인 관심을 받았다. 카슨의 책은 DDT 사용을 금지하고 '우리의 공기, 땅, 물'을 오염시키는 법을 개정하라는 목소리가 터져 나오는 계기가 됐다. 《뉴욕 타임스》의 서평은 카슨의 책이 '자연과 인류를 살리기 위해' 대중이 직접 나서서 '독극물을 사용해서 지구상의 생명들을 파괴하고 끝장낼 정책들'에 반대하라는 '호소'라고 평했다. 음식에 관한 급진적인 주장을 펼치는 수많은 사람들과 달리 나는 현실의 여러 영역에서 환경 보호 캠페인을 해 본 경험이 있다. 한번은 비판적인 '전문가' 보고서를 작성해서 영국의 국립 공원을 관통하는 자동차 도로 건설을 중단시키는 데 성공한 적도 있다.

　철학자들은 금방 알 수 있겠지만, 사실 레이철 카슨은 위대한 철학자 헨리 소로의 《월든》과 같은 생태주의 글쓰기의 전통을 따랐을 뿐이다. 나의 책은 이러한 철학적·문학적 전통을 계승해 도덕, 사회 과학, 경제학을 논하면서도 개인적이고 감정적이고 심오한 것들을 외면하지 않았다. 나의 책은 이 철학적 전통을 계속 이어 나가는 동시에 그 전통과 다시금 관계를 맺고 있다.

머리말: 오늘 당신의 메뉴는 안녕하십니까?

머리말에 나오는 일반적인 주장들은 이 책에서 자세히 논의할 소주제들과 관련이 있다. 이 주장들의 출처와 세부 내용은 각 소주제에 관한 장에서 소개한다. 사람들이 요리를 하지 않는 (그리고 나쁜 음식을 먹는) 이유들, 그리고 콩기름과 옥수수기름이 우리의 식단에 잠입한 것에 관한 논의들은 19장 〈효율을 버리면 건강해진다〉에서 다뤄진다. 사람들이 건강한 식생활을 하지 않는 이유에 관한 본문의 통계 수치들은 PR뉴스와이어에 보도된 숍스마트 여론 조사에서 인용한 것이다. 시간이 아닌 비용에 중점을 두고 있는 이 보고서의 제목은 '여성의 57퍼센트, 식비 걱정 때문에 건강한 식생활을 못 한다'이다. http://www.prnewswire.com/news-releases/shopsmartpoll-57-percent-of-women-say-cost-of-food-keeps-them-fromeating-healthy-151343115.html

'농부들이 산업 폐기물을 함부로 배출하고 있었다'는 주장은 진실일까? 사실 그런 일은 세계 각지에서 거의 보편적으로 목격된다. 나는 오스트레일리아에 머무르던 시기에 그런 관행의 증거를 확인한 적이 있지만, 세계의 농부들이 충격적인 방식으로 '땅에 비료를 치는' 관행은 2008년에 나온 다음 보고서에도 수록되어 있다. "Human Waste Used by 200 Million Farmers, Study Says," by Tasha Eichenseher for *National Geographic News*. http://news.nationalgeographic.com/news/2008/08/080821-human-waste.html

〈쌉쌀한 과일: 슈퍼마켓 파인애플의 진실Bitter Fruit: The truth about supermarket pineapples〉은 2010년《가디언》에 실린 펠리시티 로렌스Felicity Lawrence의 글로서, 코스타리카의

파인애플 생산에 얽힌 무시무시한 이야기를 들려준다. 이 기사의 요점은 독성이 있는 위험한 살충제를 광범위하게 사용하는 관행이 농부들을 위협하고 최종적으로는 소비자들에게도 위험하다는 것이다. https://www.theguardian.com/business/2010/oct/02/truth-about-pineapple-production

"이른바 '비만 유행병'이 그것이다"라는 문장에서, '이른바'라고는 했지만 이것은 현실의 문제다. 머리말 본문에 인용된 2조 달러라는 비용은 전 세계 GDP의 2.8퍼센트에 해당한다. 이 수치는 리처드 돕스Richard Dobbs와 제임스 매니카James Manyika의 〈비만은 위기다The Obesity Crisis〉라는 논문에 수록된 것이다. 이 논문은 원래 2015년 7월 5일 발간된 《카이로 국제문제 리뷰The Cairo Review of Global Affairs》에 게재된 것으로 현재 온라인에서 열람 가능하다. http://www.mckinsey.com/mgi/overview/in-the-news/the-obesity-crisis

나도 《가디언》에 비만 유행병의 경제적 측면에 관한 짧막한 글을 실은 적이 있다. 〈비만 유행병은 경제 문제The obesity epidemic is an economic issue〉라는 제목의 이 글은 현재 온라인으로 열람 가능하다. https://www.theguardian.com/business/economicsblog/2016/nov/24/obesity-epidemic-economic-market-junkfood

비만 유행병에 대해 알아보려는 사람들은 아동 비만과 사회 불평등의 불행한 관계에 대해서도 고민해봐야 한다. 2018년 2월에 나는 이 점을 다룬 글을 〈컨버세이션The Conversation〉 웹사이트에 기고했다. 인터넷 주소는 다음과 같다. https://theconversation.com/its-poverty-not-individual-choice-that-is-drivingextraordinary-obesity-levels-91447

이제 책으로 돌아와서 머리말에 실린 구체적인 주장들의 출처를 알아보자.

'2005년과 2006년에 신빙성 있는 연구를 통해 밝혀진 사실은 그동안 식이 섬유의 장점(특정한 암과 심장 질환을 예방한다)으로 알려졌던 것들이 거짓이고 실제로는 '저지방' 식사가 심장 질환 발병률을 높였으며, 놀랍게도 사람들의 체중을 증가시켰다는 것이다!'

식이 섬유에 관해 더 알고 싶으면 2006년 4월 칼라 코핀Carla S. Coffin과 엘든 섀퍼Eldon A. Shaffer가 《캐나다 위장병학 저널Canadian Journal of Gastroenterology》에 투고한

〈식이 섬유에 관한 과장된 소문과 냉정한 사실들The hot air and cold facts of dietary fibre〉을 참조하라.

하버드 의학대학원의 전문가이자 '비만 전사Obesity Warrior'라는 별명으로 불리는 데이비드 루드비히David Ludwig 박사는 《항상 배고픈가?Always Hungry?》라는 유명한 책에서 저지방 다이어트의 역설에 관해 상세히 설명한다.

'2012년 미국의 패스트푸드 음식점 광고에 들어간 돈이 46억 달러에 달했다'는 주장의 출처를 알고 싶다면 《예일 뉴스Yale News》 2013년 11월 4일자에 실린 메건 오키어리Megan Orciari의 다음 기사를 참조하라. 〈패스트푸드 업체들은 여전히 몸에 해로운 음식을 판매하면서 아이들을 겨냥한 마케팅을 한다Fast food companies still target kids with marketing for unhealthy products〉 https://news.yale.edu/2013/11/04/fast-food-companiesstill-target-kids-marketing-unhealthy-products

1장 가짜 음식을 찾아서

존 로크의 《교육론》 원문은 포덤대학교 홈페이지에서 온라인으로 열람 가능하다. http://legacy.fordham.edu/halsall/mod/1692locke-education.asp

식품업계의 교묘한 속임수에 관해 더 자세히 알려 주는 책으로는 조앤나 블리스먼Joanna Blythman의 《식품업계가 알려 주지 않는 비밀Swallow This: Serving Up The Food Industry's Darkest Secrets》이 있다. 그리고 유튜브에 가면 1969년 마더스 프라이드 빵 광고에 사용된 발랄한 노래를 영국 가수 더스티 스프링필드Dusty Springfield의 목소리로 들어볼 수도 있다. https://www.youtube.com/watch?v=-Pu8E-KCEik

본문에 인용된 평론가인 조지프 머콜라는 다양한 주제를 다루는 머콜라닷컴 (http://www.mercola.com)이라는 웹사이트를 운영한다. 그는 이 웹사이트에서 음식과 관련된 여러 가지 주장을 개진한다.

쥐 실험을 통해 약품이나 식품을 시험할 때의 복잡한 문제를 다룬 논문은 다음과 같다. "Laboratory animals as surrogate models of human obesity": *Acta Pharmacologica Sinica* (2012) 33: 173–181; doi: 10.1038/aps.2011.203 by Cecilia Nilsson, Kirsten Raun, Fei-fei Yan, Marianne O Larsen, and Mads Tang-

Christensen.

본문에 언급된 마켓앤마켓의 주장은 온라인으로 확인 가능하다. http://www. marketsandmarkets.com/PressReleases/functional-flour.asp

'인그레디언'에 대한 비판은 〈당신의 음식에 무엇이 들어 있는지 알라Know What's In Your Food〉웹사이트에 더 많이 올라와 있다. 그중 하나로 다음을 참조하라. http://knowwhatsinyourfood.com/2013/05/19/starchology-its-notyour-grandmothers-kitchen-anymore

'미국의 시민단체 '푸듀케이트'의 본문에 언급된 활동에 대해 더 자세히 알고 싶으면 다음을 참조하라. Fooducate, "The Top 20 Ingredients Used in Bread," November 4, 2010. https://www.fooducate.com/app#!page=post&id= 57A3337E-D661-889F-44BFBD45913618E8

'자신이 글루텐 불내증이라고 생각하는 사람들 중에 정말 그런 사람은 10퍼센트 미만'이라는 주장에 관해 더 자세히 알고 싶으면 다음을 참조하라. "'Gluten Sensitivity' May Not Actually Be Caused By Gluten" by Jonathan O'Callaghan, November 13, 2017, for iFL Science. http://www.iflscience.com/health-and-medicine/gluten-sensitivity-may-not-actually-becaused-by-gluten

'2014년 미국의 환경워킹그룹은 식품 첨가물은 그 자체로 인체에 해로울 수 있다는 사실을 발견했다'는 주장에 관해 더 자세히 알고 싶으면 다음을 참조하라. "EWG's Dirty Dozen Guide to Food Additives: Food Additives Linked to Health Concerns," published November 12, 2014. https://www.ewg.org/research/ewg-s-dirty-dozenguide-food-additives/food-additives-linked-health-risks#.WpRvkdfjJek

'콩기름이 훨씬, 훨씬 저렴하다. 안타깝게도 콩기름은 올리브유보다 더 살이 찌기 쉬운 재료다. 그리고 연구자들은 콩기름이 암을 유발할 수도 있다고 경고한다'는 주장에 관해 더 자세히 알고 싶으면 2014년 3월 4일자로 웨스턴 A. 프라이스 조합 Weston A. Price Organization 홈페이지에 게재된 카일라 대니얼스Kaayla Daniels의 〈콩비만: 콩과 체중 증가Soybesity: Soy and Weight Gain〉라는 기사를 참조하라. '콩단백질은 저탄수화물, 저지방이고 당 지수가 낮고 단백질 함량이 높다고 알려져 있는데도 살이 찐다'는 문제점도 이 기사에 나온다.

암에 관해서는 《국립암연구소 저널Journal of the National Cancer Institute》 2014년 9월 4일자에 발표된 〈대두 첨가물이 유방암 유전자 발현에 미치는 영향: 위약 대조군을 활용한 무작위 실험The Effect of Soy Supplementation on Gene Expression in Breast Cancer: A Randomized Placebo-Controlled Study〉라는 논문에서 콩이 포함된 식생활이 암세포가 자라게 만드는 유전자를 활성화할 가능성이 있다는 사실을 밝혔다. 더 자세히 알고 싶으면 다음을 참조하라. http://www.breastcancer.org/research-news/soy-mayturn-on-genes-linked-to-cancer

마찬가지로 '데이너 파버Dana Faber'라는 단체에서 만든 '건강 도서관health library'(온라인)은 여성들이 대두이소플라본 첨가물, 대두단백 파우더, 대두단백과 유방암의 관계가 더 명확히 밝혀지기 전까지는 이런 물질들을 피해야 한다고 조언한다. http://www.dana-farber.org/health-library/articles/supplements-with-soybean-oil

2장 과연 이걸 보고도 먹을 수 있을까

'인그레디온'은 자체 웹사이트(http://www.ingredion.com)를 운영하고 있다. 이 웹사이트는 식품 공학 기술이 얼마나 광범위하게 사용되며 우리가 그 기술에 관해 얼마나 무지한지를 강조한다. 하지만 순진한 소비자를 대변하고 안내해 주는 〈당신의 음식에 무엇이 들어 있는지를 알라〉와 같은 웹사이트들도 있다. 이 웹사이트에는 인그레디온 제품에 관한 특별한 조사 결과가 있다. https://knowwhatsinyourfood.wordpress.com/tag/ingredion

본문에 언급된 코카콜라사의 브롬산염 파동에 관해서는 2004년 3월 20일자 《가디언》에 게재된 펠리시티 로렌스의 〈코카콜라, 상황이 더 나빠지고 있다Things get worse with Coke〉라는 기사에 자세한 설명이 있다. https://www.theguardian.com/business/2004/mar/20/medicineandhealth.lifeandhealth

안전성 시험을 믿을 수 없는 이유

쥐 실험을 통해 부적절한 결과를 도출할 가능성에 관해서는 세실리아 닐슨 Cecilia Nillson을 비롯한 과학자들이 2012년 《액타 파마콜 시닉Acta Pharmacol Sinic》 저널 리뷰에 발표한 다음의 논문을 참조하라. "Laboratory animals as surrogate models of human obesity" by Cecilia Nilsson, Kirsten Raun, Fei-fei Yan, Marianne O Larsen, and Mads Tang-Christensen. 이 논문은 2012년 2월 3일에 온라인에 공개됐다. https://www.ncbi.nlm.nih.gov/pmc/articles/PMC4010334

식품에 첨가되는 유화제가 장내 미생물을 교란할 수도 있다는 문제에 대해서는 '시민의 음식Civil Eats'이라는 캠페인 단체의 웹사이트에 무서운 글이 올라와 있다. 이 글은 모든 종류의 유화제가 건강에 해로울 수 있다는 《네이처》의 연구 내용을 알리고 있다. 연구 논문의 원문은 다음을 보라 (페이월paywall로 보호되어 있다). http://www.nature.com/articles/nature14232

그리고 '시민의 음식'의 요약문은 다음을 참조하라. https://civileats.com/2015/02/25/how-emulsifiers-are-messing-withour-guts-and-making-us-fat/.

또한 아밀라아제와 프로테아제 같은 효소들에 관해서는 문제를 중립적으로 개괄한 〈효소 기술: 효소 사용의 안전성과 규제Enzyme Technology: Safety and regulatory aspects of enzyme use〉 같은 글을 참조하라. http://www1.lsbu.ac.uk/water/enztech/safety.html

'알엑스리스트RxList'라는 웹사이트에서는 〈소화 효소Digestive Enzymes〉라는 단순한 제목이 붙은 한 편의 기사에서 효소의 잠재적인 위험들을 길게 나열한 목록들(당연하다)을 소개한다. https://www.rxlist.com/consumer_digestive_enzymes_zenpep/drugs-condition.htm

'2019년 기능성 밀가루 시장의 규모는 8000억 달러를 넘어설 것으로 예상됐다' 는 주장은 2015년 5월 8일자 PR뉴스와이어가 보도한 수치를 인용한 것이다.

'2016년 환경워킹그룹이 수행한 조사에 따르면 날마다 슈퍼마켓에서 판매 되는 다수의 상품에서 브롬산염이 검출됐다'는 주장은 2015년 10월 14일 환 경워킹그룹에서 배포한 보도 자료에 수록된 것이다. https://www.ewg.org/ release/scores-baked-goods-contain-possible-cancer-causingadditive#. WpR3MNfjJek

3장 말처럼 먹어라
우리의 말 전문가인 캐런 브릭스Karen Briggs는 말의 식생활에 관한 책을 썼다. '말 건 강 관리 라이브러리' 시리즈(Eclipse Press, 2007)의 일부로 출간된 이 책의 제목은 《말 건강관리와 돌보기 가이드Understanding Equine Nutrition: Your Guide to Horse Health Care and Management》이다.

'오래된 건초는 마치 포장 용기에 담긴 오래된 샐러드처럼 영양과 비타민의 대 부분을 잃게 된다'는 주장에 관해 자세히 알고 싶다면 2017년 2월 13일자《호스 Horse》매거진에 실린 의학 박사 클레어 순스Clair Thunes의 〈저장 건초의 영양 손실 Nutrition Loss in Stored Hay〉이라는 글 전문을 읽어 보라. https://thehorse.com/19685/ nutrition-lossin-stored-hay

껍질콩의 좋은 점에 관해서는 본문에 설명된 바와 같이 헨리 데이비드 소로의 《소로의 일기》에 자세한 설명이 나온다. 《소로의 일기》는 출판본으로 읽어볼 수 도 있고 온라인 도서관으로도 열람 가능하다. http://thoreau.library.ucsb.edu/ writings_journals.html. 껍질콩에 관한 부분의 상세 주소는 다음과 같다. http:// thoreau.eserver.org/walden00.html

4장 석기 시대 다이어트
마크 시슨의 주장은 그의 웹사이트 이름이자 책 제목인《프라이멀 블루프린트Primal Blueprint》에서 인용했다.

그 밖의 중요한 참고자료는 다음과 같다.

《사이언티픽 아메리칸Scientific American》에 2013년 6월 3일자로 실린 페리스 자브르Ferris Jabr의 기사 〈진짜 원시인처럼 먹으려면: 석기 시대 다이어트가 불완전한 이론인 이유How to Really Eat Like a Hunter-Gatherer: Why the Paleo Diet Is Half-Baked〉.

로렌 코데인Loren Cordain 박사의 《팔레오 다이어트The Paleo Diet: Lose Weight and Get Healthy by Eating the Foods You Were Designed to Eat》.

영국영양학회의 경고는 현대적 식생활 계획에 관한 설문 조사 보고서에 수록된 것이다. 이 보고서의 결론 부분은 온라인으로 열람 가능하다. http://www.nhs.uk/Livewell/loseweight/Pages/top-10-most-popular-diets-review.aspx

홈이 양머리 수프를 열심히 만들었던 이야기는 졸저인 《어떻게 살 것인가How to Live》(Media Studies Unit, 2012)에 더 자세히 소개했다.

조지 애컬로프와 로버트 실러의 음식에 관한 주장들은 그들이 공저한 《피싱의 경제학》에서 인용한 것이다.

5장 균형 잡기의 기술

도입부에서 참고한 자료는 다음과 같다. "Energy balance and its components: implications for body weight regulation." Authors: Kevin D. Hall, Steven B. Heymsfield, Joseph W. Kemnitz, Samuel Klein, Dale A. Schoeller, and John R. Speakman, *American Journal of Clinical Nutrition*. 2012 Apr; 95(4): 989–994. doi: 10.3945/ajcn.112.036350 PMCID: PMC3302369

'건강한 식생활 지수'에 대해 더 자세히 알아보고 싶으면 다음을 참조하라. "Food intake patterns and body mass index in observational studies" by P. Togo, M. Osler, T.I.A. Sørensen & B.L. Heitmann in *The International Journal of Obesity* volume 25, pages 1741–1751 (2001).

'체중 1파운드가 줄어들거나 늘어나려면 3500칼로리를 덜 먹거나 더 먹어야 한다'는 주장에 관해 더 자세히 알고 싶으면 《Journal of the Academy of Nutrition and Dietetics》에 실린 〈Time to Correctly Predict the Amount of Weight Loss with Dieting〉라는 논문을 참조하라. 이 논문은 의사 맥스 위시노프스키의 공식을 깊이 있게 설명하고 있어서 더 많은 정보를 필요로 하는 독자들에게 도움이 된다. https://www.ncbi.nlm.nih.gov/pmc/articles/PMC4035446

"놀랍게도 미국의 체중 감량 명부에 등록된 '체중 조절에 신경 쓰는 사람들' 1만 명 중에 남는 칼로리를 연소시키기 위해 하루 평균 한 시간 운동을 하는 사람이 90퍼센트에 달했다"의 출처는 〈NWCR 팩트들〉이고 온라인으로 열람 가능하다. http://www.nwcr.ws/research/default.htm

"정상 범주 안에서 마른 몸매를 가진 성인의 몸에는 13만 칼로리의 에너지가 저장되어 있다. 그 에너지는 약 38퍼센트가 근육, 20퍼센트가 지방, 그리고 나머지는 다른 성분들로 구성된다"는 쿼라Quora 웹사이트에 실린 조지프 카스트로Joseph Castro의 계산 결과를 인용한 것이다. https://www.quora.com/How-many-calories-arethere-in-the-average-human-body. 여기서 카스트로는 편의상 체중이 45킬로그램 정도인 마른 편인 사람을 기준으로 계산했다. 중요한 수치는 지방 1파운드(약 450그램)가 3500칼로리와 같다는 것이다.

2011년 12월 《뉴욕 타임스》는 〈지방의 덫The Fat Trap〉이라는 기사에서 중간 정도의 비만인 성인들이 1인당 약 27킬로그램의 무게를 더 끌고 다닌다는 수치를 제시했다. 체중이 27킬로그램 초과인 사람은 표준 체중인 사람이 저장하고 있는 1만 3000칼로리에 추가로 21만 칼로리를 더 저장하고 있는 셈이다. 하지만 본문에서 설명한 바와 같이 3500칼로리를 더 먹는다고, 아니면 3500칼로리를 덜 먹는다고(이런 경우가 더 많을 것이다) 지방 1파운드(450그램)가 늘어나거나 줄어든다는 것은 잘못된 믿음이다. 《뉴잉글랜드 의학 저널》은 〈비만에 관한 신화, 편견, 사실들Myths, Presumptions, and Facts about Obesity〉이라는 특집 논문에서 이것을 밝혔다. http://www.nejm.org/doi/full/10.1056/NEJMsa1208051

'2009년 하버드대학교의 한 연구진은 여러 종류의 에너지원과 체중 감량의 효과를 조사한 결과 완전한 불일치를 발견했다'는 주장에 대해 자세히 알고 싶으면 다음을 참조하라. "Diets that reduce calories lead to weight loss, regardless of carbohydrate, protein or fat content," Harvard T.H. Chan School of Health press release February 25, 2009. https://www.hsph.harvard.edu/news/pressreleases/diets-weight-loss-carbohydrate-protein-fat

'8주 동안 고탄수화물 저지방 저단백 다이어트를 하면 수많은 사람이 믿음을 가지고 실천하는 저탄수화물 저지방 고단백 다이어트와 동일한 효과를 얻는다는 사실을 발견했다'는 주장에 관해 더 자세히 알고 싶으면 다음의 논문을 참조하라. "Effects of an 8-Week High-Protein or High-Carbohydrate Diet in Adults With Hyperinsulinemia" for the journal *Medscape General Medicine* 2006; 8(4): 39. Published online November 22, 2006 at https://www.ncbi.nlm.nih.gov/pmc/articles/PMC1868379

'똑같은 다이어트 처방을 했더라도 어떤 사람들은 체중이 상당히 감소하고 어떤 사람들은 오히려 체중이 늘어난다'는 주장에 관해 더 자세히 알고 싶으면 다음을 참조하라. "Does Metabolism Matter in Weight Loss?" Published July 2015 by Harvard Health Publishing. https://www.health.harvard.edu/diet-and-weight-loss/does-metabolism-matterin-weight-loss

파루치 박사의 렙틴 주사 치료법에 관해서는 《사이언티픽 아메리칸》이 2007년 8월 9일 온라인으로 게재한 민켈J R Minkel의 〈식욕을 억제하는 호르몬이 먹는 즐거움을 없앤다Appetite-Killing Hormone Negates Joy of Eating〉라는 논문을 읽어 보라. https://www.scientificamerican.com/article/appetite-killing-hormonenegates-joy-eating. 파루치 박사의 학술 논문 전체를 망라한 목록은 케임브리지대학교 신경과학과 웹사이트에서 열람 가능하다. http://www.neuroscience.cam.ac.uk/directory/profile.php?isf20

6장 소금의 역설

소금을 많이 먹으면 건강에 해롭다는 믿음은 이제 신화로 판명됐다. 예컨대 다음을 참조하라. "Study Linking Illness and Salt Leaves Researchers Doubtful" by Nicholas Bakalar April 22, 2014, *New York Times*. 이 기사는 온라인으로도 열람 가능하다. http://www.nytimes.com/2014/04/22/health/study-linking-illness-and-salt-leaves-researchers-doubtful.html

소금 논쟁을 개괄한 또 한 편의 훌륭한 글로 2017년 5월 8일이 《뉴욕 타임스》에 실린 지나 콜라타Gina Kolata의 〈우리가 소금에 관해 알고 있는 것은 모두 틀렸을 지도 모른다Why Everything We Know About Salt May Be Wrong〉가 있다. 이 기사는 연구자들 이 소금에 관한 기본적인 가정을 재검토하게 된 과정을 설명한다. https://www. nytimes.com/2017/05/08/health/salthealth-effects.html

'2011년 《미국 의학 협회 저널》에 발표된 연구 논문은 저염식이 심장 마비나 심 장 발작으로 사망할 확률을 높인다는 결과를 제시했다'라는 주장에 관해 자세히 알고 싶으면 〈염분 권장 섭취량에 의문을 제기하는 연구 결과 발표Study calls sodium intake guidelines into question〉라는 글을 참조하라. 이 연구 결과는 원래 2011년 11월 23일에 골웨이Galway의 아일랜드국립대학교에서 발표했다고 하며, 〈사이언스 데 일리Science Daily〉 온라인에 소개된 것을 참조했다. https://www.sciencedaily.com/ releases/2011/11/111123132935.htm

'나는 우리 사회가 염분 섭취량 감소에 수백만 달러를 쏟아 부어야 하는 이유 를 모르겠다'라는 닐스 그로달 박사의 주장은 《윙크블로그Wonkblog》라는 블로 그(워싱턴포스트에서 운영하는 블로그)에 2015년 5월 26일자로 게재된 피터 호 리스키Peter Whoriskey의 〈세계 인구의 95퍼센트가 소금에 관해 잘못 생각하고 있 을까?Could 95 percent of the world's people be wrong about salt?〉라는 글에서 인용했다. 이 글은 온라인으로 열람 가능하다. https://www.washingtonpost.com/news/wonk/ wp/2015/05/26/could-95-percent-of-the-worldspeople-be-wrong-about- salt/?utm_term=.00bba9c747dd

'미국인 전체에게 동일한 나트륨 섭취 권장량 기준을 적용하는 데 대해서는 과 학적 합의가 전혀 이뤄지지 않았을 뿐 아니라 회의적 견해가 점점 많아지고 있 다'는 소냐 코너Sonja L. Connor의 주장도 《윙크블로그》에서 인용했다.

저염식이 심장 발작과 심장 마비로 사망할 위험을 증가시킨다는 주장에 관해 더 알고 싶으면 다음을 참조하라. Section V, "V. Cross-Cutting Topics of Public Health Importance" in DGAC Scientific Report, May 8, 2015. 온라인 주소는 다음과 같다. https://www.eatrightpro.org/news-center/on-the-pulse-ofpublic-policy/regulatory-comments/dgac-scientific-report

'일반적인 사람들이 염분 섭취량을 줄여서 어떤 확실한 혜택을 얻는다고 믿을 근거를 발견할 수가 없다'는 닐스 그로달의 견해에 관해 더 자세히 알고 싶으면 2011년 11월 9일자 로이터통신에 보도된 케이트 켈런드Kate Kelland의 〈염분을 적게 섭취하면 좋은 점에 관한 새로운 의문들New review questions benefit of cutting down on salt〉이라는 기사를 참조하라. https://www.reuters.com/article/us-salt-health/new-review-questions-benefit-ofcutting-down-on-salt-idUSTRE7A84HS20111109

염분과 관련된 원인으로 사망하는 사람들에 대해《뉴잉글랜드 의학 저널》에 실린 논문의 제목은 〈저염식 ­ 심혈관 건강에 이로운가, 오히려 위험한가?Low Sodium Intake—Cardiovascular Health Benefit or Risk?〉이고 온라인으로 열람 가능하다. http://www.nejm.org/doi/full/10.1056/NEJMe1407695

소금 과다 섭취로 사망한 사람의 수가 제각각으로 집계된다는 사실을 보여 주는 논문으로는《뉴잉글랜드 의학 저널》(2014년 8월)에 실린 다리우쉬 모자파리언Dariush Mozaffarian 등의 〈세계 각국의 염분 섭취량과 심혈관 질환으로 인한 사망률Global Sodium Consumption and Death from Cardiovascular Causes〉이 있다. 이 논문은 110~220만 명의 사람들이 소금을 너무 많이 먹어서 사망했다고 추정한다! http://www.nejm.org/doi/full/10.1056/NEJMoa1304127

영국 정부에 대한 캘리포니아대학교와 워싱턴대학교 연구자들의 비판에 대해 더 자세히 알고 싶으면 2016년 2월《보건 정책과 계획Health Policy and Planning》에 실린 왓킨스D. A. Watkins와 동료들의 〈남아프리카 공화국의 염분 섭취량 감소 정책에 의한 심혈관계 질환 및 빈곤 감소에 관한 연구: 광범위한 비용효과성 분석Cardiovascular disease and impoverishment averted due to a salt reduction policy in South Africa: an extended cost-effectiveness analysis〉이라는 논문을 참조하라. https://www.ncbi.nlm.nih.gov/pubmed/25841771

미국의 '소금 친화적 연구자들'의 주장에 대해 자세히 알고 싶으면 2012년 12월 20일 댄 찰스Dan Charles가 작성한 〈우리가 즐겨 먹는 소금의 역설과 신비The Paradox And Mystery Of Our Taste For Salt〉라는 기사를 참조하라. https://www.npr.org/sections/

thesalt/2012/12/20/167619010/theparadox-and-mystery-of-our-taste-for-salt

7장 니체는 이렇게 말했다

놀랍게도 니체와 음식에 관해서는 학자들이 쓴 글이 많다. 그중 하나는《식품·농업 윤리 백과Encyclopedia of Food and Agricultural Ethics》에 수록된 로버트 밸젠티Robert T. Valgenti의 〈니체와 음식Nietsche and Food〉이라는 제목의 글이다. 그리고《1957 국제 채식주의자 조합 총회(인도) 기념책자Souvenir Book of the 1957 International Vegetarian Union Congress in India》(작자 미상)에 실린 다소 부정적인 보고서가 있다. https://ivu.org/history/europe19b/nietzsche.html

니체의 아침 식사라든가 그가 먹었던 음식에 관한 매력적인 이야기들은 줄리언 영Julian Young의《프리드리히 니체: 철학적인 전기Friedrich Nietzsche: A Philosophical Biography》라는 책에 수록되어 있다.

내가 본문에 소개한 니체의 이야기들 가운데 일부는 매튜 제이콥과 마크 제이콥Matthew and Mark Jacob의《위대한 인물들은 무엇을 먹었는가What the Great Ate: A Curious History of Food and Fame》이라는 책에서 발췌한 것이다.

니체가 애용했던 육류 추출물을 끓여 먹으면 영양분이 전부 소실될까? 그렇기도 하고, 아니기도 하다. 사실 음식을 끓이면 그 음식에 함유된 좋은 성분이 모두 파괴된다는 것은 널리 퍼져 있는 믿음인데, 항상 옳은 이야기는 아니다. 비타민 C, 비타민 B군의 일부, 그리고 몇 가지 식물에만 있는 영양소는 가열하면 쉽게 파괴된다. 하지만 이 성분들도 완전히 소실되는 것이 아니라 일부만 소실된다. 그리고 지용성 비타민이라고 해서 열이나 산화에 특별히 취약한 것도 아니다. 그러나 리비히 육류 추출물에 관해서는 에드워드 케머리히Edward Kemmerich의 개 실험 결과에 이의를 제기할 수가 없을 것 같다. 물론 윤리적인 비판은 가능하다.

8장 유제품 만세

루소는《에밀》과《교육론》에서 유제품의 미덕에 관해 역설했다. 루소는 위대한 철학자고 그의 저작권은 확실히 만료됐기 때문에《에밀》,《교육론》, 그리고《고백록》 같은 책에 수록된 그의 글들은 대부분 온라인으로 읽어 볼 수 있다. 예컨대 '구텐베르크 프로젝트' 같은 사이트에 가보면 된다. 하지만 나는 루소의 유제품 사랑에 관해 조사하던 중 '문화 잡지: 치즈에 관한 단어Culture Magazine: The Word on Cheese'라는 웹사이트에 2010년 12월 10일자로 올라온 아주 훌륭한 에세이를 읽고 유용한 정보를 얻었다. 그 에세이는 〈우유와 인간 본성에 관한 루소의 인식Rousseau's Perception on Milk and Human Nature〉이라는 제목을 달고 있었고, 작가라기보다는 치즈 제조업자에 가까울 것 같은 필자의 이름은 내가 찾아보려 했지만 끝내 찾지 못했다! 그 에세이는 우유 공급을 통제하는 사람이 권력을 잡게 된다는 프로이트적인 주장을 펼친다. 아프리카 남부의 줄루 왕국에서는 왕들이 사회의 우유 공급망을 통제하는 것으로 권력을 유지하며, 우유 공급이 국가를 통치하는 메커니즘이라고 한다. 그러나 줄루 왕국의 왕들은 집단 처형과 같은 전통적인 통치 수단도 사용했으므로, 줄루와 낭만주의 철학이 얼마나 많이 일치하는지는 분명치 않다. 다음을 참조하라. http://culturecheesemag.com/blog/mbshrem_rousseau

식이 지방과 심장 질환의 관계에 관한 주장들에 대해 반박한《사이언스》의 글을 주로 집필한 사람은 당시 그 잡지의 통신원이었고 나중에 지방에 관한 책인《굿 칼로리, 배드 칼로리Good Calories, Bad Calories》를 출간한 게리 타우브스Gary Taubes였다. 그의 주장과 미국 심장 협회가 입장을 수정한 과정은 2007년 10월 9일《뉴욕 타임스》에 실린 존 티어니John Tierney의 〈다이어트와 지방: 잘못된 합의의 폐해Diet and Fat: A Severe Case of Mistaken Consensus〉라는 기사에 담겨 있다.

9장 날씬해지려면 지방을 먹어라

앤셀 키스와 최신 다이어트 경향에 관한 배경지식을 얻으려면 졸저인《패러다임 시프트Paradigm Shift: How expert opinions keep changing on life, the universe, and everything》를 참조하라.

'이누이트족의 역설'에 관한 흥미롭고 명쾌한 해설은《디스커버 매거진》에 실려 있다. http://discovermagazine.com/2004/oct/inuit-paradox

인용문은 미국 국립의학도서관National Library of Medicine의 기사에서 발췌한 것으로, 원문은 '지중해식을 변형한 식단PREDIMED-Reus으로 무작위 임상시험을 실시한 결과 지중해식 식사를 한 사람들에게서 제2형 당뇨병 발병이 감소했다.' https://www.ncbi.nlm.nih.gov/pmc/articles/PMC3005482

이 실험 결과는 2010년 10월 7일 온라인에 먼저 공개된 후 2011년《당뇨병 저 널Journal Diabetes Care》에 게재됐다. doi: 10.2337/dc10-1288 Diabetes Care January 2011 vol.34 no. 1 14-19

의사인 마크 하이먼Mark Hyman은《지방을 먹고 날씬해져라Eat Fat, Get Thin: Why the Fat We Eat Is the Key to Sustained Weight Loss and Vibrant Health》에서 지방의 장점을 극찬한다.

이른바 '이누이트족의 역설'은 이누이트족(에스키모)이 지방을 잔뜩 먹고 채소는 구경도 잘 못 하는데 어떻게 우리보다 건강한가라는 의문을 제기한다. 퍼트리샤 개즈비Patricia Gadsby와 레온 스틸Leon Steele은《디스커버 매거진》2004년 10월호에서 이 문제를 탐구했다. http://discovermagazine.com/2004/oct/inuit-paradox

10장 피타고라스와 숫자 3

첫머리에 인용한 피타고라스의 글은 오비디우스의《변신 이야기》15권 60~142쪽에 나오는 '피타고라스의 가르침' 부분에서 발췌한 것이다. 그리고 본문에 언급한 러셀 의 주장은《서양철학사》에서 인용했다.

내가 직접 말하기는 부끄럽지만, 위대한 사상가 피타고라스에 관한 훌륭한 개괄 을 원한다면 졸저인《철학적인 이야기들Philosophical Tales》을 보라. (그렇다. 이 책에 는 온갖 이야기가 다 담겨 있다.) 하지만 음식에 관한 피타고라스의 견해는 잘못 이 해되는 경우가 많다. 예컨대 웬디 쿡Wendy Cook이 최근에 펴낸《푸드와이즈: 인류 의 음식 이야기Foodwise: Understanding What We Eat and How it Affects Us: the Story of Human Nutrition》 는 역사적인 인물들과 음식의 관계를 비롯한 다양한 주제를 다루기 위해 긴 시 간을 투자한 결과물이지만, 이 책은 '악한 음식'으로 몸을 더럽히지 말라는 피타 고라스의 가르침과 그가 말한 '콩'의 의미를 잘못 해석하고 있다. 쿡은 지적인 용 어를 써서 '소화가 이뤄지는 동안' 콩이 '창의적인 수 인지'를 방해한다고 주장한 다. 그러나 피타고라스가 '콩을 먹지 말라'고 했던 것은 음식이 아니라 도박을 가 리키는 말이었다. 고대 그리스에서는 여러 가지 색깔의 콩 중에서 하나를 뽑는 방법으로 도박을 했기 때문이다. 버트랜드 러셀은 1947년 처음 출판된《서양철 학사》에서 콩에 관한 잘못된 편견(그리고 피타고라스에 관한 부정적인 견해들)을 의 도적으로 강화했다. 그에게 넘어가지 마시라!

마지막으로 이 장에 나온 "의사인 잰드 반 툴켄은 하루 3끼라는 독재를 거부하는 것을 중심으로 하는 이른바 '확정적 다이어트'를 창시했다"는 주장에 관해서는 다음을 참조하라. http://www.dailymail.co.uk/health/article-4100646/Lose-stone-twoweeks-Dr-Xand-van-Tulleken-offers-tips-tricks-just-selectionrecipes-Definitive-Diet.html

《데일리 메일The Daily Mail》은 잰드 박사의 글 중 일부만을 독점적으로 연재하는 것 같지만, 이 신문에 실린 글만으로도 '확정적 다이어트'의 개념을 알기에는 충분하다.

정말로 '확정적 다이어트'에 관해 더 자세히 알고 싶다면 잰드 반 툴켄의 《현명한 다이어트: 건강하고 단순한 방법으로 평생 날씬한 몸매 유지하기How To Lose Weight Well: Keep Weight Off Forever, The Healthy, Simple Way》에 모든 것이 담겨 있다. 이 책에 나온 조리법들은 조지나 데이비스Georgina Davies가 집필했다.

그리고 피타고라스와 디오게네스의 식생활 지침을 비교해보고 싶다면, 디오게네스의 식사법은 마키아벨리의 《로마사 논고》6권에서 디오 크리소스톰Dio Chrysostom의 설명을 찾아 보라.

11장 제철 과일을 먹자
본문에서 언급한 대로, 제철 과일 등에 관한 루소의 견해는 그의 소책자에 실렸던 것을 《에밀》이라고도 불리는 《교육론》에 재수록한 것이다. 이 책은 1762년에 최초로 출판됐다.

12장 채소 논쟁
철학적인 문제에 관해 더 자세히 알고 싶으면 에든버러대학교의 더글러스 번햄Douglas Burnham과 마틴 제싱하우젠Martin Jesinghausen이 편집한 니체의 《자라투스트라는 이렇게 말했다: 에든버러 철학 안내서Thus Spoke Zarathustra: An Edinburgh Philosophical Guide》를 읽어 보라.

《자라투스트라는 이렇게 말했다》와 우리의 식생활 습관을 확장해서 미래의 이야기로 만든 에세이도 있다. 2011년 온라인에 게재된 제즈 코놀리Jez Conolly 의 〈자라투스트라는 스테이크를 먹었다: 2001 스페이스 오디세이에 나온 음 식Thousand Words: Thus Steak Zarathustra: food in 2001: A Space Odyssey〉를 읽어 보라. http:// thebigpicturemagazine.com/thus-steakzarathustra-food-in-2001-a-space-odyssey

13장 그 누가 설탕을 거부할 수 있는가

인공 감미료 섭취와 체중 증가의 상관관계를 밝혀낸 대규모 연구들이 몇 편 있다. 다음을 참조하라. "Artificial Sweeteners Are Linked to Weight Gain — Not Weight Loss," by Alexandra Sifferlin, July 17, 2017, for Time Health. http://time.com/4859012/artificialsweeteners-weight-loss

건강 캠페인을 진행하는 음식 블로거이자 가정의로서(어떻게 이 일들을 다 할까?) 마크 하이먼은 〈절대 액상 과당을 먹어서는 안 되는 이유Why You Should Never Eat High Fructose Corn Syrup〉(2013년 11월 12일)라는 글에서 '우리는 당을 어마어마하게 많이 먹고 있다'고 경고했다. 그는 《허핑턴포스트》의 건강 블로그에서도 같은 경고를 했다. https://www.huffingtonpost.com/dr-mark-hyman/high-fructose-cornsyrup_b_4256220.html

"1963년부터 1968년까지 탄산음료 시장에서 다이어트 음료의 비중은 4퍼센트에서 15퍼센트로 급상승했다"는 주장에 관해 자세히 알고 싶으면 《마더존스Mother Jones》 2012년 12월호에 실린 개리 타우브스의 〈거대 설탕업체의 달콤한 거짓말Big Sugar's Sweet Little Lies〉을 참조하라. https://www.motherjones.com/environment/2012/10/sugar-industry-liescampaign/300/

독립 사회 조사 재단의 부회장이자 연구 책임자인 존 힉슨John Hickson이 인공 감미료에 대해 "1달러어치의 설탕 대신 1다임어치의 인조 설탕을 쓸 수도 있다"고 경고한 내용은 트리스탄 도노번Tristan Donovan의 《세상을 흔들어 놓은 탄산음료Fizz: How Soda Shook Up the World》에 나온다.

인공 감미료와 뇌질환의 상관관계에 관해 더 자세히 알고 싶으면 K. G. 맨튼

Manton이 대표 저자인 《미국의 암 사망률과 이병률Cancer Mortality and Morbidity Patterns in the U.S. Population: An Interdisciplinary Approach》의 3.2.2.3을 참조하라.

설탕업계의 광고에 사용된 멋진 사진들 중 일부는 온라인에 올라와 있다. 그 중 하나로 다음을 참조하라. http://www.theatlantic.com/entertainment/archive/2015/06/if-sugar-is-fattening-howcome-so-many-kids-are-thin/396380/

음식에 관한 선입견: 물을 많이 마셔라

잘못된 의학 지식들을 바로잡는 레이첼 브리먼Rachel Vreeman과 애런 캐럴Aaron Carroll의 글은 《영국의학저널》 2008년 1월호(337:a2769)에 〈2008년 크리스마스: 계절 박람회Christmas 2008: Seasonal Fayre〉라는 제목의 겨울 특집기사로 수록됐다. http://www.bmj.com/content/337/bmj.a2769

디오게네스의 식생활에 관한 조언은 디오 크리소스톰의 《강론Discourses》이라는 책에서 인용했다. 《강론》의 전문은 뢰브 고전도서관Loeb Classical Library에서 온라인으로 열람 가능하다. 원한다면 그리스어 원문도! https://www.loebclassics.com

"오늘날 미국 인구의 절반이 '물' 영양 부족"이고 "심지어 어느 연구에 따르면 미국 아동들의 4분의 1은 물을 전혀 마시지 않는다!"는 주장에 관해 자세히 알고 싶으면 2015년 6월 11일에 배포한 하버드 공중보건대학원T.H. Chan School of Public Health의 보도 자료를 참조하라. 이 자료는 온라인으로 열람 가능하다. https://www.hsph.harvard.edu/news/press-releases/study-finds-inadequate-hydration-among-u-s-children

14장 굶기 예찬

인용문의 출처는 다음과 같다. "Autophagy in the Pathogenesis of Disease," Cell Volume 132, Issue 1, pp. 1-162.

사람의 창자에 사는 미생물 생태계에 관한 기술적인 논의는 《정맥경장영양학 저널Journal of Parenteral and Enteral Nutrition》에 게재된 〈Collaborative JPEN-

Clinical Nutrition Scientific Publications Role of intestinal bacteria in nutrient metabolism〉이라는 논문을 참조하라. 이 논문의 저자인 커밍스J.H. Cummings와 맥팔레인G.T. Macfarlane은 영국 캠브리지 힐스로드에 위치한 의학연구협의회 임상영양센터 소속이다.

15장 지저분하게 먹기 / 16장 아주 작고 살아 있는 것들

전문가의 견해를 알아보려면 다음의 논문을 참조하라. "Did you know that your cravings might be microbes controlling your mind?" by A. Zakrisson, Acta Physiologica, Volume 215, Issue 4, pp. 165-166, December 2015. 장내 미생물들이 우리 뇌의 기능에 영향을 미치는 뜻밖의 경로에 관해 더 자세히 알고 싶으면 《바이오사이언스Bioscience》 2018년 1월 11일자에 실린 토머스 맥뮬런Thomas MacMullan의 논문 〈사람의 기억력은 4억 년 동안의 바이러스 감염의 결과일지도 모른다〉를 참조하라. http://www.alphr.com/bioscience/1008172/human-memory-arc-protein-400-millionyear-old-viral-infection

나치의 식생활 규칙에 관해서는 2014년 10월 BBC에서 운영하는 〈히스토리 엑스트라History Extra〉라는 웹사이트에 〈히틀러가 코카인을 흡입했을 때When Hitler took cocaine〉라는 좋은 글이 올라와 있다. 이 글에는 뱃속에 가스가 찼을 때의 의식에 관한 일화도 등장한다. 이 글을 쓴 역사학자 질스 밀턴Giles Milton은 나치 식생활과 연계된 주제를 다룬 일련의 전자책을 집필하기도 했다. 다음을 참조하라. http://www.historyextra.com/feature/second-world-war/whenhitler-took-cocaine

나치와 관련된 역사적인 사건들을 담은 훌륭한 동영상도 많이 있다. 그중 하나는 유튜브에 올라온 영국 채널4의 〈비밀스러운 역사Secret History〉 시리즈인데, 이 시리즈 중 〈히틀러의 숨겨진 마약 복용 습관: 비밀스러운 역사〉라는 동영상의 온라인 주소는 다음과 같다. https://www.youtube.com/watch?v=8DJr5q4Bf_s

박테리아에 관해서는 최근에 밝혀진 사실과 전문적인 설명이 많지만, 온라인과 잡지와 신문 기사를 뒤져보면 요약된 글도 적지 않다. 마이클 폴란은 《뉴욕 타임스》 2013년 5월 15일자에 〈세균들은 나의 좋은 친구Some of My Best Friends Are Germs〉

라는 제목으로 장내 세균에게 먹이를 공급하는 일의 중요성에 관해 썼다. 또 몸
속의 미생물에 관해 자세히 다룬 책으로는 구아리노A. Guarino, 퀴글리E. M. M. Quigley,
워커W. A. Walker의 《프로바이오틱 박테리아가 사람의 건강과 행복에 미치는 영향
Probiotic Bacteria and Their Effect on Human Health and Well-Being》이 있다.

로이터통신은 "눈에 보이지 않는 섬유질"의 위협에 관해 여러 번 보도했다. 그
중 하나로 2010년 7월 8일에 보도된 〈식품 첨가물이 복통을 일으킨다Popular
food additive can cause stomach ache〉를 참조하라. http://www.reuters.com/article/us-
popular-food-additive-can-causestoma-idUSTRE6675QC20100708

그리고 "대부분의 대장균"의 역할에 관한 주장은 2005년 4월 《신종감염병저널
Journal of Emerging Infectious Diseases》 제11권에 실린 〈1982~2002 미국의 대장균 O157:H7
집단 감염Epidemiology of Escherichia coli O157:H7 Outbreaks, United States, 1982~2002〉에서 인용했다.
https://wwwnc.cdc.gov/eid/article/11/4/04-0739_article

항생제에 관한 마틴 블레이저Martin Blaser의 주장은 《옵서버》에 2014년 6월 1일자
로 보도된 〈항생제가 병을 만드는 이유Why antibiotics are making us all ill〉이라는 기사에
요약되어 있다. 블레이저는 모유에 관해서도 잠깐 언급하지만 더 자세한 설명
을 원한다면 이스트체셔 NHS 트러스트East Cheshire NHS Trust(영국의 국민 의료 서비
스 기구) 홈페이지의 〈모유와 분유의 차이는 무엇인가?What is the difference between breast
milk and formula milk?〉라는 글을 참조하라. http://www.eastcheshire.nhs.uk/Our-
Services/differences-in-baby-milk.htm

17장 간식을 누가 출출해서 먹나요

졸저 《철학적인 이야기들》 중 〈마르크스와 엥겔스〉라는 장을 읽어 보면 이 이야기
를 더 잘 이해할 수 있다. 마르크스의 원문은 《자본론》 2권에서 인용했다. 심층적인
분석은 다음을 참조하라. "Understanding Capital: Marx's Economic Theory" by
Duncan K. Foley. 생활 필수품에 관한 마르크스의 견해는 《자본론》 3권 15장의 〈
경제학 수고〉에서 인용했다.

맥주가 건강에 좋은 이유에 관해서는 〈오가닉 팩츠Organic Facts〉 같은 웹사이트에

더 자세히 나와 있다. https://www.organicfacts.net/healthbenefits/beverage/health-benefits-of-beer.html

그리고 빅터 프리디Victor R. Preedy의 《맥주와 건강Beer in Health and Disease Prevention》이라는 책도 참조하라.

"잔토휴몰은 스트레스로 세포가 파괴되지 않도록 함으로써 뇌의 뉴런들을 활성화한다고 알려져 있다"는 주장에 관해서는 2014년 12월 26일 칼라베라스 엔터프라이즈Calaveras Enterprise의 〈맥주가 뇌 기능 향상에 도움이 될까?〉라는 글을 참조하라. 온라인 주소는 다음과 같다. http://www.calaverasenterprise.com/health/article_f79ba902-8ba9-11e4-84df-a390de9458c8.html

맥주의 다른 효능에 관해서는 《농업·식품화학 저널Journal of Agriculture and Food Chemistry》에 실린 다음 논문에 설명되어 있다. "Xanthohumol, a Polyphenol Chalcone Present in Hops, Activating Nrf2 Enzymes To Confer Protection against Oxidative Damage in PC12 Cells' by Juan Yao et al. 이 글은 2015년 1월 14일에 온라인에 게재됐다. https://pubs.acs.org/doi/abs/10.1021/jf505075n

18장 코끼리와 귀뚜라미
버락 오바마의 자서전에 수록된 음식에 관한 회상은 《내 아버지로부터의 꿈》에서 인용했다.

음식에는 '중독성'이 있을까? 〈테드메드Tedmed〉라는 웹사이트는 유용한 학술 논문들의 링크를 모아 놓았다. https://www.tedmed.com/speakers/show?id=309051

〈테드메드〉에 링크된 논문 중 하나로 〈중독과 뇌의 보상과 반보상 경로Addiction and brain reward and anti-reward pathways〉를 참조하라. https://www.ncbi.nlm.nih.gov/pubmed/21508625

자유 시장에 관한 애컬로프와 실러의 주장은 2015년 10월 21일 〈컨버세이션 The Conversation〉 웹사이트에 게재된 〈자유 시장의 부작용The dark side of free markets〉이라는 글에서 인용했다. https://theconversation.com/the-dark-side-of-free-markets-48862

나는 일찍이 오바마 대통령 시기에 〈예비 경선의 색깔들Primary Colors〉이라는 에세이를 써서 오바마의 도덕성을 비판한 적이 있다. 왜 그렇게 썼는지는 아직도 잘 모르겠다(에세이가 아니라 제목 말이다!). 〈타임스 하이어Times Higher〉 웹사이트에서 열람 가능하다. https://www.timeshighereducation.com/features/primary-colours/407459.article

BBC는 바비큐를 몸에 해롭지 않게 먹는 요령들을 가르쳐 준다. 다음을 참조하라. http://www.bbcgoodfood.com/recipes/collection/vegetarian-barbecue

19장 효율을 버리면 건강해진다
비만에 관해서는 모든 사람이 이야기를 한다! 예컨대 〈비만의 비용, 매년 2조 달러 Obesity Now Costs the World $2 Trillion a Year〉는 2014년 11월 20일 《타임》에 실린 테사 베렌슨Tessa Berenson의 기사 제목이다.

"건강 보험 재정의 약 21퍼센트를 비만과 연관된 질환에 사용"하며 이것이 예전의 두 배로 늘어난 수치라는 연구 결과는 2012년 4월 9일 《사이언스 데일리Science Daily》의 기사에서 인용했다. 온라인 주소는 다음과 같다. https://www.sciencedaily.com/releases/2012/04/120409103247.htm

대두에 관해 더 자세히 알아보고 싶다면 2013년 〈어서리티 뉴트리션Authority Nutrition〉이라는 웹사이트에 올라온 크리스 건나스Kris Gunnars의 〈콩은 몸에 좋은가, 나쁜가? 충격적인 진실Is Soy Bad For You, or Good? The Shocking Truth〉이라는 기사부터 읽어 보라. 이 기사는 '증거 기반 접근법'을 사용하는데, 증거에 기반하는 것은 당연히 좋은 방법이라고 생각된다. http://authoritynutrition.com/is-soy-bad-for-you-or-good

이 장은 내가 《가디언》에 기고한 〈비만 유행병은 경제적인 문제다The obestiy epidemic is an economic issue〉라는 글과 2018년 2월 19일자로 〈컨버세이션〉 웹사이트에 기고한 〈비만이 급격히 증가하는 원인은 개인의 선택이 아니라 빈곤이다It's poverty, not individual choice, that is driving extraordinary obesity levels〉라는 글을 토대로 작성한 것이다. https://www.theguardian.com/business/economics-blog/2016/nov/24/obesity-epidemiceconomic-market-junk-food. https://theconversation.com/its-povertynot-individual-choice-that-is-driving-extraordinary-obesitylevels-91447

이 글들을 쓸 때 사용한 주요 통계 수치는 〈유럽 비만 연구 협회European Association for the Study of Obesity〉(http://easo.org/education-portal/obesity-facts-figures)에서 인용했다.

"한 연구에 따르면 미국에서 2011년 한 해에만 13억 달러가 넘는 돈이 정크푸드 보조금이었다"에 대해서는 다음의 기사를 참조하라. "Billions In Farm Subsidies Underwrite Junk Food, Study Finds" in the Huffington Post, December 6, 2017. https://www.huffingtonpost.com/2011/09/22/farm-subsidies-junk-food_n_975711.html

마크 비트먼Mark Bittman의 〈정크푸드는 정말로 싼 음식인가?〉라는 기사는 2011년 9월 24일 《뉴욕 타임스》에 실렸고, 온라인 주소는 다음과 같다. http://www.nytimes.com/2011/09/25/opinion/sunday/is-junk-food-really-cheaper.html

"미국인들은 시간이 부족하기 때문에 현재 18세에서 50세까지의 성인들은 하루에 먹는 음식의 5분의 1을 운전 중에 먹는다고 한다!"라는 주장은 미국 농림부 Department of Agriculture의 보고서(2011년 11월)에서 인용했다. 〈미국인들은 음식에 시간을 얼마나 투입하는가?How Much Time Do Americans Spend on Food?〉라는 제목의 이 보고서는 캐런 햄릭Karen Hamlick 등이 작성했다. 이 보고서에 수록된 통계 자료는 〈2006-08 ERS 미국인 시간활용 조사 중 식생활&건강 단위2006-08 ERS Eating & Health Module of the American Time Use Survey〉에서 인용한 것이다. https://www.ers.usda.gov/webdocs/publications/44607/8864_eib86.pdf?v=41136

"평범한 미국인이 하루 동안 섭취하는 식물성 기름의 4분의 3은 대두에서 얻은 것"이라는 추정과 "게다가 우리는 몸에 나쁘다고 알려진 자연의 설탕 대신 인공 감미료를 음식에 첨가하는데, 날마다 소비되는 감미료의 절반은 옥수수에서 추출한 것"이라는 주장은 액스Axe 박사의 글에서 인용했다. 액스 박사는 미국 정부의 공식 데이터를 토대로 〈우리의 식단에 포함된 GMO 식품The Prevalence of GMO Foods in Our Diet〉과 같은 깔끔한 도표를 만들었다. https://draxe.com/charts-american-diet

"대두와 옥수수는 농작물 중에 가장 값이 싸고 수익성이 높다"는 주장의 배경에 알고 싶다면 〈2017년 노스다코타 주의 수익성 높은 작물들North Dakota's most profitable crops for 2017〉(2017년 1월 16일)이라는 국지적이지만 흥미로운 자료를 참조하라. http://www.dakotafarmer.com/crops/north-dakota-s-mostprofitable-crops-2017

"대두유는 전 세계의 식품업계가 가장 광범위하게 사용하는 식물성 기름"이라는 주장에 관해 더 자세히 알고 싶으면 〈소이커넥션Soy Connection〉 웹사이트의 〈콩기름 사용 현황&개괄Soybean Oil Uses & Overview〉을 참조하라. http://www.soyconnection.com/soybean-oil/soybean-oil-overview

그리고 "미국에서만 대두 식품 소매업의 규모가 연간 50억 달러 이상"인 이유에 대해 더 알고 싶으면 〈소이푸즈SoyFoods〉 웹페이지의 〈판매 동향Sales and Trends: Sales Data〉를 참조하라. http://www.soyfoods.org/soy-products/sales-and-trends

대두가 건강을 해칠 가능성에 대해서는? 영국의 신문《옵서버 선데이》는 2004년에 대두와 건강에 관해 몇 페이지를 할애해서, 오랫동안 대두가 '놀라운 음식'이라고 홍보됐지만 점점 아마존 산림을 파괴하고 건강을 위협한다는 비판을 받고 있다고 지적했다. 2004년 11월 7일 앤서니 바넷Anthony Barnett이 작성한 기사의 제목은 다음과 같다. 〈그들이 놀라운 음식이라고 했던 콩 — 콩은 산림은 물론이고 소규모 농가를 파괴한다. 그리고 우리의 건강에도 나쁘다They hailed it as a wonder food. Soya not only destroys forests and small farmers—it can also be bad for your health〉 https://www.theguardian.com/lifeandstyle/2004/nov/07/foodanddrink.features7

나쁜 소식에 푹 젖어들고 싶다면 여기를 보라! 카일라 대니얼Kaayla T. Daniel은 콩을 주제로《미국인이 가장 좋아하는 건강식, 콩의 모든 것The Whole Soy Story: The Dark Side of America's Favorite Health Food》이라는 책을 썼다. 이 책에서 그녀는 콩이 마음에 들지 않는 이유를 자세히 설명한다. 그 내용의 일부를 맛보기로 소개한다.

콩은 원래 소박하고 인기 없는 농작물이었는데 저가의 식물성 기름 개발을 원했던 식품업체들이 미국 정부를 설득해서 콩에 보조금을 지불하게 만들었다. 콩을 기름으로 가공하는 과정에서 산업폐기물이 잔뜩 쌓였다. 그런데 누군가가 근사한 아이디어를 떠올렸다. 독성물질과 발암 물질이 가득한 이 산업폐기물, 즉 분리 대두 단백을 음식으로 가공해서 사람들에게 먹이자!

조셉 머콜라는 2012년 8월 23일 《허핑턴포스트》에 실린 〈콩이 건강을 위협한다 The Health Dangers of Soy〉라는 기사에서 콩 반대론을 상세히 설명한다. 이 기사는 온라인으로 열람 가능하다. https://www.huffingtonpost.com/dr-mercola/soy-health_b_1822466.html

그러나 콩의 위험에 관한 실제 연구 결과는 찬반이 팽팽하게 나뉜다. 예컨대 다음 두 편의 연구는 콩과 암의 상관관계를 밝혔다. de Lemos, M.L., Effects of soy phytoestrogens genistein and daidzein on breast cancer growth. Ann Pharmacother, 2001.35(9): p. 1118-21. Allred, C.D., et al., Soy diets containing varying amounts of genistein stimulate growth of estrogen-dependent (MCF-7) tumors in a dose-dependent manner. Cancer Res, 2001. 61(13): p. 5045-50

하지만 반대 입장을 옹호하는 연구도 많이 있다. 어떤 연구들은 콩이 암을 예방한다고 주장한다. 다행히 콩에 관한 논쟁의 현주소를 아주 잘 요약한 글이 〈콩에 관한 솔직한 이야기 Straight talk about soy〉라는 제목으로 하버드 공중보건대학원에서 운영하는 〈뉴트리션 소스 The Nutrition Source〉에 올라와 있다. https://www.hsph.harvard.edu/nutritionsource/2014/02/12/straight-talk-about-soy/#ref31. 이 글에 따르면 일부 연구들은 콩이 기억상실, '심혈관계 질환 치사율', 유방암 등의 질환과 관련이 있음을 입증했다. 하지만 그 반대의 이야기를 하는 연구들도 비슷하게 많다. 〈뉴트리션 소스〉의 결론은 연구가 더 필요하다는 것이다. 언제나 그렇듯이.

어떤 연구들은 콩이 갑상선 질환 및 내분비 기능 손상, 그리고 재생산 기능 저하를 일으킨다고 주장한다. 하지만 의학 연구 검색엔진인 〈퍼브메드 PubMed〉의 리뷰에 따르면 원래 갑상선 질환이 있었던 사람들을 제외하면 콩이 갑상선에 해롭다는 증거는 발견되지 않았다. 메시나Messina M.와 레드먼드Redmond G.가 작성한 이 리뷰를 참조하라. "Effects of soy protein and soybean isoflavones on thyroid function in healthy adults and hypothyroid patients: a review of the relevant literature March 2006; 16(3):249-58. https://www.ncbi.nlm.nih.gov/pubmed/16571087

"지난 50년 동안 공적 기금으로 농업에 보조금을 열심히 쏟아 부었다. 그 결과 채소와 과일 같은 진짜 음식들의 가격이 40퍼센트 상승하는 동안 대두와 옥수수의 가격은 3분의 1 정도 하락했다"는 주장의 근거를 알고 싶다면 2009년 8월 21일 《타임》에 실린 브라이언 월시Bryan Walsh의 〈값싼 음식의 비싼 대가 바로알기Getting Real About the High Price of Cheap Food〉를 참조하라. 이 기사에서 월시는 농업의 현실을 지탄한다. 온라인 주소는 다음과 같다. http://content.time.com/time/magazine/article/0,9171,1917726,00.html

만약 콩에 관해서 단 한 편의 글(내 책은 제외하고!)만 읽고 싶다면 〈콩은 우리를 죽일 수도 있고 살릴 수도 있다How Soy Can Kill You and Save Your Life〉라는 마크 하이먼의 훌륭한 글을 추천한다. 하이먼도 임상 연구 논문들을 검토했지만 그는 (나와는 달리) 콩의 장점과 단점이 반반이라는 결론에 도달한다. 하지만 그가 확실하게 권유하는 방법은 모든 형태의 정크푸드와 대량 생산된 콩을 피하라는 것이다. 이 글은 온라인으로 열람 가능하다. http://drhyman.com/blog/2010/08/06/how-soy-can-kill-you-and-save-your-life/

20장 식사는 밖에서 간식은 집에서

다이어트를 하는 사람들의 변명? 2012년 5월 14일에 발표된 《숍스마트》 설문 조사 결과는 〈숍스마트 설문 조사: 여성의 57퍼센트, "식비 걱정 때문에 건강한 식생활을 못 한다"ShopSmart Poll: 57 percent of women say cost of food keeps them from eating healthy〉라는 제목으로 발표됐다. 이 자료는 온라인으로 열람 가능하다. https://www.prnewswire.com/newsreleases/shopsmart-poll-57-percent-of-women-say-cost-offood-keeps-them-from-eating-healthy-151343115.html

본문에 인용된 사르트르의 글들은 사르트르 자신의 책에서 인용한 것이다. 순서대로 나열하자면 다음과 같다. 사르트르의 《전쟁 일기War Diaries: Notebooks from a Phony War, November 1939–March 1940》, 시몬 드 보부아르의 《초대받은 여자She Comes to Stay》 (1943), 애니 코언 솔랄Annie Cohen-Solal이 집필하고 애나 캔코그니Anna Cancogni가 옮긴 《사르트르의 일생Sartre: A Life》. 《사르트르의 일생》은 원래 프랑스어로는 더 일찍 출간된 책이지만 1988년에 출간된 영문 번역본을 참조했다.

폭식 다이어트가 체중 감량에 효과적이라는 주장에 관해 더 자세히 알고 싶으면 《사이언스 데일리》 2017년 12월 5일자에 보도된 연구를 보라. 펜실베이니아 대학교의 연구자들이 수행한 그 연구의 제목은 〈폭식 다이어트가 체중 감량에 효과적이다Binge eating linked to weight-loss challenges〉이다. https://www.sciencedaily.com/releases/2017/12/171205115949.htm

드 보부아르와 사르트르에 관해 더 알아보고 싶다면, 두 사람의 부부생활과 두 사람의 학문적 공통성에 관해 자세히 설명된 케이트 풀브룩과 하워드 풀브룩Kate and Howard Fullbrook의 《시몬 드 보부아르와 장 폴 사르트르Simone de Beauvoir and Jean-Paul Sartre》를 참조하라. 이 책에 제시된 '다른 설명'은 풀브룩 부부의 설명이다. 사르트르의 자서전인 《말The Words》은 1963년에 출판됐다. 드 보부아르의 첫 번째 책인 《초대받은 여자》는 1943년에 출판됐다. 사르트르의 《전쟁 일기》는 퀸틴 호어Quintin Hoare가 번역하고 베르소Verso 출판사에서 펴낸 2012년도판을 구할 수 있다. 애니 코언 솔랄의 전기인 《사르트르의 일생》은 애나 캔코그니의 영문 번역본이 나와 있다. 그리고 하나 더! 졸저인 《철학적인 이야기들》의 두 개 장에도 사르트르 이야기가 담겨 있다.

21장 마음 챙김 식사법

이 장은 내가 원래 '스톱 마이 크레이빙Stop My Craving'이라는 유럽 음식 스타트업의 의뢰로 작성한 블로그 글을 수정 보완한 것이다. 솔직히 밝히자면 나는 대가를 받지 않고 그 스타트업에 자문을 제공했으며, 태니아 비럴Tania Birral의 의뢰로 블로그를 작성하고 소액의 수고료를 받은 적도 있다. 그것은 사무실 간식이라는 영역에서 거대 식품 생산자들의 독점을 깨뜨리겠다는 그 스타트업의 아이디어가 마음에 들었기 때문이다. '스톱 마이 크레이빙'의 설립자이자 CEO인 소피 드랠Sofie Dralle의 아이디어는 온라인으로 주문을 받아 건강한 간식을 소비자에게 직접 배달하는 것이다. 나는 이것이 요즘 시대에 잘 맞는 훌륭한 아이디어라고 생각한다. 다만 '건강한 간식'이라는 부분은 아직 잘 모르겠다. 1시간 동안 견과 1개를 먹는다는 발상이 어떻게 실현될 수 있을지는 의문이지만, 태니아가 마음 챙김에 관한 글을 원했기 때문에 나는 마음 챙김과 음식의 관계를 탐구하기 시작했다. 하지만 "내가 처음으로 참가했던 마음 챙김 강좌에서 먹었던 건포도가 아직도 생각난다"를 비롯한 이 장의 인용문들은 《마인드풀Mindful》에 실린 크리스토퍼 윌러드Christopher Willard의 〈마음 챙김 식사법을 연습하는 여섯 가지 방법 6 Ways to Practice Mindful Eating〉이라는 글에서 인용했다. 이 글은 2016년 10월 13일 온라인으로 발행됐다. 이 장 끝부분에 인용한 "차 한 잔을 천천히, 경건하게 마셔라. 마치 온 세상이 그 차를 축으로 회전하는 것처럼"은 틱낫한의 말이다. 하지만 이 말은 더 긴 역사를 지니고 있다. 2013년 11월 21일 '플럼빌리지 마음 챙김 센터Plum Village Mindfulness Center' 홈페이지에 올라온 다이애너 보니Dianna Bonny의 글을 참조하라. https://plumvillage.org/blog/friends/meditating-on-a-hillside-with-thich-nhathanh

22장 지금까지 이런 요리는 없었다 / 23장 슬로푸드 운동과 함께 미래로

수많은 시, 희곡, 그리고 그 유명한 〈미래파 선언〉(여기서 마리네티는 폭력적이고 잔인하고 부정의한 미술을 옹호했다)의 작가인 마리네티에 관한 자료로는 음식 평론가 엘리자베스 데이비드Elizabeth David가 1974년에 출간한 요리책 《이탈리아 음식Italian Food》, 〈미래파 음식 선언Futurist Food Manifesto〉, 그리고 마리네티를 집중적으로 다룬 일련의 책들이 있다. 존 마리아니John F. Mariani의 《이탈리아 음식은 어떻게 세계를 정복했는가How Italian Food Conquered the World》는 또 하나의 흥미로운 관점을 제공한다. 그리고 실비아 보티넬리Silvia Bottinelli와 마르게리타 달라야 발바Margherita d'Ayala Valva의 《예술의 맛: 요리, 음식, 반문화The Taste of Art: Cooking, Food, and Counterculture》는 미래파의 식사법을 묘사한다. 왼손 집게손가락 끝부분과 가운뎃손가락으로 빨간 다마스크 천, 작은 사각형의 검정 벨벳 천, 그리고 아주 작은 사포 조각으로 만든 정사각형 장치를 조심스럽게 쓰다듬는다.

필립 맥쿼트Philip McCouat는 2014년 온라인 학술지인 《예술과 사회 저널Journal of Art in Society》(www.artinsociety.com)에 기고한 〈파스타 전쟁을 선포한 미래파The Futurists declare war on pasta〉라는 글에서 흥미로운 견해를 제시했다.

〈영양제를 믿지 말라〉라는 글상자에 나오는 《리더스 다이제스트》에 따르면 '영국 성인들의 3분의 1가량은 건강해지는 느낌을 받기 위해 매주 어떤 형태로든 영양제를 복용한다'"라는 주장의 근거를 알고 싶다면 니나 새뮤얼Neena Samuel의 〈비타민에 관한 착각Vitamin Myth〉라는 기사를 참조하라. https://www.rd.com/health/wellness/are-vitamins-really-that-goodfor-you

"체중 감량 보조제는 속임수의 성격이 더 짙다"라는 주장에 관해 더 자세히 알고 싶으면 미국의 피에터 코언(Pieter Cohen: 나와 친척 관계는 아니다) 박사의 연구를 참조하라. 코언 박사는 유명한 체중 감량 보조제에 항우울제, 완하제, 갑상샘 호르몬과 같은 물질들이 들어 있다는 사실을 밝혀냈다. 자세한 내용은 《사이언스 매거진Science Magazine》의 특집기사에 실려 있다. 이 기사는 온라인으로도 열람 가능하다. "Revealing the hidden dangers of dietary supplements" by Jennifer Couzin-Frankel, published August 20, 2015. http://www.sciencemag.org/news/2015/08/featurerevealing-hidden-dangers-dietary-supplements

슬로푸드

1986년 카를로 페트리니Carlo Petrini가 이탈리아에서 시작한 슬로푸드 운동은 오늘날 국제 조직(www.slowfood.com)으로 발전했다.

"파스타는 선사시대의 길쭉하고 조용한 벌레로 만든 음식이다." 마리네티와 함께 미래파 운동을 전개했던 화가 필리아Fillia가 《미래파 요리책The Futurist Cookbook》에 쓴 글이다. "그 벌레들은 역사 속의 지하감옥에 살았던 그들의 형제들과 마찬가지로 위에 부담을 주어 복통을 일으키고 위의 기능을 무력화한다. 우리의 몸을 박물관처럼 어둡고 폐쇄적이고 정적으로 만들고 싶지 않다면 이 허연 벌레들을 몸속에 집어넣어선 안 된다." 수전 하딩Susan Harding과 대니얼 로젠버그Daniel Rosenberg가 집필한 《미래의 역사들Histories of the Future》에서 인용한 글이다.

"다소 의심스러운 어떤 조사"에 따르면 "영국인의 대다수는 아침 식사에 6분"

밖에 사용하지 않는다는 주장에 대해 더 알아보고 싶으면 《데일리미러》의 다음 기사를 참조하라. https://www.mirror.co.uk/news/uk-news/great-british-breakfastheres-how-7302638

미국요리학교CIA의 식문화학 교수인 존 니호프John Nihoff가 "요즘 미국인들의 식사 5회 중 1회는 차 안에서 하는 식사일 것"이라고 추측한 이유에 관해 더 알아보고 싶으면 〈CBS 뉴스〉의 제이클린 스키프Jaclyn Schiff가 AP통신발 기사를 인용보도한 내용을 참조하라. https://www.cbsnews.com/news/car-cuisine

"간식 같은 음식으로 식사를 대신하는 일이 많습니다. 그래서 사람들은 자신에게 필요한 영양분을 얻지 못하고 있습니다"라는 미국영양학회 대변인의 주장에 관해 더 자세히 알고 싶으면 NBC 뉴스가 2005년 11월 22일 AP통신발 기사를 인용 보도한 내용을 참조하라. http://www.nbcnews.com/id/10154905/ns/healthfitness/t/food-industry-catering-hungry-drivers

이 장의 예술적 표현과 묘사의 일부는 2014년 필립 맥쿼트가 《예술과 사회 저널》에 게재한 〈파스타에 전쟁을 선포한 미래파〉라는 제목의 세련된 기사에서 인용했다. 이 기사는 온라인으로 열람 가능하다. www.artinsociety.com/the-futurists-declare-war-on-pasta.html

24장 식생활의 혁명에 반기를 들어라

2014년 6월까지 영국에서만 광우병으로 177명이 사망했다는 주장은 뉴스를 인용한 것이다. 예컨대 2015년 10월 1일 《데일리미러》에 보도된 리처드 스미스Richard Smith와 데이비드 오트웰David Ottewell의 〈영국에 다시 광우병 발병하다·소의 사체 시험 결과 BSE 양성으로 판명Mad Cow Disease returns to the UK after dead cow tests positive for BSE〉라는 기사를 참조하라. https://www.mirror.co.uk/news/uk-news/madcow-disease-returns-uk-6554649

"1845년과 1852년 사이에 아일랜드의 인구가 25퍼센트 가까이 감소했다"는 역사학계의 주장에 관해 더 자세히 알아보려면 크리스틴 키닐리Christine Kinealy의 《커다란 재앙This Great Calamity》을 참조하라.

음식에 관한 선입견: 약을 먹어서 해결하라

〈음식에 관한 신화: 약을 먹으면 해결된다?〉라는 주장에 관해 더 자세히 알고 싶으면 다음을 참조하라.

"서섹스주 서부의 워싱Worthing에서 25세 여성이 그 약을 복용하고 나서 몇 주 만에 사망했다. 그녀의 사인 규명 심리에서는 그녀가 '쥐약을 먹고' 있었을지도 모른다는 진술이 나왔다. 또 하나의 불행한 희생자인 26세 여성은 차가운 욕조에서 시체로 발견됐다. 그녀는 체온을 낮추려고 필사적으로 애쓰다가 사망한 것이다."

이것은 2015년 12월 15일 《데일리 메일》의 루시 크로슬리Lucy Crossley 기자가 보도한 슬픈 사연이다. 슬픈 이야기의 가치를 아주 잘 알고 있었던 《데일리 메일》은 선정적인 요소들을 모두 강조했다. 심지어는 기사 제목도 선정적으로 붙였다. 〈살을 빼려던 25세 여성, 생일 저녁 식사에서 너무 많이 먹었다고 걱정하다가 논란이 많았던 다이어트용 '쥐약' 복용 후 사망Slimmer, 25, died after taking controversial 'rat poison' diet pill because she was worried she had eaten too much at her birthday dinner〉, http://www.dailymail.co.uk/news/article-3360973/Slimmer-25-died-taking-controversial-rat-poison-diet-pill-worried-eatenbirthday-dinner.html#ixzz58QNbflPa

단일 경작

인용문들은 2014년 3월 31일 《스터 저널Stir Journal》에 온라인으로 발행된 데너 래시 거즈먼Dena Rash Guzman의 〈단일 경작: 식품업계 시리즈 1번Monoculture In Farming: The First In A Series On The Food Industry〉이라는 에세이에서 발췌한 것이다. 자세한 설명을 원한다면 다음을 참조하라. 한번 읽어 볼 가치가 있는 글이다. http://www.stirjournal.com/2014/03/31/monoculturein-farming-the-first-in-a-series-on-the-food-industry

그 밖에 읽을거리로 반다나 시바Vandana Shiva의 《정신의 획일화Monocultures of the Mind: Perspectives on Biodiversity and Biotechnology》를 추천한다.

본문에 언급된 루소의 견해는 《에밀》 또는 《교육론》에서 인용했다. 〈구텐베르크 프로젝트〉에서 영문으로 번역된 글(엘리너 워싱턴Eleanor Worthington의 번역)을 읽을 수 있다. https://www.gutenberg.org/files/30433/30433-h/30433-h.htm

영국 전국비만포럼National Obesity Forum의 탬 프라이Tam Fry가 "사람들이 파티에서 최고의 모습을 보여 주기 위해 자신의 생명을 위태롭게 하는 약을 먹고" 있다고 말했다는 이야기는 영국의 태블로이드 신문인《선The Sun》에 게재된〈검시관, 사람의 생명을 또 앗아간 다이어트약을 '쥐약'이라고 부르다Diet pills likened to rat poison by coroner as they claim another life〉에서 인용했다. 이 기사는 2015년 12월 13일 제인 앳킨슨Jane Atkinson과 레이첼 스펜서Rachel Spencer가 작성했으며 온라인으로 열람 가능하다. https://www.thesun.co.uk/archives/news/858457/diet-pills-likened-to-ratpoison-by-coroner-as-they-claim-another-life

다이어트 알약의 위험에 관해 더 자세히 알고 싶으면 2013년 7월 18일《데일리 미러》에 실린 캐롤라인 존스Caroline Jones의〈다이어트 알약의 위험Diet pills danger: Surge of women desperate to lose weight putting lives at risk with online tablets〉라는 기사를 참조하라. https://www.mirror.co.uk/lifestyle/health/diet-pills-danger-surgewomen-2060938

25장 무엇이 나를 살찌우는가
비만을 유발하는 '오비소게닉obesogenic' 환경에 관해 더 자세히 알고 싶으면 의학 저널《랜싯》에 실린〈보이드 스윈번: 공동체 차원에서 비만과 싸우다Boyd Swinburn: combating obesity at the community level〉라는 인물 소개를 읽어 보라. 이 글은 온라인으로 열람 가능하다. http://www.thelancet.com/pdfs/journals/lancet/PIIS0140-6736(11)61364-0.pdf

프탈레이트가 "전 세계에서 매년 5억 킬로그램 정도 생산"된다는 주장에 관해, 그리고 오비소젠에 관해 더 알아보려면 닥터에드워드 그룹Dr. Edward Group의〈오비소젠: 세계적인 문제Obesogens: A Worldwide Issue〉라는 글을 참조하라. http://www.globalhealingcenter.com/natural-health/whats-the-deal-with-obesogens

대두를 동물 사료로 사용하는 것에 관해 알아보려면 소이인포 센터SoyINfo center에서 펴낸《산업용 대두 사용의 역사History of Industrial Uses of Soybeans》를 참조하라. 윌리엄 셔틀러프William Shurtleff와 아키코 아오야기Akiko Aoyagi가 집필한 책이다(ISBN:

978-1-928914-98-3). 야생 어류의 플라스틱 섭취 문제에 관해 더 알고 싶으면 다음을 참조하라. https://www.npr.org/sections/thesalt/2013/12/12/250438904/how-plastic-in-the-ocean-iscontaminating-your-seafood

"미국의 유기농 식품 매출액은 2004년 약 110억 달러에서 2012년 270억 달러(추정)로 증가했다"는 주장은 《영양산업저널Nutrition Business Journal》에서 인용했다. 2017년 11월에 발표된 하이렌 바브사르Hiren Bhavsar 등의 〈테네시주 소비자들의 유기농 식품 구매 선호도 연구Attitudes and Willingness to Pay More for Organic Foods by Tennessee Consumers〉라는 논문을 참조하라. https://www.researchgate.net

유기농 농장에서도 살충제 사용은 허용되지만 살충제의 종류에 관한 규제가 있다. 다음을 참조하라. https://blogs.scientificamerican.com/science-sushi/httpblogsscientificamericancomscience-sushi20110718mythbusting-101-organicfarming-conventional-agriculture

섭식에 관한 사르트르 자신의 견해는 《존재와 무》에서 중요하게 다뤄진다. 이 부분이 없었다면 《존재와 무》는 정말 읽기 힘든 책이었을 것이다.

26장 채소는 음식의 미래다
"음식의 미래는 채소"라는 주장 역시 본문에 언급된 대로 마리네티의 《미래파 요리책》에 나온다.

27장 구원받을 자 초콜릿을 먹으라 / 28장 아이 러브 초콜릿
"캐드베리사의 어두운 역사를 잠깐 언급하긴 하지만 캐드베리의 섹시한 광고는 아주 건전한 것으로 설명"한 것을 더 알아보려면 올라 애그배이모니Ola Agbaimoni가 《일란 미디어Eelan Media》에 기고한 〈캐드베리의 가장 훌륭한 광고 25선Top 25 Cadbury's Adverts of all time〉이라는 글(2014년 2월 6일)을 참조하라. 온라인 주소는 다음과 같다. http://www.eelanmedia.com/top-25-cadburys-adverts-ofall-time

"초콜릿을 간식으로 먹으면 날씬해진다"는 주장의 출처는 다음과 같다. Obesity (Silver Spring). December 2013; 21(12):2504-12. doi: 10.1002/oby.20460. Epub

July 2, 2013. 비만 또는 과체중인 여성들이 아침 식사로 고열량식을 먹은 경우
와 저녁 식사에 고열량식을 먹은 경우 체중 감량의 양상에 차이가 나타났다. D.
Jakubowicz, M. Barnea, J. Wainstein, O. Froy.

크라프트사의 최고 경영자인 이레네 로젠펠트Irene Rosenfeld가 노동자들에게 '친
절한' 조치를 취하는 한편으로 자신에게 1000만 달러를 추가로 지급해서 연
봉을 2100만 달러로 만들었다는 이야기는 피터 프로스트Peter Frost가 2015년
3월 27일에 작성한 〈몬델레즈 CEO 로젠펠트, 연봉 대폭 인상Pay rises big time for
Mondelez CEO Rosenfeld〉이라는 기사를 참조하라. http://www.chicagobusiness.com/
article/20150327/NEWS07/150329833/pay-rises-bigtime-for-mondelez-ceo-
rosenfeld

29장 기분 좋게 취한다

초콜릿에 마약과 비슷한 기능이 있다는 주장과 관련해서는 1996년 8월 22일 《네
이처》에 발표된 연구를 인용했다. 382(6593):677-8 as "Brain cannabinoids in
chocolate" by E. di Tomaso, M. Beltramo, D. Piomelli.

초콜릿의 역사에 관해 더 자세히 알고 싶으면 소피 D.와 마이클 D. 코이Sophie D.
and Michael D. Coe의 《초콜릿의 진짜 역사The True History of Chocolate》를 읽어 보라.

취향에 관한 우리 자신의 특이한 심리에 관해 알아보기 위해 나는 프랑스의 문
화인류학자 클로테르 라파이유Clotaire Rapaille의 저작을 읽었고, 그런 심리에 관한
철학적 분석을 졸저인 《마인드 게임Mind Games》에 수록했다.

초콜릿에 관한 드 켈뤼de Quélus 박사의 책은 원래 프랑스어로 쓰였고 제목은
《Histoire Naturelle Du Cacao Et Du Sucre》(1719)였다.

서양인들의 다양한 기호품을 비교 분석한 안토니오 라베단Antonio Lavedan의 〈커피,
차, 초콜릿, 담배에 대하여On Coffee, Tea, Chocolate, and Tobacco〉라는 유명한 논문은 원문
이 스페인어였고 제목은 Tratado de los Usos, Abusos, Propiedades y Virtudes
del Tabaco, Cafe, Te, y Chocolate였다. 에르난 코르테스Hernán Cortés가 1552년에
집필한 《뉴스페인의 정복의 진짜 역사The True History of the Conquest of New Spain》에도 초

콜릿과 관련된 의식에 관한 설명이 나온다.

30장 이걸 먹고 병이 나았어요
인생학교 웹사이트에 더 많은 사례가 있다. http://www.thebookoflife.org/food-as-therapy

31장 마음껏 먹고 즐겨라 / 32장 돈이 열리는 나무
데니스 테드록Dennis Tedlock은 마야 왕국의 종교 경전에 해당하는《포폴 부흐Popol Vuh》를 번역한 사람이다. 이 책은 홀리북스 웹사이트에서 PDF 파일로 다운로드 가능하다. http://www.holybooks.com/wp-content/uploads/popolvuh-the-mayan-book-of-the-dawn-of-life-translated-by-Dennis-Tedlock.pdf

"초콜릿의 기원"에 관한 아주 정밀하고 학술적인 설명을 담은 책으로는 로널드 라이트Ronald Wright의《마야: 벨리즈, 콰테말라, 멕시코를 여행하다Maya: Travels in Belize, Guatemala, and Mexico》가 있다.

아침 식사 때 초콜릿을 먹으라는 드 켈뤼 박사의 확고한 조언은 1719년에 출간된《초콜릿과 설탕의 자연사Histoire Naturelle Du Cacao Et Du Sucre》라는 책에 나온다. 데보라 프린츠Deborah Prinz(이 사람은 랍비다)가 쓴《초콜릿의 길 위에서On the Chocolate Trail: A Delicious Adventure Connecting Jews, Religions, History, Travel, Rituals and Recipes to the Magic of Cacao》라는 책에서도 정보를 얻었다. 이 책은 2013년 주이시 라이츠 퍼블리싱Jewish Lights Publishing이라는 정체가 모호한 출판사에서 펴냈다.

"얼마 전 프랑스의 마티니코에서 100살쯤 된 시의원이 사망했다. 그 시의원은 30년 동안 초콜릿과 비스킷만 먹고 살았다. 아니, 때때로 저녁 식사에 수프를 조금 먹기도 했지만 생선도, 고기도, 다른 반찬도 먹지 않았다. 그런데도 그는 아주 활기차고 민첩했으며, 80에다 5년을 더 살고 나서도 등자 없이 말등에 오를 수 있었다"는 내용의 배경 이야기는 드 켈뤼 박사의《초콜릿과 설탕의 자연사》를 참조하라.

"때때로 병사들이 코코아나무에서 얻은 음료를 순금 컵에 담아 황제에게 올렸다. 그들은 황제에게 후궁들을 만나러 가기 전에 그것을 마시라고 간언했다. 당시에 우리는 주의 깊게 보지 않았지만, 그들은 50개는 족히 되는 커다란 초콜릿 주전자jug를 가지고 들어왔다. 모든 주전자에는 거품을 낸 초콜릿이 담겨 있었고, 황제는 그것을 조금씩 마셨다. 위대한 몬테수마 황제가 식사를 끝내면 병사들과 하인들 모두가 차례대로 식사를 했다. 음식이 담긴 접시 수천 개가 그들 앞에 차려지고, 멕시코식으로 거품을 낸 초콜릿 주전자도 2000개가 넘게 날라져 왔다." 이 이야기에 관해 더 자세히 알고 싶으면 베르날 디아스 델 카스티요Bernal Díaz del Castillo의 《뉴스페인의 정복의 진짜 역사》(1552년에 출판)을 참조하라.

33장 붉은 초콜릿
이 장에서는 아즈텍과 마야의 무시무시한 전통의 일부를 소개한다. 예를 들면 다음을 참조하라. The Return of Quetzalcoatl. Ancient Mesoamerica by William Ringle, Tomás Gallareta Negrón, George Bey.

신뢰도는 낮지만 내용이 끊임없이 채워지는 위키피디아에도 남미의 신들과 오래된 풍습에 관해 자세한 설명이 있다.

34장 초콜릿만 먹고 살기
"전투용 비상식량K-ration에 들어 있었던 음식들 중에 비타민 C를 공급하는 음식은 레모네이드 가루밖에 없었다. 그 가루는 신맛이 너무 강해서 병사들은 그걸 음료로 마시기보다 청소용으로 쓰는 게 낫겠다는 농담을 주고받았다." 전투용 비상식량에 관한 장난스러운 설명은 다음을 참조하라. http://www.uh.edu/engines/epi1324.htm

초콜릿의 효능에 관해 자세히 수록된 책들은 다음과 같다. 필립 민튼Phillip Minton, 《초콜릿: 신이 보낸 건강식Chocolate: Healthfood of the Gods: Unwrap the Secrets of Chocolate for Health, Beauty, and Longevity》; 돈 파커Dawn J. Parker, 《건강한 초코 레시피The Healthy Chocoholic: Over 60 Healthy Chocolate Recipes Free of Gluten & Dairy》; 이안 나이트Ian Knight(편저), 《초콜릿과 코코아: 건강과 영양Chocolate And Cocoa: Health And Nutrition》, 수재너 알무사위Suzana Almoosawi, 《커피 생두와 초콜릿의 폴리페놀Polyphenols in Green Coffee Bean and Chocolate》, 알

렉스 스조기Alex Szogyi(편저), 《신들의 음식Food of the Gods》.

35장 나는 먹는다 고로 존재한다

'방법적 회의'는 철학 수업에서나 다뤄야 할 주제지만, 어떤 독자들은 더 자세한 설명을 원할지도 모른다. 그런 독자들은 졸저인 《철학적인 이야기들》을 읽어 보라. 그 책의 한 장에서 르네 데카르트는 철학적인 동시에 개인적인 성격을 띠는 그의 거창한 이론을 제시한다. 《철학적인 이야기들》의 내용은 이 책의 다른 부분에서도 몇 번 인용했다. 내 생각에 위대한 철학자들의 학문적 관심사와 그들의 일상생활 습관 및 현실적인 관심사를 함께 논하는 책은 《철학적인 이야기들》이 유일한 것 같다.

36장 모든 것을 의심하라

이것은 보편적으로 통용되는 귀중한 원칙이다! 하지만 논리학의 기초를 단시간에 공부하고 싶다면 졸저인 《바보를 위한 철학》을 읽어 보라. 선형적 사고와 비선형적 사고에 관해 더 알아보고 싶다면 졸저인 《바보를 위한 비판적 사고 기술》을 권한다.

저지방식을 하면 몸에 지방이 축적된다는, 직관에 어긋나는 이상한 사실을 다룬 연구들 중 하나로 핀란드의 E. K. Hämäläinen 교수의 연구진이 실시한 〈저지방 고식이 섬유 식사와 총 테스토스테론 수치의 감소에 관한 연구Decrease of serum total and free testosterone during a low-fat high-fibre diet〉를 참조하라. 이 논문은 온라인으로 열람 가능하다. https://www.ncbi.nlm.nih.gov/pubmed/6538617

연구자들은 실험에 자원한 사람들에게 칼로리의 40퍼센트가 지방(주로 동물에게서 얻는 지방)인 식단을 칼로리의 20퍼센트만 지방인 식단으로 바꾸라고 지시했다. 그러고는 나중에 다시 40퍼센트가 지방인 식단으로 전환하도록 했다. 자원자들이 저지방식을 시작했을 때 테스토스테론 수치는 급격히 감소했고, 지방 섭취량이 다시 40퍼센트로 상승했을 때는 테스토스테론 수치가 원래대로 돌아왔다.

후기: 패스트푸드 식당에서 실존주의를 생각하다

아, 맥도날드! 맥도날드에 관한 훌륭한 읽을거리(그리고 영화)를 더 원한다면 탐사 전문 기자 에릭 슐로서Eric Scholosser의 《패스트푸드 네이션Fast Food Nation: The Dark Side of the All-American Meal》을 보라. 이 책은 미국 패스트푸드 업계가 미국에, 그리고 다른 나라에 미치는 영향을 다루고 있으며 2006년 리처드 링클레이터Richard Linklater 감독의 영화로도 만들어졌다. 유튜브에 이 영화의 몇몇 장면이 올라와 있고, 다른 맥도날드 괴담 이야기들도 있다.

프로필렌글리콜에 대한 알레르기 반응의 가능성을 균형 잡힌 시각에서 다룬 훌륭한 글이 있다. 2017년 3월 7일 《허니콜로니Honey Colony》에 실린 토머스 랩 Thomas Rapp의 〈프로필렌글리콜의 부작용과 대처법The Dark Side of Propylene Glycol: Side Effects And How to Avoid Them〉을 보라. 온라인으로도 열람 가능하다. https://www. honeycolony.com/article/propylene-glycol

MSG 증후군에 관해서는 '메이요 클리닉Mayo Clinic' 홈페이지에 실린 캐서린 제라츠키Katherin Zeratsky의 〈MSG란 무엇인가? MSG는 몸에 나쁜가?What is MSG? Is it bad for you?〉에 밝혀져 있다. 이 글은 온라인으로 열람 가능하다. https://www. mayoclinic.org/healthylifestyle/nutrition-and-healthy-eating/expert-answers/ monosodium-glutamate/faq-20058196

그리고 지방에 관해 항상 나오는 질문들. 포화 지방은 몸에 부담을 주고 불포화 지방은 몸에 좋은가? 《하버드 헬스Harvard Health》는 이 문제에 관한 훌륭한 글과 참고자료 링크를 제공한다. https://www.health.harvard.edu/staying-healthy/ thetruth-about-fats-bad-and-good

《가디언》의 헬스 담당 기자인 드니스 캠벨Denis Campbell은 기존의 합의가 틀렸다는 새로운 이론을 요약해서 소개한다. 2017년 4월 25일에 보도된 〈포화 지방이 질병의 위험을 증가시키지 않는다는 주장에 대한 반박Backlash after report claims saturated fats do not increase heart risk〉을 참조하라. https://www.theguardian.com/society/2017/ apr/25/saturated-fats-heart-attack-risk-low-fatfoods-cardiologists

이 기사에 언급된 논문은 다음과 같다. Aseem Malhotra, Rita Redberg, Pascal Meier, "Saturated fat does not clog the arteries: coronary heart disease is a chronic inflammatory condition, the risk of which can be effectively reduced from healthy lifestyle interventions," British Journal of Sports Medicine, August 2017. http://bjsm.bmj.com/content/51/15/1111

카놀라유를 둘러싼 문제들

우선 맥도날드는 지금도 카놀라유를 사용하고 있다. 그것도 다량으로. 예를 들면 다음의 기사를 보라. Sean Pratt, "McDonald's to stick with canola oil," July 16, 2015. https://www.producer.com/2015/07/mcdonalds-to-stickwith-canola-oil

새라 코리에Sarah Corriher는 2009년 5월 11일에 발표한《헬스와이즈Health Wyze》보고서에서 카놀라유를 '프랑켄슈타인' 음식이라고 부르면서 카놀라유의 일반적인 문제점과 세부적인 문제들을 함께 나열한다. https://healthwyze.org/reports/123-the-bomb-shell-truth-about-canola-oil

카놀라는 기억력 향상에 도움이 될까?《네이처에 실린 논문은 엘리자베타 로레티Elisabetta Lauretti와 도메니코 프라티코Domenico Pratico의〈유전자변형 알츠하이머 쥐 모델에서 카놀라유 섭취가 기억력, 시냅스, 그리고 신경질환에 미치는 영향Effect of canola oil consumption on memory, synapse and neuropathology in the triple transgenic mouse model of Alzheimer's disease〉이다. 이 논문은 2017년《사이언티픽 리포트》제7호에도 게재됐다. https://www.nature.com/articles/s41598-017-17373-3

회의적인 입장의 문헌 연구도 있었다. Lin Lin, Hanja Allemekinders, Angela Dansby, Lisa Campbell, Shaunda Durance-Tod, Alvin Berger, and Peter JH Jones, "Evidence of health benefits of canola oil," Nutrition Reviews June 2013; 71(6): 370−385. https://www.ncbi.nlm.nih.gov/pmc/articles/PMC3746113

샐리 펄론Sally Fallon과 메리 에닉Mary Enig은 2002년 7월 28일 웨스턴프라이스 재단Weston Price Foundation 웹사이트에〈위대한 코놀라The Great Conola〉라는 글을 썼다. https://www.westonaprice.org/health-topics/know-yourfats/the-great-con-ola

맥도날드 트럭에 실린 카놀라유에 관한 무시무시한 이야기도 있다. 2007년 7월 2일 로이터통신의 나이젤 헌트Nigel Hunt 기자가 보도한〈맥도날드, 식용유를 재활용

하다: 첫 번째는 프라이, 두 번째는 밴: 맥도날드First fries, then vans: McD's to recycle oil〉를 참
조하라. https://uk.reuters.com/article/environment-mcdonaldsbiodiesel-dc/
first-fries-then-vans-mcds-to-recycle-oilidUKL0240836220070702

"실제로 오늘날 업소의 주방에서 사용하는 요리유는 올리브유 25퍼센트와 카놀
라유 75퍼센트의 비율로 혼합한 기름이다"는 주장은 2018년 1월 25일《헬시홈
이코노미스트Healthy Home Economist》에 실린 존 무디John Moody의 기사에서 인용했다.
https://www.thehealthyhomeeconomist.com/canola-oil

포도씨유, 에루스산, 질병의 관계를 다룬 논문은 다음과 같다. M.D. Laryea,
Y.F. Jiang, G.L. Xu, and I. Lombeck, "Fatty acid composition of blood lipids
in Chinese children consuming high erucic acid rapeseed oil", Annals of
Nutrition and Metabolism 1992; 36(5-6):273-8. https://www.ncbi.nlm.nih.gov/
pubmed/1492753